FREAK SCENE

RICHARD KING

CONTRA

How Soon Is Now? The Madmen and Mavericks Who Made Independent Music 1975-2005
© 2012, Richard King
Publicado originalmente en Gran Bretaña por Faber & Faber Limited
Todos los derechos reservados

Dirección editorial: Didac Aparicio y Eduard Sancho

Diseño: Mikel Jaso
Maquetación: Endoradisseny

Primera edición: Octubre de 2018
© 2018, Contraediciones, S.L.
c/ Elisenda de Pinós, 22
08034 Barcelona
contra@contraediciones.com
www.editorialcontra.com

© 2018, Damià Alou, de la traducción

ISBN: 978-84-948583-8-3
Depósito Legal: B 23.862-2018
Impreso en España por Romanyà-Valls

ÍNDICE

Para mis padres
y
mi esposa e hijo, Sarah y Elijah

AGRADECIMIENTOS

Mi más sincero agradecimiento a las siguientes personas por haber aceptado hablar conmigo para la redacción de este libro, algunos de los cuales tuvieron que soportar mi técnica entrevistadora más de una vez: Tim Abbott, Mike Alway, Tom Atencio, Dave Barker, Jeff Barrett, Steve Beckett, Dave Bedford, Laurence Bell, Richard Boon, Rebecca Boulton, Mark Bowen, Cally Calloman, Cerne Canning, Chris Carter, Jimmy Cauty, Andy Childs, Edwyn Collins, Nick Currie, Dai Davies, Pete Donne, Bill Drummond, John Dyer, James Endeacott, Joe Foster, Marc Geiger, Lesley Gilbert, Dave Harper, Simon Harper, James Horrocks, Mick Hougton, Robin Hurley, Gareth Jones, Nicki Kefalas, Martin Kelly, James Kyllo, Bob Last, Andrew Lauder, Jeannette Lee, Jason Macphail, Johnny Marr, Grace Maxwell, Alan McGee, Nathan McGough, Stephen McRobbie, Daniel Miller, Martin Mills, Mark Mitchell, Paul Morley, Stephen Morris, Joe Moss, Liz Naylor, Vaughan Oliver, Mike Pickering, Judith Riley, Malcolm Ross, Ivo Watts-Russell, Richard Russell, Jon Savage, Peter Saville, Richard Scott, Tina Simmons, Paul Smith, Mike Smith, Seymour Stein, Alexis Taylor, Richard Thomas, Peter Thompson, Geoff Travis, Cosey Fanni Tutti, Gary Walker, Colin Wallace, Russell Warby, Ben Wardle.

Todas las entrevistas las llevó a cabo el autor, exceptuando las de Tony Wilson y Martin Hannett, que proceden del archivo de Jon Savage.

Para el resto del material citado, las fuentes son las siguientes: página 97: «Están ocurriendo importantes acontecimientos en Postcard

Records de Glasgow...», Ian Cranna, *The Face*, número 19, noviembre de 1981; página 128: «sentido comercial de caja de ritmos», Cynthia Rose, *Design After Dark: The Story of Dancefloor Style*, Thames & Hudson, 1991; página 139: «En primer lugar no teníamos intención de escaquearnos», Claude Bessy, *Slash*, editorial, vol. 3 #5 (último número), verano de 1980; página 163: «Las colocamos como antídoto...», Morrissey entrevistado por Dave McCullough, *Sounds*, 4 de junio de 1983; página 175: «Nada te espolea tanto como la cólera...», Morrissey entrevistado por Bill Black, *Sounds*, 19 de noviembre de 1983.

Mi agradecimiento a las siguientes páginas web: factoryrecords. org, por su incomparable índice de números de catálogo de Factory; passionsjustlikemine.com, por su lista de conciertos de los Smiths; caughtbytheriver.net, por proporcionarme una infraestructura de anécdotas y muchas cosas más.

Quiero dar las gracias al personal de la British Library, sobre todo al de la colección de publicaciones musicales, que resultó ser indispensable en mi investigación.

Gracias a mi agente Jonny Geller de Curtis Brown por su consejo, paciencia y aliento.

Gracias a mi editor Lee Brackstone, cuya comprensión y disfrute del tema, junto con su energía y entusiasmo, han resultado un apoyo constante.

Gracias a todos los empleados de Faber and Faber, sobre todo a David Watkins, Paula Turner, Ruth Atkins, Sarah Christie, Lisa Baker, Hannah Griffiths y Stephen Page.

Quiero dar especialmente las gracias a Jon Savage por su técnica telefónica a la hora de infundirme moral y por permitirme acceder a su archivo, gracias al cual he podido escuchar las voces de algunos de los que ya no están con nosotros. A la hora de ayudarme a organizar mis ideas también han resultado de un valor incalculable una serie de diálogos (a menudo bastante unidireccionales) y conversaciones con: Sarah Chilvers, Sam Davies, Owen Hatherley, Robin Turner, Ben Thompson, Alexis Petridis y Steve Yates.

Gracias a Domino Records por enseñarme los altibajos de la independencia, sobre todo a Laurence Bell, Jacqui Rice, John Dyer, Harry Martin, Bart Mcdonagh, Jonathan Bradshaw, Fiona Ghobrial, Colleen Maloney, Mark Mitchell, Paul Esposito y Dan Papps.

Gracias a todos los que compartieron los sueños de Planet Records y la tienda de Revolver Records, Bristol.

Mi más efusivo agradecimiento a Anne Hardy, Angus Mill, Anna Jebb, John Wilcox y Barbara Budd, por proporcionarme una serie de campamentos base.

Y sobre todo gracias a mi familia, a mis padres, Edgar y Joan, que escucharon gran parte de la música que aparece en este libro cuando, siendo yo un adolescente, sonaba en mi habitación, y a mi esposa Sarah y a mi hijo Elijah (que nació más o menos por la página ciento setenta) por su constante apoyo, confianza, humor y amor.

¿Qué hacía esa concha en la orilla?
¿Un oído que bebía sin cesar?
¿El qué? ¿El sonido? ¿El silencio?
¿Qué fue primero?
Escucha.

R. S. THOMAS, «*Preguntas*»

INTRODUCCIÓN

Set list del concierto de los Smiths en el ICA de Londres el 5 de octubre de 1983, la noche que Seymour Stein vio al grupo por primera vez y un gladiolo le impactó en la cara *(archivo de Matthew Cooper)*

Cada generación, por expresarlo de otra manera,
rescata una nueva zona de lo que sus predecesores
rechazaron de manera arrogante y esnob tachándolo de
«el sector más radical».

CHRISTOPHER HILL, *El mundo trastornado*

Hoy en día la palabra «indie» posee miles de significados, que tanto se pueden referir al corte de los pantalones de un grupo como a su música. Originariamente, «indie» se utilizaba como abreviatura de la palabra independiente, aunque ahora se ha convertido en un cajón de sastre. La música «indie» es un género, un tipo de música interpretado por cuatro o cinco jóvenes blancos. Las canciones de un grupo «indie» documentan su paso a la edad adulta con alguna que otra secuencia de acordes disonantes, la sensación de que nadie ha pasado por eso antes, vagas o confusas letras y un aspecto subalimentado en el vídeo promocional. Aparte de la música, encontramos conceptos como inmobiliarias «indies», comedias románticas «indies» e incluso pizza «indie».

Aunque a lo «indie», ya sea literal o metafórico, le gusta ocultarse tras su marginalidad, y es un negocio fabuloso para las grandes compañías de discos. En el 2007, un memorándum filtrado por el vicepresidente de una de las *majors* discográficas a otro vicepresidente subrayaba lo importante que era dar prioridad a la imagen de cabellos desaliñados y chaquetas de cuero a la hora de llegar al público adecuado. Tal como observaba el ejecutivo en su correo electrónico: «Ese rollo de aspiración indie resulta muy importante a la hora de atraer al público de entre 25 y 35 años». La etimología de la palabra «indie», que pasa de una definición de medios de producción y distribución a un adjetivo carente de significado, tiñe este relato. Pero la palabra «indie» en sí misma, aunque hoy en día es ubicua, dejó de ser utilizada por el negocio musical independiente hace ya mucho tiempo.

Los sellos discográficos independientes existen desde que la música comenzó a grabarse. El sello independiente, autofinanciado, amigo de los artistas y producto del deseo de un fan de involucrarse directamente en su obsesión, generalmente comenzaba sin la menor planificación económica, en un dormitorio, un garaje o un cobertizo. Muchas de las grandes compañías discográficas del mundo, si no todas, comenzaron en circunstancias tan poco prometedoras: Sun, Chess, Atlantic, Elektra, Virgin y Island fueron todas producto del instinto visionario y el tiempo libre de una sola persona. Los sellos independientes están orgullosos de su autonomía. El sello independiente, al alimentar el talento y financiar, comercializar, editar y distribuir la música tan solo en sus propios términos, opera en un magnífico aislamiento. O como Geoff Travis, fundador y director de Rough Trade, y más o menos la eminencia gris y arquitecto de la música independiente, lo expresa de manera sucinta: «La independencia significa no tener que responder ante nadie: eso es lo que significa para mí».

Según Alan McGee, que será para siempre «el hombre que descubrió a Oasis», y cuyas pintorescas hazañas y lanzamientos en su sello Creation iluminaron y fortalecieron la industria independiente de los ochenta y los noventa, la inspiración a la hora de dirigir una compañía discográfica está clara: «Atlantic es el modelo para todos los grandes sellos indies que han existido… aun cuando no lo sepan. Ahmet [Ertegun] inventó el primero en 1947». Ertegun, que murió en el 2006, era una leyenda del negocio musical. Cosmopolita, políglota y bon vivant nato, Ertegun se sentía más feliz ultimando un trato en un partido de béisbol o en un bar, allí donde un artista tuviera la sensación de que era tratado de igual a igual en un ambiente de informal generosidad. Ertegun contó con Ray Charles, Aretha Franklin, John Coltrane, Led Zeppelin y los Rolling Stones entre sus artistas; era un erudito, y tan capaz de comentar con fluidez las armonías de un arreglo de góspel como lo que había en el armarito del cuarto de baño de Truman Capote.

Encantador, pródigo en anécdotas tanto musicales como lascivas, y de una elegancia irreprochable, lo mejor de todo es que era un gran aficionado a la música. McGee siempre estuvo fascinado por él: «Adoraba a Ahmet: era una leyenda. Conocía todos los géneros musicales, del primero al último. Cuando lo conocí me contó muchísimas historias fabulosas. Le dije: 'Ahmet, deberías escribir un libro', a lo que me contestó: 'Alan, si lo hiciera me matarían'». En el 2006, Ertegun, que ya había cumplido los ochenta, llevó a cenar a Laurence Bell, fundador de Domino Records, al restaurante Elaine's de Nueva York. Durante la velada expresó su interés por comprar los derechos para Estados Unidos de uno de los recientes fichajes de Bell, los Arctic Monkeys. Mientras intentaba convencerle, Ertegun se refirió a cada uno de los miembros del grupo por su nombre completo, repasó las canciones del disco y se detuvo a reflexionar sobre lo bueno que era el batería. Tras escuchar que el grupo no era muy proclive a lanzar singles de sus álbumes, Ertegun acabó señalando que ya había pasado por todo eso con Led Zeppelin, y añadió, guiñando el ojo, que ya conseguiría que *ellos* lo aceptaran. «Escuché atentamente cada una de sus palabras», recuerda Bell. «Me emborrachó hasta tumbarme.»

Para aspirantes a magnates como McGee o Bell, Atlantic, con su esmero y atención al detalle del proceso de grabación y la profundidad del color y el tacto de la parte gráfica, brillaba como un arquetipo romántico a la hora de triunfar en el negocio musical. Pero en 1969 la cruda realidad de dirigir un sello independiente había hecho mella en Atlantic. En el conglomerado del negocio del espectáculo de Warner Brothers, WEA, Atlantic ahora representaba la «A», mientras la «W» correspondía al grupo Warner propiamente dicho y la «E» a Elektra. Este último sello, fundado en el dormitorio de un colegio mayor de Boston por Jac Holzman en 1950 para grabar la incipiente escena musical folk que actuaba en los cafés de la ciudad, pasó a contratar a la flor y nata de la contracultura de finales de los sesenta: Love, The Stooges, MC5, The Doors y Tim Buckley, quienes le añadieron su propio lustre al equipo estelar del sello. No obstante, Holzman, por aquella época, tal como habían hecho muchos otros antes y después, descubrió que le resultaba imposible cuadrar el éxito crítico y minoritario con las realidades del mercado de la industria del entretenimiento. Holzman vendió su empresa a una *major*, y se consoló con la estabilidad económica y el hecho de que se encontraba a gusto en compañía de Ertegun y personajes como él que, en la estructura corporativa de Warner Brothers, y en la empresa matriz, la Kinney Corporation, no abundaban: una situación que, según McGee, persiste hoy en día: «Quienes dirigen ahora el negocio musical son lameculos y contables. Pocas personas en las altas esferas del negocio están aquí por la música, pero Ahmet Ertegun y Jac Holzman sí que lo estaban».

En el Reino Unido de finales de los sesenta, mientras Ertegun y Holzman conseguían cuadrar sus balances gracias a Warner en los Estados Unidos, dos de los sellos independientes más importantes del mundo surgían del miasma de la contracultura: Virgin y Island. Ambas empresas aportaron una banda sonora a las prolongadas sesiones nocturnas a medida que los sesenta se convertían en los setenta. Sus fundadores, Richard Branson y Chris Blackwell, este último menos conocido por el público, seguirían siendo el parangón del espíritu emprendedor liberal. Branson, antes de diversificarse a la aviación, las finanzas y la comunicación por móvil, había publicado discos de Faust, Captain Beefheart, Gong y Henry Cow en Virgin, pura música de porrero. Mientras supervisaba el estrellato de Bob Marley, Chris Blackwell y Island promocionaban a la bucólica Arcadia de Albión representada por Witchseason Productions de Joe Boyd. Los discos de Witchseason eran experiencias sonoras de una gran intensidad y rebosaban un folk personal y reflexivo de gente como Fairport Convention, John Martyn y el entonces poco considerado Nick Drake.

Island y Virgin eran inconformistas e independientes, y estaban creando un catálogo de álbumes elaborados de manera muy artística que incluía a Roxy Music, Van Der Graaf Generator, Robert Wyatt, Brian Eno, Kevin Ayers y John Cale: una vanguardia de artistas que habrían tenido mucha más influencia en el punk de no haber sido por la inminente política beligerante de 1976.

Según los dictados culturales de tierra quemada del punk, y a pesar de la rebeldía y radicalidad de sus artistas, los tejanos holgados y las barbas de peluquería señalaban a Branson y a su generación como hippies capitalistas; pioneros del álbum doble, lo peor de lo peor.

El impacto del punk como fuerza transfiguradora fue instantáneo y extremadamente poderoso. De la noche a la mañana la gente se cortó el pelo y se desgarró la ropa, y un ruido poseído de una nueva intensidad comenzó a explorar las libertades anárquicas e individuales. Una de las más tangibles conmociones secundarias del punk, tanto en sus repercusiones inmediatas como en su impacto más amplio en la cultura pop, fue su insistencia en llamar a la acción a los individuos. Documenta tu realidad: hazlo tú mismo [*do it yourself*].

Los Sex Pistols y Malcolm McLaren habían entrado en la industria musical británica como un elefante en una cacharrería. La escala de su proyecto, que, al menos a ojos de McLaren, consistía en la subversión del capitalismo mercantil, significaba que tenían que empezar su caza de brujas en las salas de juntas de las corporaciones. La autoedición de los discos de la banda carecía de interés para McLaren, pues su impacto sería limitado. El grupo necesitaba las instalaciones de un sello discográfico, los departamentos de marketing, las divisiones de distribución y promoción de una *major* para maximizar su efecto. Y resultó irónico que, después de que el grupo fuera generosamente financiado y rápidamente abandonado tanto por EMI como por A&M, los Sex Pistols acabaran en Virgin. Contrariamente a los grandes sellos, Richard Branson carecía de un consejo de dirección en las afueras de Londres al que McLaren pudiera vilipendiar e ir a tocarle las narices.

Lo que Branson y Virgin tenían, sin embargo, eran unos poderosos canales de distribución a través de las *majors*, y, a pesar de ser unos marginados, la astucia de jugar en el mercado en sus propios términos. Branson también sabía identificar a un oportunista en cuanto lo veía, y era capaz de reaccionar de manera rápida e instintiva cada vez que McLaren, que comprendía que había encontrado la horma de su zapato, intentaba plantarle cara. Tanto daba qué compañía editara los discos de los Sex Pistols, en la primera oleada de la aceleración del punk, el mensaje estaba claro. Las *majors*, si no la industria discográfica en general, habían sido engatusadas por una algarabía de ruido, energía, confusión e ideas (o quizá tan solo los habían pillado echándose la siesta). «Dinero del Caos» fue el mote que, en retrospectiva, McLaren le dio a su tumultuoso viaje por el parque de atracciones de la industria discográfica, y resultó contagioso. El mensaje que había impreso en una de las camisetas de su boutique Sex, «Pedid lo imposible», resultó ser igualmente seductor.

McLaren había demostrado que la embriagadora combinación de teoría, diseño, filosofía, chorradas y venta agresiva podía generar titulares en primera página, notoriedad y una recompensa económica. Lo más importante, sobre todo, era que los Sex Pistols habían conseguido que la música fuera accesible, peligrosa y excitante una vez más. El resultado fue la emancipación: todo era posible, solo había que lanzarse. Las tácticas de McLaren iban a ejercer una gran influencia en los escritores de fanzines, en los que fantaseaban en su dormitorio y en los teóricos culturales que, sin darse cuenta, estaban a punto de configurar la industria discográfica independiente. Ya fuera a través de las continuas referencias de Tony Wilson y Factory Records a los situacionistas, o a través de los intentos más propios de los tabloides de Alan McGee de capitalizar los alborotos que los Jesus and Mary Chain provocaban en sus primeros conciertos, la capacidad de McLaren de ofrecer un comentario continuo sobre la cultura mientras mutaba y se contraía seguiría siendo una piedra de toque de la independencia.

Rebosante de poder y consciente del abanico de posibilidades que el punk había desplegado, una generación de jóvenes (por desgracia casi todos hombres, aunque hoy en día Rough Trade tiene en Jeannette Lee a una de las más respetadas e influyentes propietarias discográficas del negocio musical) comenzaría a dibujar su propio espacio mental y físico en el que poder imponer sus propios criterios excéntricos e imposibles, cruzando de manera errática las brasas ardientes de las ascuas del punk para crear su propia realidad. Sus nombres fueron Geoff Travis, Tony Wilson, Daniel Miller, Martin Mills, Ivo Watts-Russell, Alan Horne y Alan McGee. Posteriormente se les uniría una generación más joven de emprendedores en la sombra: Steve Beckett, Richard Russell y Laurence Bell. Este libro, con un reparto adicional de grupos, artistas, conspiradores, bribones, traficantes de droga, disc-jockeys y otros oportunistas y estafadores visionarios, es su historia.

Al recordar a sus contemporáneos, Daniel Miller reflexiona sobre sus semejanzas: «Si te fijas en todas estas personas, verás que todos eran más o menos de la misma edad, que rondaban los veinticinco cuando empezaron, lo que significa que éramos lo bastante mayores para recordar bien lo del 68. De un modo u otro, todos estuvimos implicados en el movimiento de protesta. Todos éramos jóvenes, pero también éramos viejos militantes hippies azuzados por el punk». El hecho de carecer de experiencia en la industria musical no fue una ventaja ni un inconveniente. «Todo el mundo estaba en el mismo barco. Vale, Geoff no hacía mucho que tenía una tienda, y lo mismo se podía decir de Martin Mills, y Tony había tenido un programa de televisión. Pero ninguno tenía la menor idea de dirigir una compañía discográfica, y eso era lo mejor de todo, e incluso hoy en día procuro saber lo menos posible de lo que es dirigir una compañía discográfica.»

Los sellos que fundó esta generación —Factory, Rough Trade, Mute, 4AD, Beggars Banquet y Creation— explotarían unos valores y una identidad de una manera que ninguna consultora de marcas se atrevería ni a imaginar. Los discos que publicaron promovieron una inquebrantable fidelidad de sus fans, que dio como resultado una confianza por parte del consumidor a la hora de comprar todo lo que el sello editaba. Al igual que la música que grababan, el logo distintivo y el tipo de letra que se encontraba en los discos de Factory, Mute y 4AD eran señales de un conocimiento secreto. Las portadas celebraban la idea de artefacto inherente a la cubierta de un disco de 12" y extendían sus posibilidades de diseño hasta un extremo casi extático.

Factory sobre todo, bajo la guía del diseñador gráfico Peter Saville, que favorecía unos diseños que eran una mezcla de tarjeta de memoria, troquelado o desplegable, revolucionó el concepto de lo que podía ser la portada de un disco.

Entre ellos Miller, McGee y Wilson, junto con Travis, Watts-Russell, Mills y los sellos que siguieron su camino, descubrieron y editaron la música de unos artistas que representaron el ADN de la cultura popular: Orange Juice, The Smiths, Depeche Mode, Joy Division, The Fall, New Order, Cabaret Voltaire, Cocteau Twins, Happy Mondays, Sonic Youth, Primal Scream, Aphex Twin, Teenage Fanclub, Pixies, The Strokes, Nick Cave and the Bad Seeds, My Bloody Valentine, Autechre, The White Stripes, Franz Ferdinand, Antony and the Johnsons y Artic Monkeys, por nombrar tan solo un puñado. Estos grupos apenas son una mínima parte del catálogo independiente, pero representan la columna vertebral, si no la fuerza centrífuga, de cualquier colección de discos, grabados como están en la conciencia musical de su generación. El catálogo independiente ha aportado una banda sonora al descubrimiento de uno mismo, a los subidones adolescentes y a cualquier otro tipo de hedonismo; se puede considerar casi una colección de arte contemporáneo, aunque funciona también como telón de fondo a la vida cotidiana. Por encima de todo, se trata del sonido de músicos y artistas a los que no solo se permitió, sino que se alentó de manera activa a hacer lo que les diera la gana y al diablo con las consecuencias.

En el ambiente actual de consumismo dictado por la demografía y el deseo de las corporaciones de acceder a la «economía de la reputación», resulta irónico que la industria musical independiente naciera y se criara de manera caótica en una roñosa tienda anónima en la zona venida a menos, si no directamente hecha polvo, de Ladbroke Grove. En febrero de 1976, Geoff Travis abrió una tienda de discos en el 202 de Kensington Park Road, Ladbroke Grove, Londres. El alquiler barato y el hecho de que el local hubiera sido anteriormente una tienda que vendía productos relacionados con el consumo de cannabis reforzó la reputación de la zona como recipiente para los restos del estilo de vida de experimentación hippie de haz-lo-que-quieras. En la trastienda, Travis instalaría un escritorio, y teléfono en mano comenzó a hacer llamadas y a tomar decisiones que parecían ir mucho más allá de comprar y vender discos. Al cabo de un año, toda la superficie no ocupada por las actividades del 202 de Kensington Park se utilizaba para empezar a organizar y negociar un nuevo tipo de empresa *ad hoc*.

«Nuestra motivación era en realidad controlar nuestro propio destino», afirma Travis, «creando nuestros propios discos. No nos interesaba unirnos a unos sistemas ya existentes, sino seguir con nuestra labor artística y convertirnos en una estructura independiente que te diera acceso al mercado sin tener que utilizar las rutas habituales. Ya sabes, como tener que ir a Sony y decir: 'Por favor, señor, ¿podría darme cinco chelines?'. Y eso era la independencia: construir estructuras fuera de la cultura dominante, estructuras que te pudieran ayudar a infiltrarte en esa cultura dominante. Lo sabíamos, y sabíamos que alguien, en algún otro lugar, estaba tomando decisiones acerca de a qué podías tener acceso.»

El nombre de Rough Trade resultaba deliciosamente apropiado. Sugería una aproximación clandestina al comercio y una disposición a comerciar con productos del mercado negro. En su apropiación de la jerga de la prostitución masculina, Rough Trade transmitía un aire totalmente cómplice de antagonismo y empecinamiento. La tienda, al igual que el nombre, captaba el espíritu de la época y resultó ser un éxito. Fundado como cooperativa, se trataba más o menos de un colectivo sin ningún otro plan comercial que intentar vender los discos que gustaban a las personas que trabajaban en él a cualquiera que estuviera interesado. Rough Trade rápidamente se ganó una reputación por la abundancia de su stock y los conocimientos de quienes trabajaban allí. En lugar de concentrarse en un género especializado, explotó la calidad y diversidad de los discos que vendían. Cualquiera que cruzara las puertas de la tienda se sentía vigorizado, ya fuera por el dulce y áspero zumbido de los primeros discos punk que sonaban por el sistema de sonido de la tienda de Rough Trade o por los acetatos promocionales que importaban de Jamaica. O, en muchos casos, por ambas cosas.

Se ensayaban nuevas formas musicales, a menudo por parte de gente que solo tenía un interés fugaz por ese medio en concreto, por no hablar de su escasa competencia musical. La destreza o el virtuosismo eran muy poca cosa en comparación con una mente veloz que acababa de descubrir una nueva manera de expresarse. La tienda había creado un microclima en rápido crecimiento que ahora se expandía a gran velocidad a través de la recién creada placa base del punk. Vendía música interesante de manera distinta a todos los demás. Y cada vez más compraba el material directamente a los artistas, con lo que la tienda podía sortear los canales habituales de las empresas de discos, sus vendedores a domicilio y sus divisiones de distribución.

James Endeacott, que por entonces era un adolescente, posteriormente se encargaría de la sección de A&R de Rough Trade y contribuiría a que los Strokes y los Libertines firmaran por el sello. Recuerda el impulso que se percibía a principios y mediados de los ochenta. «Nadie sabía lo que era un mánager, nadie sabía lo que era un agente: no queríamos hablar de ello, queríamos hablar de discos. Yo no sabía cuándo salían nuestros discos, y la verdad es que no me interesaba. No conocía el negocio. No quería conocerlo, y ahora es *lo único* que conocen las bandas. Ahora todo es: 'Mira, tengo este grupo que a hecho media actuación y ya tiene un abogado'. Para mí nunca fue una carrera profesional, era tan solo algo que hacía.»

Travis comprendió que, además de vender discos rebosantes de ideas nuevas, otras tiendas del Reino Unido le pedían que se los proporcionaran para poder ponerlos a la venta. Aunque pequeño, se estaba desarrollando un creciente mercado alternativo al Top 40 del *mainstream*. Rough Trade estaba en situación de representar esa música fuera de Londres, y el 202 de Kensington Park tendría que expandir sus horizontes de la venta a la distribución. Tendría que empezar encontrando la manera de vender esos discos, cosa que haría con bastante facilidad. Y los discos seguían llegando a la puerta de la tienda de Rough Trade, y en el interior seguían vendiéndose. Las grabaciones que contenían ponían de relieve nuevas formas de creatividad bajo un envoltorio artístico y a veces casi gnóstico. Junto con la urgente necesidad de crear, esos discos revelaban una gran determinación y reflexión. Esa gente, aparte de fundar grupos, había decidido fundar compañías de discos con nombres como Factory, Mute y 4AD.

En los treinta años siguientes, la independencia se pondría a prueba, se reinterpretaría y a menudo se la daría por muerta. A pesar de todo ello, consiguió resistir los vaivenes de la industria musical y seguir siendo una fuente constante de música nueva e irrefutable.

Cuando Rough Trade abrió su tienda a finales de los setenta, existían unas catorce empresas discográficas importantes. Hoy solo quedan tres. Aun cuando su cuota de mercado de la música grabada no tiene parangón con el de las *majors,* y aun cuando ese mercado está en declive, en comparación con sus rivales corporativos, la industria musical independiente sigue floreciendo.

El empecinamiento sigue siendo una fuente de inspiración; para Factory, Mute, Creation, Warp, Domino y empresas semejantes, ha servido de sala de máquinas cuando todo lo demás ha fallado.

Por el camino, los individuos que dirigieron esos sellos enloquecieron y se arruinaron en igual medida. Resistieron o acabaron en el limbo, tras haber probado los frutos agridulces del estilo de vida del rock 'n' roll tanto como sus músicos. El hedonismo borra fácilmente la fina línea que separa el éxito del fracaso. Caminar por el alambre de dirigir una empresa multimillonaria en una industria volátil y de alto riesgo, sin ningún plan de negocios, por no hablar de red de seguridad, acaba haciendo mella en los que están al frente. «El éxito de cualquier sello independiente se reduce a lo que tiene una persona en la cabeza», dice Endeacott. «En lugar de intentar seguir el mercado o planificar el futuro... todo se reduce a lo que tienen en la cabeza.» Al reflexionar sobre los personajes que hay detrás de la industria independiente, añade: «Siempre se paga un precio. Nosotros los llamamos inconformistas. Toda esa gente de la que hablas —Tony Wilson, Ivo, Geoff, McGee, Martin Mills— están chalados. En los Estados Unidos son inconformistas, en el Reino Unido son excéntricos, pero en realidad están todos un poco mal de la cabeza, todos un poco locos. Todo lo hacen con el corazón; es la pasión lo que les impulsa. El ego tiene mucho que ver. Todo esa gente tiene un gran ego, y es que tienes que tener un gran ego».

Este es el relato, acompañado de una banda sonora increíble, de la enorme escala de esas pasiones, del tamaño de esos egos, y de hasta qué punto estaban locos; pero, por encima de todo, es la historia de un sonido potente y díscolo, que reverbera alrededor de sus corazones, que laten y se desbocan de una manera incontrolable...

REPARTO

Mike Alway, A&R de Cherry Red y Blanco y Negro, y fundador de él records

Tom Atencio, mánager de New Order (EE. UU.)

Dave Barker, fundador de Glass Records, A&R de Fire Records y Creation Records

Jeff Barrett, promotor, relaciones públicas, A&R de Creation Records, relaciones públicas de Factory, fundador de Heavenly Recordings

Steve Beckett, fundador de Warp Records

Laurence Bell, A&R de Fire Records, fundador de Domino

Richard Boon, mánager de los Buzzcocks, fundador de New Hormones, empleado de Rough Trade

Rebecca Boulton, mánager de New Order

Mark Bowen, A&R de Creation Records, fundador de Wichita

Cally Calloman, A&R de Mercury, Polydor y Island

Cerne Canning, promotor, empleado de Rough Trade, mánager

Jimmy Cauty, The KLF

Edwyn Collins, Orange Juice, Postcard Records

Bill Drummond, fundador de The Zoo, A&R de Warner, músico en solitario, The KLF

Dick Green, socio de Creation Records, fundador de Wichita

Rob Gretton, mánager de Joy Division y New Order, socio de Factory y The Haçienda

Martin Hannett, productor de discos

Dave Harper, relaciones públicas de Rough Trade, Factory y otros.
Mick Houghton, relaciones públicas de Warner, Creation, The KLF y otros.
Alan Horne, fundador de Postcard Records
Robin Hurley, mánager discográfico, Rough Trade America, 4AD
Bob Last, fundador de Fast Product, mánager de The Human League y de Scritti Polliti
Andrew Lauder, A&R de United Artists
Jeannette Lee, socia de Rough Trade
Johnny Marr, The Smiths
Grace Maxwell, mánager de Orange Juice
Alan McGee, fundador de Creation Records
Nathan McGough, mánager de Happy Mondays
Daniel Miller, fundador de Mute, productor discográfico
Martin Mills, fundador de Beggars Banquet
Stephen Morris, New Order
Joe Moss, mánager de los Smiths
Liz Naylor, editora de *City Fun*, empleada de Rough Trade, Blast First
Vaughan Oliver, diseñador gráfico de 4AD
John Peel, presentador de radio
Mike Pickering, A&R de Factory, DJ y promotor de The Haçienda
Scott Piering, promotor radiofónico, Rough Trade, The KLF y demás
Ivo Watts-Russell, fundador de 4AD
Richard Russell, director musical de XL Recordings
Peter Saville, diseñador gráfico de Factory
Richard Scott, fundador de The Cartel, socio de Rough Trade
Tina Simmons, mánager y socia, Factory Records
Paul Smith, fundador de Blast First
Seymour Stein, fundador de Sire Records
Richard Thomas, promotor de conciertos de Factory, Rough Trade y otros.
Geoff Travis, fundador de Rough Trade
Russell Warby, agente de Nirvana, The Strokes y otros
Tony Wilson, fundador de Factory, presentador de televisión

PRIMERA PARTE

ESPERO QUE NO SEAS TAN TONTO COMO APARENTAS[1]

1. En inglés, «*I hope to God you're not as dumb as you make out*», es un verso del tema «Rip It Up» de Orange Juice. [*N. del T.*]

I. TIME'S UP[2]

Control de los medios publicitarios y de producción
de los Buzzcocks en *Spiral Scratch (archivo del autor)*

---

2. «Time's Up» [«se acabó el tiempo»] es el título de un tema de los Buzzcocks incluido en *Spiral Scratch.* [*N. del T.*]

En el verano de 1975, en el aturdido y confuso punto medio de la década, la oficina de Londres de United Artists, situada en el número 14 de Mortimer Street, en el West End, era un lugar donde te podías encontrar a mucha gente. Dai Davies se había convertido en el agente de prensa de David Bowie siendo todavía adolescente, y hacía poco había regresado a Londres después de acompañar a Bowie en su gira de *Diamond Dogs*. Era un visitante habitual de la oficina de United Artists, que era una especie de centro de acogida por el que se dejaban caer los marginados, parias y buscavidas que comprendían el catálogo de la empresa discográfica. «La oficina era fantástica», dice. «Había una mesa grande y alargada de roble, y todo el local estaba decorado con pósters de los sesenta de Rick Griffin. Ibas allí, y en un extremo de la mesa te encontrabas con Andrew, que intentaba trabajar, y en el otro estaban Doug Smith, Jake Riviera o cualquiera que estuviera en la ciudad.»

Andrew Lauder tenía todavía veintipocos años, y poseía un conocimiento musical enciclopédico solo comparable a su avidez por el vinilo. Lauder había comenzado a trabajar en el Tin Pan Alley de Londres —Denmark Street— cuando era adolescente, y había ido ascendiendo a través del negocio musical del West End. Ahora dirigía la división británica de United Artists, una empresa discográfica estadounidense propiedad de Transamerica Corporation, una multinacional que incluía a Budget Rent-A-Car en su cartera. Con muy pocas cosas programadas para publicar en Inglaterra, a Lauder lo dejaban en paz para que dirigiera el sello tal como creyera conveniente. Mientras la empresa obtuviera beneficios, los jefes americanos de Lauder ya se daban por satisfechos, y este creó un catálogo que reflejaba su amor por los sonidos esotéricos y marginales.

«Andrew secuestró United Artists y lo convirtió en un sello independiente», dice Davies. «El director musical no tenía ni idea de música, pero se alegró de que Andrew se ocupara del trabajo después de haber conseguido un éxito con el single de Hawkwind».

Ese éxito, «Silver Machine» de Hawkwind, acompañado de una película del grupo tocando en directo en Nuneaton en lugar del compromiso de aparecer en el *Top of the Pops*, le había dado libertad a Lauder para dirigir el sello. Para los artistas de Lauder y sus respectivos mánagers, United Artists era una empresa discográfica única en el Londres de mediados de los setenta. Dos de los visitantes frecuentes de la oficina de Lauder eran Jake Riviera y Doug Smith; ambos eran promotores y mánagers cuya reputación les precedía. Riviera, un refugiado del boxeo amateur y del turbio mundo de las salas de conciertos del East End, estaba a punto de cerrar la primera gran gira nacional del grupo que tenía a su cargo, Dr. Feelgood. En enero de 1975, United Artists acababa de publicar *Down by the Jetty*, un álbum de debut de austera portada. En la cubierta en blanco y negro, el grupo parecía una banda de criminales de aspecto bastante patibulario. La música que había en el interior era igualmente tensa y amenazante, una colección de piezas de rhythm and blues blanco como la leche grabadas en mono y desnudas de arreglos. Riviera había contratado una gira de tres grupos titulada «Naughty Boys». El nombre resumía una actitud, parte combate de boxeo de exhibición en la trastienda de un pub y parte vodevil de Max Wall, que Riviera, junto con su futuro socio Dave Robinson, perfeccionarían y destilarían en la identidad de Stiff Records. En lo que se convertiría en una sociedad irreverente e intransigente, Robinson y Riviera fundaron Stiff con una donación del cantante de Dr. Feelgood, Lee Brilleaux, y algunos fondos de Lauder que no aparecieron en los libros.

Al igual que Hawkwind y Dr. Feelgood, Lauder llenó la programación de United Artists de artistas de Estados Unidos y Europa, y estaba a punto de finalizar el lanzamiento de uno de sus grupos alemanes, Neu! El tercer LP del grupo, *Neu! 75*, era una síntesis per-

fectamente matizada de textura y ritmo. Treinta años después, *Neu!
75* sigue siendo un disco tan canónico como la «trilogía de Berlín» de
Bowie/Eno, pero cuando se publicó su destino fue parecido al de la
mayoría de discos de United Artists: un culto formado por la prensa y
un público reducido pero bien informado de compradores de discos,
que compartían una profunda relación con la música que se fusio-
naba con sus gustos experimentales y su estilo de vida. Para Lauder
y sus músicos, aparte de canciones inverosímilmente híbridas como
«Silver Machine», la perspectiva del éxito comercial no era algo tan
esquivo como ignorado. Junto con Neu!, Hawkwind y Dr. Feelgood,
el catálogo de United Artists comprendía una variada colección de los
favoritos de la gente que frecuentaba las tiendas de accesorios para
el consumo de cannabis: Can, Amon Düül II, Man and the Groundhogs. La característica compartida que definía a los grupos era que
los publicaba Andrew Lauder y United Artists.

Las interminables visitas de personajes y curiosos a las oficinas
de Mortimer Street incluían apariciones sin anunciar de artistas que
no mantenían ninguna relación formal con el sello. Las invitaciones
se extendían a cualquiera que compartiera el amor por la experimentación de Lauder. «Bonzo Dog Doo-Dah Band daban ya sus últimos coletazos», dice. «Estaban bastante fuera de onda, pero seguían
viniendo por la oficina, y después Lemmy apareció con los Ángeles
del Infierno.»

Lemmy, que había sido cantante solista en «Silver Machine» poco
antes de que lo expulsaran de Hawkwind, exploraba las posibilidades de formar un nuevo grupo. «Eso fue el principio de todo, cuando
intentábamos poner en marcha Motörhead», dice Lauder. «En aquel
momento fue un poco duro. La gestión era prácticamente inexistente.
De hecho casi todo era inexistente. Era una oficina bastante céntrica;
en ese momento no era un negocio musical de verdad. Parecía algo
completamente diferente. Teníamos que poner en marcha unos potentes extractores de humo, y después el director musical simplemente
pensaba: 'No voy ni a acercarme por ahí… que se encargue Andrew'.»

A mediados de los setenta, los competidores británicos de United
Artists en el negocio discográfico eran una variada colección de sellos
que incluía varias compañías internacionales con oficinas en Londres.
El sello británico más importante era el ilustre EMI, que también

distribuía una serie de sellos independientes más pequeños fundados a finales de los sesenta, cada uno de ellos con su personalidad
diferenciada, dos de los cuales, Island de Chris Blackwell y Virgin de
Richard Branson, eran aún enormemente iconoclastas y se estaban
adaptando al mercado. Ninguno de ellos poseía ya esa rebosante
confianza de la juventud con la que habían dejado su impronta a principios de los setenta. «Virgin parecía un tanto atascada en el mundo
hippie, pero ahí también había buena gente», dice Dai Davies. «Y en
esa época, Chris Blackwell y Island pasaban por una de sus periódicas
crisis económicas y no podían permitirse contratar a nadie.» Además de las empresas británicas estaba PolyGram, un conglomerado
holandés, y las oficinas londinenses de las grandes corporaciones
estadounidenses como CBS, Warner Brothers, RCA y MCA, que
competían para dominar el mercado musical. Sus sedes londinenses funcionaban como avanzadillas de sus empresas matrices, alber-
gando un reducido personal de A&R junto con un equipo de dirección que supervisaba la edición británica de sus principales artistas.

A mediados de la década, PolyGram estaba diversificándose en el
mundo del cine y la televisión, una decisión enormemente lucrativa
que daría como resultado el éxito internacional de *Grease* y *Fiebre
del sábado noche*. Casi todos los sellos estadounidenses contaban con
un extenso catálogo, al igual que EMI. Las empresas más pequeñas
como Virgin y Island contaban con recursos escasos, y a pesar de
algunos éxitos en el mercado comercial, a menudo se encontraban
próximos a la bancarrota. El incuestionable impacto que tuvo el punk
en Londres pilló a muchas de las compañías discográficas consolida-
das temporalmente desprevenidas. Lauder reaccionó rápidamente
y contrató a los Stranglers, de los que Davies era mánager en ese
momento, para United Artists. «Aparte de Andrew Lauder, Dan Loggins de CBS, que era hermano de Kenny Loggins, era la única persona que se interesó», dice Davies. «Tenía un gusto parecido al de
Andrew.»

Había otra compañía discográfica americana que siempre se había
interesado por la vertiente más popular: la música que sonaba en los
bares y los pequeños locales de la escena musical británica, escru-
tando cada turbio rincón de todas las tiendas de discos y clubs a fin de
descubrir algo espontáneo y nuevo: Sire Records.

A Lauder le habían propuesto abrir una oficina de Sire en el Reino Unido, y era perfectamente consciente de la reputación de la compañía. «En aquel momento Sire era un sello muy importante», dice, «y eso tenía mucho que ver con el tipo de persona que era Seymour. Seymour no era precisamente un ejecutivo discográfico convencional.» Seymour Stein había nacido en Brooklyn en 1942 y había comenzado en la biblia de la profesión, la revista *Billboard*, cuando era adolescente. Como anglófilo convencido que era, no solo le interesaba la industria musical británica, sino que durante toda su vida también había alimentado una relación laboral con el Reino Unido, que manejaba casi como si fuera un asunto amoroso.

Stein había cofundado Sire con el productor discográfico Richard Gottehrer en 1966. Dos de sus primeros contratos británicos fueron con los Deviants y la Climax Blues Band, dos artistas engendrados por los estertores de muerte de los sesenta que tocaban un boogie que era una especie de canto fúnebre cuando les daba el bajón. Más éxito tuvo la compilación de tres LP titulada *History of British Rock*, pero a finales de 1975 prestaba más atención a lo que ocurría en su país. Aparte de trabajar con los Flamin' Groovies, acababa de fichar a los Ramones, y andaba desesperado detrás de los Talking Heads, a quienes quería en Sire.

Lauder y Stein siguieron manteniendo una relación amistosa, y de vez en cuando se encontraban por casualidad mientras compraban discos en el mercado de Portobello. Stein tenía también otra razón para visitar Portobello Road; era un serio y devoto coleccionista de antigüedades art decó. Un sábado, Stein le mencionó a Lauder que acababa de ver una nueva tienda de discos que había abierto a poca distancia a pie de los puestos de antigüedades. «Todos los sábados que estaba en Londres», dice Stein, «me acercaba por ahí y mataba dos pájaros de un tiro. Iba a buscar antigüedades a Portobello Road y luego caminaba un par de manzanas hasta Rough Trade.»

Geoff Travis abrió la tienda de Rough Trade en febrero de 1976. Era un graduado en Cambridge de porte desaliñado y peinado afro, y su voz suave y una actitud paciente y considerada revelaban una inteligencia penetrante y analítica. La ubicación de la tienda quedaba justo a la sombra de la autovía Westway que discurría en paralelo a Portobello. «En los sesenta había sido una famosa tienda de parafer-

nalia relacionada con el cannabis, donde vendían esos pósters hor-
teras, kits para fumadores de hazte tu propia pipa y todo eso», dice,
«así que era evidente que ese era el lugar.» Jon Savage era un mucha-
cho del barrio recién llegado de Cambridge, donde había conocido a
Travis en un concierto de Lou Reed. «Yo vivía en casa de mis padres,
que estaba justo delante de Holland Park», dice Savage, «de manera
que era un asiduo de Portobello Road desde 1967, y recuerdo haber
entrado en Rough Trade en otoño del 76. En aquella época, Portobello era totalmente opuesta a los hippies. Eran los últimos coletazos
de Hawkwind; todavía se veían carteles de los Derelicts, así que aún
estabas en la cultura *squatter*. Siempre pensé que al principio Rough
Trade formaba parte de ella.»

Rough Trade abrió antes que el punk y se especializó en importaciones de reggae y estadounidenses. En cuanto los grupos punk británicos empezaron a grabar, la tienda vendió los frutos de su labor en
abundancia y se convirtió en punto neurálgico de esa cultura emergente. Tanto los discos de los Sex Pistols como los de los Clash se vendían a millares en Rough Trade, con lo que la tienda se convirtió de
manera inesperada en líder de mercado de un nuevo sonido.

Para Andrew Lauder, que había contratado a los Stranglers, y para
Dan Loggins de CBS, que había contratado a los Clash, la demanda
acumulada de nueva música era evidente, y el instantáneo éxito
comercial del punk sugería que podía haber un potencial a largo
plazo. «En aquella época tenía muy buena relación con Dan Loggins», dice Lauder, «y él sacó el disco de los Clash una semana antes de
que yo sacara el de los Stranglers, y me telefoneó. Estábamos comentando el puesto que ocupaban entre los más vendidos cuando me
dijo: '¿Sabes en qué puesto están los Clash?'. Creo que era el número
doce o algo así, y la semana siguiente fui yo quien le telefoneó para
decirle: 'Los Stranglers están en el número cuatro', y se quedó patidifuso.»

El negocio musical casi siempre seguía las directrices de las listas de éxitos. «El 'mánager profesional' rápidamente pasó a primer
plano», dice Lauder. «Alguien que anteriormente se había dedicado
a algo completamente diferente te traía unas cintas: 'Ah, mira, tengo
este nuevo lote, te va a encantar. Sé lo que te gusta, y esto es para ti,
amigo'. Era horrible.»

Si Lauder identificaba la actitud arrogante del negocio musical americano abriéndose paso entre el punk, Travis reconocía otra cosa. «Ya lo había visto antes. Habíamos visto cómo MC5 agotaba las existencias, cómo el marketing de las corporaciones convertía la rebelión en una mercancía. Habíamos visto cómo el Movimiento de las Panteras Blancas se convertía rápidamente en objeto de burla.» En contraste con los punks de segunda generación, que se entregaban al mejor postor, Rough Trade se estaba convirtiendo en ese momento en una fuente de nueva música, interesante e inclasificable.

«Geoff sería el primero en tener artistas como Pere Ubu y Devo, que sonaban muy adelantados a su tiempo», dice Lauder. «Íbamos allí cada fin de semana y nos marchábamos con un montón de discos, casi todos singles de 7".» Esos productos exóticos, importados de una zona del centro de los Estados Unidos que producía unos sonidos tan singulares, indicaban un cambio en la manera en que la música se grababa y se manufacturaba.

Comenzaron a aparecer documentos de buena factura creados en dormitorios o en salas de ensayo: singles de 7", fanzines y pósters de conciertos que se celebraban en extraños emplazamientos se introdujeron en un nuevo mercado todavía precario fuera de las tendencias convencionales. Los clientes se acercaban al mostrador de Rough Trade y preguntaban si podían dejar un fanzine o pegar un mensaje en el tablón de anuncios de la tienda. Al cabo de pocos meses los mismos clientes se habían convertido en artistas y músicos, y preguntaban si podían vender en la tienda sus discos autopublicados. Travis, mientras inspeccionaba los nuevos productos que iban llegando, se preguntaba qué tipo de sistema o infraestructura podría mantener esas nuevas energías. «En aquella época, con Gang of Four, se comentó mucho el hecho de cómo iban a cambiar el sistema firmando con EMI», dice, «pero lo único que ellos hacían en realidad era decir: 'Por favor, señor, ¿podría darme cinco chelines?'. *Spiral Scratch* fue el primer disco independiente que la gente quería de verdad. Debimos de pedir miles, y eso fue lo que nos llevó a pensar que teníamos que convertirnos en distribuidores. Así fue como empezó todo.»

Richard Boon era amigo de Howard Trafford desde que eran niños. «Cuando era adolescente y vivía en Leeds, iba a la escuela con Howard, y como nos aburríamos, creamos una pequeña revista fotocopiada que llamamos *Bolshy* y que vendíamos por dos peniques», dice. «La librería anarquista evidentemente se quedó con algunas; también vendimos en los conciertos de folk y a la salida de la escuela... '¿Queréis una?', decíamos. Era una generación que esperaba su momento. Yo era estudiante de arte en la Universidad de Reading, y Howard estaba en el Instituto de Tecnología Bolton, donde conoció a Peter McNeish, y donde no se sentían demasiado felices con lo que estaban haciendo.»

Trafford y McNeish en Bolton y Boon en Reading, junto con, al parecer, la mitad de su generación, habían visto azuzada su curiosidad y su fe en sus propias posibilidades por la reseña del primer disco de los Sex Pistols, aparecida en el *NME* en febrero de 1976. «La reseña de Neil Spencer es fundamental», dice Boon, «porque era algo que flotaba en el ambiente y pareció que aquella reseña lo cristalizaba.»

La reseña, que arrancaba con las palabras: «Daos prisa, se está celebrando una orgía en el escenario», sin duda atrajo la atención de los adolescentes. El texto concluía con la descripción de cómo una silla impactaba contra un altavoz, y citaba las palabras de un miembro del grupo: «De hecho, nosotros no nos dedicamos a la música, sino al caos». Aquello era incentivo suficiente para que Boon, Trafford y McNeish investigaran un poco más y visitaran las fuentes. «Peter y Howard vinieron a Reading a pasar unos días conmigo, y los tres fuimos a la tienda Sex de McLaren y Vivienne. Malcolm dijo: 'Ah, esta noche los Sex Pistols actúan en Welwyn Garden City, y mañana en otro sitio'. Así que nos presentamos y hablamos con ellos, y se mostraron entusiasmados con el hecho de que hubiéramos venido del norte. Fue algo muy emocionante y estimulante.»

Los apellidos McNeish y Trafford se convirtieron en Shelley y Devoto, y su grupo, Buzzcocks, se formó para telonear a los Sex Pistols, a quienes habían invitado a tocar en el Lesser Free Trade Hall de Manchester en junio. Fue tal el éxito del concierto que los invitaron para una segunda actuación un mes más tarde. Al organizar y promocionar esos dos conciertos de los Sex Pistols, Boon y los Buzzcocks se aseguraron de que Manchester sintiera, aparte de la asfixiante ola de calor de aquel verano, la onda expansiva motivacional del punk. En las semanas posteriores a los conciertos, los Buzzcocks se encontraron con que no tenían nada que hacer, y asumieron que su temporal aparición bajo los focos había llegado a su conclusión natural. Todavía motivados por la experiencia de los conciertos de los Sex Pistols, decidieron dar el insólito paso de grabar su propio disco, un EP de cuatro canciones, *Spiral Scratch*. «*Spiral Scratch* coincidió con que Howard pensó que ya había tenido suficiente», dice Boon. «Howard consideraba que había llegado el momento de volver a la universidad. Nos dijimos: 'Bueno, tenemos que hacer un disco', aunque simplemente fuera para dejar un documento de lo que habíamos hecho.»

Después de hacer unas cuantas llamadas telefónicas, Boon encontró un ingeniero local, Martin Hannett, que estaba dispuesto a grabar el disco. Aunque Hannett todavía era joven, ya se había convertido en un veterano de la tendencia más alternativa del negocio musical de Manchester. «Martin y su socia por entonces, Sussanah, pertenecían a la última generación de grupos de Manchester que mantenían una idea hippie y colectivista», dice Boon. «Intentamos llevar una pequeña agencia de contratación, en una habitacioncita muy triste en la que los teléfonos nunca sonaban.»

Hannett aparecía en los créditos de la portada de *Spiral Scratch* como Martin Zero, nombre que adoptó durante una breve época después de haber visto a los Sex Pistols en directo. Su interés por la primera oleada del punk no duró mucho, pues sus documentos grabados le parecían unidimensionales y demasiado apegados, y no por obligación, a las prácticas habituales de la industria. «Yo dirigía una oficina llamada Music Force», recuerda, «y cualquiera que tuviera cualquier tipo de música acababa apareciendo por ahí, pues necesitaban alquilar un sistema de sonido. Asistí al segundo concierto en el Free Trade, en junio. Tenía muchas ganas escuchar el disco de los Sex Pistols, y cuando lo oí en mi casa pensé, vaya, 180 guitarras rítmicas superpuestas. No es el fin del universo tal como lo conocemos, no es más que otro disco.»

El hecho de que Boon escogiera a Hannett como productor fue más por necesidad que porque estuviera al corriente de su talento como productor. «Simplemente nos dijimos: sabe lo que hace, el *fader* no tiene secretos para él», dice Boon. «Todo eso fue antes de que tuviera sus juguetes.» La alquímica relación de Hannett con la mesa de mezclas todavía estaba en pañales. Más que habitar la profundidad de campo de su trabajo posterior, las cuatro pistas que los Buzzcocks grabaron en *Spiral Scratch* poseen una audio *vérité* que transmite el malestar del aburrimiento junto con una celebración de una mala energía nerviosa.

«Así era como sonaba», dice Hannett. «Es un documento. El señor McNeish, el padre de Peter, apareció con el dinero y entramos en Indigo, que tenía un 16 pistas. Yo intentaba hacer cosas y el ingeniero las rechazaba. Me decía: '¡No se pone un eco así en una caja de percusión!'. Nunca se terminó. Me habría encantado llevarme la grabación y remezclarla, pero el propietario del estudio borró el máster porque le pareció que no valía nada.»

El primer paso de Boon consistió en ponerse en contacto con el director local de Virgin Records en Manchester para ver si podía despertar el interés de algún minorista a nivel de calle.[3] El comprador evaluó la mercancía y consintió en colocar una caja de singles en el mostrador. «En el año 76 las grandes discográficas todavía tenían oficinas regionales», dice. «EMI y CBS tenían una oficina en Manchester para su división de ventas. Todo ello ocurrió antes de la venta centralizada, cuando gente como los directores de las tiendas de Virgin Records poseían cierto grado de autonomía, y yo creía que nos libraríamos de ellos y recuperaríamos el dinero.»

A Jon Savage le habían enviado una copia de *Spiral Scratch* y había visto a los Buzzcocks tocar en directo en el Roxy de Londres: siempre con las antenas alerta, fue uno de los que más los apoyaron en la prensa. «La primera vez que fui a Manchester fue para ver a los Electric Circus», dice. «Me parecieron fabulosos, y no eran nada creídos. Lo que todo el mundo olvida ahora que hay esta industria de la nostalgia del punk es que muchos grupos punk eran realmente una mierda; rápidamente se convirtió en un tópico, y entonces aparecieron los Buzzcocks, y ellos sí que iban en serio.»

Además de la legitimidad que les otorgaba haberlo hecho todo ellos mismos, el hecho de que los Buzzcocks no vivieran en Londres les granjeó que su provincianismo fuera un punto a su favor. Los

---

3. El nombre del director era John Webster. Además de llevarse una caja de *Spiral Scratch* como comisión, Webster seguiría trabajando en el departamento de marketing de Virgin, donde formaría parte del equipo que hubo detrás de la serie de compilaciones *Now That's What I Call Music*. Una década más tarde se le ocurrió la idea del Mercury Music Prize. Todo ello sugiere que la enorme influencia de *Spiral Scratch* fue perdurable. [*N. del A.*]

Buzzcocks no solo habían demostrado que un grupo podía hacerse
con el control de los medios de producción, sino que se podía hacer
en Manchester, un hecho que no pasó desapercibido a muchos de
sus contemporáneos de una región que tenía poco o ningún contacto con el negocio musical londinense. «Todas esas bandas incipientes estaban en contacto entre ellas», dice Boon. «Gang of Four,
que eran de Leeds, nos mandaron un casete, Cabaret Voltaire también nos mandaron un casete, y nosotros nos encontrábamos en la
fase de reedición de *Spiral Scratch*. No teníamos ninguna intención
de ser un sello discográfico, así que mi política era, bueno, si vamos
a tocar en Londres llevaremos con nosotros a una banda de Manchester, solo por si alguien hace una reseña. Así que nos llevamos a
gente como The Fall o The Worst solo para reforzar nuestro regionalismo.»

Fueran cuales fueran sus intentos de representar a las provincias,
Boon comprendió que el grupo podía reeditar *Spiral Scratch* y ven-
derlo a su estilo, pero aparte de repetir el proceso grabando y fabri-
cando otro single, no se podía hacer gran cosa para aprovechar el
impulso que *Spiral Scratch* había creado.

«El problema con todas las formas de cultura dominantes es que
no te invitan a participar», dice Boon. «Lo único que quieren es com-
prarte. Vendimos 16.000 copias y ya teníamos suficiente… y fue precisamente entonces cuando los sellos discográficos empezaron a llamarnos para preguntar por los Buzzcocks.»

Boon y el grupo al principio se mostraron reacios a firmar con una
major. Habían tenido la esperanza de poder hacer un trato que les
permitiera permanecer fuera del negocio musical y poder utilizar sus
sistemas de distribución. «A nosotros», dice, «no nos importaba tanto
que nuestro material se vendiera en los puntos de venta habituales,
sino que circulara a través de canales diferentes.»

Mientras Boon meditaba cuál iba a ser su siguiente paso, Geoff
Travis, de Rough Trade, se hacía eco de sus pensamientos. Puede
que haya perdido su mata de pelo hace ya tiempo, pero la concentrada chispa de su determinación todavía brilla intensamente cuando
reflexiona sobre el inicio de un proceso que lentamente transforma-
ría el negocio musical de manera permanente. «Siempre vimos la
distribución como algo político», dice. «Cuando éramos estudiantes

aprendimos que controlar los medios de producción es lo que te da poder. Deseábamos ser una estructura independiente a la que te pudieras conectar y te diera acceso al mercado sin tener que seguir las rutas habituales. Eso es la independencia: se trata de construir estructuras *fuera* del marco convencional pero que te puedan ayudar a infiltrarte en ese marco.»

«Te reúnes con los departamentos de A&R y te encuentras con gente que ni siquiera sabe por qué les interesa el negocio», dice Boon. «Morris Oberstein, el presidente de CBS, me telefoneó y tuve que mantener el teléfono a un metro de mi oído. '¿Pero qué estás haciendo? ¿Fichar por United Artists? No son más que una pequeña empresa, deberías estar hablando con nosotros.' A lo que simplemente le contesté: 'Ya hablé con vosotros y no mostrasteis el menor interés'.»

El interés por los Buzzcocks en la industria musical había sido bastante disperso. Boon y su grupo estaban tan confundidos por los motivos de las compañías discográficas como lo estaban estas por ese grupo de Manchester que desdeñaba sus promesas habituales de fama y fortuna. Andrew Lauder fue el único A&R de los que se reunieron con la banda que pareció apreciar el contexto en el que los Buzzcocks se habían situado. Como eran grandes fans de Can, a los que Lauder había contratado para United Artists, el grupo estaba intrigado por lo que él tenía que ofrecerles, sobre todo si eso incluía las escabrosas historias de los experimentos de Can en el estudio y sus supuestas (y tremendamente tenues) relaciones con la Facción del Ejército Rojo.

«Andrew parecía más interesado en la música que en el negocio», dice Boon. «Era capaz de seducirte con sus historias de cuando había trabajado con los Charlatans originales, y a cualquiera con cierta inteligencia le gustaban Can y Neu! United Artists era ese extraño sello que tenía un catálogo bastante insólito en el que figuraban Beefheart y los Groundhogs.» Como encontraron simpático a Lauder y acordaron firmar con United Artists, los Buzzcocks tuvieron que escuchar las inevitables acusaciones de que se habían «vendido». «La reacción de la gente de la comunidad fue: '¿Por qué lo han hecho?'», dice Boon. «Para empezar, desde aquella primera oleada, los Buzzcocks habían hecho algo diferente desde dentro, y algunas personas estaban muy decepcionadas.»

«Richard era más un miembro del grupo», dice Lauder. «No era uno de esos mánagers comerciales que piensan: 'Bueno, si esto no funciona ya contrataré a otro grupo'.»

Por esa razón Lauder comprendió que, aunque eran de generaciones diferentes, los Buzzcocks exhibían una actitud parecida a la primera generación de artistas de United Artists, y se mostró comprensivo con el grupo, concediéndoles en el contrato un control artístico absoluto. «Teníamos una cláusula», dice Boon, «que al final acabó siendo papel mojado, que nos permitía controlar la dirección artística... aunque cuando los discos dejaron de venderse, cosa que ocurrió, de repente salieron a la luz todas las demás cláusulas del contrato.»

Mientras los Buzzcocks emprendían una carrera de estrellas del pop como miembros de pleno derecho de la industria discográfica, el legado de *Spiral Scratch* aseguraba que existía una industria artesanal alternativa incipiente y viable que había nacido a su estela. Boon descubrió que era el mánager de una banda que daba giras internacionales y que tenía que tratar con los grandes conglomerados del espectáculo, y estaba tan perplejo como cualquiera ante lo que había conseguido *Spiral Scratch*. «Era una sensación extraña», dice. «Y yo no estaba preparado para ello. Aquello me parecía una especie de travesura artística, no un negocio, pero entonces se convirtió en negocio, y yo no soy muy bueno para los negocios.»

Sin darse cuenta, los Buzzcocks y Boon habían fundado una «compañía discográfica» con el lanzamiento de *Spiral Scratch*. Algunos de sus contemporáneos tenían ideas parecidas, aunque un poco más refinadas. Bob Last tenía veintidós años y era estudiante de Arquitectura en Edimburgo, y se sentía atraído por algunos de los conceptos emergentes de la época, sobre todo las discusiones que tenían lugar en torno al arte y el diseño, y en concreto las prácticas emergentes en historia de la arquitectura. «La verdad es que nunca había sentido el menor interés por la industria musical en sí misma», dice. Lo que le interesaba era lo que ahora se denomina «branding», y el poder de la identidad en el mercado. «Yo tenía esa formación política, cultural y teórica de la que surgió la forma popular del posmodernismo», dice, «el que en arquitectura apareció primero con Charles Jencks, y en la cultura popular con Peter York.»

La serie de artículos de York para la revista *Harpers & Queen* fueron muy leídos y comentados a finales de los setenta, y posteriormente recogidos en libros. En esos textos nada solemnes, York se propuso unir los elementos más elegantes y teóricos del punk con el otro extremo de King's Road, el de los almacenes Peter Jones. Identificó lo que acabaría denominándose «estilo de vida», con su interés por el diseño y el consumismo, igual que los antiguos colaboradores de *Harpers & Queen* habían escrito acerca de las presentaciones en público de las chicas que debutaban en sociedad. Lo que ensartaba los hilos de la idea de York era, de manera inevitable, lo que el dominaba «un poco de dinero para gastar». El posmodernismo de York era una manera de reevaluar y reintegrar la distinción de clases con un mínimo común denominador de *brío* con aspiraciones. Todo tenía el mismo valor cultural si era elegante, tenía un precio razonable y contribuía a guiar al consumidor hacia el nivel exigido de identificación con el producto. Todo ello tuvo un efecto pronunciado en la década posterior, en cómo a los ochenta les gustaba hablar de sí mismos, con frecuencia a través del propio York. Para Last, que formaba parte de una generación que surgió de la larga sombra de la erosión política y económica de los setenta, los conceptos de York eran, por su novedad, tremendamente emocionantes. «Eso daba forma a la marca. Y la marca venía impulsada de manera muy específica por lo que hacía el posmodernismo», dijo. «Mezclaba los instintos populistas con los instintos clásicos y teóricos, así que ese era en gran medida el nexo.»

El nombre de la marca de Last fue Fast Product, y el nombre llegó antes de que existiera ningún propósito o decisión determinada acerca de la función de la marca. «Aquello salió del mismo espíritu del que había surgido el punk, pero como marca fue anterior al punk», dice. «No sé qué decir del punk; probablemente comenzaba a suceder en Londres, pero desde luego no había llegado a Escocia. *Spiral Scratch* fue un momento clave cuando mi novia Hilary me lo regaló, porque eso me hizo pensar: "Muy bien, con esta marca haremos música".»

Fast Product evitó las convenciones de las compañías discográficas. Last tenía poco interés en publicar discos ni en impulsar ninguna carrera. Lo que hacía Fast Product era publicar singles de 7" y compilaciones de bandas llamadas Earcoms, cómics para los oídos, que jugaban con los formatos.

La serie Earcom decía mucho sobre el empaquetado y el consumo, y apareció con concentrada rapidez a lo largo de 1979 y dio a conocer grupos de la vanguardia del espacio más teórico que se había abierto después del punk. Tras las capas de comentarios había música rompedora que demostraba que Last poseía auténtico talento como A&R y que estaba atento a las novedades. En el segundo Earcom encontramos a unos incipientes Joy Division, que aportan dos temas. Después de poco más de un año, Last decidió ir abandonando Fast Product y comenzar a ejercer de mánager de algunos de los grupos del sello, sobre todo de The Human League. El impacto de Fast fue intenso y de largo alcance: la iconografía y el estilo del grupo terrorista Baader-Meinhof, por ejemplo, que pueden apreciarse en *Earcom 2: Contradiction*, es algo que todavía encontramos reproducido con más o menos innovaciones.

En apenas poco más de un año Last había grabado y publicado música de Joy Division, The Human League, The Mekons, Dead Kennedys, Scars y D.A.F. en medio de un caos de textos y significantes hermosos. Last había demostrado que un sello discográfico construido de manera artística podría ser mucho más que la suma de sus partes, y que los compradores de discos con criterio ahora sabían leer las posibilidades y el lenguaje de la edición y el diseño de los discos, algo que a ninguno de los contemporáneos de Last se le pasaba por alto. En cuestión de meses, la combinación de un diseño definido, una comercialización poco convencional y una postura ampliamente antiindustrial sería la lengua franca de las pequeñas y nuevas compañías discográficas.

Igual que Last había hecho en Edimburgo, otro grupo de individuos procedentes de una formación no musical parecida, aunque más extrema, se pasaron a la música para elaborar sus ideas. Del mismo modo que Last, tenían un pensamiento teórico, aunque la teoría que había alrededor de Industrial Records es un asunto que sigue dando mucho que hablar y pensar.

Junto con Lots Road de Chelsea y las avenidas de casas ocupadas de la zona norte de Kensington que albergaban a muchos de los seguidores de Rough Trade, el East End de Londres seguía siendo una de las zonas más subdesarrollados de la capital. Contenía la mayor densidad de realojamiento en viviendas de protección oficial de la posguerra, construidas junto a casas apareadas semiderruidas que ahora estaban abandonadas.

«Casi siempre había un ambiente muy tenso; en aquella época Hackney era un lugar muy extraño, no se parecía en nada a lo que es ahora», recuerda Chris Carter. «Todavía se percibía una intensa tensión racial, y luego estaban los skinheads y las palizas a los gays. East London todavía estaba buscando su personalidad y no poseía esa vibración específica que tenía, pongamos, el norte de Londres, que siempre fue más relajado y libre. La verdad es que te jugabas la vida si ibas solo por algunas zonas a ciertas horas de la noche.»

Carter era un adolescente melenudo que sentía un profundo amor por el krautrock, que visitó por primera vez el estudio de COUM Transmissions de Martello Street de Hackney en febrero de 1978 por invitación de sus fundadores, Genesis P-Orridge y Cosey Fanni Tutti. «Fue divertido, porque cuando Gen y Cosey se me presentaron, no me parecieron más que un par de pintorescos hippies con un montón de ideas enloquecidas», afirma. «Aun cuando era evidente que procedíamos de tradiciones musicales muy diferentes, al cabo de unas horas descubrimos todos esos intereses y referencias compartidos y acabo creándose un vínculo.»

La diferencia entre los orígenes musicales de Carter y sus nuevos amigos era muy acusada. Carter era un tímido ingeniero autodidacta que había hecho de técnico de luces de Tangerine Dream y era lo bastante hábil con una placa base para construir sus propios sintetizadores. Tutti y P-Orridge eran artistas de performance que habían decidido explorar la música como parte de su práctica. El tecnológicamente astuto Carter era de la opinión de que necesitaban algo de ayuda. Recuerda que «me invitaron a su estudio de Martello Street. Jugaban con todos esos instrumentos prestados que funcionaban a medias, un tanto rotos: guitarras, baterías, teclados: algunos eran de fabricación casera, y muchos estaban al borde de la autodestrucción. Y por todas partes había pintura fluorescente. Me llevo días tomarlos en serio; tenía la impresión de que me había topado con unos retoños de la Bonzo Dog Doo-Dah Band».

Tutti y su socio P-Orridge habían formado COUM Transmissions durante el apogeo del movimiento artístico de las performances de principios de los setenta, y habían pasado de unos inicios provincianos en su Hull natal a actuar en la Bienal de Venecia. A Carter y al dúo se les había unido Pete «Sleazy» Christopherson, un diseñador gráfico y de portadas de discos freelance entre cuyos clientes estaba Hipgnosis, el icónico estudio de diseño que enmarcó el rock progresivo en abstracciones ingeniosas a menudo basadas en fotos que complementaban esa música premeditadamente compleja contenida a la perfección entre portada y contraportada. Esa era la base para el proyecto que Carter, Christopherson, Tutti y P-Orridge emprendieron juntos: Throbbing Gristle.

«La labor de Sleazy con Hipgnosis, y su conocimiento de la maquetación, la impresión, la fotografía, etc., resultó algo muy valioso», dice Tutti, «porque teníamos a nuestra disposición un conocimiento de primera mano de todas las técnicas utilizadas por la industria. Él era quien componía el material gráfico acabado, conocía los métodos de impresión y las mejores imprentas. Entre los cuatro disponíamos de todo lo necesario para ser Throbbing Gristle y dirigir un sello discográfico.» El cuarteto Industrial Records/Throbbing Gristle poseía una serie de habilidades únicas que le permitirían al sello poseer un modus operandi inconfundible, con un permanente aire de análisis e investigación, una sensibilidad vanguardista arriesgada.

«Lo cierto es que la habilidad técnica de Chris era la clave», dice Tutti. «Él se encargaba de la producción final y de la masterización de todos los discos de TG.» Los conocimientos prácticos de Carter como ingeniero, junto con los conocimientos de diseño de Christopherson, aseguraban que los lanzamientos de Industrial contaran con una increíble atención al detalle.

Las portadas de los discos de Industrial poseían la claridad y autoridad de Hipgnosis, pero en un reverso en blanco y negro y austero. Al crear su propio equipo, Throbbing Gristle elevaban la idea de mantener el control a un nivel superior. La banda rechazaba el formato de bajo, guitarra, batería y voz, y aunque publicaban discos, Throbbing Gristle se mantenían completamente aparte de las convenciones del negocio discográfico. Las primeras publicaciones de Industrial son anteriores al punk, un movimiento y un estilo que Throbbing Gristle rechazaba. «Aunque el punk se presentaba como 'revolucionario', en mi opinión no lo era», dice Tutti, «porque el negocio era su amo, iban al son que les tocaban, seguían buscando idolatría a través de la tosca forma del rock 'n' roll vestido con ropa de diseño.»

Si la zona de Hackney padecía tensiones y estaba muy abandonada, en cambio ofrecía un entorno gratis o barato para la creatividad. «Yo siempre había operado en ese tipo de ambiente», recuerda Tutti. «Vivir en edificios medio en ruinas tipo *squat* que nadie más quería significaba que podíamos disponer de grandes espacios por poco dinero, y que estábamos razonablemente aislados. Personalmente me gustaba la sensación de vivir y trabajar en edificios en desuso. Proporcionaban una desconexión adicional con la sociedad convencional y se convertían en mi propio territorio. En cierto modo, el fracaso de la sociedad contribuyó a nuestro 'éxito'; debido a todo el descontento político de los setenta, nos resultaba más fácil actuar pasando desapercibidos, porque la gente pensaba más en el inconveniente de los cortes de electricidad y en la basura sin recoger. El hecho de que Gen y yo dispusiéramos del estudio de Martello Street era también una enorme ventaja, porque contábamos con un espacio en el que experimentar sin límites. Y justo al otro lado de London Fields teníamos nuestra casa en Beck Road, de manera que cuando las jam sessions se alargaban, o trabajábamos hasta tarde en el estudio, todos volvíamos a casa juntos.»

Además del estudio de COUM en Martello Street, que el dúo tenía alquilado al Arts Council, P-Orridge y Tutti vivían en una casa ocupada, una vivienda adosada cerca de Beck Road, donde Throbbing Gristle a menudo dormían uno al lado del otro para alcanzar un estado mental / onírico de grupo durante el sueño.

La confianza en sí mismos de Throbbing Gristle significaba que el negocio de llevar una compañía discográfica era una experiencia gratificante. «Al principio», dice Tutti, «todo era una auténtica novedad, y nos lo pasábamos estupendamente descubriendo todos los matices de la fabricación, la distribución y la promoción. Naturalmente, jugábamos y enredábamos las cosas un poco para que encajaran con nuestras necesidades. Aquello era y continuó siendo un juego. Pero la prosaica rutina de ir a recoger el correo, contestar el correo, enviar los pedidos y duplicar los casetes nos ocupaba mucho tiempo. Chris y Gen asistían a las pruebas de prensado, entregaban el material en Rough Trade. Al cabo de un tiempo, cuando comenzó a haber más actividad, tuvimos que contratar a dos personas que trabajaban para nosotros en 'la oficina' para poder seguir creando nuestra música.»

Cuando se publicó, el disco de debut de Throbbing Gristle, *Second Annual Report*, se vendió bien, y acabaría superando las 100.000 copias. En Rough Trade el disco tenía una utilidad adicional. «Cuando había demasiada gente en la tienda», dice Richard Scott, que entonces formaba parte de los nuevos empleados de Rough Trade, «poníamos el disco de Throbbing Gristle para que la gente se fuera y hubiera un poco más de sitio.»

En el concierto de Throbbing Gristle en el Crypt de Londres, los teloneros fueron The Normal, una banda cuyo único miembro era Daniel Miller, un cerebrito autodidacta que llevaba el pelo hasta los hombros y tenía pinta de inventor aficionado. «Estaba haciendo el tonto en casa con los sintetizadores en la época en que estaban apareciendo los primeros sellos independientes, y yo quería sacar un single», dice. «No tenía muchas esperanzas. En aquella época escuchaba a los Ramones y a Kraftwerk. Estaba desilusionado con la industria discográfica convencional, porque todo el mundo consideraba que la música que editaban era una mierda, y ahora, si te lo proponías, podías hacerlo todo tú mismo.»

Miller había grabado dos canciones y pretendía editarlas en formato single en su casa. En cuanto hubo mezclado las pistas en una casete, reunió el valor suficiente para acercarse al mostrador de Rough Trade. «No conocía a ninguno de los que trabajaban allí», dice, «y estaba muy nervioso.» Las canciones, tituladas «TVOD» y «Warm Leatherette», eran dos temas corrosivos y minimalistas que sonaban como si hubieran salido del sintetizador a base de amenazas. Geoff Travis, como hacía con cualquiera que entraba en la tienda, le ofreció a Miller una sonrisa tranquilizadora e insertó la cinta en el reproductor de Rough Trade. A unos cuantos pasos estaba Jon Savage escarbando en las novedades de la semana; conversaba con su colega de *Sounds* Jane Suck, y ambos debatían qué discos merecían un examen más atento o una reseña. «Recuerdo que Daniel entró en la tienda con la cinta de 'TVOD' que acababa de grabar», dice. «Jane Suck se puso como loca cuando la oyó: creía que era el nuevo disco de Lou Reed.»

Para alivio y sorpresa de Miller, Travis le propuso producir y distribuir «TVOD» y «Warm Leatherette» inmediatamente. «Lo escucharon, les gustó y aceptaron distribuirlo, cosa que fue fantástica», dice Miller. «Había entrado en la tienda con una cinta y salía con un contrato de grabación. Para mí lo más raro fue que antes de eso no había tenido ningún contacto con la industria musical.»

Miller escogió el nombre de Mute para su sello y se ocupó de todo lo necesario para convertirse en una compañía discográfica, aunque solo fuera para un lanzamiento. «Escribí mi dirección en la contraportada», dice, «porque me pareció que eso era lo que hacía la gente. Y comenzaron a llegarme maquetas de otros músicos con largas cartas en las que decían: 'Por favor, publica mi disco'.»

El ambiente de la tienda de Rough Trade era optimista. Cada vez se fabricaban más discos de 7" por encargo de sus clientes, y las estanterías comenzaban a llenarse de declaraciones sin aparente continuidad, ideas angulares sobre música y primitivos ensayos sobre el pop. Además de lo que se vendía en el mostrador de la tienda, cada lanzamiento también se comercializaba a través del propio sistema de venta por correo de Rough Trade; una nueva forma caprichosa de oferta y demanda se iba creando lentamente lejos de la industria musical establecida.

Richard Scott era un sujeto alto e hirsuto que todavía mantenía el aire de su anterior ocupación de profesor de arquitectura. Ahora, de hecho, estaba al frente de la embrionaria distribución de todo el material que llegaba a Kensington Park Road e intentaba organizar una manera de sacarlo de allí, pues llegaban tantos discos que casi salían por la puerta. «Había una tremenda energía», dice, «y muy pronto nos dimos cuenta de que podíamos vender diez mil copias de cualquier cosa que fuera medio decente, y diez mil copias generaban mucho dinero incluso entonces. Entré allí un día, creo que era de noche, para hablar con Geoff, y estaban todos ocupados examinando las copias que quedaban de *Sniffin' Glue*, y más o menos me echaron diez años después. Me había adentrado en algo tan denso que realmente no había tiempo para pararse a pensar ni a recobrar el aliento.»

Se estaba construyendo una comunidad, pero a pesar de su energía y su nerviosa ambición, todavía era localizada y pequeña. «Solíamos ir a un concierto cada noche», dice Scott, «y en Rough Trade corría el dicho de que si había seis personas o más entre el público, te habías equivocado de concierto. John Peel también deambulaba por allí. Entraba y echaba un vistazo por las estanterías... era muy amable.»

Rough Trade estaba dispuesto a dar el salto y convertirse en un sello discográfico con el que editar singles que ampliaran los valores y la sensibilidad de la producción artesanal. Los primeros lanzamientos llegaron de la diáspora de ideas que fermentaban por la tienda, producto de la reserva de talento regional e internacional que rondaba por allí. Kleenex eran austriacos y Augustus Pablo era la conexión de la tienda con el reggae. Cabaret Voltaire eran de Sheffield, y fue Jon Savage quien le habló de ellos a Travis.

«Una noche me quedé a dormir en casa de Richard Kirk», dice Savage. «Se oían las fábricas, que sonaban exactamente igual que Cabaret Voltaire. A Richard le gustaba mucho Kraftwerk, y me dio un montón de cintas, una de las cuales se convirtió en un casete publicado en Industrial; otro, el primer disco en vinilo de Cab, *Extended Play*, se editó en Rough Trade. En aquella época yo consideraba que parte de mi trabajo era poner en contacto a la gente.»

Jon Savage tenía la impresión de que todo lo que rodeaba al Londres del punk se estaba comenzando a disipar. «Mi impresión era que la escena de Rough Trade se estaba distorsionando mucho. No quería que un montón de gente me dijera lo que tenía que pensar. Me moría de ganas de dejar de trabajar de abogado; me puse en contacto con Tony y le dije: 'Quiero conseguir un trabajo en la tele', y Tony me contestó: 'Muy bien, en Granada hay plazas para investigadores, están entrevistando a gente', y me presenté a una entrevista en noviembre del 78 y me dieron el trabajo.» El Tony en cuestión se había graduado en Cambridge y era profesor, un engolado exalumno de una selecta escuela de Salford: Tony Wilson.

2. ALL NIGHT PARTY[4]

Echo & the Bunnymen en su primera visita a Nueva York, en abril de 1981. El bajista, Les Pattinson, no aparece en la foto, pues fue él quien la tomó. De izquierda a derecha: Bill Drummond, Will Sergeant, Ian McCulloch, Pete De Freitas *(fotografía de Les Pattinson utilizada gracias al permiso del autor)*

---

4. Single del grupo A Certain Ratio (Fac 5) cuyo título puede traducirse como «fiesta toda la noche». [*N. del T.*]

Mi padre era poeta», dice Nathan, hijo de Roger McGough, «y Wilson estaba destinado en el *Liverpool Daily Post* como periodista después de haber estudiado en Cambridge, y era seguidor de la poesía de mi padre. Mi padre había comprado una casa unifamiliar de estuco construida por el conde de Sefton a principios del siglo XIX, aunque básicamente se encontraba en el distrito postal de Liverpool 8, que en el mundo exterior se conoce como Toxteth, motivo por el cual la gente no quiere vivir allí. Wilson solía presentarse en casa; mi madre detestaba que la gente viniera de visita, con lo que solía ser muy grosera con ese sujeto que aparecía por la puerta. Él comenzaba a contarle dios sabe qué y mi madre le cerraba la puerta. Él no dejaba de insistir, hasta que un día, cuando yo tenía trece o catorce años, bajé a la puerta; en aquella época Tony Wilson ya era un joven presentador de Granada TV, y resulta que estaba sentado en el sofá de mi salón.»

El joven Tony Wilson, una mezcla perfeccionada de lo provinciano y urbano, de dudosa reputación pero culturalmente ambicioso, que iba a definir su personalidad mediática en las décadas futuras, le causó una gran impresión al adolescente McGough. «Me encontré con ese tío que trabajaba en la televisión sentado en una butaca de terciopelo azul con una camisa tejana y una chaqueta de esmoquin blanca, y en aquel momento se estaba liando un porro. Era muy carismático, y más o menos acabó convirtiéndose en un amigo de la familia y me aficionó a Kurt Vonnegut, Shakespeare y la música. En aquella época, que debía de ser el 74 o el 75, Tony era un poco hippie.»

Wilson trabajaba en Granada TV, que antes de la aparición de Channel 4, en noviembre de 1982, podía competir sin ningún problema con LWT como la principal voz cultural televisiva independiente de la época. Además de leer las noticias locales, Wilson aspiraba a convertirse en un Melvyn Bragg[5] más auténticamente norteño y mucho más espabilado. Una de las cosas que codiciaba especialmente era la oportunidad de presentar la música contemporánea ante el público televisivo, algo que ya había luchado por conseguir. «Cuando empecé a poner música por televisión, en el 74», dijo Wilson, «creí que sería apreciada por mi generación, pero lo cierto fue que a mi generación le resultó odiosa y detestable, algo que yo no podía comprender.»

En cuanto el punk se abrió paso entre la música convencional, los intentos de Wilson de llevar a los grupos delante de la cámara acabaron con su dimisión temporal de la cadena. «Wilson fue el primer intelectual, e incluso el primer hippie fumador de hierba, que aceptó el punk de inmediato», dice McGough. «Comprendió su poder y su radicalismo, y mientras todos los colegas decían: 'Esto es una mierda', él le siguió siendo fiel.»

A Wilson cada día le llegaban cartas de grupos punk ansiosos por salir en televisión y tener publicidad. Entre el montón había un sobre enviado por los Buzzcocks invitándolo al primero de los conciertos de los Sex Pistols en el Lesser Free Trade Hall. Así es como lo recuerda Wilson: «Recibí una carta y una casete de un tipo llamado Howard Trafford en la que decía: 'Se trata de un grupo realmente fabuloso que acaba de empezar en Londres y vienen a Manchester el 2 de junio para tocar en el Lesser Free Trade Hall', y asistí, naturalmente, y al parecer dieciocho mil personas se presentaron en ese primer concierto. Lo que me parecía muy interesante de la música pop es que era una forma artística realmente popular, es decir, no clasista, cosa que no se podía decir de la televisión. Hasta cierto punto, la gente que mira *Coronation Street* pertenece a un mismo sector de población. No hay distinción de

5. Conocido presentador del programa de la cadena de televisión británica ITV *The South Bank Show*, un magazine cultural, del que era también editor, y de la serie de debates de Radio 4 *In Our Time*. [*N. del T.*]

clases en la experiencia de ser un fan de los Sex Pistols. Posee el mismo contenido intelectual para un estudiante de Cambridge que para un chaval que está en el paro».

La capacidad de Wilson de distanciarse de los protocolos editoriales de Granada le permitió una perspectiva única, perspectiva que mantendría durante toda su época en Factory. Además de la experiencia camorrista de ser un miembro del público de los Sex Pistols, también observó que entre la gente que acudía a los conciertos en Manchester se desarrollaba una sensibilidad diferente. Detrás de la agresión y la teatralidad del punk, se abría un espacio más reflexivo, aunque no menos intenso. «Uno de los grandes logros de Manchester», dijo, «fue que cuando Suicide hicieron de teloneros de los Clash al año siguiente, les lanzaron botellas, latas y les insultaron en todos los conciertos del país, Londres incluido, excepto cuando tocaron en The Factory. Allí mil quinientas personas se volvieron locas, los adoraron. Así de avanzados estábamos; allí ya existía una subcultura; los Residents y Suicide parecían congregar a un cierto tipo de gente.»

Jon Savage hacía poco que se había trasladado a Manchester, y ahora era colega de Wilson en Granada TV, y también se sintió seducido por Suicide y la nueva y floreciente sensibilidad electrónica. «Se trataba de una especie de psicodelia siniestra y electrónica, y era muy estimulante», dice. «Durante ese periodo había mucha gente por el norte de Inglaterra que se paseaba de madrugada con un coche de mierda escuchando esa música electrónica analógica que sonaba muy cálida, y aunque era alienante, también era muy agradable.»

Wilson había sido el único presentador del Reino Unido que había contratado a los Sex Pistols para que tocaran en televisión en su programa cultural y musical nocturno *So It Goes*. Había planeado hacer un reportaje en profundidad del grupo y filmar su aparición en el Eric's club de Liverpool en la desventurada gira Anarchy de la banda. Granada se había hartado de lo que sus productores consideraban una obsesión con el grupo, y decidieron rechazar la idea, una decisión que provocó la dimisión de Wilson. «Me habían cancelado un documental que estaba preparando sobre los Sex Pistols la misma mañana que había comenzado a rodarlo, porque mi productor había llamado al canal y les había dicho: 'No le deis equipo de rodaje a Wilson'. Eso fue cuatro o cinco semanas después de la entrevista de Grundy... cosas que salían por la prensa.[6] Al día siguiente Roger Eagle me telefoneó para decirme que la policía se había presentado en el Eric's club y le había dicho al propietario: 'Si este grupo actúa, la próxima vez que solicite su licencia no se la concederemos'.»

El difunto Roger Eagle era una presencia icónica en Liverpool y en la zona noroeste durante los setenta y los ochenta. Después de haberse forjado en el circuito de northern soul, había traído a Dr. Feelgood y a Captain Beefheart al Lancashire de mediados de los setenta antes de abrir el Eric's en Matthew Street de Liverpool. Adelantándose a The Factory Club por casi dos años, el Eric's era posiblemente, y desde luego lo era a ojos de su clientela, el club más hippie de Gran Bretaña. No hay duda de que fue un semillero sin parangón para el post-punk y un centro de reunión para el mundo bohemio, donde la máquina de discos pinchaba vinilos de 7" de Howlin' Wolf, Ornette Coleman y los Seeds.

Wilson y Eagle, amigos desde que el primero trabajara en el *Liverpool Echo*, se habían prestado apoyo mutuo mientras el punk se propagaba por el norte, y Wilson se había asegurado de que al Eric's se le prestara la debida atención en los medios de comunicación de Manchester. «Preparé el programa de *What's On* de la semana. Lo que no aparecía en el programa eran los Sex Pistols, y después me llegó un memorándum que decía: 'No se hará mención alguna de los Sex Pistols en este programa', y me largué. El mismo día mi contable me dice: 'No estás ganando un puto duro en Granada, ¿no?'. Y mi hija me dice: 'Sale un grupo en tu programa y tres meses después son grandes estrellas, ¿a que sí?'. Sí. 'Bueno, hay mucho dinero en eso.'»

Wilson decidió ampliar su interés por el punk, y él y su amigo Alan Erasmus, al que Wilson había conocido a través de su afición a la marihuana de toda la vida, fundaron The Factory Club, unos conciertos regulares nocturnos en el Russell Club del distrito de Hulme de Manchester.

«Yo no conocía personalmente a Tony, pero como salía en televisión de manera regular, casi diaria, era como si lo conociera», dice Peter Savi-

---

6. Bill Grundy intentó entrevistar a los Sex Pistols para Thames Television el 1 de diciembre de 1976, pero el programa degeneró en un intercambio de insultos intergeneracional. [*N. del A.*]

lle. «Todo el mundo en Manchester, y en casi toda la zona noroeste, tenía la impresión de conocer a Tony Wilson, que era una persona accesible, y yo me imaginaba que hasta cierto punto eso era un subidón para su ego. El lado negativo es que la gente también puede ser bastante grosera o crítica.»

Saville estudiaba diseño gráfico en el Politécnico de Manchester. Un amigo de la escuela, Malcolm Garrett, estaba en el mismo curso; los dos habían crecido con muchas ganas de participar en el seductor proceso de diseñar portadas de discos, un proceso en el que Garrett ya se había introducido a través de su trabajo con los Buzzcocks, cuya portada de disco para United Artists estaba diseñando.

«Yo no tenía nada que ver con la escena musical», dice Saville. «No vivía en la ciudad, sino en la zona residencial lujosa de Cheshire. Yo era un soñador que vivía en el cinturón semirrural de esas ciudades industriales, donde toda la idea de la ciudad y de la industria adquiría una especie de dimensión romántica.»

Los sueños de Saville se combinaban perfectamente con la estética elegante y fría que definiría el estilo Factory. Su inspiración también procedía del discurso y la fotografía que estaba descubriendo en revistas elegantes, y que le permitía fantasear con algo que contrastaba con la realidad de las zonas deprimidas de Manchester.

«Cuando estaba en la escuela de diseño descubrí los ensayos de Peter York en *Harpers*», dice, «que fueron realmente muy influyentes, y con el tiempo acabé descubriendo a Helmut Newton y a Guy Bordan en el *Vogue* de París, aunque esas cosas no eran fáciles de descubrir en el Manchester de 1976 o 1977. Encontrar un ejemplar del *Vogue* de París era una especie de misión imposible: la única realidad tangible de tu existencia que expresaba una cultura visual alternativa accesible para ti eran las portadas de los discos.»

Saville conoció a Richard Boon gracias al trabajo de Garrett con los Buzzcocks. Aunque Boon no podía ofrecerle un trabajo a Saville para diseñar portadas, le sugirió que contactara con Wilson en relación con los planes de este de abrir un club. «Yo tenía un amigo que lo conocía», dice Saville, «y quedamos en que una tarde yo iría a Granada TV y me encontraría con el señor Wilson en el vestíbulo.»

Aunque Saville todavía no se había hecho un book, tenía la cabeza llena de ideas que se moría de ganas de contarle a Wilson; le interesaba especialmente la tipografía y la posibilidad de explorar nuevos caminos para el uso del rotulado en el diseño gráfico.

«Yo sabía lo que quería», dice, «que era conseguir algo mucho más duro. En la obra de Jan Tschichold descubrí un manifiesto que había redactado en 1919 titulado *Die Neue Typographie* que era brutal. Muy sofisticado, pero brutal, y Malcolm no lo conocía, Barney Bubbles no lo conocía; las personas que estaban haciendo cosas cojonudas y nuevas estaban lejos de esa estética fría de Tschichold.»

Wilson se quedó impresionado con la creatividad del joven diseñador, y aunque no comprendía las referencias a la tipografía de vanguardia, le sugirió a Saville que diseñara un póster para el club. Para sorpresa de Saville, el siguiente encargo que recibió de Wilson ya no era para pósters de conciertos, sino ideas para la portada de un disco. Las noches de concierto en The Factory habían impulsado a Wilson a dar un paso más a la hora de abrazar los valores de la fabricación casera y lanzar un single. «En la navidad del 78 nos reunimos en el piso de Alan», dice, «y, para sorpresa de Alan y mía, Tony dijo: 'Hagamos un disco desde el club. Tengo cinco de los grandes que mi madre me ha dejado, y algunos de los grupos que han tocado en el club todavía no tienen contrato discográfico'.»

Después de ver cómo los Buzzcocks firmaban con United Artists, y que la oleada inmediatamente posterior de grupos de Manchester se había convertido en objeto de interés de los grandes sellos, Wilson creyó que había llegado el momento de actuar. «Recuerdo que Wilson me dijo: 'No podemos seguir perdiendo a los grupos de Manchester'», dice Richard Boon. «No había duda de que era partidario del chovinismo cívico.» Boon había mantenido largas conversaciones con Wilson sobre si era o no moralmente reprobable que los Buzzcocks hubieran firmado por una compañía discográfica londinense. «Una cosa es el orgullo», dice. «Me ponía a charlar con Tony y este me decía: '¿Por qué lo has hecho, cariño?'. Manchester está lleno de hombres que se llaman 'cariño' el uno al otro, y a veces lo dicen en serio.»

Mientras Wilson promocionaba los conciertos de The Factory, se había percatado de la aparición de muchos nuevos sellos independientes. Había visto que muchos grupos comenzaban a editar su propia música, y consideraba que, después de haber dado ese primer paso publicándose ellos mismos, lo que casi todos los grupos esperaban era firmar con una *major*. Convencido como estaba de las grandes posibilidades de hacerse con el control que había sugerido el punk, comenzó a contemplar la idea de convertir The Factory en una especie de compañía discográfica.

«Estaba en el coche», cuenta, «pensando: aquel tío lo ha hecho, aquel otro también lo ha hecho. Todo el mundo considera que Factory fue el primer sello artístico, pero el primero fue Fast Product. Había llegado a la conclusión de que simplemente tenías que llevar a tu artista a una *major*. Bob Last lo había hecho con Fast. En ese momento parecía una buena idea; en retrospectiva parecía un terrible error. Joy Division comenzaban a ser populares, y Andrew Lauder ya se había interesado por ellos.»

Junto con Cabaret Voltaire, John Dowie y The Durutti Column, Joy Division era una de las cuatro bandas que aparecían en *A Factory Sample*, el primer disco editado por Factory. Inspirado por la cubierta de una copia asiática del *Abraxas* de Santana, de la que Wilson se había quedado colgado una noche que estaba de tripi, este sugirió que *A Factory Sample* debería tener una portada de papel de arroz.

Saville le hizo caso y presentó un diseño minimalista que mostraba líneas definidas sobre un tono plateado y utilizaba números para indicar los grupos y la lista de canciones. «Parecía apropiado que ese primer disco, que era un colectivo de gente dispar, básicamente se hiciera eco de eso, de manera que así fue como se nos coló el sistema de numeración. Nos gustan los números, los números eran Kraftwerk, la industria, las tecnologías, la idea reductora del número del modelo en oposición al kitsch de los nombres. Me refiero a la serie BMW 3, en comparación con el Ford... ¡Capri!»

El sistema de numeración de Factory, aunque juguetón e innovador, se acabaría convirtiendo en un lastre. Al final se asignarían números de catálogo de Factory a arreglos dentales, proyectos sin terminar y trapicheos de drogas. «Lo que resultaba atractivo era el elemento frío y abstracto de la numerología», dice Saville, «pero se convirtió en una mala costumbre; se volvió algo banal, me temo... esa idea de darle un número a todo, aunque esa era la idea, en realidad.»

Jon Savage, que acababa de mudarse a Manchester, fue invitado formalmente a lo que se convertiría en las instalaciones de Factory durante los doce años siguientes: el piso de Alan Erasmus en Palatine Road, en el arbolado barrio de Didsbury.

«Con Tony todo era un intercambio de favores», dice Savage. «Él me había conseguido trabajo en Granada TV, y una de mis primeras tareas cuando fui a Manchester fue personarme en el piso de Alan Erasmus, donde pasé varias noches metiendo en bolsas ese ridículo paquete.»

En cuanto se hubieron recuperado los costes de *A Factory Sample*, Wilson, Erasmus y Saville comenzaron a editar una serie de singles y casetes que sugerían un Bauhaus de Manchester postindustrial, con sus portadas fotográficas en blanco y negro que mostraban imágenes de gente con el pelo cortado al cepillo y enfundada en un mono. La idea de la estética del diseño de Factory, que encarnaba la identidad que comenzaba a formarse alrededor del sello, acabó convirtiéndose, en la imaginación del público que compraba discos, en algo distintivo y elegante, que le granjeó al sello una reputación de individualidad y calidad. Pero para satisfacer su ambición de convertirse en un sello independiente de la zona norte comparable a los que había en Londres, Factory necesitaba comenzar a editor elepés.

Para todos en Factory, y para cualquiera que les hubiera visto tocar en directo, Joy Division parecían capaces de crear un disco definitivo. Andrew Lauder había comenzado a preguntar por el grupo para una nueva colección que había iniciado con el productor discográfico Martin Rushent. CBS y Warner Brothers también habían mostrado interés. Cualquier representante discográfico que deseara hablar del futuro de Joy Division tenía que hacerlo con su mánager, Rob Gretton, cuya actitud esporádicamente campechana, junto con su acento del sur de Manchester —que siempre acentuaba en sus conversaciones con las empresas discográficas— ocultaban una viva inteligencia y un ingenio lacónico. Mientras evaluaba las ofertas de los diversos sellos importantes que tenía sobre la mesa, Gretton estaba cada vez más interesado en la posibilidad de editar un disco con Factory, algo que le permitiría a él y a su grupo seguir teniendo la base de operaciones en Manchester, un factor que, mientras atendía las llamadas de las compañías de Londres, iba cobrando importancia.

«En algún momento de principios del 79», dice Wilson, «Gretton nos dice: '¿Qué os parece si hago el primer disco con vosotros y luego me voy a Warner Brothers?'. Mi primera reacción fue: ni de coña. ¿Qué costará? Seis mil. Redactamos un borrador del acuerdo en una servilleta de papel, o en lo que fuera. Lo que yo no sabía era que Gretton estaba pensando: 'Este rollo de Factory funciona'.»

La decisión de Gretton de quedarse con Factory también proporcionó a la recién nacida Rough Trade Distribution uno de sus primeros lanzamientos a gran escala. «No hay duda de que *Unknown Pleasures* hizo que nos pusiéramos las pilas», dice Geoff Travis, «y también conseguimos editarlo en Estados Unidos a través de Rough Trade.»

Unknown Pleasures se había grabado en los Strawberry Studios de Stockport con Hannett de productor, en un complejo de grabación a la última propiedad de 10CC. El estudio estaba equipado con los últimos artilugios digitales, que le permitieron al productor sintetizar su densidad atmosférica, una sensación que había desarrollado en parte por su incipiente uso de la heroína. «Debí de comenzar con la heroína en el 78 o en el 79», dijo. «Siempre he sido un consumidor de heroína bastante solitario. Creo que hay muchísima gente que es así, pero yo no conozco a muchos. Incluso la gente a la que se le va completamente la pinza fumando cocaína base mira con desprecio la heroína.»

Después de producir el disco, Hannett comenzó a tener recelos acerca de cómo Wilson quería estructurar el marco legal de Factory. Wilson había asumido que él, Erasmus, Hannett, Saville y Gretton trabajarían como socios. «Habíamos acordado que éramos socios, porque sonaba bien», dice Saville. «Ser socios es algo muy peligroso, pero a nadie le importaba, porque ser socios no significaba nada… nadie pensaba que fuera a ganar dinero. Cuando pasamos de ser socios a ser una sociedad limitada resultó que no podíamos mantener el nombre de Factory Records, así que nos convertimos en Factory Communications.»

Habían tenido que adoptar el nombre de Factory Communications por obligación, pero a Wilson ya le iba bien la idea de que la empresa no se redujera a una compañía discográfica y se convirtiera en una organización de comunicación contemporánea; una organización que mostraría la cara más dinámica y metropolitana de Manchester. Los socios de Factory, qua ahora disfrutaban del éxito de Joy Division, también estaban decididos a pasárselo bien. Saville recordaba: «Todo el mundo estaba en esa zona de juegos… por utilizar una expresión de Tony. El arte del parque infantil: allí era donde estábamos, esa era una fase en la que cada uno era capaz de comprender su idealizada manera de hacer las cosas. Tony contaba con una plataforma para ser emprendedor cultural, para Rob se trataba de una plataforma para gestionar un grupo... algo que nunca había hecho antes. Yo creía que Martin era un productor experimentado, pero no lo era... y Martin producía tal como quería producir, y Alan era simplemente Alan, concebía ideas bastante obtusas y enloquecidas, y yo me convertí en como quieras llamarlo, director artístico. Era una especie de autocomplacencia multicanalizada donde cada uno hacía lo que le daba la gana. Nadie le decía a nadie cómo tenía que hacer las cosas».

Además de esa autocomplacencia donde todos hacían lo que querían, Jon Savage se percató de que en el piso de Alan Erasmus operaba un ambiente cada vez más bohemio. A medida que iban cobrando forma las ideas que había detrás de Factory, lo mismo ocurría con su irreverencia, su confianza en sí mismos y su actitud contracorriente. El éxito de los discos, junto con el perfil de Wilson en Granada y una mayor atención al diseño por parte de Saville, le otorgaron al sello una aureola que lo diferenciaba de su rivales. A ello hay que añadir el cáustico ingenio de los socios de Factory, su amor por las ideas concebidas estando colocados y sus réplicas mordaces, una combinación que convertía el sofá del piso de Erasmus en Palatine Road en una colección de monólogos farfullados y en ocasiones enfrentados.

«Era una extensión de ese espíritu punk de haz lo que quieras», dice Jon Savage, «y también se parecía un poco al espíritu de la Factory de Warhol, en el sentido de que se juntaban todos esos personajes dispares. Ahí tenías a los chicos de A Certain Ratio, que eran unos chavales feroces y desagradables, y a Martin, que era un absoluto maníaco, loco y maravilloso, y a Rob, que hablaba muy poco, y a Tony, que no decía más que tonterías.»

Todos los socios compartían una característica que, en opinión de Wilson, conectaba la jerarquía de Factory de una manera tácita y clandestina: la religión. «En Factory todos éramos católicos», dice. «También había ese rollo sexual, el hecho de que había una gran cantidad de gente con muchas ganas de sexo.»

Todos los socios de la empresa eran católicos, lo que les proporcionaba una historia y una educación compartida. «Rob había obtenido una beca en la mejor escuela católica de Manchester», dice Lesley Gilbert, la socia de Gretton. «Tony había estudiado en la mejor escuela católica de Salford. Ambos eran católicos, y creo que eso les había influido muchísimo. Eran personas sumamente inteligentes. Rob se había criado en un piso de protección oficial y en una familia numerosa, nunca había tenido un chavo: era pobre, pero muy inteligente.»

La combinación de ese ingenio mordaz de voz suave y la insistencia de los socios en seguir llamándose mutuamente «cariño» también llevó a Savage a pensar que Factory, tras su austero modernismo y su simbolismo industrial, resultaba un tanto afeminado. Era un rasgo que Savage observaba por todas partes en su nueva ciudad. «El noroeste es un matriarcado», afirma. «Tony Warren, que es gay, creó *Coronation Street*, que definía lo que era Manchester y suponía una reivindicación del barrio de Salford. Para un londinense, incluso cuando te estaban apuñalando, los bribones y los Perry boys[7] se le antojaban fabulosamente afeminados.»

Wilson estaba fascinado por las posibilidades de Factory. Gracias a los diseños de Saville y a las producciones de Hannett, el sello había causado impacto, y estaba destacando por encima de sus rivales y competidores con una aureola definida sin el menor esfuerzo.

«Uno de los momentos más reveladores de mi vida», dijo, «tuvo lugar un día de verano en el que me sentía estupendamente y me dejé caer por casa de Martin Hannett para recoger dos casetes, uno era 'Flight' de A Certain Ratio, y el otro era *Closer*, que había mezclado la semana anterior y al que no me dejaba acercarme.» Cuando introdujo las cintas en el estéreo de su coche y emprendió el viaje, a Wilson se le dibujó una sonrisa en el rostro al escuchar lo que él y Factory habían creado. «No me podía creer que yo estuviera participando en todo aquello», dijo.

A pesar de que Granada y su infraestructura de medios de comunicación local estuviera radicada allí, Manchester no poseía el monopolio de los deseos de expresarse de la gente del noroeste.

A cincuenta y cinco kilómetros al oeste, en Matthew Street, donde había estado The Cavern, Liverpool tenía su enclave bohemio. La

---

7. Tribu urbana de Manchester de finales de los setenta llamada así por su corte de pelo —al que se conocía como «Perry»— y por llevar marcas como Fred Perry. [*N. del T.*]

School of Language, Music, Dream and Pun de Liverpool, un espacio multimedia de actuaciones y debate, con su propio café y su puesto de ropa de segunda mano, Aunt Twacky's, era un salón para gente que estaba en el paro; un entorno hecho a la medida de la romántica juventud de la ciudad que se pasaba el día haraganeando y soñando. Concebida y dirigida por un exmarino mercante, el filósofo y poeta Peter O'Halligan, se encontraba en un entorno único, y en el sitio exacto, según se le había revelado a O'Halligan en un sueño, en el que Jung había localizado el manantial de la vida. A pesar del hecho de que Jung nunca había visitado Liverpool, su presencia era palpable en la School of Language, Music, Dream and Pun. En 1976 la escuela montó una adaptación teatral de doce horas de *The Illuminatus! Trilogy* de Robert Shea y Robert Anton Wilson.

Adaptada y dirigida por uno de los puntales del teatro experimental británico, Ken Campbell, que había formado el Science Fiction Theatre de Liverpool especialmente para la ocasión, los escenarios fueron construidos por un hombre alto y sorprendente de veintipocos años que hablaba con un marcado acento escocés de hijo del señor de la mansión, Bill Drummond: «Entre 1968 y 1969 mi hermana estuvo haciendo algo llamado servicio voluntario en el extranjero, y tenía la costumbre de mandarme discos», dice. «Algunos tenían la galleta blanca, y yo me preguntaba: ¿qué significa esto? Y algunos tenían unas galletas muy coloreadas; a lo mejor solo tenía siete u ocho discos de esos en total, pero eran fantásticos, había algunos que me encantaban.»

Al adolescente Drummond el amor por los vinilos exóticos importados jamás le abandonó. Cuando era estudiante de arte en Liverpool, a mediados de los setenta, estaba rodeado por la cultura de la época, pero seguía prefiriendo los sonidos hedonistas y desenfrenados publicados en sellos regionales de 7" que llenaban las discotecas locales. Recuerda: «Yo era estudiante de la escuela de arte, pero no comulgaba con lo que representaba. Supongo que gran parte de la música que me gustaba era un híbrido de northern soul. Recuerdo haber visto a Yes y pensar: 'No'. Nunca idealicé a los grupos, me interesaba el disco, y lo que este activa y conecta. E intenté intelectualizarlo cuando dejé la escuela de arte, porque ya me dedicaba a pintar, y eso era lo que quería ser, pintor, y me dije: a la mierda todo esto, la escuela de arte, Liverpool, ¿qué está ocurriendo?, aunque me dedique a pintar, en esta aula no parece estar ocurriendo nada, pero fuera, en Liverpool propiamente dicho, parece que están ocurriendo muchas cosas, y lo único que hago es aprender a crear algo que, si tengo éxito, colgará de las paredes de los ricos».

La cualidad desechable y la ubicua disponibilidad comercial del single de 7" había tocado la fibra sensible de Drummond. «El joven idealista que había en mí pensaba: fíjate en eso. Los singles de 7" parecían parafrasear lo que había dicho Andy Warhol: hablaba de la botella de Coca-Cola y de que en todas partes era la misma, y recuerdo «Penny Lane», «Strawberry Fields», y pensar, joder, tiene razón, y la copia que tiene Andy Warhol de ese disco no es mejor ni peor que la mía, y así es como debería ser el arte. Y eso fue algo que no se me olvidó.»

La idea de que la vanguardia estuviera disponible en medio de High Street en forma de «Strawberry Fields Forever»/«Penny Lane» poseía una inmediatez y una honestidad que Drummond encontraba ausentes en la música que pretendía abrumarte con sus conocimientos ya desde la portada. «Roxy Music, por lo que a mí se refiere, y como estudiante de Arte, eran los guías. Eran irónicos e incluían muchas referencias a eso y a lo otro —a Marilyn Monroe y otras cosas—, y lo que yo quería en 1971 era básicamente punk. Yo no quería ser como los New York Dolls, quería algo que fuera británico y no limitado al intelecto. Fui a ver a Dr. Feelgood en directo y me parecieron fenomenales. Escuchas un disco de Dr. Feelgood y resulta plano, es una música muy aburrida y monótona, pero en directo, joder, ya te puedes olvidar de todo lo demás. Cuando por fin apareció el punk, simplemente pensé que era demasiado viejo y ni se me pasó por la cabeza llegar a formar parte de él. En 1977 cumplí veinticuatro años. Luego los Pistols anunciaron que grababan un disco y pensé: '¿Para qué cojones lo hacen?'.»

La vida musical nocturna de Liverpool se centraba en torno al inmaculado gusto, energía y conocimientos de Roger Eagle, que había sido promotor de los conciertos de Dr. Feelgood, y se contaba entre las amistades de gente como Screaming Jay Hawkings y Captain Beefheart (que al parecer le habían confiado a Eagle los másters de sus grabaciones en medio de un permanente litigio con las compañías discográficas). Eagle, ex disc-jockey del Twisted Wheel y que conocía perfectamente cómo funcionaba el dub y sus efectos benéficos, filtraba sus gustos a través del Eric's Club, a unas cuantas puertas de distancia de la Liverpool School of Language, Music, Dream and Pun de Matthew Street. Eagle y el Eric's abrazaron y afinaron la idea romántica que tenía Liverpool de sí misma como una ciudad de espíritus libres. Para Drummond y sus contemporáneos de Aunt Twacky's, la personalidad soñadora de Liverpool era evidente. «La diferencia entre Liverpool y Manchester», dice, «es que la primera posee esa cualidad celta que siempre mira hacia el nuevo mundo y posee un anhelo, mientras que Manchester es mucho más anglosajona. Justo antes del punk, la gente de los bloques donde yo vivía escuchaba a Van der Graaf Generator y Nick Drake. Era un ambiente profundamente musical, y en todas las casas escuchaban el programa de John Peel.»

El impacto del punk, junto con la seguridad en sí mismo del Eric's, significaba que la gente que se congregaba en Matthew Street era extravagante, ebria de sí misma y dispuesta a propagar su mensaje de heterodoxia, si no al mundo, sí entre ellos. «Había un grupo punk, Spitfire Boys», dice Drummond. «Paul Rutherford, que era el cantante, y Budgie, que era el batería, eran grandes amigos míos, pero no estaban nada convencidos. Tenían esas clásicas discusiones de grupo musical: '¿Para qué cojones quieres todo el rollo ese de Londres?, hay todo un mundo ahí fuera, ¿para qué quieres ir a Londres?'.»

Por entonces Drummond tocaba la guitarra en su propio grupo, Big in Japan. En él participaban futuras lumbreras culturales de Liverpool, como Jayne Casey y Ian Broudie, y Big in Japan era la versión liverpuliana extravagante y con mala leche del punk en todo su esplendor. Drummond y el teclista del grupo, Dave Balfe, intuían la energía que comenzaba a concentrarse en torno a las actuaciones de Big in Japan, y comprendían que necesitaban una salida para todo ese potencial artístico.

«Me dije: bueno, ahora que estoy metido en la música», dice Drummond, «¿por qué no hago lo que realmente quiero? Estar en un grupo me daba igual; lo que yo quería era estar en uno de esos sellos como los que mi hermana traía a casa. Básicamente se trataba de grabar un disco, hacer una funda y meterlo dentro.»

Fueran cuales fueran las oportunidades abiertas por *Spiral Scratch* y las pujantes energías que se organizaban en Rough Trade, las intenciones e inspiraciones de Balfe y Drummond no iban por ahí. «Igual que creo que nadie puede negar la posición icónica que tiene *Spiral Scratch*»,

dice Drummond, «esa no era mi inspiración. A mí me encantaba la
música americana y todos esos pequeños sellos que no habría conocido
si se hubieran llamado sellos 'independientes', pero que eran independientes, eran sellos locales que simplemente intentaban ganar dinero.»
Ellos pensaban de una manera más abstracta, y a su futuro proyecto
lo llamaron The Zoo. «Lo llamamos The Zoo, no Zoo Records, y
queríamos hacer un montón de cosas que nada tenían que ver con el
hecho de grabar discos. La mayor parte de esas cosas nunca llegaron a
hacerse, porque lo que ocurrió fue que, cuando se lo planteamos a un
grupo de amigos y les dijimos: 'Vale, quieres sacar un disco, nosotros
estamos creando este sello', dijeron: 'Vale, pues hagámoslo', y así fue
como los Bunnymen y los Teardrops aparecen dentro de ese invernadero que es la escena musical de Liverpool.»

Un gran ego, una afición a la malevolencia y una música excitante y
segura de sí misma eran rasgos compartidos por todos los miembros
de los grupos, y entre estos, Echo & the Bunnymen y The Teardrop
Explodes resultaron ser los que tenían las mejores melodías, estribillos
y cortes de pelo, y los que tenían más fe en su propia capacidad mítica.
Junto a ellos estaban Lori and the Chameleons, Wild Swans y Big in
Japan. El catálogo de Zoo suena como unos *Nuggets* liverpulianos que
se han trasladado del garaje a las cuatro paredes de ladrillo del Eric's y
se pasan horas comentando los Penguin Modern Classics con la misma
taza de té en Aunt Twacky's.

Dos de los primeros singles publicados por The Zoo, «The Pictures
on My Wall» de Echo & the Bunnymen y «Sleeping Gas» de The Teardrop Explodes, rápidamente se convirtieron en el «single de la semana»
de las publicaciones musicales, y antes incluso de estar preparado para
presentarse en público, The Zoo ya estaba en el mercado.

«No tardamos mucho en tener que convertirnos en mánagers»,
dice Drummond. «No es que tuviéramos la menor idea de en qué
consistía ese trabajo, ni que se nos diera especialmente bien. Es muy
difícil ser bueno en algo cuando ni siquiera sabes lo que es, pero eso
estaba desplazando cualquier idea previa que hubiéramos concebido
para The Zoo.»

Espoleados por las ideas que bullían en la cabeza de Drummond
y Balfe, por no hablar de la rivalidad entre los cantantes, que asegura
esa heroica idea de que hay que imponerse a los demás, The Teardrop

Explodes y Echo & the Bunnymen evitaron la ruta habitual al éxito comercial del pop. En años venideros, los Bunnymen estuvieron de gira en las Hébridas Exteriores y se construyeron una anticarrera de glamour elemental; sería el primer grupo que tocaría en el Albert Hall en una generación, llenando la sala durante dos noches en 1983. El inmenso éxito —Top Ten, *Top of the Pops*— de «Reward» de The Teardrop Explodes vino seguido de una compilación seleccionada por Julian Cope de las grabaciones en solitario para Zoo del entonces todavía no glorificado Scott Walker: *Fire Escape in the Sky: The Godlike Genius of Scott Walker*, uno de los discos (apenas un puñado) que Zoo llegó a publicar.

Con una discografía de apenas dos álbumes, las dos compilaciones, la de Scott Walker obra de Cope y *To the Shores of Lake Placid*, una colección de singles de Zoo, el catálogo del sello era, tal como pretendía Drummond, una representación microrregional del talento local.

Sin embargo, antes de que pudieran crearse todos esos futuros mitos, Drummond y Balfe tenían que hacer frente al problemilla de intentar financiar la dirección de sus artistas sin ningún daño colateral que no fuera la ambiciosa serie de ideas que corrían por su cabeza.

«Lo siguiente que ocurrió con Zoo», dice Drummond, «es que conocí a Tony Wilson gracias a los Teardrops y Big in Japan, porque salimos en su programa de televisión y comenzamos a hacer bolos en las primeras noches de Factory, en el Russell, y él no hacía más que repetir: 'A la mierda esos cabrones de Londres, nosotros podemos hacer esto'. Esa no era nuestra actitud, la de Dave y la mía. Para empezar, yo no soy de Liverpool, aunque Dave sí, pero solíamos pensar: 'Para ti está muy bien, Tony. Tú tienes este trabajo bien pagado. Pero nosotros no nos lo podemos permitir, tenemos que hacer esto para los grupos'. Así que fuimos y vendimos nuestra alma o lo que fuera a las compañías discográficas, y eso fue, básicamente, el final de Zoo, y sacamos el último single de Wild Swans y una compilación. Pero recuerdo haber tenido toda una conversación con Tony, que no dejaba de decirme: 'Bill, es el álbum. Si podemos grabar un álbum, los hemos derrotado... si podemos juntar todo eso...'. Naturalmente, eso fue lo que hizo con el primer álbum de Joy Division.»

Como todos los que intentaban vender su caja de discos, Drummond y Balfe cogieron el coche, se dirigieron a Ladbroke Grove y los llevaron al mostrador de Rough Trade. «Dave le había comprado ese viejo coche a su padre por nada», dice Drummond, «y solíamos ir a dar una vuelta. Entramos y vimos a Geoff y al equipo que tenía en aquella época, y eso era algo que hacíamos mucho, entrábamos en una tienda y decíamos: 'Eh, tengo una caja de discos', y allí mismo, en el mostrador, negociábamos.»

Uno de los singles de Zoo lo compró Seymour Stein en una de sus habituales visitas a Rough Trade, donde se hartaba de escuchar los últimos vinilos. «Para mí aquella tienda era un puesto de escucha», dice Stein, «y aquellos tres personajes, dos chavales y la mujer, que estaban detrás del mostrador, eran como mis empleados de A&R.»

El 7" que Stein compró era «Touch» de Lori and the Chameleons, el grupo post Big in Japan de Balfe y Drummond que encabezaba una estudiante de arte adolescente, en la que Drummond había visto un potencial comercial.

«Ya lo habíamos publicado en Zoo», dice Drummond, «y llegó a ser 'single de la semana', o algo parecido, y entonces Seymour se hizo con los derechos, y tenía una opción para un segundo single, pero no para el álbum. Recuerdo que le escribí una carta, de hecho, porque cambió de opinión y dijo: 'Queremos sacar un álbum'. La idea de un LP… yo detestaba esa idea, me parecía que era como volver a finales de los sesenta: esa manera de pensar procedía del mismo lugar, procedía de 1969, de principios de 1970, con todas esas grandes estrellas del rock inglés, menuda mierda, eso es lo que yo pensaba.»

Por muy radicales que fueran las ideas de Drummond sobre el negocio musical, este consideraba que todavía estaba verde. «No tenía ni idea de cómo funcionaba la industria musical», dice, «pero el dinero que obteníamos de ella, los adelantos, fueron suficientes para grabar el álbum de The Teardrop Explodes. Habíamos grabado el disco antes de contratar al grupo, porque nadie quería contratarlos. La gente hacía lo imposible por contratar a los Bunnymen, cosa que no podíamos comprender, y que Julien sin duda tampoco podía comprender, pero nadie quería contratar a The Teardrop Explodes, así que utilizamos todo el dinero que nos pagó Seymour, que eran alrededor de cuatro mil libras, y lo gastamos en grabar el primer disco de The Teardrop Explodes. Y después vendimos todos los derechos.» Pronunciando una frase a menudo repetida a la hora de perder la virginidad en la industria musical, Drummond se muestra sucinto: «Básicamente lo regalamos todo».

Pero si a Drummond le gustaba considerarse a sí mismo opuesto o desinteresado del negocio musical, su capacidad para mantenerse al margen de las maniobras empresariales jugaba a su favor. Stein sin duda consideraba que se estaba enfrentando a otro listillo.

«La idea de que Bill no sabía lo que hacía es absolutamente falsa. Bill Drummond era una persona muy difícil y muy astuta. En febrero de 1979 bajé a Londres. Había oído que en el YMCA de Tottenham Court Road tocaban cuatro grupos, y el que más entusiasmo despertaba era The Teardrop Explodes. Pero Echo & the Bunnymen tocaban primero. Y antes de que hubiera bajado seis tramos de escaleras... cosa que significaba que tendría que subir seis tramos de escaleras, le dije a Michael Rosenblatt [el socio de Stein en Sire]: 'Creo que más nos vale encontrar algo esta noche', y en cuanto los escuché, le dije: 'Lo hemos encontrado', y esa caja de ritmos, las canciones y la voz eran pura poesía. Mac [Ian McCulloch] era tan fabuloso que firmé un acuerdo con ellos allí mismo, en el YMCA, y cuando llegué a casa, en Nueva York ya estaba todo cerrado, tan tarde era, pero llamé a Los Ángeles y busqué un abogado y le dije: 'Mira, he firmado un contrato para todo el mundo con este grupo, Echo & the Bunnymen, son realmente fabulosos'. 'Seymour, tengo una noticia que darte, este año ya has contratado a demasiados artistas.' Al menos siempre era honesto, así que le dije: '¿Qué cojones tengo que hacer para fichar a este grupo?'.»

Stein era proclive a firmar con demasiados grupos en su deseo de estar siempre pendiente de que, si alguna banda triunfaba a lo grande en Inglaterra, fuera suya, y así era como acababa coleccionando grupos igual que coleccionaba art decó. Al darse cuenta de que su cuenta de Sire con Warner Brothers se había quedado sin fondos, Stein había topado con un obstáculo insuperable en los Estados Unidos, pero recordó que tenía un aliado en Warner Brothers de Londres.

«Había hecho unos cuantos proyectos con Ron Dickins», recuerda Stein, «que estaba al frente de Warner Publishing, así que fui a verle y le dije: 'Rob, eres el mejor A&R de Inglaterra', y eso le encantó. 'De verdad que eres el mejor A&R de Inglaterra, podrías tener tu propio sello', y él me contesta: 'Tienes razón, debería tenerlo'. Y yo le digo: '¿Por qué no montamos uno juntos? De hecho, tengo el grupo con el que podemos empezar, y tú contratas el siguiente'. Y él me contestó: 'Bueno, déjame escucharlo', y si quieres que te diga la verdad, probablemente le gustaron incluso más que a mí.»

Drummond, creyendo que él y los Bunnymen iban a firmar con Sire, intentaba controlar las maniobras de Stein. «Seymour montó una empresa con Rob Dickins, que era director de Warner Music», dice, «esa cosa llamada Korova, una empresa radicada en Gran Bretaña de ámbito mundial, lo que significaba que la compañía americana, la Warner de la Costa Oeste... ahí no había mucho dinero para ellos. A los Bunnymen eso les daba igual, el trabajo duro no les preocupaba tanto como a U2, no les interesaba.»

La ética del trabajo de interminables giras y de aparecer en todas las emisoras de radio regionales y saludar a los representantes comerciales era algo que no podía estar más alejado de lo que se cocía en el salón de té de Aunt Twacky, y según el marco de referencia de los Bunnymen —cielos costeros invernales, paseos a la luz de la luna y bares de absenta parisinos— era algo que carecía totalmente de valor.

«A ellos les iba más lo europeo», dice Drummond, «estaban mucho más metidos en la idea de hacer música europea, aun cuando hicieran rock. Aspiraban a algo europeo, y yo también. Simplemente pensábamos: 'A la mierda Estados Unidos'. Así que nos fuimos a Estados Unidos para el cuarto álbum, hicimos una gira de tres semanas y yo perdí interés. Sabían que yo no iba a solucionarles la vida.»

Mientras que The Teardrop Explodes se habían apagado después de su eufórico éxito comercial tras dos álbumes y medio y un caos de drogas y beneficios cada vez menores, Drummond había conseguido que los Bunnymen grabaran cuatro discos en cuatro años.

Las portadas de todos los discos eran un paisaje elemental: la tierra para su álbum de debut *Crocodiles*, el cielo para *Heaven Up Here*, la blancura de la tundra para *Porcupine* y el rielar de un intenso color aguamarina para *Ocean Rain*.[8]

«En cuanto se acabó de grabar *Ocean Rain* me dije que ya era suficiente», dice Drummond. «Ya habéis hecho vuestro gran disco. Os

8. La campaña publicitaria de *Ocean Rain* contenía la siguiente frase: «El disco más importante jamás grabado». «Fue idea mía», dice Drummond. «Quiero decir, ¿por qué andarse con hostias? El departamento de marketing no volvió a dirigirme la palabra.» [*N. del A.*]

ha costado cuatro llegar a él, y ya no tiene sentido hacer más. Ya no deberíais grabar más discos, deberíais limitaros a ir de gira, y ya está, no grabéis discos. Os convertiréis en una banda de culto por todo el mundo. Aunque yo detestaba a Grateful Dead, me gustaba la idea de que hubieran construido ese mundo que no tenía nada que ver con la pasión de la época ni con la industria. De algún modo existía como algo ajeno a todo, cosa que me parecía fantástica. Simplemente pensaba: 'Eso es, chicos'. En este momento no habría dicho 'chicos', pues sonaba tan condescendiente como ahora, pero me parecía que el camino había terminado, ya no podían ser mejores.»

Aunque tuviera en grandísima consideración a los músicos que gestionaba, Drummond reconoce que las ambiciones románticas para sus carreras se anteponían a la gestión cotidiana de los asuntos comerciales. Quizá la industria le dejara seguir con sus ideas creativas, pero al final la ortodoxia y la contabilidad pudieron con él.

«La cagué. Ya lo creo que la cagué, tanto con los Bunnymen como con los Explodes. Hice tratos de ámbito mundial, así que no existía la posibilidad de que los cogiera una empresa americana, por lo que las empresas americanas tampoco se preocupaban. Seguimos caminos separados, y los Bunnymen consiguieron management americano, que fue la misma época en que tuvo lugar esa gira conjunta que encabezaban con New Order, y se introdujeron en el mercado estadounidense y llegaron al nivel de las radios universitarias o lo que fuera.»

En sus acuerdos con la oficina de Warner, Drummond había conseguido un aliado en el departamento de prensa, un experiodista ingenioso y disperso que poseía un conocimiento enciclopédico de la psicodelia, Mick Houghton. «Comencé a trabajar para Warner en el 79. Sin querer parecer arrogante, se podría decir que casi inventé la escuela moderna de relaciones públicas, que más o menos consistía en saber de lo que estabas hablando», dice. «Durante mi primer mes allí, Warner distribuía los discos de Sire, que en aquella época estaba lanzando el segundo disco de Talking Heads, el segundo o tercero de los Ramones, y en Warner nadie veía el potencial de esos grupos. Era increíble, alguien como Tom Waits... yo diría que casi del primero al último, el sello entero se mostraba reacio a esa música. Creo que se puede decir de los periodistas de entonces, y en gran medida de los periodistas de ahora: los periodistas no entienden cómo funciona la industria musical, y creo que no lo entenderán hasta que no formen parte de ella. Cuando empecé a trabajar para Warner, me sorprendió enormemente encontrarme de repente en una empresa en la que a nadie parecía gustarle la música. El departamento de radio se dedicaba a que las emisoras pusieran a sus músicos y a que salieran en el *Top of the Pops*, y eso era todo, y si un disco 'no tiraba', como decían en la época, entonces se desinteresaban por completo.»

La presencia de Stein en Warner, sin embargo, resultó un antídoto a la indiferencia del resto de la empresa. «Con Seymour era un poco raro, porque tenía la formación de un peso pesado, pero al mismo tiempo lo que resultaba extraordinario de él es que simplemente poseía ese increíble talento para ver el potencial de cada grupo.»

Durante la época en que Drummond y Stein estuvieron en el negocio, el primero se mostró reacio al lado epicúreo de Stein, y rechazó sus interminables invitaciones a comer, cenar y lo que fuera. Se familiarizó con el personaje conversador que era Stein simplemente haciendo tratos juntos. «Sabes, a mí no me interesaba ir a restaurantes ni ponerme a contar anécdotas, algo que a Seymour se le da muy bien. Con ello no quiero decir que yo sea mejor persona, sino que lo que me interesaba era grabar discos o lo que podía representar un grupo dentro de la psique de una generación, todo ese rollo. Pero aprendí muchísimo de Seymour, no te lo puedes imaginar. Era imposible tener una conversación con él sin aprender muchísimas cosas. Siempre me tenía fascinado, porque me contaba su historia, que se remontaba a épocas de la música que realmente me encantaban, finales de los cincuenta, principios de los sesenta, me hablaba de su primer empleo, de cómo creaban las listas de éxitos, de cómo hacían publicidad, de que había trabajado para gente del Brill Building[9], sabes, todas esas cosas que él personificaba: era neoyorquino, judío, músico, intrigante, todo eso, y además poseía un increíble amor por la música, al tiempo que era ese ejecutivo agresivo judío del negocio musical que hacía que las cosas funcionaran.»

Entre las anécdotas, los chismorreos salaces y los consejos de ejecutivo agresivo que Stein iba ofreciendo, hubo una enseñanza que,

---

9. El Brill Building es un edificio de Broadway que aloja oficinas de la industria musical y donde se han escrito algunos de los temas más populares de los Estados Unidos. [*N. del T.*]

en su pragmatismo a la hora de conseguir que la industria musical trabajara para ti, Drummond encontró asombrosa. Un consejo que le horrorizó: «Dice Seymour: 'Bill, así es como se gana dinero en la industria musical: tienes que hacer un trato con un sello discográfico. Decirles: "Os doy seis álbumes y vosotros me dais x miles de dólares". Supongamos que sacas cien mil dólares por seis álbumes, entonces vas y contratas a seis grupos, cualquier grupo viejo, tanto da quiénes sean, los metes en un estudio, graban un álbum, y tú grabas ese álbum por cinco mil dólares. El grupo te adorará porque has conseguido que graban un disco, y eso es todo lo que quieren hacer en su vida. Entonces les dices al grupo: "Vale, tenéis que tenerlo grabado en cuatro o cinco días", y haces el disco. Por lo que haces tus seis álbumes por menos de veinte mil dólares, o lo que sea. Con lo cual has ganado ochenta mil. Tanto da si esos discos tienen éxito o no'».

Esta fría realidad le abrió los ojos a Drummond, cuando unos años más tarde no puedo evitar observar cómo a Stein su modelo le fallaba estrepitosamente. «Seymour se dio un porrazo haciéndolo a su manera. Al mismo tiempo era un absoluto amante de la música: las dos cosas iban en paralelo, pero en cuanto contrató a Madonna la cosa se fue la mierda. A él no le interesaba vender muchos discos con Talking Heads, los Ramones ni con ninguno de nosotros, ni con ninguno de ellos, porque de repente les estaría debiendo royalties, un dinero que ya se había gastado en muebles art decó y en sus casas. De manera que cuando Madonna comenzó a vender de verdad, su plan se fue al traste. Ya no pudo seguir haciéndolo, y fue entonces cuando tuvo que vendérselo todo a Warner o a quien fuera, el 51% o más. Quiero decir que acabó vendiendo a todo los grupos, y ese fue el motivo.»

Con Dickins participando en la parte financiera del acuerdo, Stein tenía a su elíptica banda del norte bajo los auspicios de la mística de Drummond. La visión de Stein de unos ochenta alternativos pagaría dividendos a lo largo de la década en forma de una sucesión de pálidos muchachos británicos de provincias que volarían por todo el mundo gracias a Sire, tocarían en polideportivos y parpadearían al sol de Santa Mónica.

Sin embargo, como la década estaba apenas comenzando, lo único que podía ver Mick Houghton en el departamento de prensa de Warner era un auténtico horror ante la idea de que ese tipo de música triunfara. «El primer año que trabajé allí, grupos como los Bunnymen, Talking Heads o los Ramones salían muchísimo en la prensa, mientras que los tipos de promoción de radio simplemente los consideraban insoportables. En ese momento, Warner no veía ningún tipo de potencial comercial en esos discos. Creo que, hasta cierto punto, se estaba recuperando de la reacción del punk contra su repertorio de artistas, los Foreigner y los Fleetwood Mac. Pero era evidente que todo lo que había traído el punk no había cambiado nada por lo que se refería a ciertos dinosaurios del rock —Genesis, Yes, los Moody Blues de este mundo—, que posiblemente tuvieron más éxito después de 1980 que antes, y los conciertos de Live Aid incluso expandieron muchísimo más los horizontes de esos grupos. Cuando se trataba de Foreigner, tenía que haber un gran alboroto, sabes, tenían que salir en la prensa, en la radio, y era inevitable que les ofrecieran una generosa recepción. La única razón por la que recuerdo el caso de Foreigner es porque publicaron un álbum titulado *Cold As Ice* y ofrecieron una multitudinaria recepción en algún hotel Intercontinental, y les pareció una magnífica idea traer el logo de *Cold As Ice* hecho con hielo, pero lo llevaron por la tarde, de manera que cuando todo el mundo llegó, el logo se había derretido y todo el suelo estaba lleno de agua.»

Para Rob Dickins, el joven ejecutivo inglés que dirigía las oficinas de Londres de una compañía americana, que había concebido un plan para que él y Stein promocionaran el talento nativo, el futuro se encontraba en algún lugar del horizonte con esa nueva música guitarrera emergente.

«En ese sentido, los Bunnymen llegaron muy pronto», dice Houghton. «Solo grabaron un disco para Zoo, y creo que Rob Dickins fue bastante astuto. Rob quería un sello que fuera como Stiff, quería un sello que lanzara éxitos.»

Pero Dickins tendría que esperar para conseguir que los Bunnymen le dieran un éxito, pues a pesar de todo el espacio en la prensa que Houghton consiguió que le dedicaran a la banda, a pesar de todo la *mise en scène* de Drummond, y por mucho que pusieran la música en la radio comercial, el departamento de radio de la compañía de discos seguía mostrándose hostil. «A los Bunnymen les costó tres álbumes e incontables singles que 'The Cutter' llegará al Top 20», dice Houghton. «Antes de eso habían conseguido tener algún 'single de la semana' en la prensa musical y que John Peel pusiera sus discos, me refiero a que eso era todo.»

Para Drummond, más allá de su mítica manera de gestionar a sus músicos, que significaba que su idea de planificar una campaña consistía en un día entero montando en bicicleta culminado con una actuación en la catedral de Liverpool, la industria discográfica seguía siendo algo directamente desconcertante y absurdo. «La demografía», dice, «es una palabra que aprendí en California. '¿Cuál es la demografía de Echo & the Bunnymen?' '¿De qué estás hablando?' ¿Demografía? La demografía es todo aquel que compra el disco, eso es la demografía.»

Drummond, que dibujaba orejas de conejo sobre los mapas y planeaba la gira en consecuencia, iba por otro camino. Las interpretaciones de los Bunnymen en el concierto «A Crystal Day» en la catedral de Liverpool, su gira por las Orcadas y su concierto en el Albert Hall, al tiempo que afianzaba su posición como la banda de culto definitiva de los ochenta, era por encima de todo un artículo de fe en los grandes gestos.

«La gira de las Islas Orcadas, el concierto 'A Crystal Day', el romanticismo que había en todo ello», dice Houghton, «el romanticismo pero también el gesto: a Bill siempre se le había dado bien el gesto.» Y si ese amor por el gesto quedó a medias en su gestión de Echo & the Bunnymen, cuando, varios años más tarde, entró en el negocio musical como artista, esos gestos, que ya se encontraban en las ideas de *The Illiminatus!* de la Liverpool School of Language, Music, Dream and Pun, y que eran en parte una respuesta terriblemente segura de sí misma a la cultura rave que lo rodeaba por todas partes, se magnificarían, crisparían e intensificarían hasta convertirse en uno de los más asombrosos actos teatrales de la historia de la independencia. Por no decir uno de los más lucrativos.

3. WHAT PRESENCE?!¹⁰

Una de las primeras sesiones fotográficas de Orange Juice, en la que Alan Horne ocupa el lugar del bajista ausente, David McClymont. De izquierda a derecha: Steven Daly, Alan Horne, Edwyn Collins, James Kirk *(fotografía de Tom Sheehan utilizada con permiso del fotógrafo)*

10. Título de un single de Orange Juice cuya traducción podría ser «¡Qué presencia!». [*N. del T.*]

En la época en que estábamos formando Postcard», dice Edwyn Collins, «todo lo que posteriormente adoptaron los grupos de jangle pop... la verdad es que nunca me gustó la manera como se interpretó, recuerdo que mucha gente lo despreciaba.» El punk había llegado a Glasgow un poco más tarde que al resto del Reino Unido, pero su lado agresivo y brutal había encontrado afinidad en una ciudad en la que la vida nocturna era de armas tomar. «El punk en Glasgow», dice Edwyn Collins, «consistía en un montón de grupos que se llamaban The Sick, The Vomit, The Drags, The Jokes. Glasgow se sentía cómodo con todo eso, y siempre había tenido esa obsesión con los tipos duros que no se andan con hostias.»

Collins todavía iba a la escuela cuando llegó a Glasgow la primera oleada punk. Entre sus compañeros de la Bearsden Academy, una escuela secundaria en uno de los barrios periféricos menos turbulentos de la ciudad, estaban Steven Daly y James Kirk. «Todos los miembros de Postcard teníamos esa cosa adolescente de falta de confianza en ti mismo», dice Collins. «Nunca fuimos esos chavales con los que la gente quisiera salir por ahí. Cuando nos encontrábamos, todos nos mirábamos con cierta reticencia, y eso afectaba nuestra manera de estar juntos.»

Collins, que leía el *NME* en el autobús escolar, un día se fijó en que Daly, situado unos asientos más allá, estaba leyendo el *Melody Maker*. Cualquier prestigio que pudiera haber conseguido leyendo el semanario menos favorable al rock progresivo quedó anulado cuando

Daly expresó su horror al ver que Collins llevaba con orgullo una chapa de Buddy Holly.

La pasión que ambos compartían a la hora de devorar música, que incluía minucias adolescentes como el peinado de David Bowie, las apariciones de Donna Summer en el *Top of the Pops* y caras B olvidadas de los sesenta, provocó que Collins, Kirk y Daly se acercaran con cautela al punk haciendo un fanzine. En lugar de cubrir los conciertos de The Sick o The Vomit, su fanzine, de manera reveladora, se interesaba por la música del pasado.

«En el 77 montamos un fanzine llamado *No Variety*», dice Collins. «James escribía artículos políticos. Cuando la selección nacional escocesa estaba a punto de jugar en Chile, en el mismo estadio en el que se habían llevado cabo las ejecuciones del 74 durante el golpe de estado de los militares, James escribió acerca de por qué no deberían jugar en ese estadio, y lo remató con la frase: '¿Limpiarás la sangre de sus botas, Willie Ormond?'.[11] También incluimos una retrospectiva sobre los Troggs y yo escribí un artículo sobre el tercer disco de la Velvet Underground.»

Mientras intentaba vender los fanzines en la tienda de discos del barrio, Daly se topó con el editor de un fanzine que era un experto a la hora de promocionarse, Alan Horne. Si Collins, Daly y Kirk sentían el clásico deseo adolescente de superar su desgarbada timidez gracias a su fanatismo por el mundo del pop, Alan Horne parecía proceder de un lugar un tanto más desconcertante:

«Steven siempre quería estar a la última», dice Collins. «'Teenage Depression' salió la misma semana que 'White Riot', de modo que escribió dos reseñas en las que confrontaba ambos singles. Escribió: 'Iros a tomar por culo, maestros, iros a cascarla con vuestra vieja y patética banda de rock. ¡Este es el único disco adolescente que importa: "White Riot!"'. Steven conocía a Alan Horne de frecuentar la tienda de discos Listen. Se habían conocido gracias al fanzine de Alan, *Swankers*.»

Swankers introdujo el modelo de fanzine en aguas un tanto inexploradas. En lugar de publicar perfiles sobre el incipiente ambiente

---

11. Willie Ormond fue el entrenador de la selección escocesa de fútbol en el Mundial de 1974. [*N. del T.*]

punk o escribir reseñas de los conciertos que se celebraban en la ciudad, en *Swankers* Horne se dedicaba a la difamación. Aquellos que tenían la desgracia de contarse entre sus más allegados acababan siendo el blanco de su surrealismo mordaz y hostil. «Había creado *Swankers* tan solo para fastidiar a su compañero de piso, Brian Superstar. Ambos habían nacido en una población costera al sur de Glasgow, un conocido lugar de veraneo cerca de Ayr. Alan se denominaba a sí mismo Eva Braun, y a su amigo lo llamaba el Bobo, y escribía sobre sí mismo, sobre Brian Superstar y sobre el personaje de una novia que tenía, Janice Fuck.»

Swankers parecía fusionar la xenofobia pueblerina con el rock más decadente de los sesenta y su *amour fou* por la parafernalia decorativa del fascismo. «Había un cuestionario para fanáticos», dice Collins, «y una foto de Brian Jones con uniforme de las SS y la cabeza de Brian Superstar encima.»

Collins y Daly rechazaban las opiniones políticas de Horne como propias de un paleto brillante pero ignorante, pero también detectaron en él unos asombrosos conocimientos musicales, que iban de la mano de una virulencia que a menudo los ponía histéricos. «Nos parecía algo estúpido. Steven se mostraba muy intolerante con cualquiera que llevara una esvástica, pero lo toleraba en Alan, porque también era muy amanerado. Alan insiste en que todas las ideas que tenía eran las mismas que las de Morrissey, y, como es adoptado, creía que Morrissey debía de ser su hermano gemelo perdido. [La actriz] Rita Tushingham, ese era su marco de referencia.»

Con unos ojos claros y penetrantes protegidos con unas gafas de montura traslúcida o metálica, Horne había cultivado una imagen adecuada a su complexión delgada, a medio camino entre el *screen test* de Truman Capote para la Factory y una versión más cáustica del Alan Bennett de la época de *Beyond the Fringe*. Conseguir aunar todo aquello reflejaba una extraordinaria habilidad para proyectar una inteligencia ferozmente vituperante.

Collins, Kirk y Daly comenzaron con un vacilante grupo punk, los Nu Sonics, y, aunque contentos de armar ruido, comprendieron que el punk, sobre todo el punk convencional de Glasgow, era creativamente un callejón sin salida. «En el 79, ninguno de nosotros quería tener nada que ver con el punk», dice Collins, «porque estaban llegando grupos como Sham 69 y los UK Subs. Todos esos quinquis.»

La gira White Riot de The Clash, sin embargo, presentaría a los escoceses un estilo musical más interesante, sutil y menos traumático. Los teloneros de los Clash en Glasgow fueron The Slits, Subway Sect y los Buzzcocks.

«Me quedaba junto a la entrada de artistas, como suelen hacer los adolescentes», dice Collins, «y preguntaba si podía ayudar con el equipo. The Slits y Subway Secret eran increíbles. El guitarrista de Subway Sect, Rob Symmons, tenía una guitarra Melody Maker. El sonido me impresionó, al igual que The Slits, que no sabían tocar, pero que hacían un ruido realmente delicioso.»

La gira White Riot también había llegado a Edimburgo, y al concierto había asistido Malcolm Ross, un adolescente que, acompañado de un amigo de la escuela, Paul Haig, había comenzado a darle vueltas a la idea de montar un grupo. «Todos íbamos al cole juntos», dice Ross. «Comenzamos a tocar en 1977. No creo que ninguno de nosotros hubiera grabado un disco de no haber sido por el punk. Yo estuve en la gira White Riot, y para mí Subway Sect eran lo más, todo en ellos, incluso la manera de vestir.»

Subway Sect, aparte de crear un emocionante pop saturado de distorsión, evitaban las camisetas rotas y el cuero del punk. Llevaban un conjunto bastante discreto de jerséis de cuello en pico, botines de ante y camisas, a menudo teñidas de gris. En escena el grupo adoptaba una actitud nada afectada que completaba su imagen: un cruce entre un *enragé* del 68 y un cartero salido de un documental del departamento de correos a punto de acabar su turno en la oficina de clasificación. La borrosa intensidad del sonido, las camisetas imperio de segunda mano y las guitarras producían una fuerte impresión en cualquiera que viera a Subway Sect durante el primer año de su gira. No obstante, Ross pudo detectar una influencia dentro del sonido crispado y monocromo del grupo. «Estaban muy influidos por Television, igual que nosotros. De todos los grupos que publicaron un disco en el 77, Television fue con el que realmente conectamos. Paul Haig y yo decidimos intentar tocar la guitarra juntos porque los dos nos habíamos comprado *Marquee Moon*, y antes de ellos escuchábamos a la Velvet Underground. Alan Horne decía que Postcard se había inspirado completamente en la Velvet.»

RICHARD KING 85

Collins, Kirk y Daly decidieron que hasta ahí habían llegado y volvieron a empezar; el nuevo grupo ignoraría lo que estaba ocurriendo a su alrededor e inventaría un mundo propio. «Teníamos un montón de nuevas ideas», dice Collins, «y nos pareció que el nombre de Orange Juice destacaría igual que un huevo entre toda las castañas de los nombres punk. No pensé en que el nombre tendría ninguna connotación de frescura ni nada parecido. A Steve le gustó porque creía que venía de una época psicodélica, y pensaba: bájate el viaje de ácido con zumo de naranja. Yo no pensaba en eso. A Alan le gustó. Durante un tiempo fuimos un trío, hasta que le pedí a David McClymont que se nos unieron al bajo y Alan pensó que era perfecto. Para Alan era como una niña.»

Mientras Collins, Kirk, McClymont y Daly hacían planes para los recientemente configurados Orange Juice, Horne reconocía la necesidad de dar un paso adelante y decidió que no solo sería el mánager del grupo, sino que fundaría un sello para publicar sus producciones: Postcard Records.

Para una compañía de discos que en toda su existencia publicó solo un puñado de singles de 7" y un álbum que nació muerto, el legado y la influencia de Postcard es casi imposible de cuantificar. En su piso de la tercera planta del 185 de West Prince's Street, en el West End, mientras él y Collins filtraban sus gustos para fijar una estética para Postcard, Horne se esforzaba también en mantener el mayor nivel de inquina posible.

Orange Juice comprendió la necesidad de provocar una reacción en la imperante ortodoxia del punk de Glasgow, de manera que en escena mantenían una apariencia desgarbada y afectada. La juvenil voz de barítono de Collins transmitía el valor de sus convicciones, y se deleitaba con el triunfo de la esperanza sobre la experiencia a la hora de llegar a los agudos. La sección rítmica de McClymont y Daly, aunque aspiraba a parecerse a Chic, sonaba más bien como lo que era, dos chavales de veintipocos años entusiasmados con la idea de sonar como Chic.

Además de su timidez, que les hacía sonar deliciosamente despreocupados y atolondrados, Orange Juice habían adoptado una imagen que ponía en primer plano su nada ortodoxa individualidad. Collins salía a escena calzado con botas de caballería y un sombrero de Davy

Crockett, y su flequillo era lo bastante largo como para colisionar con los dientes que enseñaba al sonreír. El resto del grupo, ataviados con americanas sport y camisas a cuadros, parecían intelectuales del country and western que disfrutaban de la idea de haber montado un grupo al tiempo que se resignaban a su equipo de segunda mano. Y aunque resultaban provocativos para los cabestros punks que estaban en primera fila insultándolos a gritos, poseían una infalible calidez y encanto. «Me compré las botas y el sombrero de Crockett en una tienda de Edimburgo», dice Collins. «Actuábamos con aquella afectación y aquel disfraz para provocar, deliberadamente, y naturalmente el público respondía al grito de: 'Maricones maricones maricones'.»

Tras un bolo especialmente complicado en la Escuela Politécnica de Glasgow, Collins, Horne y el resto del grupo transportaban en una carretilla un órgano Vox Continental prestado por Byres Road cuando se vieron asaltados en la calle por unos jovenzuelos que buscaban un último subidón nocturno, y a los que la actitud y el aspecto de Orange Juice no les impresionó lo más mínimo. «Alan Horne salió corriendo», dice Collins. «A mí me dieron una paliza. James Kirk me dijo: 'Eso, Edwyn, es la definición de elegancia bajo presión'. Luego llegó la policía y lo encontró todo muy confuso y se pusieron a mirarnos con suspicacia. Y naturalmente, todo eso a Alan le encantó.»

Ir de amanerado en Glasgow, a pesar de lo mucho que le gustaba provocar a Horne, iba a tener también sus peligros. «Era bastante duro ser gay en el Glasgow de 1980», dice Collins. «Casi imposible. Me acuerdo de que había un bar gay, pero tenías que procurar no llamar la atención.»

Todo ese amaneramiento no era menos agresivo que el arquetipo del tipo duro de Glasgow —prácticamente era su feminización—, hasta el punto de que ponía el dedo en la llaga. Además del vivo ingenio de Collins y Horne y del hecho de no dejarse afectar por los desaires, detrás del encanto del estilo desgarbado de Postcard y Orange Juice había algo beligerante.

Mientras Orange Juice se adentraba en lo desconocido y comenzaba a grabar su single de debut, las ideas de Horne y Collins para Postcard comenzaron a tomar forma. En Postcard, los singles mostraban una fotografía en la portada de su primer prensado, y en posteriores reediciones iban con una funda de color beige pastel

uniforme marca de la casa sobre el que se incorporaban imágenes
caledonias: miembros de los clanes escoceses con falda, latas de galletas de mantequilla y lagos al atardecer. El logo de Postcard sería un
gato sonriente, y, para completar ese *détournement* del chovinismo
nacionalista, estaba la declaración de principios del sello: «Postcard
Records: El sonido de la joven Escocia». Esta medio burla de esos
significantes sería tanto expresión de la suprema aunque profundamente frágil confianza en sí mismo de Horne como del sarcasmo y el
irreverente espíritu travieso de Postcard.

En lugar de las portadas en blanco y negro o de la estética tosca
de fotocopia y bolígrafo de los fanzines que llenaban la trastienda de
Rough Trade, ahí estaba esa propuesta irónica, elegante y divertida,
abiertamente dispuesta a abrazar unas ideas tan marginadas como
el ingenio y la candidez. Era un sentimiento que también se reflejaba
en la música de Orange Juice: una alegre mezcla de música de los
sesenta y de la elegancia contemporánea de la música disco, seleccionada cuidadosamente para intentar transmitir las emociones del
final de la adolescencia. «Me gustaban los Byrds, la Velvet, los Beatles,
Creedence Clearwater Revival. Nos encantaban los Lovin' Spoonful
y todo el catálogo de Stax», dice Collins. «Ya conocíamos todo eso
en la época en que fundamos Orange Juice.» Junto con un material
básico de las listas de éxitos tan estilizado y escapista como «Love
Unlimited» de los O'Jays, por primera vez desde la aparición del
punk, Postcard, a través de la propensión de Orange Juice a abrirse a
sus influencias, se sintió feliz dejando entrar al pasado.

Todos los sellos fundados alrededor de las energías del punk se
habían ocupado del futuro o del insistente ahora del presente. Mute,
Factory e Industrial habían desarrollado una estética basada en la
austeridad de líneas limpias, mientras que Rough Trade, partiendo
de la presentación fotocopiada de los hechos de *Spiral Scratch*, poseía
la aureola y las energías del recorta y pega de un fanzine en forma de
vinilo. La imaginería de Fast Product codificaba el impulso del «hazlo
tú mismo», ubicándolo en un contexto traviesamente teórico —fotografías de discos de oro en la portada de «Where Were You?» de los
Mekons— que se regodeaba en los valores del diseño. Zoo, aunque
inundado por un romanticismo que miraba en todas direcciones,
compartía ese tono de gabardina grisácea del post-punk, y en Echo

& the Bunnymen tenía un grupo con el instrumento más moderno de todos, la caja de ritmos. Postcard, con sus escarapelas y bigotes de gato, le pedía al oyente, antes incluso de poner el disco, que se olvidara de todo eso. Se trataba de un comentario warholiano sobre la mercantilización y la cultura al estilo West End de Glasgow, con un presupuesto limitado y toneladas de actitud.

En su habitación de techos altos de Prince's Street, junto al estéreo, arrumbada detrás de un maniquí de sastre sobre el que guardaba sus gafas de sol, Horne guardaba una maltrecha maleta llena de vinilos de 7", un tesoro lleno de las míticas propiedades en forma de singles de 45 revoluciones ordenados en filas. «Guardaba los prensados originales de cosas como 'September Gurls' de Big Star para el sello Ardent, dice Collins, «cosas de Sue, Motown, Stax, Elektra de galleta roja, todo alineado.»

La caja de singles de Horne era a la vez una cápsula del tiempo meticulosamente conservada y un índice que señalaba un posible futuro. El contenido se acabaría configurando en una celebración de la melodía y la actitud que jugaba con la forma en un contexto pop, tomando prestado de la música negra y blanca por igual siempre y cuando tuviera una personalidad y un estilo definidos. Si «indie», ese cajón de sastre de lo más indefinible, posee un origen, es este, la maleta que había junto al tocadiscos Dansette de su habitación en la tercera planta de una casa de pisos de Glasgow. En cuanto Postcard se puso en marcha, aun cuando quedó a cientos de miles de kilómetros de sus ambiciones de convertirse en un sello que monopolizara las listas de éxitos, inició una trayectoria vital e inmediata para llevar la reluciente guitarra pop al número uno. Olvidaos del punk, esa era la contrarrevolución.

Postcard publicó el single de debut de Orange Juice en abril de 1980; la portada original rompía con la etiqueta de presentaciones del post-punk, y mostraba a un sonriente y alegre Collins con un pañuelo al cuello mientras suspendía su guitarra semiacústica sobre la cabeza de sus compañeros de grupo. El contenido de la funda también resultaba refrescante. La cara A, «Falling and Laughing», mostraba tal confianza en su fragilidad y ligereza que se aseguraba de que todo aquel que escuchara la canción acabara derritiéndose. Con su línea de bajo palpitante, con su acompañamiento de batería cuatro por cuatro y el ritmo doblado de guitarra, la canción era elegante y contagiosa a su inconfundible manera. Por encima de todo, al cantar «Solo mis sueños satisfacen las auténticas necesidades de mi corazón», mezclando la nostalgia de Noël Coward con la agresividad de Lou Reed, Collins presentaba un nuevo estilo de letras a su generación. Durante el resto de la década, cualquiera que poseyera un flequillo alborotado y una guitarra de segunda mano ensayaría ese aire de enamorado abstraído. Lo que las legiones de seguidores de Orange Juice encontrarían más difícil de imitar sería la alegría de escuchar la carcajada de Collins en su voz mientras pronunciaba el verso «Y aquí estoy más solo que la una». Aparte del enamoramiento, también estaba la risa. Esa conciencia de sí mismos que poseía Orange Juice quizá estaba coloreada por la timidez y la inexperiencia, pero se transmitía con una calidez y un ingenio que atraían e incluían a todo el mundo.

Al igual que la mayoría de gente que se presentaba en el mostrador de Kensington Park Road con una maqueta y un mínimo grado de autopromoción, Horne había llegado a un acuerdo de producción y distribución con Travis para que Rough Trade gestionara Postcard. Horne no se fiaba demasiado de Travis, cuyo estilo afro y cuya afabilidad, por no hablar de su control total sobre si Postcard tenía futuro a corto o a medio plazo, le mandó unas señales que no le gustaron. Una vez de vuelta en Glasgow, Horne dejó a un lado sus dudas y se dejó arrastrar por el sueño de llevar el enfoque de escuela de buenos modales de la Factory de Warhol a la hora de gestionar un proyecto creativo: un incesante chismorreo estimulado por el speed y un criterio cada vez más duro acerca de quién o qué molaba o no molaba.

«Yo tomaba speed, y Alan también tomó durante una breve época, pero la verdad es que no teníamos cuerpo para eso», dice Collins. «Yo siempre fui un peso ligero, pero lo pasamos realmente bien. Steve Daly tenía una frase estupenda: 'En lugar de concentrarnos en cómo podemos hacer crecer el sello o dejarnos llevar por cualquier ambición a largo plazo, poníamos casi todos nuestros esfuerzos en pensar quién iba a ser la víctima de nuestro próximo desaire'. Así que, fuera de Postcard, todo el mundo era blanco de nuestro desdén, y también dentro nos ofendíamos constantemente. Tenías que ser el primero en atacar. Funcionábamos según ese insidioso ingenio.»

En Edimburgo, después de la aparición de Fast Product de Bob
Last, estaba surgiendo una escena musical igualmente excitante, aunque menos condicionada por ninguna personalidad individual. Ante
la enorme irritación de Horne, un nuevo grupo de Edimburgo, los
Fire Engines, estaban a punto de firmar por el nuevo sello de Last,
Pop Aural. «En el caso de Alan se trataba totalmente de una rivalidad
local», dice Last. «De vez en cuando nos encontrábamos, y nunca nos
ha perdonado que los Fire Engines fueran un grupo nuestro. En su
cabeza, los Fire Engines fueron uno de sus grandes descubrimientos,
pero el grupo llevaba viniendo por mi casa desde que estaban en el
instituto. No había duda de que estaban tan influidos por la manera
en que Gang of Four o los Mekons jugaban con las ideas como por la
manera en que lo hacía Alan.»

Como Horne no pensaba dejarse superar por Last, concentró su
atención en otra nueva banda de Edimburgo, Josef K, quienes, tras
cierta vacilación, aceptaron la propuesta de Horne de grabar un single en Postcard. Al publicar «Sorry for Laughing» de Josef K, una canción de pop existencial más tensa pero no menos funky que «Falling
and Laughing», Postcard se aseguraba de que el sello pudiera reivin-
dicar sin lugar a dudas ser el sonido de la joven Escocia, y no solo el
sonido de la joven Bearsden Academy de Glasgow. Fue una de las
jugadas más astutas de Horne: en Edimburgo el número de grupos se
expandía de manera más veloz que en Glasgow.

«Estaban los Scars, Josef K, Fire Engines, Associates», dice Ross,
«y todos estábamos en Edimburgo.» Aunque no era solamente la
geografía el único factor que contribuía a que Postcard y Glasgow
estuvieran separados de Josef K, en Edimburgo. «Lo que ocurría con
los cuatro tipos de Orange Juice y Alan es que eran realmente inteligentes», añade. «A veces te tronchabas de risa con ellos, y al cabo de
un momento se ponían desagradables y tenían muy mala leche. El
estado de ánimo de Alan podía cambiar en un instante, y también
lo que según él había que hacer con su sello discográfico... Conocí a
Alan a través de Edwyn y Steven. Alan dijo que le gustaría hacer un
sello de verdad que no solo fuera un vehículo para Orange Juice; sen-
tíamos una gran afinidad con el grupo, así que nos pareció de lo más
natural. Yo estaba muy metido en la música garaje, *Nuggets* y hacía
cintas con álbumes de *Pebbles*. No teníamos tanto ese aspecto pop de

Postcard, y nos interesó más llevar al presente cosas de la psicodelia y de la Magic Band».

Josef K poseía una angulosidad accesible y distante. Sus canciones, funkies y abstractas, en contraste con la efervescente euforia pop de Orange Juice, parecían crispadas de manera no intencionada, un rasgo que compartirían con muchos de sus contemporáneos en 1981. La estética de Postcard y Orange Juice de remitirse de manera obsesiva al pasado tan solo la llevaban al extremo con sus colegas de Edimburgo.

«En el caso de Josef K, y a diferencia de los demás, no nos lo tomamos muy en serio», dice Ross. «Nos considerábamos gente de amplio criterio y moderna. Edwyn y Alan se sentaban y se ponían a hablar de Lovin' Spoonful y Creedence. En aquella época Edwyn decía que sería estupendo que Orange Juice poseyera el monopolio de la música con raíces. Todos los demás estaban metidos en la experimentación y en la música industrial.»

La maliciosa misantropía de Alan, a pesar del impulso que Postcard iba adquiriendo rápidamente, permanecía inmutable. De hecho, los primeros éxitos que Horne estaba experimentando, aunque pequeños, agriaron su carácter.

A su refugio viperino de singles de Elektra, Ray-Bans falsas y berrinches llegó Grace Maxwell, una mujer de Glasgow tremendamente inteligente y atractiva que se había trasladado a Londres para trabajar en el teatro.

«Todos conocíamos a Grace», dice Ross. «Vivía con un tipo llamado Harry Papadopoulos que era de Glasgow y que en aquella época tomaba muchas fotos para *Sounds*, y conocimos a Grace cuando Postcard organizó aquellas grandes excursiones a Londres. Siempre nos quedábamos en la casa que compartía con Harry.»

«Conocí a Edwyn en 1980, cuando hacía aquellos primeros viajes a Londres», dice Maxwell, «antes de que saliera 'Blue Boy'. La primera vez que los conocí pensé: de qué demonios están hablando, creía que simplemente escuchabas un disco y pensabas, ah, me gusta, y que era así de simple. Pero resultó que al parecer no era así. Todo originaba un intenso y acalorado debate. Alan se relacionaba con la gente de una manera especial, tenía su mundo privado, un gran amor por la música y le daba mucha importancia a todo eso. En consecuencia, su criterio a la hora de decidir si la existencia de alguien era absurda se basaba en los discos que le gustaban y por qué. Alan y Edwyn eran capaces de exiliar a gente al espacio exterior. Sobre todo Alan, al que se le iba la pinza con todo eso.»

Si Postcard hervía ante el brillante futuro que le esperaba, Geoff Travis (a pesar de que las tácticas agresivas de Horne le parecían totalmente innecesarias) se había quedado maravillado con «Falling and Laughing» y comenzaba a hartarse de los grandes planes y de la actitud espitosa de Horne.

Después de oír el siguiente single de Postcard, el segundo que publicaba Orange Juice, «Blue Boy», se sintió decepcionado, y cansado ya de las incesantes provocaciones de Horne, se lo hizo saber a Collins y a Horne cuando estos volvieron a pisar Rough Trade.

«A Geoff no le gustó 'Blue Boy'», dice Collins. «Le pareció un mal ensayo, y dijo: 'Me habéis decepcionado'. Estábamos en un café, y Alan Horne se puso realmente furioso. Nos fuimos al parque y hervía de furia. 'Te diré lo que haremos, dejaremos aquí estas putas cintas y que pase lo que tenga que pasar', dije. 'No, de ninguna manera. Encontraré otro lugar donde publicarlas. Si no saca este disco, ¿crees que voy a renunciar solo porque me ha rechazado un viejo hippie?', y allí estaba Alan dando vueltas, mareado en mitad de la calle. No lo atropellaron de milagro. Estaba tan cabreado que no podía ni hablar.»

En uno de sus escasos momentos de despiste, a Travis se le había pasado algo por alto con «Blue Boy». El single, apoyado por la repetida emisión en la radio, de la que se encargaba Scott Piering, el especialista en promoción de Rough Trade, y por las magníficas reseñas que obtuvo en todas partes, se vendió tan bien que tuvo varias reediciones, y de repente la gente empezó a tomarse en serio «El sonido de la joven Escocia» como propuesta comercial. Los encargados de A&R, al ver que Orange Juice se presentaban como la nueva y afable sensación pop, comenzaron a volar a Glasgow en busca de nuevos talentos.

Pero el abismo entre Horne y Travis ya no se cerraría nunca.

«A Scott Piering le encantó 'Blue Boy', pero Alan nunca más volvió a confiar en Geoff Travis», dice Collins. «No confiaba en su criterio, y no confiaba en su integridad. Postcard siguió colaborando con Geoff, pero Alan, que desde el principio nunca había confiado en él, ya no lo hizo nunca más.»

Pensara lo que pensara Horne de Travis, tanto Orange Juice como Josef K comenzaban a darse cuenta de que Horne tenía problemas con las decisiones comerciales. «En la cuestión económica no podías fiarte de Alan», dice Collins. «No sabía nada de lo que podrían considerarse estrategias promocionales o de marketing, ni visión para los negocios. Alan decía: 'Soy demasiado creativo, no tengo la cabeza para eso'. Alan era tacaño, y tampoco muy de fiar con el dinero, y por otra parte tampoco se le daba bien *hacer* dinero. Siempre estaba pensando en ideas, argumentos y debates acerca de la música. En años posteriores le resultó bastante difícil hacer música como productor, porque siempre tenía una idea del disco perfecto en la cabeza, y nunca conseguía hacerla realidad.»

A finales de febrero de 1980, seis semanas después de «Falling and Laughing», Postcard publicó el single de Josef K, «Radio Drill Time», junto con el segundo single de Orange Juice, «Blue Boy». «No creo que tuviéramos grandes expectativas al publicar 'Radio Drill Time'», dice Ross, «porque 'Falling and Laughing' no había llegado muy lejos. Pero cuando Postcard lanzó 'Blue Boy', el sello comenzó a llamar mucho la atención, y ninguno de nosotros tenía un plan a largo plazo. Nadie relacionado con Postcard pensaba hacer carrera: solo teníamos diecinueve o veinte años.»

A principios de 1980 la alegría y la frágil exuberancia de Postcard sonaban vibrantes y necesitadas de algún tipo de intervención. «Éramos totalmente ajenos al estilo musical que pudiera haber en Escocia en ese momento», dice Ross. «En Edimburgo tenías a los tipos que crearon Regular Music y que acabaron de mánagers de Simple Minds. Eran una especie de tipos pre-punk que habían trabajado de secretarios sociales en su sindicato de estudiantes, y que de repente comprendieron que podían ganar un montón de dinero montando actuaciones. Lo mismo ocurría en Glasgow. Toda la gente del negocio musical convencional miraba por encima del hombro a Postcard, y pensaban que eran raros, un tanto mariquitas y mierdosos. Siempre nos manteníamos aparte de todos ellos, y cuando comenzamos a tener éxito fue cojonudo.»

La publicación de «Radio Drill Time» y «Blue Boy» al mismo

tiempo propulsó la imagen de Postcard. Los periodistas querían
hablar con los cerebros que había detrás de la operación, y Horne
estuvo encantado de aceptar el reto y asumir el papel para que,
según él, había nacido: el vendedor agresivo y erudito que miraba
por encima del hombro el mundo del pop, justo cuando su dominio
está a su alcance. Utilizando la técnica de Warhol de hacer una pausa
muy larga antes de contestar una pregunta y distanciarse de todo
el proceso de la entrevista, Horne se puso a trabajar. En un artículo
sobre Postcard a cargo de Paul Morley publicado en el *NME*, a Horne
lo presentaban como «un tipo furioso desde que se levanta hasta que
se va a dormir». Horne, tras asegurar que las ambiciones de Postcard
eran que no se los confundieran con ninguno de sus contemporáneos
de más edad, mostraba su desprecio hacia el resto de todos los sellos
independientes. Según Morley, Horne era «un niño prodigio inso-
lente a la misma altura que Wilson, Last y Travis, que muy a regañadientes reconoce su respeto hacia Fast, Factory y Rough Trade.
Emite gruñidos de disgusto ante el estado mugriento y hippie en
que ha acabado degenerando el mercado independiente». Y Collins,
que era entrevistado en compañía de Josef K, no tenía empacho en
señalar las diferencias creativas dentro de Orange Juice, quejándose
del gusto de McClymont, su compañero de grupo. «A David le gustan Eno y Kraftwerk», dijo, «a los que personalmente no soporto», al
tiempo que con un ademán menospreciaba a todas las vacas sagradas
del canon post-punk.

Pero la actitud de Horne también consiguió agitar el gallinero de
sus propios artistas. «Edwyn y Alan era uña y carne, y yo me llevaba
bien con ellos», dice Ross. «Primero causó un cisma dentro de Josef
K, porque a Paul y Alan, el batería, no les caía bien Alan Horne.»
Dejando aparte los viajes promocionales a Londres, a Horne no le
gustaba alejarse de su zona de confort de West Prince's Street. El
papel de mánager, jefe del sello y miembro del grupo comenzaba a
desdibujarse al tiempo que Collins empezaba a darse cuenta de que
cada vez era más difícil, según los códigos y reglas que él y Horne
habían concebido un día cualquiera, diferenciar entre Postcard y
Orange Juice. El resto del catálogo de Postcard, en consecuencia, se
sentía más que desconectado del espíritu y las actividades del sello.
«Malcolm Ross y Josef K siempre podrán decir: 'Todo el mundo con-

sideraba que no éramos más que unos secundarios de Orange Juice'», dice Collins, «y es comprensible, porque sin la menor duda era así.» «Alan y Edwyn siempre estaban peleándose», dice Maxwell. «Eran los dos líderes de Postcard.» Pero seguían derrochando una exagerada cantidad de tiempo en sus juegos psicológicos para dilucidar qué eran realmente Postcard y Orange Juice. «Decían cosas como: 'Queremos hacer discos como borregos', que simplemente parecían una chaladura», dice Maxwell. «Tenías que tener una mentalidad determinada para comprender lo que decían.»

Uno de los grupos de Postcard que sin duda se sentían unos segundones eran Aztec Camera, que fueron los primeros en abandonar el sello. La banda, que más o menos era un vehículo para el lucimiento de Roddy Frame, compositor y prodigio de la guitarra, que solo tenía diecisiete años, en 1981 había publicado dos singles en Postcard: «Just Like Gold» y «Mattress of Wire». Ambos eran una muestra del talento de Frame como arreglista y guitarrista precoz. Un adolescente con un talento tan refinado no pasó desapercibido, y Frame no tuvo que buscar mucho para encontrar un nuevo hogar. Travis, que sin duda veía el potencial que, en su opinión, le había faltado a «Blue Boy», al instante trasladó a Aztec Camera a Rough Trade, y Seymour Stein, como tenía por costumbre, adquirió para Sire los derechos para Estados Unidos. No tardaron en seguirles los australianos Go-Betweens, que también se unieron a Rough Trade, donde, de una manera que sin duda Horne aprobaba, aunque fuera apretando los dientes a causa del speed, ambas bandas acabaron conformando la vanguardia del primer impulso de Rough Trade a la hora de crecer y hacerse un hueco en el *mainstream*.

Evadiéndose del estado financiero de Postcard, que nadie gestionaba, Horne comprendió que su repertorio de artistas, gestionado de manera amateur, tenía un futuro que quizá le excluyera. Fuera cual fuera el estado de las cuentas no existentes de Postcard, las cosas habían evolucionado con una velocidad extraordinaria. No solo los grupos se habían visto sometidos a la intensidad de la rápida trayectoria de Postcard —«Josef K tocó nuestro primer y último concierto en 1981», dice Ross—, sino que las ideas de Horne comenzaban a repetirse.

Una nueva generación de grupos escoceses se había identificado con la versión de Postcard de la música pop y la confianza en uno mismo. «El sonido de la joven Escocia» había llevado a los nuevos grupos adolescentes por un camino que, con presupuestos de sellos importantes, les conducirían mucho mas allá que cualquiera de las bandas que Postcard había gestionado.

«La verdad es que en aquel momento no presté mucha atención a Altered Images ni a ninguno de esos grupos», dice Ross. «Cuando los vi por primera vez, lo que querían en realidad era ser los Banshees. Pero de repente surgió la idea de Edwyn y Bob Last de legitimar la música pop... y de repente el curso de los acontecimientos les dio la razón y pasaron de esa estética gótica de negro riguroso a un pop de tonos pastel.»

Maxwell observó que Horne, a medida que los acontecimientos se volvían en contra de Postcard, estaba cada vez menos seguro de sí mismo. «Edwyn era un gran complemento para Alan, porque Edwyn era expeditivo a la hora de tomar decisiones en Postcard», dice Maxwell. «Edwyn era una persona muy resuelta y de manera implícita confiaba en su instinto y su criterio, a los que permanecía fieles a ultranza, cosa que no pasaba con Alan. Postcard era muy introspectivo. La mayor parte del tiempo se sometían a autocrítica.»

Orange Juice, a quienes los grandes sellos llevaban mucho tiempo cortejando, se plantearon abandonar Postcard. «Alan seguía con Postcard con absoluta desgana», dice Collins. «Los primeros en irse fueron Aztec Camera, porque no los estaba cuidando de manera adecuada, y Postcard quedó más o menos parado. Ninguno de nosotros comprendía lo que teníamos con Postcard.»

«Vuelves la vista atrás y piensas, Dios mío, ese sello realmente podría haber llegado a consolidarse, pero no fue así», dice Ross. «El plan original justo antes de que el sello cerrara era publicar un LP de Orange Juice y luego el de Aztec Camera.» El único álbum que Horne consiguió sacar en Postcard fue el de debut de Josef K, *The Only Fun in Town*. El grupo había desechado un intento anterior de debut, *Sorry for Laughing*. *The Only Fun in Town* sonaba un tanto mustio en comparación con la serie de singles del grupo, como si se les hubieran agotado las energías intentando apechugar con los cambios de humor de Horne en lugar de centrarse en crear un disco. Finalmente se publicó en 1981, cuando más o menos Postcard había dejado de funcionar y el impulso original se había disuelto en la realidad de intentar llevar un pequeño negocio.

«Si Alan hubiera publicado *The Only Fun in Town* y simplemente hubiera esperado a que llegaran los royalties, Postcard se hubiera convertido en un sello como Factory, Mute o Domino», dice Ross. «Alan no tenía el menor espíritu comercial; era muy bueno hablando con la gente y en la promoción, siempre que no se le cruzaran los cables. Pero nunca llevó una contabilidad seria, así que al final tenías que prestar atención para asegurarte de que seguía llegando dinero. Para recuperar el dinero del álbum de Josef K tuvimos que ir a Rough Trade para averiguar las cifras de ventas. Alan vendía unos cuantos discos y se metía el dinero en el bolsillo de atrás. Todo era muy caótico.»

Orange Juice y Horne eran tan discutidores e inflamables como siempre, y se peleaban para ponerse de acuerdo en cuál iba a ser el próximo paso. «Steven Daly quería irse a una *major*», dice Collins. «Había mucha confusión, sobre todo porque no hacíamos más que pelearnos, lo que constantemente generaba rencillas y críticas. Era el sello con más mala leche que te puedas imaginar.»

El fallecimiento de Postcard no pasó desapercibido. Entre los muchos apoyos que tenía en la prensa, *The Face*, que había comenzado a editarse un mes después del nacimiento de Postcard, le había dedicado mucho espacio al sello y a los grupos, y había reconocido un espíritu afín en la atrevida mezcla de estilos de Orange Juice. La revista relató el final del sello con un artículo en el que valoraban el impacto que tendría la pérdida de Postcard en el paisaje de principios de los ochenta:

> Están ocurriendo importantes acontecimientos en Postcard Records de Glasgow, algunos de los cuales podrían tener consecuencias decisivas para el futuro de los sellos independientes que se han abierto camino y para el rumbo de la industria discográfica en general. El acontecimiento más inmediato es que Orange Juice, que parecía encarnar lo más brillante y esperanzador de los grupos independientes, ha firmado por Polydor Records.

Con la marcha de Orange Juice, Horne se encontraba ahora en la ingrata posición de haber comenzado una revolución cultural en la que no pintaba nada y en la que no tenía ningún control. Todos sus esfuerzos se le habían escurrido entre los dedos.

Horne le echó arrestos y abordó la disolución de la única manera que sabía, insistiendo en que la próxima generación de fichajes de Postcard se uniría a Orange Juice a la hora de firmar con la *major* que mejor se adaptara a sus necesidades. Horne aseguraba a quien quisiera escucharle que el logo del gato sonriente de Postcard ocuparía el lugar de honor. «Creo que el rock independiente nos hubiera matado si hubiéramos seguido intentando exprimirlo. Habríamos terminado siendo unos conejillos de indias que intentaban romper el sistema y este probablemente nos habría roto a nosotros.» Aunque Horne no podía admitirlo en su fuero interno, había expresado una valoración dolorosamente precisa del destino de Postcard.

A pesar de carecer de flujo de caja y mostrarse reacio a probar suerte en la industria de Londres, Horne había concebido en su mente la siguiente fase de Postcard. Junto con el optimista pop celta de los Bluebells y un pianista vecino suyo, Malcolm Fisher, que había publicado en Postcard con el nombre de The French Impressionists, Horne intentó lanzar un single de los Jazzateers, un joven grupo de Glasgow cuyo cantante solista, Paul Quinn, llevaba tupé y tenía una voz poderosa casi como la de Elvis en su etapa de Las Vegas, aparte de una atractiva presencia escénica. Los Jazzateers acabaron en nada, y publicaron un single póstumo en Rough Trade que habían grabado para Horne. Quinn se reagrupó y rápidamente convirtió el grupo en Bourgie Bourgie, una de las muchas bandas fichadas por los representantes de A&R de las *majors* en sus desplazamientos a Glasgow, a la que, junto a Altered Images, Del Amitri, los Lonewolves y los Bluebells, intentaron que alcanzara las listas de éxitos con mayor o menor fortuna. Bourgie Bourgie publicaron tan solo dos singles antes de que el sello los desechara. El segundo single, «Careless», dio lugar a un vídeo tremendamente divertido, que llevaba toda la impronta del mordaz ingenio de Horne, en el que la banda, en blanco y negro y vestida como si fueran extras de alguna película perdida de Jacques Tati (de su hasta ahora desconocido periodo pop de Glasgow), huía de un hospital psiquiátrico.

En Paul Quinn, Horne estaba seguro de haber descubierto un camino de vuelta al punto de entrada que se había asegurado con

Postcard. «Alan no dejaba de pensar en Paul Quinn», dice Collins. «Intentaba darle un impulso a su carrera. Y no dejaba de decirme: 'No sabes cantar, deberías ser el lacayo de Paul, deberías dejarlo, acéptalo'.»

Collins y Orange Juice firmaron por Polydor y se trasladaron a Londres, y no tardaron en seguirlos Quinn y Horne, el cual albergaba la vaga idea de acercarse a las *majors*, aunque su confianza estaba hecha añicos. Grace Maxwell, cuyo hogar se había convertido en una especie de cuartel general para la dispersa familia de Postcard en Londres, fue testigo de cómo Horne y Collins intentaron encontrar una nueva dirección y un nuevo acuerdo para Horne. «Lo único que quería Alan era discutir por el mero placer de discutir», dice Maxwell, «y ese era, para Alan, el sentido de la vida. Edwyn le decía: 'Telefonea a Roger Ames de London Records y pídele que te dé un sello'. Edwyn se hizo pasar por Alan, y este tuvo una reunión con Roger, y mira por dónde, acabó teniendo un sello, Swamplands. Orange Juice estaban ahora en Polydor y Alan en la puerta del lado, en el sótano con London Records, y la reiterada llamada en aquella época era 'Pásate a Swamplands, pásate a Swamplands'.»

Swamplands publicó todavía menos discos que Postcard. Horne, después de llegar a un acuerdo, estaba decidido a reagruparse en Londres y disfrutar con estilo, con su propia oficina en el corazón del negocio musical del West End. El departamento de A&R de London Records estaba dirigido por Roger Ames, un ejecutivo con un grado de creatividad y maldad del que carecían muchos de sus contemporáneos. Después de publicar éxitos con gente como Bananarama, Bronski Beat y Blancmange, London era posiblemente el entorno más extraño en el que Horne podía encontrarse, y en él acabó prosperando. Prosperó, es decir, equipando su oficina con su propio e inimitable estilo y pasando en ella el menor tiempo posible. «Alan tenía una oficina, un sueldo y todo eso», dice Collins, «además de una silla de dentista y futones, en la época en que los futones eran algo muy excitante.»

Más que recorrer la ciudad intentando contratar las caras más nuevas, Horne utilizó sus credenciales de A&R para más o menos reconfigurar la escuadra de Postcard en Swamplands. De los diez y pico discos que publicó, o bien eran alumnos de Orange Juice —James

Kirk con Memphis, y Paul Quinn, que junto con Collins, en el home-
naje más descarado de Horne a sus influencias, editó una excelente
y gangosa versión de «Pale Blue Eyes» de la Velvet Undeground—, o
de sus antiguos competidores, como los Lonewolves, cuyo cantante,
James King, anteriormente había publicado algunas canciones en
Fast Product, al igual que los Fire Engines de Davey Henderson y
Rusell Burn, que ahora, de manera muy optimista se hacían llamar
Win [«ganar» en inglés].

Con Altered Images, los Bluebells, Lloyd Cole and the Commotions entregados al chispeante pop post-Orange Juice y despertando
el interés de Radio 1 y del *Top of the Pops*, Horne no podía haber sido
más oportuno a la hora de recolocar su repertorio de pop caledonio
en Londres.

El principal problema de Horne, aparte del hecho de que nunca
apareciera por la oficina, era su incapacidad para tomar decisiones,
y, quizá de manera más profunda, su incapacidad a la hora de hacer
tabla rasa de la costumbre de Postcard de criticar constantemente y
pensar con claridad. «El logo de Swamplands era un leopardo negro,
que pretendía ser una versión adulta del gato de Postcard», dice
Maxwell. «A partir de ahí, cada vez que Alan hacía algo, decía: '¿Esto
es bueno o es una mierda?', y seguía haciéndolo, y Roger Ames le
daba bastante manga ancha. Ames era un tipo interesante, no el clásico ejecutivo del negocio musical que sueles encontrarte, y creía que
Alan tenía talento. Pero se peleaban. A Alan le encantaba provocar a
Roger, pero Roger se desesperaba y echaba a correr por ahí gritando:
'¡Horne, Horne!'.»

Pero aunque Horne luchaba por tener una segunda oportunidad
en la industria musical, desde luego no había perdido su ingenio.
«Alan le puso a Roger Ames un nombre de peluquero», dice Collins. «Lo llamaba 'Roger of London', y naturalmente eso a Roger le
encantaba.»

Ames pronto se cansó de justificar la presencia de Horne ante sus
superiores, y Swamplands cerró con un proyecto cinematográfico
que no llegó a nacer, *The Punk Rock Hotel*, que había estado fermen-
tando en la conciencia de Horne y Quinn, y que acabó criando polvo
al convertirse en otro artefacto perdido de la amplia leyenda de Postcard. «Era el supuesto proyecto de Alan», dice Maxwell. «Siempre

decía que iba a hacer esta película llamada *Punk Rock Hotel*, y tenía un tema musical que era brillante.»

Collins y Orange Juice también descubrieron que la vida en una *major* no era menos desconcertante que con Horne. Su A&R en Polydor, Malcolm Dunbar, era un escocés que había contratado a otro compositor muy leído que había intentado congraciarse con Horne y había fracasado, Lloyd Cole. Mientras que el álbum de debut de Orange Juice, *You Can't Hide Your Love Forever*, apenas rozó las listas de éxitos, el de Lloyd Cole and the Commotions, *Rattlesnakes*, alcanzó el Top 20 y se convirtió en una pieza imprescindible de las residencias universitarias. La música estilo Postcard se estaba vendiendo, pero ninguno de los grupos era de Postcard. «Malcolm Dunbar se desenamoró de nosotros», dice Collins, «y le gustaba Lloyd Cole. Al final le gustaba cualquier cosa que no fuéramos nosotros.»

«Polydor no sabía qué hacer con Orange Juice», dice Malcolm Ross, el cual, tras un breve periodo con el grupo como quinteto, reemplazó a James Kirk a la guitarra, al mismo tiempo que Zeke Manyika sustituía a Daly a la batería. «El contrato que habíamos firmado con ellos implicaba que no podían hacer nada sin nuestra aprobación», dice, «con lo que todo era un poco duro.»

Para Orange Juice, tener la última palabra sobre sus grabaciones significaba que se mantenía su irónica atención al detalle de la época de Postcard. En la portada de *Rip It Up*, el grupo cambió el nombre de la compañía de discos, y en lugar de Polydor pasó a ser Holden Caulfield International. En el vídeo para el single de «Rip It Up», el habitual estilo entre elegante y vulgar del grupo se asea para encajar con un plató a la última. Collins, McClymont, Manyoka y Ross se pasean con afectación por los valores de producción sofisticados y característicos de la MTV de principios de los ochenta: una retroproyección gira en torno a ellos en su patio de recreo futurista. Con la banda tocando en playback, se intercalan escenas en las que los cuatro se pasean por Regent Street una tarde lluviosa y gris de enero. Vestidos todos ellos con camisas hawaianas y gafas de sol, se pavonean por la acera como si estuvieran en Palm Springs. Y por si alguien no acaba de entender de dónde vienen, en la escena final, Collins, Manyika, Ross y McClymont se enfundan un traje de neopreno, aletas y máscaras de bucear e intentan acceder a una tienda al por mayor del barrio chino vestidos de hombres rana.

El vídeo capta perfectamente la postura de Orange Juice mientras intentaban valerosamente hacer carrera en una *major* con sus propias condiciones: eran capaces de componer auténticos éxitos, pero también demasiado inteligentes para tomarse en serio el mundo del pop de los ochenta. «Queríamos que el vídeo fuera realmente extravagante», dice Ross. «La persona que lo rodaba intentaba seguirnos la corriente, pero la verdad es que simplemente intentaban hacer lo que quería Polydor, que era filmar algo que pudiera salir por la tele.»

Mientras tanto, los sonrientes grupos guitarreros sin experiencia y vestidos con suéter que se instalaban en el *Top of the Pops* comenzaban a poner de los nervios a Collins. «Todo aquello me amargaba y me volvía loco», dice Collins. «Sobre todo Haircut 100. Me ponían furioso, pero ellos siempre conseguían tener más éxito comercial de lo que nunca conseguimos nosotros.»

Acompañados por un conjunto que parecía sospechosamente recién salido del envoltorio de objetos característicos de Orange Juice, como suéteres de Aran, guitarras Gretsch, camisetas Breton y camisas a cuadros, Haircut 100 llevó el funky de Orange Juice al territorio de fans del soul de Essex, revelando un dominio musical bastante competente y su disposición a ir a por todas: en los vídeos de Haircut 100 el espectador solo está a uno o dos fotogramas de distancia de alguna mujer ligera de ropa.

«Con Haircut 100», dice Ross, «lo teníamos ante las narices, lo veíamos directamente en el *Top of the Pops*, lo ponían en la radio constantemente; eso era lo que Orange Juice había buscado desde el primer momento, triunfar en el *mainstream*.» Orange Juice por fin tuvo la oportunidad de dar el gran paso con «Rip It Up», un auténtico single de éxito que llegó al número 3 de las listas. Cuando la banda fue invitada al estudio del *Top of the Pops* para tocar mientras el single permanecía cuatro semanas en el Top 10, abordaron la empresa con su habitual profesionalidad. Ross recuerda: «Fue increíble, llevábamos dos años desesperados por ir al *Top of the Pops*. Y después de nuestra primera aparición estábamos emocionados, aunque dos semanas después ya nos habíamos aburrido y nos metimos en problemas por hacer el tonto».

Después de «Rip It Up», Orange Juice produjo el frustrado mini-LP *Texas Fever*. Aunque producido por un receptivo Dennis Bovell, sonaba, según los criterios de Orange Juice, descoyuntado y melancólico, o, tal como lo expresa Collins, como «un intento nada convincente de ser raros».

El siguiente álbum de larga duración, *The Orange Juice*, llegó cuando a Polydor estaba a punto de acabársele la paciencia con Collins, el cual, igualmente frustrado con el sello, estaba decidido a pasárselo un rato bien obligando a Polydor a jugar según sus reglas. «Irrumpí en la oficina y les dije: 'Quiero publicidad en televisión', cosa que no hacían nunca, solo para grupos mayoritarios. Se rieron de mí y yo les contesté: 'Bueno, si no la pagáis vosotros, la pagaré yo'.»

El vídeo del penúltimo single del grupo lo había rodado Derek Jarman, que había introducido un reparto de mujeres fatales punk muy acordes a la ocasión, Patti Paladin y Jayne County, la bajista de Amazulu y los hijos de los vecinos de Maxwell. Rodado en la casa de Maxwell de Willesden, mostraba a unos Orange Juice en su momento más cáusticamente travieso y chapucero.

«La persona que produjo el vídeo con Jarman era Sarah Radcliffe, que acabaría siendo una productora cinematográfica muy famosa», dice Maxwell. «La telefoneé para preguntarle: '¿Qué debería hacer para conseguir publicidad en televisión?', y ella me contesta: 'Bueno, yo me encargo'. Y lo hizo de manera brillante, por nada. Rodamos el anuncio, llamé a Channel 4 y les dije: 'Hola, soy una desconocida y me gustaría saber cómo puedo meter un anuncio en televisión?', y me contestaron: 'Ven a comer'. En aquella época Channel 4 era un canal muy joven, y de la publicidad se encargaban diversas personas independientes.»

Como subterfugio travieso y astuto, el anuncio de televisión del último disco de Orange Juice fue una jugada maestra. Collins y Manyika, sosteniendo entre ambos un enorme salmón que acaban de comprar en Harrods, miran directamente a cámara y pronuncian su mensaje promocional. Collins comienza el anuncio diciendo: «Hola, telespectadores, este es el anuncio de nuestro nuevo disco *The Orange Juice*». Sin perder comba, Manyika añade: «Que incluye los singles frustrados 'What Presence?!' y 'Learn Period'». En la parte inferior de la pantalla, en lugar del mensaje habitual «disponible en las tiendas siguientes», discurre de manera elegante el lema promocional de Orange Juice: «fracaso fracaso fracaso».

Desde el principio, dice Ross, «el objetivo de Edwyn y Alan fue siempre conseguir un éxito, un éxito independiente. No sé cuál podrías decir que fue el primer disco independiente que llegó a las listas. Encontramos extraños discos de reggae, pero después de nosotros llegaron 'Blue Monday' y los Smiths». Pero Orange Juice, como grupo, había dejado de funcionar.

De vuelta en Glasgow, el impacto producido por Postcard se mantenía más allá de los contemporáneos de Orange Juice en las listas, en forma de una generación de adolescentes más jóvenes que ahora estaban locos por las guitarras y los vinilos de producción propia.

«En la época en que nosotros intentábamos tocar en Glasgow», dice Stephen McRobbie, cuyo grupo los Pastels se encontraba entre la primera oleada de grupos de Glasgow que se fijaron en la deconstrucción que llevó a cabo Orange Juice de lo que podía significar un single pop creado de manera independiente, «Orange Juice era un grupo radicado en Londres. Postcard y Orange Juice nos inspiraron a todos; los grupos que estaban en nuestra situación, como Strawberry Switchblade, los Pastels, Primal Scream y los Jesus and Mary Chain, pudieron existir gracias a ellos, aunque la verdad es que, en cierto modo, nosotros creamos nuestra propia escena, en lugar de unirnos a otra ya preexistente.»

El legado de Postcard sufriría altibajos antes de alcanzar su primer cénit en 1986. Pero la agenda de Postcard, consistente en crear un modernismo de fabricación casera y bien informado, había sido comprendida de inmediato en su ciudad natal de Glasgow.[12] «Creo que gran parte de la música de Glasgow estaba muy supeditada a nuestra ciudad, y quizá era de mente un tanto más abierta que otras cosas que ocurrían en Glasgow», dice McRobbie. «En Glasgow David Bowie y la Velvet Underground tuvieron una influencia enorme en la época en que se propagó el punk rock. Recuerdo que fui a ver un con-

---

12. Otro de los legados de Postcard fue el sello Sarah Records de Bristol. Sarah editó singles de 7" y álbumes con una actitud radical pero afectada que celebraba una sensibilidad pop evidente y basada en el entusiasmo. (Una de las bandas que firmaron por Sarah se llamaba Blueboy, lo que da una idea de cuáles eran sus orígenes). [N. del A.]

cierto de Orange Juice y Fire Engines y pensé que habían alcanzado un nivel de intensidad realmente increíble.»

Mientras que el soul inocentón de Hue and Cry y Wet Wet Wet proclamaría sus antecedentes en el pop amable de Orange Juice, tan solo lo utilizaban como punto de arranque para su provecho. «Muchos de los grupos de Glasgow de los ochenta lo único que querían hacer es carrera, y se pisoteaban unos a otros para conseguir el premio gordo», dice McRobbie, «y aunque Orange Juice poseía una elevada ambición, parecían otra cosa.»

La influencia de Horne se dejaba sentir en todas partes. Los recién nacidos Pastels contaban con un tal Brian Superstar, antiguo miembro de *Swankers* que vivía en el piso de Alan Horne, como guitarra rítmica. Jim y William Reid, dos hermanos de East Kilbride que habían formado un grupo llamado The Jesus and Mary Chain, le habían enviado una maqueta a Horne con la esperanza de que detectara su amor compartido por el muro de ruido de la Velvet Underground. En Birmingham, el cantante solista de un nuevo y misterioso grupo llamado Felt, que solo utilizó su nombre de pila, Lawrence, había conseguido entablar correspondencia con Horne acerca de una maqueta que había enviado a Postcard. Horne, aunque menos desdeñoso de lo habitual, había criticado la maqueta de Felt afirmando que se parecía demasiado al *Loaded* de la Velvet Underground (y quizá no lo suficiente al epónimo tercer álbum del grupo).

Otro adolescente cautivado por Postcard era Nick Currie, un estudiante de Edimburgo cuyo grupo, Happy Family, había intentado despertar el interés del sello. «Dio la casualidad de que Josef K se habían separado la semana en que le entregué una maqueta a Malcolm Ross», dice. «Estuve en su último bolo en Edimburgo, y le pedí que se la pasara a Alan Horne, pero no lo hizo, porque en ese momento todo había implosionado. Una vez conocí a Alan, un momento, en la calle, cuando yo empecé ya era una figura legendaria.»

Y la leyenda no ha dejado de crecer desde entonces. En los dieciocho meses que duró, Postcard y Orange Juice, Horne y Collins, consiguieron inaugurar una revolución pop casera que con el tiempo escalaría la cima de las listas de éxitos. Postcard creó una nueva manera de pensar en la música de guitarra que en última instancia cambiaría la banda sonora de la vida cotidiana británica.

Horne, excepto cuando retomó Postcard durante un breve periodo a principios de los noventa, ha permanecido en silencio. Se sabe que suele ir a tomar el té al deslucido esplendor victoriano del Western Baths Club del West End de Glasgow, a tiro de piedra del piso de West Prince's Street donde comenzó Postcard, una bien equipada institución de Glasgow que sirve de anfitriona a la afilada mente que creó otra. Si Horne es un enigma cuyo perdurable legado es un sello discográfico legendario que fracasó de manera legendaria, entonces debemos asumir que así es exactamente como él lo quiso.

4. THE TINDERBOX
(OF A HEART) [13]

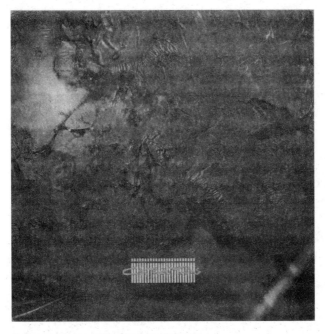

Cocteau Twins, *Head Over Heels*, CAD 313
(Vaughan Oliver/4AD)

13. Tema de Cocteau Twins incluido en el LP *Head Over Heels* cuyo título podría traducirse como «La caja de la llama (de un corazón)». [*N. del T.*]

Puede que Nick Currie no consiguiera trabajar con Alan Horne, pero su grupo pronto se encontró colaborando con otro sello recién formado. Por su tono, diseño y espíritu musical, no podía estar más alejado de Postcard: 4AD.

«Trabajé con Ivo del 81 al 82 haciendo un LP con mi grupo, Happy Family, en 4AD», dice Currie. «Nos conocimos en la tienda de Beggars de Hogarth Road, y pareció ligeramente decepcionado cuando nos vio por primera vez. Nosotros no éramos más que unos idiotas desgarbados, y se nos veía muy jóvenes. Incluso entonces, a Ivo siempre lo rodeaba cierto refinamiento. Vivía en Acton, en una típica casa inglesa suburbana, bastante sombría, donde Ivo tenía toda una planta pintada de lila. Tenía orquídeas, pájaros enjaulados y una colección de discos fantástica.» Con 4AD, Ivo Watts-Russell crearía, gracias a su refinado sentido del estilo, un sello cuya música e identidad visual sería tan identificable como su tremendo buen gusto, su delicada complexión y sus atractivos rasgos aguileños.

«Era un gran anfitrión», dice Currie. «Alojó a Birthday Party y a todo tipo de gente que se le colaba en su habitación de invitados, y te ponía discos de John Cale y Tim Buckley, cosas que yo nunca había oído.»

«Crecí en una granja, el más joven de ocho hermanos, en el Lancashire rural», dice Watts-Russell. «Jimi Hendrix en el *Top of the Pops*… eso y *Piper at the Gates of Dawn* de Pink Floyd me hicieron comprender lo que debería ser la música. Ese era mi club. Mi relación con la música se correspondía con mi manera muy, muy personal de responder a ella, y en soledad, y creo que en eso se convirtió 4AD.»

Cuando era adolescente, los gustos de Watts-Russell se formaron a base de escuchar los programas de John Peel, *Perfumed Garden* y *Top Gear*, en un transistor que escondía bajo la ropa de cama, y que llevó los sonidos de Can y Bridget St John a su infancia rural. «Sin John Peel ninguno de nosotros habría tenido la menor oportunidad», dice Watts-Russell. «Fue mi profesor. Me echaron de la escuela, pero no importó. Así tuve más tiempo para concentrarme en lo que resultó ser mi educación y mi pasión.»

Después de que lo expulsaran de la escuela y de trabajar en diversas tiendas de discos, cuando tenía veintipocos, Watts-Russell ya se encargaba de la sucursal de Earls Court de la cadena de tiendas de discos independiente que Beggars Banquet tenía por todo Londres. Fundadas por Martin Mills y Nick Austin, las tiendas de Beggars, igual que las de Rock On y Rough Trade antes que ellos, y de las incontables que seguirían, montaron un sello discográfico propio.

«Earls Court es un lugar extraño», dice Watts-Russell, «y estaba abierto hasta las diez o las once de la noche. A última hora había turistas, pero pronto comenzó a tener reputación de que también era un sello discográfico, aunque la música que publicaba no era tan buena.»

Los primeros discos editados por Beggars Banquet carecían de un estilo musical convincente o cohesionado. Sin embargo, sus lanzamientos, tan dispares como el psicodrama pop suburbano estilo Bowie de Tubeway Army o el punk como mandan los cánones de los Lurkers, se vendían bien en un mercado que suspiraba por ese producto. Tubeway Army consiguieron unas asombrosas ventas de medio millón de discos, todo ello coordinado desde la habitación de arriba de la sucursal de Beggars en Earl Court. El éxito de Tubeway Army fue el primer indicio de la capacidad de Mills. Graduado en Filosofía, Política y Economía por la Universidad de Oxford, Mills se convirtió de manera perseverante y metódica en la columna vertebral del sector independiente. Combinando astucia e inteligencia y un intenso amor por la música, Mills, al igual que otros propietarios de tiendas de discos, dio rienda suelta a su pasión por publicar discos a finales de los setenta.

«Nos quedamos sorprendidos al lanzar nuestro primer disco», dice

Mills, «porque vendimos unos diez o quince mil ejemplares sin hacer nada. En los primeros días del punk, el panorama discográfico era tan exiguo que la gente compraba cualquier cosa que editaras, e incluso años más tarde, durante los comienzos de 4AD, había tal escasez de música como esa que la gente estaba ávida por comprarla.»

Detrás del mostrador de Earls Court, Watts-Russell veía crecer la permanente cola de bandas esperanzadas que esperaban el momento adecuado para dejar su maqueta. Un día llamó su atención un single de 7" autoeditado que habían dejado junto al montón de cintas. «Pusimos Modern English y escuchamos un par de canciones que ellos mismos habían publicado. Lo próximo que supe fue que los propietarios de Beggars, Nick Austin y Martin Mills, se me acercaron para decirme: '¿Por qué no montas un sello?', y para que viera que no era ninguna broma me ofrecieron un contrato, cosa que era totalmente absurda.»

Antes incluso de comenzar a dirigir el sello, las ortodoxias de la industria ya habían desconcertado a Watts-Russell. Mills, que actuaba como independiente, no estaba interesado en la generosidad amateur ni en el falso mutualismo de los contratos para ir a medias ofrecidos por Rough Trade, Factory y Mute.

«El momento culminante llegó», dice Watts-Russell, «cuando me senté con Rema Rema y Beggars para firmar el contrato de publicación de un EP. Eso era todo lo que iba a ser, un disco. Y ahí estaba ese documento que cubría toda una vida de edición. Para mí, muchas cosas cristalizaron en ese papel. A partir de ese día me quedó claro que íbamos a llegar a acuerdos en nuestros propios términos e íbamos a dejar atrás la manera de hacer las cosas de Beggars.»

Mills reconoció que Watts-Russell fue capaz de alcanzar algunas de las metas que ya habían sido superadas por el tremendo éxito de Beggars. A la estela del éxito comercial de Tubeway Army, Mills tuvo que firmar un contrato de distribución con Warner Brothers, el cual, al tiempo que se aseguraba de que Beggars no sufriría los regulares dolores de cabeza de Rough Trade a la hora de llegar a un mercado más amplio, significaba que Mills tendría que dedicar todos sus esfuerzos a seguir el calendario de lanzamientos de Warner.

«En el momento en que arrancó 4AD», dice Mills, «Beggars tenía un enorme éxito con Tubeway Army, y solo éramos cuatro personas, de manera que costaba mucho no sentirte totalmente abrumado al tener tres álbumes en el Top 20 al mismo tiempo y del mismo artista, cosa que era realmente brutal. Y aunque era brutal, añorábamos muchas cosas que habíamos perdido, que consistían en hacer cosas nuevas e interesantes, más pequeñas.»

Watts-Russell, aparte de ser sensible a lo que percibía como las tradicionales prácticas abusivas del negocio musical, era cada vez más consciente de su entorno; los artistas de Beggars Banquet a lo mejor podían llegar al Top 10, pero según su criterio más ponderado, pensaba que la tienda carecía de identidad.

«Rough Trade molaba, pero Beggars no», dice. «Pasé algunos años intentando liberarme de la sombra de la infraestructura que tenía Beggars, porque no quería verme relacionado con el material que estaban publicando. Cosa que me fue muy bien, pues avivó la llama de mi carácter terco y decidido, de todas las cosas de las que a menudo me han acusado.» Watts-Russell aceptó la oferta de Mills de montar un sello, y, junto con su colega Peter Kent, que también era dependiente en Beggars, se decidieron por el nombre de Axis, y enseguida prensaron cuatro singles, solo para descubrir que ya existía otra compañía de discos llamada Axis. Así que bautizaron el sello con el nombre de 4AD, sin incluir una palabra tan prosaica como «Records», ni cualquier otra, con lo que encajaría perfectamente con la estética que Watts-Russell comenzaba a desarrollar. 4AD derivaba de un folleto publicitario impreso para promocionar los discos de Axis, y se centraba en un extraño juego de palabras y en un primer intento de diseño minimalista de los ochenta.

1980 FORWARD
1980 FWD
1984 AD
4AD

Sin embargo, Watts-Russell y Kent tenían ideas divergentes con respecto a su nueva marca; el tercer single planeado para Axis, «Dark Entries» de Bauhaus, se vendió tan bien que el grupo y Kent tuvieron la impresión de que ya eran demasiado grandes para una empresa recién inaugurada como Axis / 4AD.

«Bauhaus lo sintetizó», dice Watts-Russell. «Pete y yo descubrimos que teníamos ambiciones diferentes. Cuando conocimos a Bauhaus, ya tocaban 'Telegram Sam', y no había manera de que lo grabaran, pero en 1980 no solo lo habían grabado, sino que lo habían publicado como la cara A de un single para Beggars. Yo era lo bastante serio y apasionado como para saber que no quería que mis grupos pasaran de 4AD a Beggars. Bauhaus fue la primera y última banda que hizo esa jugada.»

A Martin Mills, que se alegraba de ver prosperar a 4AD en sus propios términos, todo eso no le pasó por alto. «La idea es que sería un sello que alimentaría a Beggars Banquet, pero inmediatamente después de lo ocurrido con Bauhaus quedó bastante claro que 4AD estaba desarrollando su propia identidad y que iba a ser algo más que un sello secundario, y muy pronto comenzaron a seguir caminos paralelos.»

Se estableció una relación en la que Mills era la presencia que quedaba en segundo plano y proporcionaba consejo y consulta informal a 4AD, aportando sus astutas lecturas de los aspectos técnicos de la edición de discos, al tiempo que Watts-Russell podía comenzar a construir un caldo de cultivo creativo a la imagen de su sensibilidad tremendamente desarrollada.

«Más tarde, incluso en el punto culminante de nuestra independencia», dice Watts-Russell, «cuando éramos mucho más solventes y teníamos mas éxito que Beggars, seguimos utilizando a sus contables. Yo nunca quise empleados, y mucho menos a contables. Teníamos mucha suerte como empresa al no tener que preocuparnos por ese tipo de cosas, y ahí es donde Martin fue simplemente fantástico: nunca me influyó en 4AD, pero siempre estaba cuando se le necesitaba.»

Ahora que actuaba exclusivamente por su cuenta, Watts-Russell disponía de libertad para empezar a contratar artistas. Los primeros que llamaron su atención fueron Birthday Party, unos australianos expatriados que tocaban un blues vertiginoso. Liderados por Nick Cave, habían llegado a Londres con la inquebrantable determinación de firmar un acuerdo discográfico, aunque sus intentos a la hora de despertar interés habían sido infructuosos. «Habían ido a ver a Daniel Miller», dice Watts-Russell, «que había conseguido que telonearan a

DAF. Yo los vi en el Moonlight, donde Mick Harvey tocaba un Farfisa. En el club no le gustaron a nadie. Volví a ir a verlos al Rock Garden y le dije a Mick que me gustaba mucho la canción 'The Friend Catcher'. Él me contestó: 'La tenemos grabada. ¿Quieres publicarla?'. Así, sin más. Todo era muy excitante. En ese momento 4AD era solo yo.»

Watts-Russell, para ser alguien que actuaba en solitario y que aún se abría camino en la industria discográfica, se encontró con que en un año de vida de 4AD ya había conseguido, para su gran sorpresa, su primer éxito trasatlántico. El segundo álbum de Modern English, *After the Snow*, estaba alcanzando unas ventas importantes gracias a la inclusión de una de sus canciones, «I Melt with You», en la banda sonora de una película.

«El segundo álbum de Modern English fue nuestro primer disco de platino», dice. «'I Melt with You' apareció en la primera película de Nicolas Cage, *Valley Girl*, cuya banda sonora vendió un millón de ejemplares en los Estados Unidos. 'I Melt with You', la canción, se encuentra entre las quinientas canciones más reproducidas en la radio. Tuvieron un inmenso éxito sin haber llegado a las listas. En Warner Brothers despidieron a gente por no haber sabido sacar la chequera a tiempo para hacerla entrar en el Top 40 en el momento adecuado y traducir todo eso en el colosal hit que debería haber sido.»

«I Melt with You» fue un primer ejemplo de la pulcra canción estilo nuevo ola que nos llegaría de la icónica serie de películas de John Hughes sobre el paso a la madurez en los Estados Unidos de los ochenta. *Valley Girl* fue dirigida por Martha Coolidge, y en su relato de amantes desdichados procedentes de los dos extremos de los efectos de la Reaganomía, fue precursora del modelo de películas de adolescentes de Hughes. «I Melt with You» sentó un precedente para canciones relacionadas con películas, como «Pretty in Pink» de Psychedelic Furs y «Don't You Forget about Me» de Simple Minds, e inició una fiebre que enganchó a los jóvenes sometidos a la ansiedad de la lujuria. Contrariamente a los singles utilizados en las bandas sonoras de John Hughes, el vídeo de «I Melt with You» no contenía imágenes de *Valley Girl*, lo que le negaba a la canción la ventaja de la emergente herramienta de marketing de la época de la MTV, la sinergia. La canción solo llegó al número 70 de la lista de *Billboard*. A pesar de todo ello, 4AD tenía entre manos un álbum que había vendido un número de seis cifras. Para Watts-Russell, que seguía gestionando el sello desde detrás del mostrador de la tienda de Beggars, la experiencia fue apabullante. La combinación de ineptitud por parte de Warner Brothers al haber dejado pasar un gol cantado y la constatación de que unos discretos niveles de soborno y tejemanejes internos todavía determinaban la mecánica del Top 40 norteamericano hicieron que el éxito de «I Melt with You» le dejara un amargo sabor de boca. Todo aquello de lo que Watts-Russell desconfiaba en el negocio musical —el trabajo chapucero, la práctica abusiva y una falta general de atención al detalle— le había dado su primer éxito.

«Aquella experiencia me quitó las ganas de vender los derechos para los Estados Unidos y para las compañías de discos en general por muchos, muchos años», dice. «La verdad es que ni siquiera quería tener la impresión de que tenía una compañía discográfica. Mientras trabajaba en la tienda había visto a los representantes de empresas como Phonogram, que eran como vendedores de zapatos y no sabían nada de música ni les importaba. Habíamos vendido medio millón de discos; todo aquello culminó en un concierto matinal de Modern English en el que las adolescentes les lanzaban ropa interior y muñecos de peluche. Fue extraordinario. Luego regresarían a Inglaterra para tocar en el Venue de New Cross, si podían.»

Para irritación de Watts-Russell, 4AD comenzaba a tener cierta reputación, gracias a Bauhaus y Birthday Party, que seguían vendiendo bastante, de editar discos alternativos de músicos de cara chupada y vestidos de negro que alimentaban el fenómeno gótico underground de High Street. Una de las siguientes publicaciones de 4AD no podía estar más lejos de ese estereotipo: un desconcertante álbum híbrido de un cantante-compositor y un collage de paisajes sonoros que podría haber formado parte de un álbum de Industrial Records: *Burning Blue Soul* de Matt Johnson. «Ese fue nuestro quinto álbum», dice Watts-Russell. «Cuando conocí a Matt le interesaba más el fútbol, así que nos llevamos realmente bien; me puso esa cinta que le habían producido Graham y Bruce de Wire, y eso fue lo que publicamos.»

Mezclando algunos primeros ejemplos de sampling con una guitarra acústica de doce cuerdas y texturas rítmicas discordantes, *Bur-*

ning Blue Soul era un disco que había montado Johnson, operador de cintas, utilizando el tiempo muerto en el estudio. La portada del álbum, que mostraba un ojo psicodélico estilo 13th Floor Elevators, era una adecuada metáfora de la música: disonante y embriagadora, que habitaba su propia esfera.

La publicación de discos como *Burning Blue Soul* garantizaba que 4AD estaba forjando un catálogo de personajes individuales y definidos, pero fue el siguiente grupo contratado por Watts-Russell el que acabaría fijando la identidad estética del sello: Cocteau Twins. «Todavía hoy recuerdo cuando escuché su música por primera vez», dice Watts-Russell. «Había cogido el coche para ir a los Spaceward Studios, donde los veías borrar los másters al final de la sesión, todo un tanto deprimente. Conducía de vuelta a casa, introduje la cinta y recuerdo que disfruté con la guitarra distorsionada estilo Siouxsie and the Banshees y a alguien que más o menos cantaba por encima.»

A Watts-Russell le había enviado la cinta el agrio guitarrista de los Cocteau Twins, Robin Guthrie, el cual, después de haber pasado la noche viajando desde Grangemouth, una ciudad del estuario de Forth en la que había una refinería, para ver a Birthday Party, mataba el tiempo deambulando por la tienda de Beggars con la esperanza de poder hablar un momento con el hombre que había publicado los discos de los australianos. Al escuchar la cinta, las dos canciones convencieron lo bastante a Watts-Russell como para invitar a la banda a grabar. Lo que no había escuchado Watts-Russell era la voz de la vocalista de Cocteau Twins y novia de Guthrie, Liz Fraser, que quedaba sumergida debajo de las guitarras distorsionadas y el bajo de Will Heggie.

«No fue por Liz Fraser que propuse a Cocteau Twins grabar dos canciones en los estudios Blackwing de Londres», dice Watts-Russell, «así que cuando estaba en los Blackwing y Liz abrió la boca, pensé: '¡Madre del amor hermoso!'. La guinda del pastel.»

Blackwing Studios se encontraba en Southwork, en una iglesia desconsagrada en la que la torre del campanario se utilizaba para almacenar las cintas máster y que además disponía de un jardín. Era un emplazamiento con el que Watts-Russell sentía una gran afinidad. A medida que aumentaba su trabajo como productor, se convirtió en una segunda residencia, en la que la arquitectura eclesiástica proporcionaba una caja de resonancia para sus pensamientos, y su mesa de mezclas una manera de desentrañarlos.

Oír cantar a Fraser resultó ser una epifanía que resonaría dentro de Watts-Russell con la intensidad del primer amor. Tras haber pedido inicialmente a Cocteau Twins que grabaran un EP, Watts-Russell se dejó llevar por su entusiasmo y de inmediato les planteó llegar a un acuerdo a largo plazo con 4AD. «Escuché por primera vez a Liz y dije: 'Tenéis que grabar un álbum, ¿entendido? ¿Tenéis las canciones?'. Y, naturalmente, descubrí que no las tenían, de manera que con lo único que contaba era con aquellos temas que habían grabado en los Blackwing, prensadas en acetato tan solo para John Peel, que tardó una eternidad en escucharlas, y cuando lo hizo le gustaron y conseguimos una sesión.»

La relación de Watts-Russell con John Peel había evolucionado desde que era un chaval cuyo mundo había cambiado gracias a la radio, y ahora era de respeto mutuo, pues el presentador reconocía a un alma gemela en Watts-Russell.

«John Peel siempre te apoyaba», dice Watts-Russell. «Toda nuestra comunicación era por carta. Alguien lo invitaba a una sesión y le decía: '¿Podrías venir?', a lo que él contestaba: 'No, porque todo el mundo se queda mirando al suelo'. Y cuando lo conocí lo primero que hice fue mirar al suelo de lo nervioso que estaba. Me acerqué y le dije: 'Hola, ¿cómo está usted?', y él me contestó: 'No tienes por qué hablarme así'. Yo veía a alguien a quien admiraba enormemente, pero que probablemente era tan tímido como yo.»

Los primeros intentos de Cocteau Twins de estar altura de las expectativas de lo que había oído Watts-Russell fueron problemáticos: una combinación de timidez, una incapacidad para comunicar y ser capaces de salir del entorno de incubadora de Grangemouth para adentrarse en el extraño mundo del espectáculo de principios de los ochenta. Colin Wallace, amigo, confidente y roadie, procedía del mismo entorno que Fraser, Heggie y Guthrie. «La madre de Liz y la mía trabajaban en la misma fábrica, y yo trabajé allí durante cinco años», dice, «y era espantoso, así que por defecto me convertí en su roadie. En Gran Bretaña, el primer álbum de los Cocteau, *Garlands*, fue recibido como una copia más de Siouxsie, y Elizabeth era una gran fan de Siouxsie: tenía tatuajes de Siouxsie que luego se fue borrando con láser.» Si la música, al menos en Gran Bretaña, no fue muy bien recibida, la portada de *Garlands* era en extremo fascinante. Con una mezcla de fotografía en color y letra extravagante, parecía un cruce entre un cartel de película de terror europea de bajo presupuesto y la interpretación de los sueños de un estudiante de Bellas Artes para la exposición de licenciatura. Esa asombrosa obra de arte contemporáneo se atribuyó, por primera vez en una portada de 4AD, a 23 Envelope.

23 Envelope era el nombre de un despacho de diseño gráfico que Vaughan Oliver, un joven graduado en diseño gráfico que conservaba el acento de Sunderland —lo que enseguida echaba por tierra cualquier pretensión que pudiera detectarse en sus diseños—, había montado con su colega Nigel Grierson. «Vaughan llegó cuando nos trasladamos a Alma Road en 1983», dice Watts-Russell. «Me enseñó mucho a utilizar los ojos, y lo conocí gracias a una absurda coincidencia.»

Alma Road estaba en Wandsworth, Londres W18, donde Martin Mills había abierto las oficinas de Beggars Banquet, y donde hoy en día todavía sigue estando Beggars Group. El edificio estaba ubicado en una tranquila calle secundaria y albergaba una pequeña oficina de 4AD; y cuando Watts-Russell abandonó la tienda de discos para trabajar en un nuevo espacio, contrató a Oliver como su primer empleado por recomendación del amigo de un amigo.

«Lo único que sabía era que ese tal Vaughan iba a venir a visitarme una noche. Modern English habían utilizado una fotografía de Diane Arbus en una camiseta y querían utilizarla en la portada de un disco. En fin, que solo lo había llamado por el tema de la imagen de Diane Arbus. Total, que entra con su portafolio y dentro veo que tiene la misma imagen de Diane Arbus, que había manipulado a su manera habitual. Fue una enorme coincidencia, enseguida nos llevamos muy bien. Durante un año, 1983, estuvimos los dos solos.»

Junto con diseñadores como Peter Saville y Neville Brody, Oliver introdujo un nuevo lenguaje gráfico en las habitaciones de los adolescentes de los ochenta. Gracias a las portadas que se veían en los escaparates de las tiendas de discos, y los tipos de letra, la rotulación y los collages de publicaciones como *The Face*, el público aficionado a la música y a la estética se educó en una nueva conciencia visual. La colaboración intensamente creativa entre Watts-Russell y Oliver significó que 4AD tuvo un carácter musical y visual con una resonancia especial y singular.

«El respeto era mutuo», dice Oliver. «Yo más o menos lo educaba visualmente y él sin duda me educaba musicalmente. Creo que él tenía la impresión de que yo era una persona distinta de la que aparentaba. Creía que yo iba a ir de promoción por las radios, a moverme por ahí... pero ese no era yo. Fui su primer empleado a tiempo completo, y eso me otorgó una gran confianza en mí mismo y me hizo comprender que le preocupaba tanto el envoltorio que estaba dispuesto a arriesgarse.»

Al convertir a Oliver en su primer empleado, Watts-Russell, al igual que Tony Wilson antes que él, estaba poniendo la presentación visual de su empresa en manos de un joven diseñador gráfico. Watts-Russell también había supuesto que, además de desarrollar un lenguaje visual para el sello, Oliver le ayudaría en las tareas más mundanas de dirigir un pequeño negocio. «Me pareció que necesitaba un poco de ayuda», dice Watts-Russell. «Yo consideraba que su trabajo consistía en diseñar un par de portadas y luego bajar al almacén y comenzar a hacer paquetes.»

Para Oliver, sin embargo, la idea de dedicarse a diversas tareas y ayudar como encargado de almacén cuando hacía falta resultaba un anatema para el proceso creativo. Con Watts-Russell en su escritorio, atento al calendario de producción, y Oliver en un rincón, perdido en sus ideas para conseguir un nuevo lenguaje en las portadas, el ambiente entre los dos miembros del personal de 4AD se parecía a un tanque de aislamiento.

«Una de las primeras cosas que me dijo», cuenta Oliver, «fue que 'Yo no me dedico a conversar... no me interesa la cháchara... tú y yo... ¿entendido?'. Y me quedaba sentado en silencio en mi rincón. Nunca había tenido antes caballete ni mesa de dibujo, así que recuerdo que durante los primeros seis meses la mesa estuvo completamente vertical. No tenía ni idea de cómo bajarla. Estaba luchando con una de las primeras portadas, que me debió de llevar tres semanas. Había encontrado una vieja enciclopedia y fotografié una cara que encontré, amplié cada letra a un tamaño gigante para todo el listado de canciones, etc., y recuerdo que estuve sentado una eternidad... colocando las letras, juntándolas y luego reduciéndolas en mi máquina PMT[14]... y que también me introduje en el mundo de la imprenta, aunque no conocía la jerga de los impresores.»

A Watts-Russell cada vez le preocupaba más que, junto con la incapacidad de ayudar en las tareas cotidianas de mover el stock y hacer cajas, cosas que él hacía de manera regular, el proceso de diseño de Oliver comenzara a obstaculizar el calendario de lanzamientos.

«Una de las primeras cosas que hizo Vaughan en 1983 fue diseñar un logo para Xmal Deutschland», dice Watts-Russell, «y yo me quedé mirándolo, y estuvo dos semanas y media para terminarlo. Así que era él quien dictaba cuándo se editaban los discos. Aunque aquello era duro y frustrante, estoy seguro de que yo se lo hacía pasar mal, y ahora lo reconozco.»

Watts-Russell, que detestaba la reuniones y las sesiones de brainstorming, era capaz de trabajar con gran concentración y aislado. Ese solapamiento etéreo entre música y arte que constituía la percepción exterior de 4AD eran a menudo una serie de encuentros lacónicos y poco comunicativos entre el diseñador gráfico y el jefe del sello. Todas las habilidades sociales que les faltaban las compensaban con creces creativamente.

Los diseños de Oliver utilizaban fotografías y capas de tinta impresas sobre imágenes oníricas que dispersaba y refractaba saturadas de color. Su fotógrafo preferido y socio en 23 Envelope era Nigel Grierson. «Yo había ido a la escuela con él, y luego a la universidad, y juntos hicimos muchas portadas», dice Oliver. «En lugar de llamarnos Nigel and Vaughan le pusimos al estudio el nombre de 23 Envelope, para que del estudio pudieran salir diversos estilos o maneras de ver las cosas, si quieres... aunque la verdad es que Nigel y yo teníamos una estética demasiado parecida.»

Si 23 Envelope acabaría siendo considerado un estudio innovador en el diseño de portadas, concebidas a partir de brochazos lo más anchos posibles con el fin de sacar el máximo partido de la superficie del disco, el nombre que habían elegido había sido un hallazgo bas-

---

14. La transferencia fotomecánica (PMT por sus siglas en inglés) era un método para preparar material gráfico utilizando una cámara, ahora obsoleto, pero sin duda digno de recuperación. [*N. del A.*]

tante vulgar que nada tenía que ver con las florituras manieristas que coloreaban sus cubiertas.

«Teníamos al lado un paquete de sobres, y quedaban exactamente veintitrés», dice Oliver, «y se nos acabó el Letraset, de manera que fue 23 Envelope, no Envelopes. Veintitrés es el número más recurrente del mundo, y cada vez que leía un periódico aparecía en alguna parte. Era absurdo. ¿De dónde viene 4AD? De algo absurdo. Me gusta la idea de que 23 o 4AD hayan acabado significando algo con el tiempo y que no sea una sucesión de nombres, que no sea un nombre de agencia como Rough Trade, o Factory, que ya tiene una imagen... si piensas en la palabra «*factory*», piensas en una fábrica. 4AD no posee otra imagen que la que se creó para él.»

La imagen de 4AD que se estaba creando coincidía con los gustos e intensidad de Watts-Russell. La música era como de otro mundo, tenue y envuelta en un sudario de reverberación. Por mucho que el catálogo de 4AD comenzara a vender y a conectar con el público, la prensa lo rechazaba por considerarlo un mundo de telarañas, estampados florales y rosarios. En el Reino Unido los semanarios musicales se apresuraron a colocar a Watts-Russell y 4AD en una casilla de madera de pino lavada y telas de Laura Ashley.

«Los periodistas no siempre apoyaron lo que hacíamos», dice. «A mí me atraía la gente cuyo método más fácil de comunicación era la música, y con los que compartía timidez. Y en el mundo a veces la timidez se interpreta como arrogancia, con lo que palabras como 'pretencioso' acaban apareciendo con el tiempo. No tengo amigos en los periódicos, por decirlo de alguna manera.»

La negativa reacción de la prensa había empezado a afectar a Liz Fraser, que decidió que ahora cantaría en su propio lenguaje, disfrazando sus sentimientos en una jerigonza deliciosa y poderosamente cantada. «Recuerdo que le hablaba a Liz de las críticas», dice Wallace, «y de cómo echaban pestes de las letras, y recuerdo que me dijo: 'Nunca más volverán a criticar mis letras'.»

El hecho de retirarse a un universo lingüístico privado transformó la voz de Fraser en más contundente y enérgica. La combinación de los arreglos de Guthrie y las insondables rapsodias de Fraser se convirtieron en un intenso diluvio de sonidos acuosos y melodías ascendentes cuya cualidad etérea quedaba compensada por el preciso chasquido de la caja de ritmos. Watts-Russell se sobrepuso a cualquier intento de ridiculizar a Cocteau Twins y sentía un fuerte vínculo emocional con el grupo. «Lo único que puedo decir es que me gustaban tanto que me daba igual lo que cualquiera o cualquier periodista pudiera pensar de ellos», dice. «Me importaba un bledo. Me sentía orgulloso de representarlos.»

Dentro del propio grupo, las ominosas tensiones que se habían ido creando provocaron la primera crisis. Se habían embarcado en una gira desastrosa, que acabó con el despido del bajista, Will Heggie, y una decisión que iba a dejar de lado para siempre los métodos convencionales de la industria. «En 1983 los mandamos de gira con OMD», dice Watts-Russell. «Por Inglaterra y Europa, y fue un inmenso error: hicieron cincuenta de los cincuenta y dos conciertos, volvieron a Inglaterra y me dejaron a mí el trabajo de despedir a Will Heggie».

La realidad de ser unos teloneros con escasos recursos había mermado el poco entusiasmo que sentía el grupo por ir de gira. «Estuvimos tres meses de gira sin parar», dice Wallace. «El encargado de sonido de OMD iba pasado de coca todo el tiempo, estábamos sentados en el camerino y decía: 'Parece que Liz esté cantando: "Todos vamos a morir, todos vamos a morir"', cosa que lo resumía todo. Al final de la gira Will acusó a Elizabeth de ser una estrella del pop porque quería salir y hablar con los fans y cosas así. Se armó la marimorena y el vestuario quedó destrozado, hecho añicos.»

Al final de la gira, el grupo regresó al piso de Ivo para abordar las tensiones producidas por los tres meses de ausencia. «Liz estaba celosa de cualquiera que se acercara a Robin, y celosa de la relación que tenía con Will», dice Watts-Russell. «Era una pesadilla. Sonaba el teléfono y en mi piso se desataban rayos y truenos. Creo que en esa época les ofrecí abandonar 4AD y comenzar a hacerles de mánager. Gracias a Dios que nunca me contestaron.»

Cocteau Twins eran enormemente prolíficos, y solo en 1983 publicaron dos EP de material no incluido en su LP, además de un segundo disco, *Head Over Heels*. Este disco, que Peel puso entero varias noches seguidas, era más o menos un álbum de dúo, en el que Guthrie tocaba y programaba todos los instrumentos. «Fue en *Head Over Heels* cuando Robin se hizo cargo de todo», dice Watts-Russell. «Le hice un inmenso favor produciendo *Garlands* y *Lullabies*, y utilicé a Alan Rankine para *Peppermint Pig*. Porque entonces él era capaz de darse la vuelta y exclamar: 'Joder, puedo hacerlo muchísimo mejor'.» Mientras tanto, Watts-Russell había encontrado un posible candidato para sustituir a Will Heggie al bajo. «Simon Raymonde trabajaba en la tienda de Beggars y se lo propuse, y se llevaron bien. Y ahí fue donde Cocteu Twins dejaron de hacer las cosas al método tradicional. Y creo que reconocieron el poder que les otorgaba esa postura.»

La imagen de Cocteu Twins la desarrollaron las barrocas portadas de 23 Envelope, que presentaban zonas suburbanas estilo Lewis Carroll, algo que acentuaba el aspecto como de niña abandonada de Fraser; en los vídeos llevaba túnicas y lazos, mientras unas cortinas se hinchaban elegantemente y a lo mejor se veía corretear un gato. «La época victoriana siempre estuvo asociada con Cocteau», dice Watts-Russell. «Era difícil librarse de ella, pero lo conseguimos. Conozco perfectamente los métodos de trabajo de Nigel y Vaughan, y creo que no se podría haber dedicado más esfuerzo, energía ni pretensiones a ninguna portada de disco que la que se dedicó a *Head Over Heels* y *Sunburst and Snowblind*. Las imágenes están totalmente sacadas de Tarkovski.»

En un intento de abandonar el rastro del surrealismo cubierto de turba con el que habían acabado identificándose, los diseños de 23 Envelope para *Head Over Heels* y *Sunburst and Snowblind* eran un miasma de color y abstracción. Aparecía una forma roja resplandeciente, que era en parte una rosa sin abrir y en parte una reluciente planta acuática. Se trataba de imágenes tomadas libremente de la película de Tarkovski *Stalker*, a las que se había añadido una llamarada de color al monocromatismo marrón muy contrastado. En una de las escenas más celebradas de la película, en una sola toma la cámara se desplaza sobre una charca que contiene una interminable serie de desechos consistentes en objetos y emblemas del malestar industrial y espiritual: monedas, un fusil, un icono, un muelle. Todo ello parece sumergido en agua y plancton antes de que aparezca una mano, que queda flotando en la charca con la palma hacia arriba. Si se congela la secuencia en cualquier momento al azar, la imagen que queda se parece increíblemente a una portada de 4AD de la época.

En medio de toda esta profusión creativa, Wallace, por lo pronto, se dio cuenta de que Watts-Russell cargaba con demasiada responsabilidad. «A medida de que el sello iba progresando, él estaba cada vez más en el ojo del huracán», dice. «Al volver la vista atrás, me doy cuenta de que debería haber delegado más, pero como siempre lo había hecho todo él, controlaba la situación de una manera absoluta.»

Aparte de su actividad en el departamento de A&R, profundamente implicado en el proceso del estudio, Watts-Russell generalmente secuenciaba los discos y supervisaba la producción del máster. También era el único que estaba a cargo del complejo calendario de fabricación y producción de 4AD.

Desde su caballete y su máquina PMT, Vaughan Oliver se preguntaba cómo podía Watts-Russell manejar tantos hilos. «A decir verdad, no sé cómo lo hacía. Hablaba con un grupo por teléfono y decía: '¿Por qué no haces un poco de esto y un poco de lo otro en el estudio?', y al momento siguiente se iba a la planta de fabricación y se ponía a despotricar: '¿Dónde están mis putos discos? ¡Debería tener diez mil discos en el almacén a estas alturas!'.»

La cautivadora música de cámara de Cocteau Twins daba la medida de la capacidad de Watts-Russell a la hora de crear un mundo privado, del que 4AD sigue siendo sinónimo. Era un mundo inmerso en el lenguaje musical de la reverberación, de las voces femeninas y de ciclos de canciones meditativos, al que Watts-Russell añadió su propio proyecto: This Mortal Coil.

«Estaba en el piso superior del Ritz de Nueva York», dice Watts-Russell, «en un concierto de Modern English. Habían salido para los bises y encadenaron dos canciones —'16 Days' y 'Gathering Dust'—, y les sugerí que grabaran una versión. Por algún motivo me dije que lo iba a intentar yo mismo. Para darle forma le pedí a Liz que cantara y a Gordon Sharp que la acompañara. Suena como lo que era: gente que no sabía lo que estaba intentando hacer, y que lo había grabado tal como había salido. Como necesitaba una cara B, le pedí a Liz que cantara 'Song to the Siren'. Mi intención era que lo hiciera a capela. No quería que hubiera música. Así que la guitarra que se escucha es la toma de Robin apoyado en la pared del estudio muerto de aburrimiento y tocando esos acordes.»

La profundidad e intensidad de lo que sentían mutuamente Fraser, Watts-Russell y Guthrie quedaría grabado en un contexto de una belleza casi insoportable. La lectura que hace Fraser de la canción de

Tim Buckley «Song to the Siren», que es en parte un lamento campesino, en parte tres minutos de fantasmal erotismo y en parte un prolongado eco que se pierde en la neblina del silbido de la cinta, se considera acertadamente uno de los grandes hitos del catálogo de 4AD. La sensación de intimidad que transmite era producto de la silenciosa atmósfera en la que se grabó.

«Liz nos echó a todos del estudio», dice Watts-Russell, «y salimos y nos sentamos en el jardín de Blackwing, pero yo no podía soportarlo y fui a rastras hasta el estudio. No me vieron llegar —ella estaba sentada en el suelo, justo en un rincón—, la grabadora estaba puesta en bucle, y yo entré a hurtadillas y la oí cantar en voz muy queda, tal como se escucha en el disco, solo que aún más bajito, y me puse en pie de un salto y grité de asombro, a lo que ella contestó: '¡Vete! ¡Sal de aquí!'. Y a la siguiente toma lo clavó.»

Guthrie, por su parte, procuraba que This Mortal Coil no lo distrajera, y estaba concentrado en el próximo álbum de Cocteau Twins. «Invité a Eno a conocerlos a fin de que produjera *Treasure*. Se presentó acompañado de ese chaval tan callado que se llamaba Danny, que casi se pasó todo el rato sentado en un rincón, y Eno dijo: 'No creo que deba producir a Cocteau Twins, porque no creo que yo sea tan valiente como lo fuisteis vosotros en *Heads Over Heels* al utilizar ese grado de reverberación. Aquello fue tremendamente valiente, pero si queréis un buen ingeniero, ¿por qué no trabajáis con Danny?'. Naturalmente, Danny era Daniel Lanois, pero en aquella época Robin no pensaba trabajar con nadie. Toleraba la idea de trabajar con Brian Eno, pero no iba a funcionar.»

El hecho de que Guthrie asumiera el papel de productor en Cocteau Twins también significaba que comenzaba a imponer su autoridad por encima de Watts-Russell y a distanciarse de él, y se negaba a participar en los juegos habituales de promoción, algo que todos acabarían lamentando. «Antes de trasladarse a Londres, siempre se alojaban conmigo», dice Watts-Russell. «Estábamos muy unidos, y la verdad es que estaba de acuerdo con ellos en no ir a programas de televisión idiotas, y probablemente eso fue un error. Creo que comenzaron a estar molestos conmigo por lo que ellos consideraban su falta de éxito, cuando eran ellos los que se habían negado a conceder entrevistas y se negaban a sacar singles de los álbumes. El amor era tan intenso que al morir resultó muy doloroso, y a día de hoy una de las mayores tragedias de mi vida fue decirles que se fueran cuando lo hice. Todos teníamos ideas afines: a los diseñadores gráficos, Vaughan y Nigel, no les interesaba que el grupo apareciera en la portada, y a los grupos tampoco les interesaba aparecer. Se tomaban su arte en serio, y yo también.»

El intrincado estilo del sello 4AD daba la impresión de un salón londinense lleno de bandas de ideas afines con un peinado de cacatúa, todos ellos explorando los misterios de la voz y del pedal de efectos. La impresión quedaba reforzada por el hecho de que This Mortal Coil era una banda creada por el propio sello y compuesta por diferentes artistas de 4AD que colaboraban haciendo versiones de material exquisitamente seleccionado por Watts-Russell.

«La gente tiene la idea o la percepción de que el sello era una familia feliz con sus propios diseñadores residentes, con lo que todo tenía el mismo aspecto —el mismo ingeniero, yo, John, Brendan, Robin—, de que explorábamos la reverberación, todos nosotros, porque nos encantaba. Y fue así durante un periodo muy breve, más o menos durante seis meses del año 85. Todos nos ayudábamos. Robin producía a Dif Juz o a quien fuera por nada, Manuela tocaba con The Wolfgang Press. Todos éramos amigos y tocábamos en los discos de los demás. Naturalmente, años después Robin diría: '¡Produje el disco de Dif Juz por nada! Me explotabas'.»

Pensara lo que pensara el mundo exterior de This Mortal Coil y del aire decadente y embriagador de 4AD, los discos se construían de la manera más profesional posible. En lugar de reunir a los músicos para que tocaran juntos, Watts-Russell creaba los discos en un aislamiento casi total, juntándolos por partes, superponiendo capas de sonido hasta que la canción estaba completa. «Debido a mi inseguridad», dice, «nunca quise que hubiera más de un músico en el estudio si podía evitarlo. Desde el 83 al 91, hasta la sesión de fotos que se hizo para *Blood*, había gente que había participado conjuntamente al menos en dos álbumes y todavía no se conocían.»

La elección del material que hizo Watts-Russell para el primer álbum de This Mortal Coil —Big Star, Gene Clark, Roy Harper— se extrajo del mismo fondo de compositores y cantantes experimentales e introvertidos que le había hecho escuchar a Nick Currie unos años antes. Si Postcard jugaba con las referencias a los sesenta y los setenta, This Mortal Coil les rendía un solemne homenaje, cogía el espíritu de las grabaciones originales y las convertía en poemas tonales, refractados a través de la gasa del mundo sonoro de 4AD.

«Sigo sin creer que This Mortal Coil mejorara ninguna de las canciones que versionamos, aparte de 'Song to the Siren'. Gene Clark... qué hermosa voz la de ese hombre. Me estuve escribiendo con el hermano de Chris Bell y con Larry Beckett: mantener correspondencia y estar en contacto con esas personas significó muchísimo para mí. Su reacción y sus amables palabras fueron fantásticas.»

Uno de los grupos que Watts-Russell había contratado estaba poniendo a prueba su capacidad como A&R: un trío en el que tocaban dos hermanos que regularmente se peleaban, Martyn y Steve Young, y la vocalista Debbie Curran. Colourbox no eran exactamente un grupo de música de baile. Su mezcla de tecnología avanzada y letras muy sentidas consiguió que su single de debut, «Breakdown», fuera no solo un tema misterioso y conmovedor, sino también, con sus arrebatos de teclado eléctrico y ritmos a lo Street Sound, algo diametralmente opuesto a la colección de grupos artísticos que habían labrado la reputación del sello. Mientras que Colourbox era sin duda una respuesta a los críticos de 4AD, que tachaban el sello de unidimensional, el grupo también luchaba por encontrar un público. «La verdad es que me gustó 'Tarantula', que era la cara B de su primer single, 'Breakdown', con lo que al final This Mortal Coil acabó haciendo una versión, cosa que demuestra lo dicho», dice Watts-Russell, «pero tuvimos la impresión de que la canción había pasado desapercibida, de manera que volvimos a grabarla.»

Volvieron a grabar los dos temas, y al hacerlo Colourbox exploró aún más el emergente mundo de la tecnología del estudio, ampliando y mezclando una música tan elegante e inteligente como la que en aquel momento les influía poderosamente, la primera oleada electrónica de Nueva York.

«Volvimos a grabar 'Breakdown'», dice Watts-Russell. «Nunca olvidaré ver todos los cortes en la cinta. En aquella época, en los viajes a Nueva York, al escuchar la radio pirata y las *mixtapes* en los primeros Walkman, oías todo ese rollo electro, recortado y troceado. Era un material brillante, y luego te comprabas el 12" y no tenía ni pies ni cabeza, porque era lo que habían estado haciendo en directo en el estudio, pero ese proceso de corta y pega influyó enormemente en Martyn Young.»

Los sonidos de corta y pega de Kiss FM, los infinitos bucles de posibilidades cuando los ritmos se editaban en un flujo ininterrumpido y se prensaban en vinilo en forma de *white label* para el programa de radio o la sesión de baile del club de la semana, tenían todo el sentido del mundo en el entorno callejero de lo que la periodista Cynthia Rose denominó «sentido comercial de caja de ritmos». El hecho de que los discos de Colourbox vinieran enmarcados en algunas de los obras de arte más vibrantes y ultramodernas de Oliver y estuvieran vinculados al programa de publicaciones de 4AD le aseguraba a la banda una estabilidad difícil de romper.

«Publicamos un mini-LP de material que había sido mezclado por Paul Groucho Smykle, que era un ingeniero que trabajaba en Island y hacía todo el material de Black Uhuru, y de Sly & Robbie», recuerda Watts-Russell. «Al mismo tiempo daba la impresión de que Martyn no iba a volver a hacer nada, y la verdad es que así fue.»

El autotitulado *Colourbox*, o *Horses Fucking* [caballos follando], tal como acabó siendo conocido por su portada, era uno de los discos más frescos y eufóricos en su uso del sampling publicados en 1983, y sonaba más como un disco electro de Fourth & Broadway de Island que de 4AD. Una nueva vocalista, Lorita Grahame, había aportado crudeza a su sonido en su álbum de larga duración de debut homónimo. Del rock de enamorados futuristas, pasando por las *torch songs* con ritmo dub y haciendo uso de recortes de diálogos de películas de serie B, el paso de un género a otro de Colourbox tan solo consiguió confundir a la mayoría de aficionados. «Fue una experiencia un poco caótica», dice Watts-Russell. «El álbum se publicó en 1985, y como ya habíamos sacado tres singles de él, les animé a que hicieran más, y por eso se convirtió en doble, cosa que comenzaron a echarme en cara, pero, ya sabes, no estábamos vendiendo ningún disco.»

Si 4AD luchaba porque Colourbox encontrara algún tipo de público en el Reino Unido, la futurista —aunque errática— serie de publicaciones del grupo no había pasado desapercibida en otras compañías de discos. «Me encontraba en New York», dice Watts-Russell, «y un tipo que no dejaba de hablarme de Bauhaus va y me dice: '¿Ir de gira? Te diré lo que deberías hacer. Deberías quedarte aquí y escuchar la radio americana un par de semanas'. ¡Creía que yo era Kevin Haskins de Bauhaus! Pero eso no le impidió llamarme por megafonía en el aeropuerto para decirme que quería que Colourbox firmara con A&M, cosa que, estúpido de mí, hice.»

La operación fue desastrosa. Watts-Russell firmó un contrato para la banda con Arista, una filial de A&M, y de nuevo se encontró a merced de los caprichos de los ejecutivos americanos, que no entendían el producto que habían licenciado para comercializar. «Simplemente pensé, 'mierda'», dice. «No ha cambiado nada.»

Por primera vez Watts-Russell también fue cortejado por la industria comercial británica. «Paul Russell, que era la cara de CBS, nos invitó a ir a verlo con Colourbox», dice Watts-Russell, «y luego recibí una llamada para ir a verlo solo, y tuvimos un almuerzo muy privado en las entrañas de CBS en Soho Square, donde Paul Russell intentó engañarme. Intentaba ficharlos a través de nosotros. Llamé a Colourbox y les dije: 'Si queréis hacerlo, sois libres de marcharos, pero yo no puedo trabajar con esta gente'. Telefoneé a Paul Russell, que me dijo: 'Les dices que cuando sus hijos sean lo bastante mayores para ir a la escuela y acaben en alguna escuela pública de Brixton o algo parecido, y sigan necesitando un poco de ayuda, entonces les dices que me llamen'. Eso confirmó del todo que yo no quería trabajar con la industria discográfica.»

Si los peores temores de Watts-Russell acerca de la industria discográfica habían quedado confirmados cuando CBS lo agasajó, el destino le reservaba una enorme y perturbadora sorpresa. Las habilidades digitales y sampleadoras de Colourbox se utilizarían en otro single de 12" que pondría patas arriba 4AD, su compañía de distribución Rough Trade y el mundo del «sentido comercial de caja de ritmos».

5. OBLIVIOUS[15]

Set-list del concierto de The Go-Betweens en el Boston Club, Londres, 12 de agosto de 1985 *(archivo de Cerne Canning)*

---

15. Single de Aztec Camera de 1983 cuyo título podría traducirse por «distraído» o «inconsciente». [*N. del T.*]

«Recuerdo que Paul Conway, la persona que en realidad estaba al frente de Stiff, solía visitarnos», dice Richard Scott, «y nos pedía que dejáramos de sacar alguna de sus novedades, porque eso significaba que no tenía tiempo de levantar un grupo o hacer promoción en los medios. Quiero decir que solo venía para eso.»

En 1982 Rough Trade había crecido a una velocidad de vértigo, hasta el punto de que ahora actuaba en paralelo a la industria convencional, y gracias a su habilidad se movía mucho más deprisa. Aparte de los avances que estaba llevando a cabo como infraestructura alternativa, también se había ganado una reputación de lugar de tertulia. La impresión que te dejaba era que se trataba de un lugar dirigido por un comité laboral con una cocina comunitaria y una lista de turnos de limpieza.

«Nos sentábamos y hablábamos mucho acerca de qué íbamos a publicar y cómo», dice Scott, «y cómo organizar a la gente para que limpiara el local y todas esas cosas. En los días de Kensington Park, como máximo había solo diez personas trabajando allí. En el piso de arriba solían ocurrir todo tipo de cosas raras, pero era solo presión, presión, y era muy divertido.»

En ese ambiente de estanterías improvisadas, inventarios mecanografiados a toda velocidad y ceniceros a rebosar, un número creciente de discos se vendía y se enviaba por todo el país. Travis, que quizá había sido injustamente caracterizado como un hippie vestido de pana gracias a la posición que Rough Trade había alcanzado en sus primeros años, reconoce que los inicios de la empresa se correspondían con su época, cuando la política radical de los setenta estaba siendo asimilada por el *mainstream*, cosa que se contagiaba a los discos, los métodos de reparto y el pago de porcentajes que Rough Trade estaba creando.

«Sin duda al principio era algo más que de una ideología», dice Travis. «Era más bien un colectivo en el que todos ganábamos lo mismo. Yo no soy el jefe, ese es tu departamento, ese es el mío, no es que yo fuera por ahí diciéndoles lo que tenían que hacer, no es así. Era fantástico: esos fueron los buenos tiempos de Rough Trade, aquellos primeros años, y el hecho de tener a Factory, Tony y Rob, John Loder en Southern y a Daniel, toda esa maravillosa explosión. No existía ninguna jerarquía ni ninguna política aparte de: 'Puede que seáis Skrewdriver, pero nosotros no vamos a distribuir vuestros discos. Otro podrá ayudaros, pero nosotros no, y estas son nuestras razones, lo tomáis o lo dejáis, nos da igual'.»

Aunque operaba bajo los auspicios de un colectivo, y sin duda así era como lo veía el mundo exterior, Rough Trade era de hecho una sociedad en la que Travis era el accionista principal, un hecho que tendría consecuencias significativas durante los altibajos de la vida de la empresa.

En la cultura más global de la época, la idea de cooperativas y de organizaciones sometidas a autocrítica como Rough Trade, que promovían el feminismo y el vegetarianismo y mantenían una postura anti-apartheid, alentaban un comportamiento que sería criticado como políticamente correcto durante el ascenso de la Nueva Derecha y la reacción de la cultura *lad*[16] de mediados de los noventa. Rough Trade y lo que se consideraban sus valores cristalizaron en un momento en que la izquierda, entusiasmada por movimientos como Rock Contra el Racismo, todavía dominaba sobre las culturas emergentes alternativas y del hazlo tú mismo.

Richard Thomas, un galés cuyo aspecto de lechuza le había granjeado el sobrenombre de «el Druida», estudiaba en el North London Polytechnic y pretendía introducirse en el mundo de la promoción de

---

16. La cultura *lad* era una subcultura británica asociada al principio al britpop que asumía una postura antiintelectual y era propensa al consumo de alcohol, la violencia y el sexismo. [*N. del T.*]

conciertos. «Comencé en 1980 cuando estaba en el Politécnico», dice. «Todavía tenían aquella cosa llamada secretarios sociales: si estabas en el partido político correcto y tenías muchos amigos, te conseguían un trabajo para el cual no tenías que tener ninguna experiencia. Yo podía ofrecer una sala con capacidad para 800 personas. Todas las demás cosas que habían hecho habían sido un desastre, porque si tienes 800 estudiantes que quieren ver un espectáculo, entonces es que este es capaz de atraer a 15.000 personas. Así que se me ocurrió la idea de dirigirme a un público estudiantil.»

El público estudiantil se aglutinaba en torno a la prensa musical, sobre todo al *NME*, que estaba adoptando una postura deliberadamente izquierdosa. Con artículos regulares sobre el Partido Socialista de los Trabajadores y entrevistas a políticos de izquierdas que aparecían junto a anuncios de conciertos navideños del Consejo del Gran Londres para los desempleados, el semanario se había alineado decididamente con un relato anticonservador. Casi todos los promotores de conciertos ofrecían precios diferentes según si tenías trabajo o estabas en el paro, pues comprendían perfectamente que en una época de desempleo juvenil generalizado casi todo su público estaría en el paro. La expresión «progre» resumía este matrimonio entre una conciencia cultural enrollada y una política de centro-izquierda. Alcanzaría su apogeo cuando Neville Brody cambió la imagen de la revista *New Socialist* en 1986 y durante las elecciones de 1987, cuando Red Wedge, un colectivo de músicos de tendencias izquierdistas, fue de gira apoyando abiertamente al Partido Laborista. A principios de los ochenta esta sensación de una izquierda emergente codo con codo con la cultura callejera se diseminó a través de los conciertos contra el apartheid y de ayuda a Nicaragua y Afganistán: y, tal como Thomas descubrió, había un mercado para la música relacionada, aunque fuera vagamente, con las ideas dominantes de protesta y contracultura de la época.

«En los dos años que asistí al Politécnico de Londres», dice Thomas, «traje a New Order, Pere Ubu, Cabaret Voltaire, The Fall, Au Pairs, Young Marble Giants, A Certain Ratio, Aswad, Nico, Virgin Prunes, grupos así, y básicamente fue un éxito económico.»

Para hacerse una idea de hasta qué punto Rough Trade tenía una clientela de estudiantes izquierdosos, cabe señalar que casi todos los

grupos que Thomas promovía o bien estaban editados o bien distribuidos por Rough Trade. Aunque Travis y Scott nunca se alinearon
políticamente de una manera directa, su idea de construir un canal
distinto para los aficionados a la música de espíritu curioso y mente
abierta estaba ganando impulso con un público cada vez más amplio.

«Fue una época social y políticamente muy interesante», dice Thomas. «Te encontrabas con adolescentes que entonces eran más o
menos los primeros de su generación que iban a la universidad. Si
estabas en alguna ciudad importante, formabas parte de la primera
generación que se había criado con gente de color en tu escuela,
aunque eso solo ocurría en las ciudades más importantes. Si venías
del oeste de Gales, Devon, Cornwall o de cualquier otro lugar, tenías
amigos negros por primera vez en tu vida. Coincidió con cosas como
el feminismo, y el hecho de que alguien admitiera que era gay. Como
ejemplo de hasta qué punto el mundo gay era algo clandestino en
aquella época, baste decir que alguien inició una sociedad gay y me
preguntó: '¿Quieres ser el DJ?', y la verdad es que había diez o doce
personas que eran de verdad gays y más o menos una docena de
personas de la rama universitaria del Partido Socialista de los Trabajadores que los acompañaban para mostrar su alianza. Mi amigo del
partido se me acerca y me dice: '¿Sabes cuál es la música que une a
todo el mundo? La música soul de los sesenta'. Yo tenía una caja con
mis discos de soul de los sesenta, y de repente me encuentro en la discoteca de la sociedad gay poniendo 'When a Man Loves a Woman'.
Todas esas cosas fermentaban en aquella época.»

La combinación de la prensa musical, el programa de John Peel y
la gente que iba a los conciertos de Thomas en el Politécnico y sus
equivalentes regionales proporcionaban una auténtica alternativa al
negocio musical convencional. De manera simultánea, el catálogo
de artistas de Rough Trade, entre los que se contaban This Heat,
Swell Maps, Young Marble Giants, The Raincoats, Scritti Politti y Red
Crayola, quedaba claramente definido como el sonido de un grupo
de artistas de afiliación indeterminada que expresaban sus impulsos
a través de una música a menudo electrizante e individual y, en casi
todos los casos, razonablemente accesible.

A medida que Rough Trade se expandía, entre su personal se contaban algunos individuos muy perspicaces y excéntricos, a años luz

de lo que era la industria musical estándar, aunque rebosantes de ideas. Entre los que encontraron un rincón para trabajar encima de la tienda de Kensington Road se contaba Claude Bessy, un cáustico francés que, bajo el alias de Kickboy Face, había contribuido a impulsar la oleada de punk callejero de Los Ángeles a través de su fanzine *Slash*. Bessy compartía el espacio de oficinas del piso superior con Scott Piering, un emigrado estadounidense con un ávido apetito por la nueva música y con experiencia de primera mano en la radio universitaria estadounidense, y con Mayo Thompson, antiguo miembro de Red Crayola, un ideólogo tejano con una aguda mente analítica cuya colaboración con Art & Language le había introducido en la izquierda británica conceptual.

«Claude Bessy trabajaba para Rough Trade en el departamento de promoción», dice Richard Boon. «Fue en la época en que algunas partes de Rough Trade comenzaban a desarrollarse —la agencia de contratación, el departamento de promoción—, y todos ellos trabajaban dentro, aunque en cierto sentido fuera de la tienda y de Geoff.»

Boon había conocido a Claude Bessy en su esplendor como director de *Slash*, cuando los Buzzcocks tocaron en Los Ángeles. «Claude tenía que abandonar los Estados Unidos porque se había visto involucrado en un accidente de coche, había atravesado el parabrisas y le habían hecho muchas intervenciones», dice Boon. «No tenía ningún seguro, y cuando llegó el momento de pagar la factura huyó a Londres, donde naturalmente fue recibido con los brazos abiertos, porque todo el mundo adoraba a Claude.»

Bessy y su jovial cóctel de iconoclasta, agente provocador y filósofo secreto queda perfectamente reflejado en *The Decline of Western Civilization*, el documental hecho con cámara en mano por Penelope Spheeris en 1979 sobre la escena punk underground de Los Ángeles. Al preguntarle por una definición de la «nueva ola» los ojos y la piel le brillan con la palidez característica de Venice Beach en el anochecer de Los Ángeles mientras emprende uno de sus riffs característicos:

La nueva ola nunca existió. Resultaba correcto decirlo cuando intentabas explicar que no te interesaba el aburrido rock 'n' roll de siempre, pero no te atrevías a decir punk porque te daba miedo que te echaran a patadas de la puta fiesta y ya no te dieran más coca. Hay una nueva

música, un nuevo sonido underground, hay punk, hay power pop, hay
ska, hay rockabilly. Pero la nueva ola no significa una mierda.

La elocuencia de Bessy exhibía una mente llena de ideas inter-
vencionistas en permanente rotación. Junto con Piering comenzó a
trabajar en el recién nacido departamento de promociones de Rough
Trade, que contribuyó a internacionalizar y corroborar la reputación
de la empresa. En la misma oficina, la mánager de The Raincoats,
Shirley O'Loughlin, y un amigo, Mike Hinc, fundaron una agencia
de contratación para los artistas de Rough Trade, All Trade. Además,
Mayo Thompson y Travis se convirtieron en los productores discográficos interinos de Rough Trade, y grabaron a The Raincoats, The
Fall, Scritti Politti y Pere Ubu en un crepitante *vérité* de baja fidelidad.

«Le pedimos a alguien como Claude que se uniera a nosotros», dice
Richard Scott, «porque toda nuestra información procedía de *Slash*,
y era una fuente de información fantástica, así que hablamos mucho
con él... creo que Mayo simplemente se pasó un día por la tienda. Ni
siquiera hoy estoy seguro de cuáles eran sus ideas políticas. Le tenía
muchísimo aprecio a Mayo, quizá no tanto musicalmente, pero pro-
cede de un entorno muy interesante.»

Mientras empezaba a cerrar al final de la jornada, Peter Donne, un
adolescente que trabajaba en la tienda, observaba las actividades que
ocurrían entre bastidores, encima y detrás del establecimiento, y que
se prolongaban hasta bien entrada la noche. «Scott y Claude muchas
veces se pasaban la noche allí haciendo cintas. Scott no paraba nunca,
todo lo de la *C86* procedía de las cintas de Scott. Hacía esas cintas cada
semana con los discos nuevos. Scott lo escuchaba todo, era un adicto
al trabajo, y también Claude; Claude era bebedor, tomaba speed,
fumaba Capstan Full Strenght, los cigarrillos con más nicotina, era
muy rock 'n' roll.»

Además de catalogar todos las nuevas publicaciones en casete, Piering grababa casi todos los conciertos relacionados con cualquiera de
los artistas de Rough Trade directamente de la mesa de mezclas, con
lo que más o menos tenía un archivo enormemente detallado de la
época. Piering y Bessy, que establecieron una relación personal, entre
otras cosas, gracias a su experiencia compartida del negocio musical
en los Estados Unidos, aportaron una cara más extrovertida y social

a Rough Trade, un aspecto más atractivo e inteligente. Los artistas que ellos representaban se beneficiaban del hecho de que estuvieran disponibles las veinticuatro horas, algo que anteriormente le había faltado al sello.

«Claude era un gran amigo mío», dice Richard Thomas. «Un genio absoluto... El último editorial de Claude en *Slash*, que lo resumía todo, fue de 1980... y decía más o menos: 'Si tienes una gran idea, hazla ahora, porque la época dorada de los amateurs está a punto de terminar', y así fue. Si Claude tenía una debilidad, era que le encantaba empezar cosas, aunque a menudo las abandonaba.»

El editorial de despedida de Bessy ponía en evidencia su romanticismo mordaz, al tiempo que reconocía que el momento de *Slash* había pasado. Escrito con su viveza característica, incluso consigue transmitir un aire de añoranza y revela que, a pesar de su cinismo impávido, el autor también podía hacer una pausa para la nostalgia:

En primer lugar no teníamos intención de escaquearnos por la puerta de atrás como hacen los adúlteros por la noche, todavía no hemos terminado con la incomprensible propaganda y ya hay una gran cantidad de información que nuestros frágiles intelectos tienen que asimilar, una espléndida muestra de confusión terminal y fenómenos sin explicar de los que queremos informar e imponer en vuestra sensibilidad pueblerina, así como una gran cantidad de ordinariez exclusivista y local que depositar en vuestra elegante alfombra y con la que ofender vuestra sofisticación tan consciente del mundo (damos la bienvenida a todos los tipos, incluso al que busca emociones de segunda mano y visita los barrios bajos pasando por nuestras parrandas calificadas X), había tanto que dar y compartir y comunicar (oh qué sensación de deber), y ni siquiera Jah Jah el porrito de toda la vida podría haber impedido esta apoteosis cultural. Un hombre con una misión entrega los productos, y cuando muchos están implicados y todos han alcanzado su destino (haced una reverencia chicos y chicas), ojo, cuidado, el impacto podría matarte. Un material potente por todas partes, drugos, una visión panorámica sin igual a pesar de que de vez en cuando se vuelve borrosa, una asombrosa ausencia de manifiestos y unidad editorial (que significa respeto al lector y una parálisis en la oficina), oscuras creencias exhumadas de la tumba, un simbolismo en la portada (donde se encuentran la tierra india y la música punk...) que se duplica como una exclusiva de moda. Nadie lo ha pedido, pero no podemos resistirnos a exhibirlo, había más, pero eso es lo máximo que puedes asimilar de algo tan bueno. Y deberías saber cuándo parar. ¿Por ejemplo ahora?

El hecho de que Piering no parara de grabar y recopilar, y su excelente relación laboral con John Peel, consiguieron que Rough Trade alcanzara cierta influencia y acceso —aunque limitados— al Top 40. Mientras que casi todos los discos editados o distribuidos por Rough Trade quedaban fuera de las listas, la empresa conseguía penetrar de vez en cuando en la música más convencional del Top 40. «O Superman» de Laurie Anderson acabaría llegando al número 2 del Top 10, pero solo cuando Warner Brothers se la hubo arrebatado a Rough Trade.

«El 'O Superman' de Laurie Anderson es un típico disco de Scott Piering», dice Richard Scott. «Creo que probablemente Scott llevó el disco a Rough Trade, probablemente le mandó una copia a Peel y este lo puso en la radio, y luego nos llegaron copias de importación gracias a los contactos que tenía Scott, o lo que fuera, y vendió centenares en la tienda y miles más a través de la distribución. El boca a boca, ya fuera en la radio, con Peel o en fanzines, significaba que discos como ese volaban. Si algo así llegaba un sábado, entonces todos los clientes lo compraban, además de un montón de otras cosas.»

Aunque Rough Trade era capaz de conseguir algún extraño e inverosímil éxito en la radio del estilo de «O Superman», su constante deseo de anteponer los valores al puro éxito comercial significaba que mantenía su aire de amateurismo. Tras haber comprado miles de copias de «O Superman» en Estados Unidos, Rough Trade necesitaba venderlas a un precio mayor del que se vendían habitualmente los discos, tal como era normal con todos los de importación. Pete Donne se quedó horrorizado al descubrir que tanto la tienda como la distribuidora perdían 0,50 £ con cada copia que vendían. «La idea era: 'Este es un disco de tres libras, ese es su valor para el cliente'», dice Donne, «pero a nosotros importarlo nos costaba 3,50 cada copia. Es un buen ejemplo de cómo se llevaba el negocio.»

Los contactos internacionales de Rough Trade significaban que poseía acceso exclusivo al tipo de música que se hacía eco de sus principios en el resto del mundo. En especial mantenía contactos con Nueva York, donde muchas de las bandas del sello eran aclamadas en los clubs del centro y regresaban con ediciones americanas caseras en la maleta.

«Todo lo que editaban 99 Records y Lust On Lust, todo ese mogollón de cosas que ocurrían a New York, llegaba directamente a la tienda», dice Donne. «Con Claude, Mayo y Scott existía esa red de intercambio de información, y evidentemente Rough Trade también exportaba, de manera que se trataba de un intercambio en dos direcciones, y había gente como Viv Goldman que lo hacían todo ellos mismos y utilizaban el teléfono o el télex o lo que fuera.»

El single «Launderette» de Viv Goldman no solo sigue siendo una de las mejores canciones de la época, sino que capta la atmósfera que se respiraba en el Rough Trade del West London de los ochenta. La portada incluía una serie de fotos tomadas en la casa que Goldman compartía con Travis en el 148a de Ladbroke Grove, junto con imágenes de las calles que había a ambos lados del Grove, y presenta el aspecto más ajado y seductor de Portobello. Se trata de una canción pop con ritmo dub que trata de una relación que se va al garete, y fue interpretada por un supergrupo de primera línea creado para la ocasión con Keith Levene, Jah Wobble y diversos miembros de The Raincoats, y publicado en 99 Records, un sello ultramoderno radicado en Nueva York cuyo nombre procedía de la dirección de 99 MacDougal Street. Si Rough Trade tenía un equivalente en cualquier lugar del mundo, era 99, una tienda de discos y chapas que bajo la dirección de su propietario, Ed Balham, comenzó a editar discos de Liquid Liquid, ESG, Bush Tetras y Glenn Branca. Las ediciones del sello, que había evitado por poco la bancarrota, eran un documento de los sonidos que surgían de Nueva York y se fertilizaban mutuamente. En aquella época, el centro de la ciudad se estaba convirtiendo en un laboratorio nocturno de frenéticos ritmos de neón.

El antiguo mánager de los Buzzcocks, Richard Boon, había seguido atentamente la evolución de Rough Trade, y siempre estaban a punto de pedirle que trabajara allí a tiempo completo. Fue uno de los primeros visitantes del nuevo local de Rough Trade. La empresa, después de que su local de Kensington Park Road se les quedara pequeño, se había trasladado a la esquina del 137 de Blenheim

Crescent. El edificio era una casa de tres plantas que acomodaba todas las actividades cada vez más amplias de Rough Trade, de las cuales la más importante y lucrativa era la distribución.

«La distribución se había enfrentado a diversos retos a la hora de conseguir gestionar la cantidad de material que publicaban a través de sus canales», dice Boon. «La idea de Richard Scott consistía en coordinar una red de vendedores al por menor de ideas afines que utilizaría para la distribución nacional: The Cartel.» Aunque Londres sería su nexo, la idea era que ninguno de los eslabones de la cadena de The Cartel fuera más poderoso que el otro. Cada distribuidor proporcionaría un punto de acceso y salida para cualquier grupo, sello o escritor de fanzine que deseara incorporarse a la rueda de Rough Trade Distribution en perpetuo movimiento, asegurándose así una distribución a escala nacional sin necesidad de abastecer y coordinar sus publicaciones a través de la casa matriz de Londres.

«Lo primero que quería Scott era desarrollar la red de vendedores independientes, que constituían cada vez más el centro de su actividad local», dice Boon. «En Liverpool tenías una tienda como Probe, que telefoneaba a todos los demás para decirles: 'Nos ha llegado esto, escuchad'. Si estás desarrollando un programa o política de acceso, la descentralización es algo que hay que animar y alentar. Existía la sensación de que ahí fuera había gente en la misma longitud de onda que hablaban unos con otros y formaban una comunidad de intereses, aunque no necesariamente te gustara lo que hacían los otros miembros de la comunidad.»

Richard Scott, aunque siempre insistía en que The Cartel debía ser gestionada de manera colectiva, era su director y organizador de facto. Junto con Rough Trade, The Cartel unía a otros seis distribuidores: Probe en Liverpool, Revolver en Bristol, Red Rhino en York (cuyo propietario, Tony K, era la contrapartida bocazas y pragmática de Scott), Backs en Norwich, Fast Forward en Edimburgo y Nine Mile en Leamington Spa. La idea de una red de distribución nacional era sencilla y encajaba perfectamente con los ideales de Rough Trade de acceso mutuo, control cooperativo, y durante muchos años The Cartel tuvo éxito sin salirse de este guion.

De lo que se daban cuenta algunos de sus miembros era de lo fácil y rápidamente que podía sobrecalentarse un sistema como ese. Al igual que con muchas de las ideas de Rough Trade, lo que comenzó siendo una solución pragmática acabo contagiándose de su política interna. «Lo que comenzó como una conversación», dice Boon, «acabó convirtiéndose en una discusión.»

«La historia de Postcard es un tema interesante», dice Scott. «Yo no me daba cuenta, pero en aquella época lo que quería Geoff eran éxitos, y con Roddy Frame y Orange Juice había una buena oportunidad de llegar a las listas. Yo estaba en Canadá cuando cerró el acuerdo con Postcard, y me quedé absolutamente lívido, pues según mi definición deberíamos haberlos hecho arrancar en Glasgow. Deberíamos haberlos establecido allí. Realmente no creo que fuera la intención de Alan Horne, pero la política debería haber sido conseguir que fuera una operación de éxito radicada en Glasgow.»

Bob Last de Fast Product creó el vínculo escocés de la cadena de The Cartel en Edimburgo. Aunque estaba de acuerdo con el programa general de acceso global de The Cartel, los intereses de Last ahora estaban más en sintonía con los de Travis de conseguir éxitos.

«Una de las cosas que más disfrutaba de la música pop era su funcionalidad en la cultura popular y en las vidas de la gente», dice Last. «Así que, aunque otros y yo mismo aportáramos ese sustancial fermento de ideas teóricas e intelectuales, yo quería conectar con esa funcionalidad. Las ideas intelectuales eran fundamentalmente de tradición izquierdista, de intentar encontrar una manera de conectar con lo popular, porque de alguna manera la izquierda se había desconectado de lo popular; todo consistía en encontrar una estrategia para ser estéticamente intrépidos y conectar con lo popular.»

Uno de los grupos de tendencia más izquierdista de Rough Trade estaba teniendo el mismo debate que Last... consigo mismos. Scritti Politti habían superado sus ideas acerca de la colectividad y estaban firmemente interesados en conectar con lo popular. Green Gartside, tras un estilo de vida a base de speed y casas ocupadas que lo había dejado agotado, había iniciado una larga recuperación en la que se había enamorado del R&B contemporáneo y de su combinación de funcionalidad, optimismo y hedonismo. Por encima de todo, estaba cada vez más convencido de su capacidad de infiltrarse en la música *mainstream*, donde el travieso intelecto de Gartside y su capacidad

para la melodía harían mella más de una vez. Travis y Gartside iniciaron tranquilamente una conversación acerca de cómo Scritti podría
llegar a las listas de éxitos, aunque se trataba de una conversación
confidencial, pues la idea del éxito comercial seguía siendo anatema
para casi todo el personal de Rough Trade. Los resultados de las ambiciones pop de Gartside fueron el casi perfecto álbum de debut de
Scritti Politti, *Songs to Remember*, y el single introductorio que lo acompañaba, «The 'Sweetest Girl'», cuyo título entre comillas sugería que
Gartside no había abandonado su amor por la teoría lingüística. Llegó
al número 64 de las listas, y fue otro ejemplo de cómo un grupo de
un sello independiente, a pesar de sus ambiciones pop y de los intentos por parte del sello de darle un empujón comercial, fracasaron en
su intento de alcanzar el Top 40, con lo que no lograron el ansiado
marchamo de música *mainstream*. *Songs to Remember* se publicó seis
meses después de «The 'Sweetest Girl'» y fue bastante más lejos, pues
entró en la lista de los álbumes más vendidos en el número 12. Si fue
tan solo su base de fans lo que lo impulsó hasta allí, Gartside ahora
contaba con la suficiente aprobación para sugerir que valía la pena
hacerle caso y conseguir que Scritti hicieran música convencional.
Toda la campaña que rodeó *Songs to Remember* iba a resultar uno de los
momentos más conflictivos dentro de la historia de Rough Trade.

«Recuerdo que la gente de Rough Trade estaba absolutamente
lívida al ver la cantidad de dinero que se había gastado en Scritti
Politti, y no en This Heat», dice Scott. «Al rememorarlo ahora creo
que fue donde por primera vez surgió una fisura. Los Scritti eran
fantásticos. Creo que como grupo en directo eran excelentes, y con-
sidero que 'Sweetest Girl' es una gran canción, aunque creo que la
pista de la batería del tema es posiblemente la peor pista de batería
que he escuchado nunca, y no tengo la menor idea de cómo demonios alguien consideró que le podían colar eso al público.»

En calidad de mánager de The Human League, Bob Last, a diferencia de todos los demás en Rough Trade, incluyendo a Travis, estaba
acostumbrado a tratar con las estructuras corporativas de las *majors*
estadounidenses. Se daba cuenta de que en su intento de conseguir
un bombazo con *Songs to Remember*, Rough Trade tenía dificultades
a la hora de conciliar sus valores con la realidad de distribuir bienes
de consumo en el mercado. «Rough Trade Distribution tenía para

mí una perspectiva absolutamente distinta», dice. «Lo más fácil sería tacharlo de algo procedente del mundo hippie, pero era evidente que en el Reino Unido el mundo hippie poseía raíces más profundas que se remontaban a los luditas, etc., y era algo que podías ver con Crass Records y gente así. Scritti Politti querían conseguir un éxito, algo que incomodaba muchísimo a los de Rough Trade.»

Aunque había sido una grabación cara, parte del problema de *Songs to Remember* era que, a pesar de la voz meliflua y segura de sí misma de Gartside, en la música aún encontrabas un atisbo de amateurs voluntariosos. La mezcla era confusa y resaltaba demasiado los elementos más caros del disco: cajas de ritmos, voces de acompañamiento, teclados programados y vientos, como si el hecho de señalárselo al público pudiera animar las ventas. Era el sonido de una banda que se sometía a la presión comercial.

«Rough Trade posiblemente gastó gran parte del dinero de otros intentando que Scritti Politti se convirtieran en la gallina de los huevos de oro», dice Richard Boon. «Geoff hacía malabarismos contables sacando de aquí y poniendo allá, posiblemente de una manera no muy profesional. Creo que Daniel Miller se despertó un día y dijo: 'Un momento, me deben dinero', pero se lo habían gastado en las mezclas de las cintas de Green en Jamaica, y Green no lo hizo bien, y *Songs to Remember*, aunque era un gran disco, no se vendió. Y aquello provocó un gran cisma entre el sello y la distribución, sobre todo entre Geoff y Richard Scott.»

Scott estaba cada vez más harto de lo que consideraba el afán de Travis por llegar a las listas de éxitos y se daba cuenta de que las ambiciones de la empresa comenzaban a divergir. Si Travis quería éxitos, era al departamento de distribución quien tendría que pagarlos. «Comprendí que esa era la intención», dice. «*Songs to Remember* era un disco extraordinariamente sobreproducido. Recuerdo oír ese coro de chicas y pensar: 'Dios mío, ¿a esto hemos llegado?'.»

Después del éxito a medias de *Songs to Remember*, Gartside comprendió que necesitaba un apoyo más estructurado del que podía proporcionarle Rough Trade y se acercó a Last con una sólida prueba de que sus intenciones eran serias. «Green tenía una maqueta en la que tocaba Nile Rogers, que fue lo que realmente me convenció», dice Last. «Más que cualquier otra cosa, aunque era muy *cool*, el hecho de que hubieran conseguido a Nile Rogers me hizo pensar: 'Muy bien, tienen lo necesario para este viaje'.»

Last contrató a Scritti Politti para Virgin más o menos como un vehículo para la carrera de Gartside en solitario, ahora que el sello disfrutaba de su primer auténtico éxito multiplatino en más de una década gracias a Last y a The Human League, que con el éxito de *Dare*, en palabras de Last, «le salvó el culo a Virgin».

A pesar de los intentos de Gartside y de Travis por conseguir un éxito comercial, la marcha de Scritti de Rough Trade fue un punto de inflexión. Al tiempo que ponía de relieve las escasas habilidades y presupuesto de la empresa para el marketing, también fue la primera vez que un artista, tan profundamente arraigado en los valores de Rough Trade, que antaño habían sido la conciencia teórica de sus ideales vitales y comunitarios, había abandonado el sello por una carrera más formal en el negocio musical. A pesar del pragmatismo de la jugada, la posición de Rough Trade en el mercado quedó totalmente en evidencia.

Last, que con tan poco esfuerzo había sido capaz de pasar del ingenioso posmodernismo de Fast Product a los almuerzos de trabajo de Los Ángeles, se daba cuenta de que Rough Trade había llegado a un punto en el que había dejado atrás el impulso inicial de proporcionar una alternativa al mercado, y que ahora estaba en un compás de espera hasta ver cuál era su nuevo rumbo. Casi al final del ambicioso impulso de los ochenta, la heterogénea colección de políticas y ortodoxias de Rough Trade estaba siendo superada por ideas más relacionadas con el estilo y la infiltración. Las ideas que Rough Trade había impulsado ya no parecían tan relevantes.

«El momento musical concreto en que se fundó Rough Trade atrajo a una amplia variedad de gente», dice Last, «que sometieron la cultura popular y la economía a una profunda y prolongada reflexión intelectual, y dado el número de personas a las que atrajo, no resulta sorprendente que algo emergiera de todo ello, aunque creo que todo eso se remonta a la inestabilidad política que hubo sobre todo en el Reino Unido entre comienzos y mediados de los setenta: de no haber sido por eso, todo aquello no habría ocurrido, porque dio origen a la creencia de que las cosas de repente podían ser un poco diferentes.»

Por mucho que Rough Trade hubiera abierto un camino y creado su propio nicho de mercado, y al hacerlo hubiera construido un mundo propio y herméticamente sellado, era inevitable que, en cuanto desapareciera el nivel de éxito que Rough Trade había alcanzado, muchos de los grupos quisieran ahora un auténtico éxito comercial de disco de oro, un éxito real, no la versión de Rough Trade.

«El sello había sufrido algunos cambios drásticos», dice Boon. «Además de intentar convertir a Green en una estrella, lo habían intentado con Roddy Frame. Fui a hacer una entrega en el almacén de Blenheim Crescent y Geoff estaba pasando la escoba por el almacén, y le dije: 'Geoff, ¿en qué estás pensando?', y él me contestó: 'Estoy pensando en los productores'. Inflammable Material era un gran éxito, Young Marble Giants eran un gran éxito, Weekend habían sido un gran éxito. La distribución no había fallado con ellos, la partida podía continuar.»

Last estaba convencido de que Travis ya había superado los experimentos de Rough Trade con el mutualismo y la cooperación. A medida que iba tomando forma el arco ascendente del palpable consumismo de los ochenta, la música pop inteligente resultaba un componente clave de su curva exponencial, y Travis quería formar parte de él. «Geoff había visto que otros lo hacían», dice Last, «y él quería seguir esa ruta.»

A pesar de la calamitosa situación de Rough Trade después de haber invertido tanto en Scritti Politti y Aztec Camera, el sello contrató a un nuevo miembro, Dave Harper, que pasó a formar parte de los restos de Rough Trade: un idilio colectivo, que, tras haberse interrumpido en el paso de Kensington Park Road a Blenheim Crescent, ahora se desintegraba en una actitud de sálvese quien pueda y en una serie de mezquinos enfrentamientos.

«Durante mi primer día en Rough Trade alguien me entregó un montón de folios que habían llegado escritos a mano por Mark Smith y me dijo: 'Esta es la nueva biografía de The Fall. ¿Podrías mecanografiarla y fotocopiarla?'. La mecanografié toda, puse el logo de The Fall encima, hice doscientas fotocopias y las guardé en un archivador marcado como 'The Fall'. Más tarde aparece Mark Smith y dice: '¿Quién eres? Quiero ver mi biografía'. Le entrego lo que acababa de fotocopiar y me dice: '¿Dónde está el manuscrito? Yo quería que

fotocopiaras el manuscrito. ¿Dónde está el puto original?'. Lo había
tirado, así que saca un mechero y quema lo que yo había mecanografiado. Me dije: 'Caramba, parece que ahora estoy trabajando para
Rough Trade'. Todos los que trabajaban allí eran unos putos friquis
de una manera u otra, y todos tenían sus prioridades.»

Harper había formado parte de un grupo que había firmado para
el sello Cherry Red, cuyo A&R era Mike Alway. Alway era un personaje atildado, cuya manera de vestir reflejaba su increíble conocimiento práctico de momentos como la reubicación de Peter Sellers
en Hollywood y el papel de figurante de Nico en *La dolce vita*, y con él
Cherry Red había pasado de ser un sello artesanal más o menos punk
a una colección de energéticos talentos musicales que había cuidado
hasta convertirlos en una serie de Penguin Modern Classics vivientes
para los seguidores con inclinaciones más románticas de John Peel.

«Cuando trabajaba en Cherry Red», dice Alway, «mis ambiciones
eran las siguientes: aquí está Factory y aquí está Geoff en Rough
Trade, y aquí está Ivo y aquí está Mute, y yo simplemente pensaba:
quiero llegar a este nivel, lleguemos a este nivel y consigamos cierto
grado de credibilidad y hagamos cosas difícilmente clasificables, ale-
jémonos de la idea post-punk de la música rock. Quería hacer cosas
que tuvieran formas extrañas, que fueran incomprensibles pero también muy inglesas, o al menos europeas.»

Alway consiguió hacer realidad su aspiración gracias a un grupo
contratado anteriormente por Cherry Red, los Dead Kennedys,
arquetipos del punk californiano, cuyo LP de debut, *Fresh Fruit for
Rotting Vegetables* había llegado al Top 40, lo que había acarreado unos
considerables e inesperados ingresos a un sello cuyo fundador, Iain
McNay, todavía dirigía desde su piso. «Había un grupo que vendía
discos, y esos eran los Dead Kennedys», dice Alway. «Yo no estaba en
situación de irrumpir en la oficina y decir 'No me gustan' y todo eso,
pero por lo demás podías hacer lo que te diera la gana.»

La solución que encontró Alway para imponer sus ideas en Cherry Red fue un golpe maestro. La compilación *Pillows and Prayers*
presentaba a los artistas que Alway había ido recogiendo para conseguir que Cherry Red fuera lo más iconoclasta posible. Compitiendo
por hacerse un sitio entre la última remesa de artistas patrocinados
por John Peel, como los Nightingales, Everything but the Girl y The

Monochrome Set, había artistas reverenciados que iban a contracorriente, como Quentin Crisp y Kevin Coyne, y unos arcanos punks californianos de los sesenta, los Misunderstood. Fue en ese recopilatorio donde muchos aficionados a la música escucharon por primera vez a Felt, el grupo liderado por Lawrence, a quien Alan Horne había rechazado para Postcard con el cumplido envenenado de «basura clásica». Con su guitarra española, su voz susurrada y su intenso dramatismo, la canción de Felt que aparecía en *Pillows and Prayers*, «My Face Is on Fire», era un ejemplo de la música inglesa o europea que deseaba Alway. Con portada en blanco y negro y a un precio de 99 peniques, el conjunto era una atractiva y críptica declaración de principios de los gustos de Alway.

«Lo que intenté hacer con *Pillows and Prayers* fue tan solo crear un punto focal en el que la gente pudiera ver lo que era todo eso», dice Alway, «de una manera muy barata y muy fácil, que, a partir de esa recopilación, pudiera acceder a esa música y juzgarla. Probablemente se podría considerar una buena idea de marketing. Siempre pensé que vendí unas 750.000 copias... aunque al final no creo que fueran tantas.»

El éxito de *Pillows and Prayers* consiguió que Alway tuviera libertad absoluta para crear su propio catálogo, que esperaba capitalizar gracias a la permanencia de su compilación en la lista de álbumes independientes. Al comprender que Everything but the Girl y Felt tenían potencial para vender bastantes discos, Alway se sentía cada vez más frustrado ante la incapacidad de Cherry Red de abrirse paso en el mercado para comercializar y promocionar sus grupos.

«Hubo un par de años en los que todo fue maravilloso. Realmente fue una buena época», dice Alway, «y la verdad es que podríamos haber conseguido lanzar cualquier cosa, pero en 1983 Iain estaba muy en contra de las *majors*, y yo no tenía paciencia; en aquella época me sentía capaz de cualquier cosa.»

Alway, al intuir que Travis experimentaba una frustración parecida en Rough Trade, le hizo una propuesta. ¿Por qué él y Travis no proponían a las *majors* fundar un nuevo tipo de sello discográfico? Un sello que tuviera los valores de producción y el instinto de una empresa independiente, pero que recibiera una financiación encubierta, y tuviera un presupuesto de comercialización y producción propio de una *major*. En otras palabras, que fuera el facsímil de un sello independiente, que mantuviera los valores que Travis había luchado por desarrollar durante mucho tiempo sin la constante angustia de quedarse sin flujo de caja y sin la falta de medios para entrar en el costoso y competitivo mundo de llevar a los artistas hasta el gran público. El atractivo que dicha propuesta tendría para cualquier gran compañía serían las perfectamente afiladas habilidades de Travis y Alway como A&R, aportando artistas que podían llegar al Top 40 por la vía rápida a través de las listas independientes sin que nadie les acusara de ser unos vendidos. Era una idea que tenía un gran atractivo para las *majors*, que poco sabían de las sutilezas y riesgos morales que conllevaba el que una banda pasara de un sello independiente a una *major*.

«Lo cierto es que yo no conocía a Geoff», dice Alway, «pero él me vino a ver y me dijo: '¿Vamos hablar con algunos sellos?', y nos pusimos a ello. Joder, ya lo creo que nos pusimos. Hubo un momento en que Geoff y yo podríamos haber tenido un sello con carácter no exclusivo casi con cualquier *major* que existía en la época.»

Rob Dickins, el socio de Seymour Stein en Korova y en la carrera de Echo & the Bunnymen, era ahora director de Warner Brothers en el Reino Unido, y cuando Travis le propuso a Dickins llevar a cabo el proyecto que tenía en mente, la compañía escuchó sus ideas con entusiasmo. Llamaron a la nueva empresa Blanco y Negro, fundada por Warner y con Travis de A&R asociado con Alway.

En Blenheim Crescent, la noticia de que Travis había entablado negociaciones con Warner Brothers se consideró casi como una guerra de clases en el mundo de los independientes, y las ondas expansivas recorrieron el edificio mientras todo el mundo comprendía que una época estaba llegando a su fin.

Richard Scott se quedó estupefacto ante lo que consideró un acto de traición. Se había pasado los cinco últimos años desarrollando una infraestructura que demostraba que las *majors* eran innecesarias.

«No me puedo creer que fuera tan cándido como para no comprender lo que estaba pasando», dice. «Aquello provocó un gran alboroto en la época, y de haber sabido lo que sé hora, el alboroto hubiera sido muchísimo más grande. La cantidad de dinero era completamente desproporcionada en comparación con la que se manejaba en Rough Trade. Había una regla muy, muy estricta, según la cual la gente no trabajaba fuera, así que de repente todo se desmoronó. Teniendo en cuenta la coyuntura del momento, Geoff podía aducir que había llegado al acuerdo de Blanco y Negro con el fin de poder disponer de presupuesto para que los grupos grabaran en el estudio, y no estoy seguro de que ese fuera el caso, pero es lo que podría haberse estado diciendo a sí mismo en la época.»

Se rumoreaba que el presupuesto de Blanco y Negro de Travis era del orden de 150.000 libras —una fortuna según los criterios de Rough Trade de 1983—, y lo cierto es que en Blenheim Crescent se quedaron impresionados.

«Creo que era algo así como 150.000 libras», dice Travis, «que dividíamos entre Mike Alway y yo, y también contratamos a Michel Duval para que se encargara del material gráfico y a un agente de prensa. Estoy seguro de que Blanco fue algo muy polémico para mucha gente de Rough Trade, me doy cuenta de ello, pero para mí fue una manera de mantener la cordura. No es que yo pensara: 'Bueno, voy a iniciar un sello con una *major* y hacerles un corte de mangas a todos esos quejicas de Rough Trade'.»

Si muchos de los colegas de Travis en Blenheim Crescent consideraban que la ambición comercial era ahora lo que más le preocupaba, les aguardaba una sorpresa. A mitad de 1983, el personal de la tienda y la mayoría de la plantilla fueron sumariamente despedidos. La persistente ineptitud de Rough Trade a la hora de dirigir sus diversas ramas comerciales significaba que se estaba desangrando económicamente, y hacía falta un rápido apaño para que la empresa siguiera siendo viable.

«En primera instancia fue un duro golpe», dice Peter Donne. «A los tres que trabajábamos en la tienda en aquella época nos llamaron a Blenheim Crescent para ver a ese tipo, Will Keen, al que habían contratado básicamente para que se encargara de hacer limpieza, a un nivel bastante superficial. Dijeron: 'Bueno, la tienda ya no es una prioridad. Ahora somos un sello discográfico y una distribuidora, y ahí es donde se gana pasta'.»

Para Rough Trade, ganar pasta significaba poner fin a la enrarecida espontaneidad cutre y de alquiler barato que había sido su manera de hacer negocios mientras Scott, Travis y Keen intentaban cuadrar los costes operativos de la empresa. La tienda era la menor de sus preocupaciones. Rough Trade Distribution había acumulado una interminable lista de deudas con distribuidores y tiendas, y además de los gastos estructurales del sello discográfico había incontables grupos y artistas a los que Rough Trade apoyaba con contratos de fabricación y distribución. A todo eso había que añadir el dinero que Rough Trade Distribution debía a sus colegas del sector, algunos de los cuales —Factory, Mute e Industrial— disfrutaban de un periodo de éxito y a los que se adeudaban sumas de seis cifras. También existía un problema en la diversificación de la empresa en agencias de contratación y relaciones públicas: ninguna de ambas ramas se había ratificado ni definido legalmente. Al percatarse de este tremebundo caos, el primer instinto de Travis, quizá más producto del pánico que de otra cosa, fue prescindir de la mayor parte de componentes de Rough Trade como fuera posible. El personal de la tienda, una vez despedido, decidió intentar seguir por su cuenta.

«Preguntamos si podíamos mantener el nombre y comprar el stock», dice Donne. «La primera reunión fue con Richard y Geoff, y yo le pregunté a Richard: '¿Y si...?', y lo que recuerdo es que simplemente dijo: 'Vale'. Hace de esto treinta años, pero estábamos de bastante mal humor e inmediatamente después de que prescindieran claramente de nosotros, echaron a mucha mas gente.»

Aunque Travis había estado al frente de las reuniones de despido, Donne estaba seguro de que también había que echar la culpa a Scott, a quien Travis también le había pedido que se fuera, aunque este le había respondido con un rotundo «No». «Richard, que había sido una especie de arquitecto, parece que también fue el arquitecto de algunos de los despidos», dice Donne, «y también lo despidieron a él, aunque consiguió defender su posición y que volvieran a admitirlo, aunque imagino que la relación entre Richard y Geoff jamás se recuperó de todo aquello.»

La contabilidad de la expansión de Rough Trade, junto con la facturación de la compañía de distribución y la tienda, era una auténtica chapuza, y el resultado fue un caos de cuentas sin pagar, facturas vencidas y ningún control real del stock ni contabilidad.

«Y eso es solo la mitad de la historia», dice Scott. «Will Keen había trabajado para Branson. Un día apareció por la puerta, le dimos un empleo y lo primero que hizo fue una auditoría, en gran parte porque habíamos gastado demasiado reformando el local de Blenheim Crescent. Habíamos vendido muchos discos de Joy Division y de Depeche Mode, y cuando hay éxitos, tienes problemas económicos. Geoff echó a Scott Piering, que fue lo mejor que le pasó nunca a Scott, aunque aquello le molestó mucho y siguió trabajando, y lo mismo hice yo, de manera que se hizo bastante limpieza, aunque seguíamos bajo una gran presión.»

Desde el primer día en Blenheim Crescent, Dave Harper observó que el ambiente en Rough Trade era el de una empresa atrapada entre sus motivaciones ideológicas y la bancarrota inminente. «Había una tensión generalizada», dice Harper. «Estaba la rama de distribución, que era Richard Scott, que visto en retrospectiva era la que mantenía los caprichos de la empresa discográfica, y seguía habiendo una lista de turnos para cocinar y limpiar, pues aparentemente seguía siendo una cooperativa en la que todo el mundo ganaba el mismo salario. De todos modos, aquello eran los ochenta, y los yuppies ya asomaban por el horizonte, con lo que casi todos pensaban que Geoff no cobraba lo mismo que los demás. Nadie prestaba atención a ninguna de estas cosas, cocinar o limpiar, excepto Peter Kent, que había arrancado 4AD con Ivo. Apareció un día como un loco. Estaba viviendo en España, y ahora de repente era un puto chef, y se puso a cocinar todas esas chorradas macrobióticas.»

Hacer criba de personal significó que a Claude Bessy, Mayo Thompson y Scott Piering, para muchos los elementos más accesibles y atractivos de Rough Trade, se les dijo que recogieran sus cosas. «Claude empaquetó todo lo que tenía en su pequeña oficina», dice Harper. «Eso le llevó una semana, y después de llenar cinco bolsas de basura llamaron al fumigador. Entonces Scott Piering dijo: 'Muy bien, Geoff, pero yo vendré el lunes y trabajaré por mi cuenta, así que no cambies nada, el mismo número'.» Factory de Manchester recibió con los brazos abiertos a Bessy. Su experiencia en Hollywood, aunque no muy clara, resultó ser de gran utilidad para la recién nacida división de vídeo, Ikon. El entorno más relajado de Didsbury, junto con el habitual conceptualismo porrero de Factory, era un ambiente en el que era imposible que no prosperara.

Harper, consciente de que ahora formaba parte de una idea en declive, examinó el programa de lanzamientos de Rough Trade, que según los criterios del sello era bastante escaso. «Cuando llegué a la empresa, The Raincoats estaban a punto de editar el LP *Moving*», dice. «Ya llevaban un tiempo esperando. Rank and File estaban a punto de editar un álbum. Eran esos dos, The Fall, y ya no había mucho más. La distribución seguía teniendo ese aire contracultural de espectáculo de feria. Había un tipo llamado Nazi Doug que tenía una moto BMW y cuyo grupo se llamaba Death in June. Eso era lo que había en el almacén, y los restos de una compañía discográfica que estaba más o menos en las últimas.»

El primer borrador del programa de lanzamientos de Blanco y Negro no parecía más prometedor que el de Rough Trade. A pesar de que contaban con presupuesto y el visto bueno de Rob Dickins de Warner, Travis y Alway todavía no habían decidido cuál iba a ser la orientación de su nuevo sello.

«La actitud de Rob Dickins era de 'Si los dos venís juntos a verme y me decís "Queremos contratar a este grupo", lo haré, pero si no lo hacéis así, yo no puedo…', que es una actitud perfectamente razonable», dice Alway. «Pero Geoff y yo éramos incapaces de ponernos de acuerdo en nada. Sé que él pensaba que yo vivía en una especie de torre de marfil porque no soy asiduo a los conciertos, y, podéis creerme, Geoff Travis iba a los conciertos, el tío estaba en todas partes. Yo prefería encontrar la inspiración para los discos en casa por la noche mirando *Los vengadores*, para mí eso era trabajar de A&R, pero para Geoff la cosa pasaba por ir a ver a todos los grupos, y yo simplemente me decía: 'Bueno…', aunque sin duda en aquel momento había ambición comercial.»

La primera idea de Alway para Blanco y Negro fue rehabilitar a Vic Godard, el antiguo líder de Subway Sect, que, por culpa de un mánager demasiado entusiasta y problemas personales, había pasado a un segundo plano después del punk. Alway, que estaba seguro de que a Godard todavía le quedaban por publicar algunas muestras de su genio, lo veía como una figura para la emergente escena jazzística y de cantantes de baladas que, gracias a grupos como Working Week, comenzaba a ser la banda sonora de la gradual regeneración del Soho.

«En aquella época Vic era víctima de sus demonios», dice Alway. «La verdad es que no sé cómo describir a alguien así. Iba tan mal de dinero que hacía maquetas para Geoff con solo dos cuerdas en la guitarra, cantaba en su dormitorio y podías oír a su madre en la cinta que le decía: 'Vic, ya tienes el té', y a él que contestaba: 'Muy bien, ahora bajo', y eso fue lo que nos entregó... absolutamente brillante.»

A Travis, que ya había publicado discos de Subway Sect años antes, le preocupaba que Alway, cuyas influencias estaban firmemente arraigadas en la moda de los sesenta, tuviera tendencias regresivas. «Siempre quise introducir algo que fuera inesperado», dice Alway. «Los discos que me inspiraron fueron 'The L.S. Bumble Bee' y 'I Love You, Alice B. Toklas!', que me parecían increíbles. Me gustaban todos los discos que no deberían gustarme. El disco de Electric Prunes que me gustaba era *Mass in F Minor*, que todo el mundo detestaba, porque David Axelrod les había hecho una jugarreta, pero para mí David Axelrod era un genio absoluto.»

Las ideas de Alway para sacar provecho de su recóndito conocimiento de grupos efímeros y olvidados del pop psicodélico no podían estar más lejos del tipo de música que Travis imaginaba para la ruta comercial de Blanco y Negro. Travis tenía en mente algo más parecido a lo que salía en la MTV. «Geoff quería fichar a Wet Wet Wet», dice Alway, «y a Cyndy Lauper... y yo no creía que Blanco fuera el vehículo para eso.»

Harper conocía bastante bien las costumbres de Alway, y era consciente de que sus gustos más rebuscados difícilmente encajaban con las ambiciones de ascenso social de Travis para Blanco. Este había sido testigo de la fría realidad del mercado del negocio musical de principios de los ochenta, y sabía lo que se podía conseguir y lo que no. Alway, cuya impaciencia iba en aumento, hacía caso omiso de las cuestiones prácticas de dirigir una empresa común recién formada, sobre todo una empresa fundada por un ejecutivo corporativo de éxito y eficiente como Dickins. «Alway vivía en un mundo de fantasía», dice Harper. «Discutía con Geoff y Michel... y Michel estaba en Bruselas diseñando hermosas portadas, pero Geoff y él nunca se veían en persona. Había artistas que Mike quería contratar, pero Geoff no estaba de acuerdo, aunque al final Mike los contrataba de todos modos.»

El resultado de la actitud caprichosa de Alway fue que The Monochrome Set y Felt, a los que se había traído de Cherry Red, nunca estarían en condiciones de aprovechar la oportunidad que debía brindarles un sello con grandes recursos como Blanco. Otro de los destacados de la recopilación *Pillows and Prayers* de Alway, Everything but the Girl, estaban a punto de experimentar la acometida del viento de cola del nuevo instinto comercial de Travis. Pero todo eso ya no afectaría a Alway, que al comprender lo lejos que habían ido Travis, Dickins y Duval, dimitió, devolvió sus acciones de la empresa y regresó a casa a lamerse las heridas. *Eden*, de Everything but the Girl, un sofisticado disco de pop con florituras jazz del estilo que Alway había imaginado para Vic Godard, entró en las listas en el número 14, la única banda de *Pillows and Prayers* que se coló en las listas de éxitos, aunque en ese momento hacía ya mucho tiempo que Alway se había marchado.

«Geoff había hecho una jugada increíblemente inteligente», dice Harper. «Había conseguido el control absoluto de Blanco y Negro justo cuando Everything but the Girl comenzaban a tener éxito. Fue idea de Mike, pero de repente Geoff lo tenía todo y sabía cómo hacer que funcionara.»

Travis estaba cada vez más centrado en Blanco y Negro, aunque su preocupación principal seguía siendo sin duda el futuro de Rough Trade, y sobre todo el futuro estado del sello.

Blenheim Crescent, a pesar de la sensación interna de ominoso colapso fiscal, todavía contaba con muchos aspectos positivos. Tras haber sobrevivido a la reciente criba, albergaba una versión más reducida de Rough Trade: una empresa discográfica, la sede londinense de The Cartel, una empresa de distribución de discos, una empresa de publicidad y promoción, y una agencia de contratación.

Y todavía era, de facto, la sede internacional de la industria musical independiente, y seguía ejerciendo un gran atractivo para cualquier grupo que intentara iniciar una carrera según sus propios criterios, motivo por el cual un nuevo grupo de Manchester hizo una visita al completo a sus oficinas en la primavera de 1983.

«Yo llevaba allí una o dos semanas», dice Harper, «y Scott Piering estaba sentado y dijo: '¿Cuánto te paga Geoff? Te daré otras 25 libras si me ayudas a hacer de mánager de los Smiths'. Acababa de salir 'This Charming Man' y la cosa se había desmadrado completamente.»

6. YOU'VE GOT EVERYTHING NOW[17]

Memorándum de una reunión de marketing de Rough Trade celebrada el 1 de septiembre de 1983, en el que se pone de relieve el debate interno del sello acerca del potencial comercial de los Smiths *(archivo de Cerne Canning)*

17. Título del segundo corte del primer álbum de The Smiths (ROUGH61, 1984) que se podría traducir como «Ahora ya lo tienes todo». [*N. del T.*]

Los escarceos de Travis con Warner Brothers habían causado problemas en las finanzas de Rough Trade y la división en facciones de sus empleados, y Travis comenzaba a comprender que si quería que Rough Trade prosperara necesitaba reconsiderar su propósito. Sus artistas habían seguido marchándose a las *majors*, incluidos Scritti Politti y Aztec Camera, grupos en los que había invertido más de lo que podía. El papel de Rough Trade de incubadora para alimentar el talento más inconformista estaba asegurado, pero eso tampoco consolaba mucho a Travis, ahora que el talento se había marchado y sus rivales corporativos habían acabado de pulirlo. Mientras pasaba la escoba por la oficina de Blenheim Terrace, Travis comenzó comprender que vivir y trabajar sin pensar en el mañana había sido un experimento enormemente provechoso para Rough Trade, pero que eso no aseguraba el futuro del sello. La respuesta a esos problemas, en forma de un cuarteto procedente de Manchester, superaba todo lo que Travis podía haber imaginado.

«Lo mejor de Blenheim Terrace era que la gente podía entrar tranquilamente», dice Travis, «y eso fue lo que ocurrió con Johnny y Andy. Entraron con una cinta de 'Hand in Glove'.» Si los Smiths se beneficiaron de la política de puertas abiertas de los vestigios de Rough Trade, el sello se beneficiaría mucho más de una cualidad del grupo que había brillado por su ausencia en los anteriores lanzamientos del sello: la ambición de un rock 'n' roll a vida o muerte. «The Smiths eran un grupo de verdad», dice Travis. «Morrissey podría haber acabado siendo periodista o escritor, quién sabe. Según la gente de Manchester, Morrissey no era más que un lunático que se paseaba por la ciudad, ¿no? Formaban parte de la tradición de Manchester, y quizá allí hay una mentalidad un poco diferente. Johnny lo rescató. De no haber sido por Johnny, quién sabe lo que habría sido de él. Ellos se veían en la misma tradición que los Beatles, los Stones, pero casi todos ellos eran músicos.»

Joe Moss era un hombre de voz suave, propietario de una tienda de tejanos Crazy Face en Chapel Walks, cerca de Deansgate, en el centro de Manchester. Aparte de llevar la tienda, Moss poseía un conocimiento musical enciclopédico, sobre todo de R&B americano de los sesenta y de compositores pop de autor del Brill Building, estilos musicales agradables que dejarían una gran impresión en uno de los dependientes de una tienda de ropa cercana.

«Yo tenía un negocio de fabricación, un negocio de venta al por mayor y también un par de tiendas en Manchester», dice Moss. «Johnny trabajaba al lado de una de ellas. Yo tenía muchas fotos de músicos en las paredes, y él se me presentó diciendo que era un músico frustrado. Johnny quería ser músico, músico profesional, y costara lo que costara pensaba conseguirlo. Era un joven realmente impresionante.»

El conocimiento y amor que sentían Moss y Marr por la cultura en blanco y negro de los sesenta alentó al joven guitarrista a recurrir a la inspiración que descubrieron mutuamente en el pasado mítico de ejecutivos agresivos, operadores independientes y marginados mientras estudiaban documentales en VHS e historias del pop descatalogadas. El efímero ímpetu de componer un single a tiempo para la aparición en televisión de la semana siguiente, o la deificación del arte de las canciones para grupos de chicas, junto con ese permanente ir un paso por delante de la industria del espectáculo, se convirtieron en una serie de códigos que Marr aprendió de memoria, pues, desesperado como estaba por participar del mundo musical como fuera, podías encontrártelo en cualquier rincón donde pudiera haber algo de acción.

«Yo tenía dieciséis años y deambulaba por Manchester», dice Marr, «y todas las horas que pasaba despierto las dedicaba a intentar introducirme en el mundo de la música, ya fuera merodeando por los conciertos, rondando por las salas de ensayo, en las tiendas de discos o intentando entrar en los clubs. Y una de las cosas más interesantes que me encontraba era la gente mayor y más intelectual, los tipos más radicales de los sesenta, que no habían abandonado el ambiente musical y conectaban con la gente más joven que estaba en la onda.»

En Manchester no faltaban los radicales con un buen caudal de anécdotas e ideas que compartir.

Junto con la intelectualidad de Granada y el grupo en torno a la empresa de alquiler de Martin Hannett, a quienes Wilson denominaba cariñosamente «los gacetilleros de Didsbury», eran luminarias del pasado contracultural del noroeste, una estirpe que había comenzado con los beats ingleses y se había reavivado con el punk.

«Gente como Brian Epstein parecía muy inconformista», dice Marr. «Me enteré de quién era Joe Orton, y esa cualidad sin duda reapareció durante el principio de los ochenta. Andrew Loog Oldham fue muy importante para mí, su historia, su actitud y su legado, y si no hubiera comprendido todo eso me habría sido muy difícil formar un cuarteto de la nada. Incluso me dieron ganas de grabar mi primer disco de 45 revoluciones con una portada azul marino, y eso fue lo que hice.»[18]

El single de debut de los Smiths, «Hand in Glove», se vestiría con la misma librea azul que los discos publicados a mediados de los sesenta por Loog Oldham en Immediate Records. Además de influir en sus ideas acerca de la estructura de una canción y proporcionar un contexto en el que desarrollarlas, las ideas agresivas de Loog Oldham y Orton tuvieron una indudable influencia en el sonido de la guitarra de Marr. Delgado, quejumbroso y voluble en sus florituras con la melodía, el estilo de Marr, que había perfeccionado a base de trabajar día y noche, difuminaba la divergencia entre guitarra rítmica y solista para producir una voz rigurosamente característica que era, sobre todo en el contexto de la abundancia de sintetizadores de los ochenta, absolutamente única.

«Conocía a sesenta grupos y músicos de Manchester que tocaban bastante bien», dice Moss, «pero nunca había oído nada como Johnny.»

---

18. «Hand in Glove» posee una introducción de armónica, al igual que el single de debut de los Beatles, lo que convierte el debut de The Smiths en un perfecto homenaje a Loog Oldham y Epstein. [*N. del A.*]

Moss estuvo oyendo tocar a los Smiths de manera intermitente durante seis meses mientras la banda se recluía en un espacio de ensayo en el piso superior de uno de los almacenes de Crazy Face. En lugar de tocar en directo de inmediato, el grupo compuso y ensayó hasta que fueron capaces de hacer un debut sin errores. «Cuando empezaron a tocar estaban preparados», dice Moss. «Ya lo creo que sí. Sabían perfectamente el sonido que querían.»

El resultado del periodo de aislamiento de los Smiths fue que cuando estuvieron preparados para tocar en directo, su individualidad resultó evidente desde la primera canción. Mucho más que la suma de sus partes, los Smiths desarrollaron una lógica interna acerca de la construcción e interpretación de las canciones que, junto con su nombre, significaba que se mantenían a distancia de cualquier influencia perceptible. El único grupo que sonaba como ellos eran The Smiths.

Además de poseer un arsenal de canciones, Morrissey y Marr, poniendo en práctica las decisiones que habían estudiado en Loog Oldham y Epstein, comenzaron a trazar un plan para la banda que incluía, como prioridad, la decisión de no alinearse con la empresa más reciente y prestigiosa de Manchester, Factory Communications.

«La segunda vez que nos vimos Morrissey y yo», dice Marr, «redactamos un manifiesto. En realidad no era más que dos jóvenes que expresan sus quimeras, aunque lo más increíble fue que todas se hicieron realidad, y en esa discusión planeamos firmar con Rough Trade. El mismísimo hecho de no firmar con Factory ya fue una declaración de principios. Forma parte de la leyenda de Factory el que pudieron habernos fichado y que intentamos llegar a un acuerdo con ellos y que nosotros rechazamos, pero eso era algo que no iba a ocurrir, nunca lo hubiera permitido.»

Gracias a Morrissey el grupo tenía un contacto con Rough Trade. Richard Boon, después de haber cerrado New Hormones, estaba a punto de trasladarse a Londres para trabajar con Travis, como, entre otras cosas, el editor del catálogo de novedades que publicaba Rough Trade, *The Catalogue*. Había un contacto personal de mayor importancia. Linder, el amigo más antiguo y confidente de Morrissey, no solo había sido compañero de piso de Boon, sino que también había diseñado las primeras portadas de los Buzzcocks.

«Hablaba con Morrissey», dice Boon, «y él conmigo, y poseíamos cierta historia común, pues nos habíamos conocido hacía años en Manchester. Fue Linder el que quiso la habitación alquilada de Whalley Range. Fundamentalmente Manchester era un pueblo, aunque ahora es una ciudad con todas las de la ley los siete días de la semana. Generalmente el dinero no significaba nada, y todo el mundo en Manchester sabía que Morrissey iba a llegar a algo, pero no se llevó muy bien con Wilson. Siempre estaba mas o menos en los márgenes, desde ese gran arranque de traer a los Sex Pistols, aunque evidentemente no era el tonto del pueblo.»

La decisión de los Smiths de prescindir de Factory fue apoyada sin reservas por Moss. El deseo de la banda de que se les viera como un fenómeno aparte, que compartía tan solo una similitud geográfica superficial, resultó palpable cuando el grupo tocó su tercer concierto en la Haçienda, el local recientemente abierto por Factory. Después de asegurarse de que el escenario estuviera lo bastante decorado con flores y sujetando un ramo durante casi toda la actuación, Morrissey quería dejar claro ante los camaradas que habían vivido con él el despertar del punk en Manchester que ahora se presentaba ante ellos una estética distinta. En uno de los primeros artículos sobre los Smiths, Morrissey dejó claro al instante que los códigos de diseño de minimalismo y anonimato de Factory eran para él un callejón sin salida. Al preguntarle por qué los Smiths habían cubierto el escenario de flores, su respuesta fue cortante:

> Las colocamos como antídoto a la Haçienda cuando tocamos allí; era un local tan estéril e inhumano. Queríamos algo de armonía con la naturaleza. También queríamos mostrar algo de optimismo en Manchester, que es lo que representan las flores. Manchester todavía está semiparalizada, la parálisis recorre la totalidad de Factory.

El el primer concierto los Smiths en la Haçienda fue en febrero de 1983, cuando telonearon al grupo de Factory 52nd Street. Unos meses más tarde, en julio, fueron cabezas de cartel ante un público no muy numeroso; después de ese concierto pasaron otros cuatro meses antes de que volvieran a tocar en su ciudad natal. «La primera vez que fueron cabezas de cartel en la Haçienda fue el último bolo que hicimos en Manchester», dice Moss. «Había unas treinta personas, algunas en el suelo. Así que decidimos que se había terminado. No íbamos a volver a tocar en Manchester hasta que hubiéramos triunfado.»

Antes de acercarse a ninguna compañía discográfica, los Smiths habían empezado a grabar un primer single que tenían proyectado, «Hand in Glove», y contactaron con Boon para pedirle consejo mientras exploraban la posibilidad de trabajar juntos.

«Recuerdo que Morrissey me dijo: '¿Puedes ayudarnos?'», dice Boon, «y que yo le contesté: 'No, no tengo dinero ni recursos, pero sé que me encanta vuestra música. Tenéis que ver a Simon Edwards de Rough Trade.» Espoleados por los ánimos de Boon, el viaje que emprendieron hasta Blenheim Crescent se convirtió en la oportunidad de obtener un acuerdo discográfico con Rough Trade. Simon Edwards, que se había convertido en el mánager de facto del sello, fue obsequiado por Marr con una cinta de «Hand in Glove» mientras le cantaba las alabanzas de la canción.

«Según el mito», dice Boon, «Simon dijo: 'La verdad es que me gustaría que, en lugar de ser un acuerdo de fabricación y distribución para un solo disco, el sello se implicara, pero me temo que Geoff está a punto de salir del edificio'. Y entonces Johnny lo empuja contra la pared y le dice: 'Tienes que escuchar esto'.»

Marr, canalizando su Keith Richards interior, como hizo a menudo durante su carrera con los Smiths, pilló a Travis saliendo por la puerta de Blenheim Crescent y le hizo saber que el grupo iba en serio y que Travis tenía que reaccionar en consecuencia. «Habíamos ido a Londres como un grupo», dice Moss, «y Geoff no quería saber nada, pero fue Johnny quien le obligó a escuchar la cinta. Le dijimos que si no estaban dispuestos a publicar el disco, lo haríamos nosotros, pero Geoff enseguida estuvo de acuerdo, y fui directamente a la zona de Rough Trade que servía de agencia de contratación y Mike Hinc nos organizó un bolo en el Rock Garden.»

Tanto «Hand in Glove» como su proyectada cara B habían impresionado profundamente a Travis. Tras pasar un fin de semana con la cinta, comprendía, a su manera reflexiva, y al igual que Moss, que la banda poseía un singular potencial para el éxito de crítica y de público. Decidido a que la banda firmara un contrato a largo plazo con Rough Trade, Travis comenzó a ir a Crazy Face y a pasar lo que él denomina «largas tardes» convenciendo al grupo de sus intenciones. Aparte de Simon Edwards, en Rough Trade, tanto en el sello como en la distribuidora, estaba en minoría. Aceptar a un nuevo grupo de Manchester en Blenheim Crescent no despertaba gran entusiasmo. Los recelos del personal quedaron confirmados una o dos semanas más tarde en el Rock Garden, cuando ver en escena a los Smiths, con su exultante y desmesurada seguridad en sí mismos y exhibiendo plenamente su competencia musical, resultó, para el grueso del personal de Rough Trade, desconcertante, por no decir otra cosa.

«La primera vez que tocaron en el Rock Garden, los que trabajaban en el almacén se quedaron completamente atónitos», dice Travis. «Pero no fue en plan: '¡Uau, qué temazos! ¡Esto va cambiar el curso de rock 'n' roll!'. Eso vino más tarde, si es que vino.»

Entre el personal de Rough Trade que asistió al concierto de Covent Garden se encontraba Liz Naylor, que junto con Richard Boon formaba parte de las nuevas incorporaciones de la empresa. En tanto que coeditora del ingenioso e injurioso fanzine de Manchester *City Fun*, que había criticado el impulso original de Factory, Naylor había pasado muchas horas con Boon en las oficinas de New Hormones. Una de las primeras residentes en los bloques del distrito de Hulme, una serie de casas adosadas modernas de los sesenta que habían quedado abandonadas como resultado del exceso de oferta de viviendas de protección oficial de mediados de los setenta, Naylor había vivido en ese enclave de bohemia post-punk a medida que los bloques se convertían en residencia de A Certain Ratio y Section 25, donde podían vivir por poco dinero y sin que nadie se metiera con ellos. Desde su ventajosa posición de las pasarelas de cemento junto al Russell Club, sede de Factory, Naylor había presenciado la circulación de la energía punk por Manchester en todo su esplendor, y al igual que Steven Morrissey antes que ella, se había quedado estupefacta ante lo que consideraba la austera estética de Factory.

«Yo no había estudiado en Cambridge y no comprendía a los situacionistas», dice Naylor, «y tenía la impresión de que Tony Wilson vivía en un mundo distinto, una especie de mundo amedrentador en el que la gente estaba muy segura de sí misma. En cierto modo fue posmoderno antes de que comprendiéramos acerca de qué se mostraba irónico y posmoderno, y yo simplemente creía que era un capullo, porque la gente se vio metida en una historia que nosotros nos estábamos inventando.»

City Fun apoyó muchísimo más a The Fall y el proyecto Ludus de Linder Sterling que Naylor y su codirectora en la revista, Cath Carroll, «gestionaban». Wilson se tomó las pullas y las maldades de City Fun tal como ellas pretendían, como una crítica permanente del proyecto Factory decidida a impedir que el sello fuera demasiado lejos o exagerara su importancia en el Manchester de principios de los ochenta.

«Manchester era muy pequeño y realmente muy competitivo», dice Naylor. «Todas esas grandes ciudades industriales funcionaban de una manera mucho más coherente como post-punk, pero daba la impresión de que Factory eran los propietarios de la fábrica y nosotros el proletariado. Ibas a un club, el que estaba delante de la Haçienda, y te encontrabas allí con veinte personas, todos lanzándose miradas de odio porque todo estaba dividido en facciones, y Factory se consideraba una especie de proyecto muy alienante. No acabo de ver del todo que aquello uniera a Manchester.»

Dentro de Factory, y también fuera de la empresa, en la más amplia corriente de opinión de la comunidad independiente de la ciudad, City Fun mantenía una cálida relación con muchos de sus lectores, que podían detectar, en su humor incisivo, una versión impresa del mordaz ingenio septentrional característico de la ciudad.

«Rob Gretton era bastante accesible», dice Naylor, «y Richard Boon era y es un gran mediador. Y, naturalmente, adorábamos a Kay.»

Kay Carroll fue durante varios años la socia de Mark E. Smith y mánager de The Fall. Era una persona implacable que no dejaba títere con cabeza, y a pesar de su aspecto menudo no quería saber nada de cualquiera que, fuera cual fuera su posición, se interpusiera en la carrera de sus artistas o intentara timarla. Detrás de su agresividad de fumadora empedernida asomaba una feroz inteligencia (que Martin Hannett en una ocasión ilustró como el deseo de «hablar de dialéctica toda la noche») y una capacidad inflexible de no ceder nunca en el negocio musical.[19]

---

19. Según Liz Naylor, Kay Carroll tenía una presencia y una manera de ver la vida tan características que, en un acto de voluntad de poder post-punk, Cath Carroll se había apropiado de su apellido. [N. del A.]

«Kay compartía en gran parte nuestra opinión», dice Naylor. «La oías chillar al teléfono: '¿Dónde está mi puto dinero?'. Era como si hubiera salido del puto campo del Arsenal. Tenía esa cualidad.»

Cuando Boon y Naylor pasaron a formar parte de Rough Trade en Londres, la empresa amplió su experiencia. Ese reforzamiento de la empresa, el hecho de alejarse del medio de Ladbroke Grove donde se había fundado, fue de gran utilidad para un sello que acababa de contratar a un grupo de Manchester. También significaba que esa idea irreverente e izquierdosa de Rough Trade, que más o menos era la postura por defecto de Boon y Naylor, estaba cada vez más arraigada.

Travis, tras haber decidido que «Hand in Glove» se publicaría como single aislado, quiso dejar claro a continuación —lo que provocó un rumor de mayor desaprobación en sus colegas de Rough Trade Distribution—, que le gustaría que los Smith fueran los primeros artistas de Rough Trade a los que se les ofreciera un contrato para cuatro álbumes. El grupo, feliz de ver que pasaban cosas a su alrededor, por fuera daban la impresión de no estar decididos cuando empezaron a cortejarlos todas las compañías discográficas londinenses. La realidad era que los Smiths, por muchos recelos que pudieran tener, estaban prácticamente decididos a firmar un acuerdo a largo plazo con Travis.

«Sabíamos que Rough Trade tenía problemas», dice Moss, «pero creíamos que los problemas obedecían a que ninguno de sus grupos vendía discos. Nosotros éramos los que íbamos a cambiar todo eso. Dentro del edificio tenían una agencia de contratación con Mike Hinc, un departamento gráfico, un departamento de prensa, y en la trastienda tenían todos los discos independientes que se distribuían en Inglaterra. De manera que en lugar de ser un grupillo más en una gran compañía, decidimos ir a Rough Trade y hacernos con ella. Sabíamos que podíamos ayudarles a vender algunos discos.»

Rough Trade seguía siendo una compañía que todavía no tenía muy clara su posición en el negocio musical, y que en 1983 ya no era una compañía alternativa post-punk, sino que, con el inminente lanzamiento del CD y la creciente influencia de la MTV, existía un clima mucho más competitivo que aquel al que se habían postulado como alternativa cinco años antes.

«En aquella época, y no solo en Rough Trade», dice Marr, «existía una especie de onda tipo 'Vamos a librar una guerra para la gente como tú'. Mucha gente a la que yo consideraba un poco vieja en aquella época, y que realmente tenían veintipocos, andaban un poco perdidos porque el punk se había acabado, sobre todo en la prensa. En Factory quedaba un poco, en Rough Trade sin duda bastante, y quizá mi generación aportó un nuevo optimismo, ideas y energía.»

Con ese optimismo y energía Travis comprendió que las cosas habían cambiado. Si Rough Trade quería conservar a los Smiths durante bastante tiempo, tendría que comenzar a pensar detenidamente en su comercialización y promoción, no como un experimento para demostrar a las empresas convencionales que las cosas se podían hacer de manera diferente, sino para competir en las condiciones de las grandes compañías, algo que Travis había tratado de hacer con Scritti Politti y fracasado en el intento.

Para grupos como This Head y The Fall, este cambio no pasó desapercibido. Los Smiths ocupaban ahora casi todos los pensamientos de Travis, y se había llevado a cabo una ruptura mental con el pasado reciente de Rough Trade. Se restringió la política de puertas abiertas de Blenheim Crescent, y todos los limitados medios de la compañía se invirtieron en demostrar a los Smiths que la empresa iba en serio.

«Vi algunas cosas raras en las oficinas de Rough Trade», dice Moss. «Había artistas quejándose y preguntando: '¿Qué hay que hacer ahora para que te presten atención?'.»

Pero, fiel a su palabra, Rough Trade actuó con rapidez y diligencia, contratando para el grupo una serie de conciertos en clubs de Londres antes de la publicación de «Hand in Glove». Para Moss, entusiasmado con que se tomaran el grupo en serio a escala nacional y fuera de los límites de Manchester, todo eso había que atribuirlo a Rough Trade. En dos semanas, los Smiths dieron dos conciertos en el Brixton Ace, por lo que los A&R desesperados por firmar un contrato con el grupo solo tuvieron que cruzar la ciudad en taxi para ver a aquel cuarteto que de repente era la comidilla de toda la industria londinense.

«Los Smiths fueron grandes en Londres antes de ser grandes en Manchester», dice Moss. «Tocamos en el Ace, y luego otra vez dos semanas más tarde, y aquello fue el caos. Ese tipo, Gordon Jarvis de EMI, no dejaba de subirse al escenario y bailar, estaba como loco. La noche posterior tocamos en la Universidad de Warwick, y estábamos a punto de firmar con Rough Trade cuando Muff Winwood [director de A&R en CBS] se presentó en Warwick y dijo que quería firmar un contrato. Le contestamos que estábamos decididos a firmar con Rough Trade y que no pensábamos dar marcha atrás.»

A Marr le resultaba halagador que lo cortejaran las *majors*, pero la diferencia entre estas y Rough Trade resultó evidente en cuanto los Smiths traspasaron las puertas de cristal. «Nos llegaron invitaciones bastante serias de CBS y de Warner», dice. «Nos presentamos en las reuniones para ver qué se sentía, y lo que me sorprendió de inmediato fue que en esos edificios no se veían discos. Yo, que soy un loco de los discos, al momento tuve ganas de atravesar Londres corriendo para volver a Blenheim Crescent. En las pocas ocasiones que había estado en el piso de Factory o en el local de Rough Trade, casi siempre te dabas cuenta de que era una empresa discográfica que operaba bajo montañas y montañas de vinilo. Todo lo que CBS y Warner Brothers tenían para demostrar que se trataba de compañías discográficas eran enormes pósters de sus artistas en la pared, y eso para mí tenía una gran importancia.»

Después de la publicación de «Hand in Glove», Scott Piering contrató una serie de sesiones de radio para el grupo en los programas vespertinos de John Peel y David Jensen en Radio 1. Piering ahora trabajaba por cuenta propia en Blenheim Crescent, lo que le permitía concentrarse en conseguir que los Smith sonaran en los programas vespertinos de Radio 1 con la esperanza de que Rough Trade tuviera al primer artista cuyas canciones se colaban entre las que sonaban en la radio comercial. El hecho de que Moss y el grupo desearan tocar en Londres lo máximo posible, una cualidad hasta ahora desconocida en una banda del norte, contribuyó a la idea de que los Smiths fuera un grupo aceptable en las ondas nacionales.

«Scott Piering consiguió que saliéramos en el programa de John Peel», dice Moss. «Hicimos de teloneros de los Sisters of Mercy en la ULU [University of London Union], y el local estaba abarrotado, pero no había nadie, absolutamente nadie, en la zona que servía de pista de baile. Morrissey gritaba desde el escenario: '¡Menearos un poco!', intentando que la gente se alejara de la barra. Scott Piering estaba acompañado de John Walters y yo mismo, y los tres estábamos allí mirando mientras John Walters alucinaba.»

Walters, gregario de Peel y también productor con barba, le hacía además de guardián, aislando al DJ de los altibajos de la política de programación y horarios de la BBC, algo que combinaba con un incesante apetito de ir a conciertos para descubrir nuevos talentos.

«Sé que a Walters se le valora», dice Moss, «pero no se le valora ni una décima parte de lo que merecía por los programas de Peel, porque hacía todo el trabajo preliminar, y desde luego fue él quien presentó a Peel a los Smiths.»

En la segunda sesión del grupo con Peel, sonaba por primera vez en las ondas una canción que acababan de escribir, grabada justo después de la publicación de «Hand in Glove». «This Charming Man» tenía un ritmo vivo sobre el que la guitarra de Marr, con extraordinaria delicadeza y seguridad, murmuraba un riff arpegiado. La canción encajaba perfectamente en la órbita de Morrissey, mientras él cantaba con nostalgia una historia de un encuentro en las colinas extraído de la imaginería de las películas de los sesenta en blanco y negro que conocía como nadie. De tres minutos y medio de duración, su insistente melodía y sentido del drama crearon la canción más popular del grupo hasta la fecha.

«Geoff y yo fuimos a los estudios de Maida Vale», dice Boon. «Los dos estábamos familiarizados con el material en directo porque los habíamos visto a menudo. Durante la sesión de grabación, la canción se nos antojó algo completamente nuevo, y cuando estábamos en el pasillo mientras la estaban mezclando, dijimos: 'Esto es un single y posiblemente un éxito', y los dos estuvimos de acuerdo, y se dedicó mucho esfuerzo a hacer de 'This Charming Man' un hit.»

Aunque ahora les llegaba dinero a los empleados más dinámicos y con más experiencia con los medios de Rough Trade, algunos de los problemas a largo plazo de la empresa seguían acechándoles. Hubo un problema con la distribución de la edición original de «Hand in Glove», y Rough Trade fue incapaz de proveer a muchos de sus distribuidores. El hecho de que algunos miembros de The Cartel fueran atrasados en los plazos de sus créditos, combinado con el interés nacional sin precedentes que había despertado el single, provocaron que muchas de las importantes tiendas de Rough Trade en High Street no dispusieran del disco. Lo más desconcertante fue que Probe, el eslabón de The Cartel en el noroeste, fue incapaz de distribuir ninguna copia a ninguna tienda de Manchester. Decidido a sortear el problema, Moss improvisó una solución, y para alegría del grupo, recorrió la ciudad acercándose a los mostradores de las tiendas de discos y ofreciendo copias del single de una caja que llevaba bajo el brazo. «Me alegro de haber puesto eso en mi currículum», dice. «Lo hicimos a la vieja usanza, sacando el material del maletero del coche.»

Entre la publicación de «Hand in Glove», en mayo, hasta la publicación de «This Charming Man» en noviembre, los Smiths prácticamente no dejaron de actuar en directo. Era evidente que no paraban. Solo en Londres dieron diecinueve conciertos, además de innumerables apariciones en la radio y sesiones en estudio. Para Mike Hinc, el agente de la banda en Rough Trade, los Smiths tenían una demanda sin precedentes. En lugar de tener que conseguirles conciertos para cada uno de sus lanzamientos, comprobó que su teléfono sonaba constantemente y le llamaban promotores que pujaban más que el anterior para poder contratar a los Smiths en directo.

«Tenía mucho en común con Mike», dice Moss. «Nunca te olvidabas de Mike. Pasaba casi todo el tiempo esperando que Mike se encontrara en forma. Me decía: 'Si no hablo contigo antes de mediodía, olvídalo'. Se presentaba a las diez y media, y a las once ya estaba con los auriculares.»

A unos cuantos escritorios de distancia de Hinc se encontraba Dave Harper, que ahora comenzaba a encargarse de la relaciones públicas del grupo junto con Piering y que iba aprendiendo a base de contemplar los métodos de trabajo de Hinc. «Mike era un chiflado», dice. «Yo tenía veintitrés años y él casi cuarenta. Mike era una de esas personas que siempre están pegadas al teléfono. Esnifaba speed de un cuchillo Bowie y bebía una lata de Lilt, a la que normalmente seguía una lata de cerveza. Cuando la secretaria social de una universidad le hacía una oferta que no le gustaba, le dirigía su expresión favorita: 'Jódete y muérete'. Se pasaba el día diciendo: 'Jódete y muérete'.»

El trabajo de Piering en la radio suposo que, aunque el grupo solo había grabado un single, el público comenzaba a oír las nuevas canciones de los Smiths a través de las sesiones de radio, con lo que la demanda aumentaba más allá de cualquier expectativa. Hinc, que al principio contrató una serie de fechas para el grupo más o menos durante el lanzamiento de su single de debut, para que tocaran en clubs en el primer peldaño del circuito de conciertos, descubrió enseguida que casi todos los locales habían vendido entradas por encima de su aforo y habían tenido que aumentarlo.

«Te dabas cuenta de cómo aquello iba creciendo en torno a 'Hand in Glove'», dice Moss. «Todos los conciertos programados se pasaban a locales universitarios, que tenían más capacidad. Tocamos en el Politécnico de Kingston, y fue una absoluta locura. Había más gente fuera que dentro.»

Los Smiths, a los que no les interesaba el videoclip, se podrían haber promocionado solos a la antiguo usanza, tocando en directo, pero su ascenso fue tan meteórico como los éxitos de la noche a la mañana alcanzados por algunos de sus contemporáneos con la ayuda de la MTV. Insistieron en tocar en auditorios donde no hubiera barreras entre el grupo y el público, y la única división era el borde del escenario; durante su primer año las actuaciones en directo fueron un recorrido caótico, jubiloso y celebratorio por todo el Reino Unido. En comparación con cualquier cosa que Travis hubiera experimentado antes, aquello era una nueva Beatlemanía. «Las cosas iban muy deprisa. Era una locura, y en cada ocasión ellos estaban a la altura de las expectativas», dice Travis. «Eran de los que decían: 'Tenemos una sesión la semana que viene, así que este fin de semana nos juntamos y escribimos una canción nueva', y era algo maravilloso de ver. Tenían esa cualidad de 'Este es nuestro trabajo, a esto nos dedicamos', y lo hacían muy bien.»

La decisión de Moss y del grupo de concentrar sus energías lejos de Manchester había valido la pena. Los Smiths ahora eran una banda conocida en todo el país; la sensación de aislamiento, o ese vago asomo de esnobismo regional que había afectado a toda una generación anterior de grupos de Manchester, se había visto sustituido por un intenso y creciente vínculo entre el grupo y su público.

«Factory solía montar conciertos en el Moolight o el Politécnico de North London con Richard Thomas», dice Moss, «pero The Fall tocaban sobre todo en el norte. Nosotros fuimos los primeros en concentrarnos en otra parte.»

A pesar de la presencia de la ciudad en gran parte de su catálogo y en su mitología, los Smiths tan solo tocaron once veces en Manchester en toda su carrera, una decisión que tuvo su origen en sus primeras apariciones en la Haçienda.

«En aquel bolo en la Haçienda, en el que solo había veinte personas, los dos chavales que estaban delante de mí hablaban entre canción y canción», dice Moss. «Uno le comentó al otro: 'Son cojonudos, ¿no?', y el otro va y suelta: 'Pero lleva una camisa de mierda'. Y creo que eso resume lo que era Manchester entonces, resume en gran parte lo que era la actitud.»

«Después de 'This Charming Man', te dabas cuenta de que estaban pasando muchas cosas», dice Travis. «Yo tenía una enorme responsabilidad sobre mis hombros, pues sabía que tendríamos que estar a la altura de sus expectativas, y sabía que se lo merecían.»

La presión sobre Travis, que había firmado un acuerdo para varios álbumes, era enorme. Estaba más convencido que nunca que tenía a su alcance un éxito comercial, y se había enfrentado a la competencia de las *majors* para conseguir que «This Charming Man» fuera un éxito, una decisión que había sido objeto de acalorado debate entre la comunidad independiente.

«El acuerdo de Blanco y Negro era en parte una manera de obtener una inyección de efectivo», dice Boon, «con lo que Rough Trade pudo contratar al equipo de vendedores de London Records para conseguir que 'This Charming Man' fuera un éxito. Aquello despertó un tremendo debate, no solo internamente, sino también entre los demás sellos independientes: '¿Qué nos parece utilizar a los equipos de vendedores de las *majors*?'. Todo eso ocurría en la época en que los responsables de cada sello hablaban entre ellos acerca de lo que estaban haciendo y convocaban reuniones para discutir la letra pequeña.»

Después en la metedura de pata que había hecho Rough Trade con «Hand in Glove», Travis tenía razones para estar contento con la manera en que la empresa se había comportado con el prometedor «This Charming Man». El single no solo irrumpió en el Top 30, sino que la campaña de marketing, centrada en la imagen de la portada, extraída de *Orfeo* de Cocteau y en un elegante tono sepia, llamó

la atención de la revista de la industria musical *Music Week*, que le
otorgó a Rough Trade un premio a la mejor campaña de marketing.
«La verdad es que lo hicimos muy bien», dice Travis. «Contratamos al equipo de ventas de London Records, y Roger Ames intentó
robarnos el grupo y todo lo demás. En aquel periodo había algo, no
sé de dónde venía —arrogancia, confianza—, que me hizo pensar que
podíamos ir con ellos hasta el final. No sabes lo que va a pasar, simplemente piensas: 'Aquí lo tienes'. No te preocupas por lo que vas a ver
cuando estés en el bolo, simplemente estás impaciente por llegar.»

Harper se daba cuenta de que la prensa comenzaba a estar muy
interesado en el grupo, y en especial en las suculentas opiniones y
visión del mundo de Morrissey, cuyos pronunciamientos sobre el
vegetarianismo, el celibato o las flores, después de todo una vida
ensayándolos en su habitación, fluían elegantemente de su lengua.
Ahora que el grupo había irrumpido en la música comercial con su
segundo single, todas las excentricidades del cantante adquirían una
pátina de legitimidad.

«Casi todo era improvisado», dice Harper. «No se trataba de ninguna manera de llegar por el camino recto. Morrissey era el que
hablaba con la prensa, y había polémica cada vez que abría la boca,
y naturalmente a los periodistas les encantaba. Todo era según su
capricho: 'No voy a hacerlo... sí, voy a hacerlo, pero necesitaré un
audífono o no lo hago'.»

«Aquella criatura obtuvo el reconocimiento de la nación», dice Harper. «La euforia era extraordinaria. *Top of the Pops*, las listas de éxitos...
aquello fue tremendo. Era auténticamente excitante y rompedor,
pero la televisión que hacían era enormemente hortera: programas
infantiles, en los que aparecían en un autobús mientras los niños le
hacían preguntas a Morrissey. Todo era un disparate, una estupidez,
sin control ninguno. Había cosas realmente malas, como *Smash Hits*.»

Abrazar el estilo de vida de las estrellas del pop y seguir sus costumbres, desde aparecer en las noticias más frívolas a buscar un perfil en los medios más serios, siempre había formado parte del plan
maestro de los Smiths. Aunque de manera dispersa, el resultado fue
que el grupo, en vivo contraste con sus contemporáneos, consiguió
una amplia cobertura.

«Si piensas en New Order y Depeche Mode», dice Harper, «el principal problema de Depeche Mode durante una década fue: 'Nadie nos toma en serio, todo el mundo cree que somos un grupo pop', porque Mute fue directamente a *Smash Hits* y estaba Dave Gahan con su escaso pelo, mientras que New Order, un grupo parecido, no habrían hecho eso ni en un millón de putos años. Y tenían una seria reputación, e hizo falta mucho tiempo, y que tomaran heroína y murieran, antes de que la gente se tomara en serio a Depeche Mode, mientras que New Order preferían autodestruirse en privado.»

La aparición en el *Top of the Pops* fue especialmente emocionante para el grupo. Además de convertirlos en una celebridad nacional de la noche a la mañana entre el público televisivo de tarde, cosa que, en 1983, quedaba asegurada con solo aparecer en el programa, formó parte de un regreso a casa triunfal. La noche de la emisión, los Smiths tocaron en la Haçienda por tercera y última vez entre escenas de adulación sin procedentes. Morrissey, gran estudioso del programa, era perfectamente consciente de la historia del *Top of the Pops*, y estuvo encantado cuando le preguntaron por la validez de la aparición de los Smiths. «Nada te espolea tanto como la cólera», dijo Morrissey, «y nos encolerizamos al ver a toda esa gente fea que controla el negocio y todas las caras feas que aparecen en el *Top of the Pops*.» ¿Por qué toda esa fealdad? El propio intento de Morrissey de pasar a la inmortalidad en el *Top of the Pops* fue igual de pintoresco: agitaba un gran ramo de gladiolos de una manera que bordeaba la agresión, llevaba una camisa abierta que le quedaba grande y sartas y sartas de perlas colgándole del cuello. La llegada de los Smiths a las listas de éxitos fue algo muy comentado. En cuanto la banda hubo grabado su actuación, los metieron en un tren de vuelta a Manchester, donde una multitud les esperaba para celebrar el éxito del grupo con una histeria apenas contenida.

«Hicimos la prueba de sonido en la Haçienda el miércoles por la noche, y dejamos todo el equipo en el escenario», dice Moss, «bajamos a Londres, hicimos *Top of the Pops*, y naturalmente el bolo se anunció en el programa. Ya estaba todo vendido. Volvimos a Manchester, nos apeamos en la estación y cogimos un par de taxis hasta la Haçienda, y no se podía llegar a Whitworth de tanta gente como había delante del local.»

Richard Boon acompañó al grupo en el viaje desde Londres. «Tocaron 'This Charming Man' por primera vez en el *Top of the Pops*. Era mi cumpleaños, y tuvimos un gran viaje de vuelta al norte, y cuando se subieron al escenario Morrissey dice algo así como: 'Es el cumpleaños de Richard', y directamente se ponen a cantar 'Handsome Devil'.»

Los Smiths no habían tocado en su ciudad natal desde su debut en Londres en el Rock Garden, y el ambiente que había dentro del club hervía de expectación y entusiasmo. «Aquello era una absoluta locura. En un local con capacidad para 1.200 personas habían metido a 2.400», dice Moss. «Probablemente había incluso más; la última vez que habíamos tocado en Manchester había treinta personas.»

Joe Moss era de los que cumplen con su palabra: en cuanto el grupo hubo pasado de la quinta planta de su almacén al *Top of the Pops* en poco más de un año, dejó de ser su mánager. Con él terminó lo que iba a ser el periodo más prolongado de estabilidad de los Smiths; una legión de mánagers intentaría poner algo de control y orden en los asuntos del grupo, cosa que resultaría prácticamente imposible, teniendo en cuenta el inicio frenético y el programa casi de adictos al trabajo que el grupo insistía en mantener, por no hablar de su empeño en hacer las cosas a su manera.

Y en medio de todo ello flotaba la idea de que, desde el principio, el acuerdo entre los Smiths y Rough Trade no había contado con unos cimientos muy sólidos. Si Travis confiaba en su habilidad para cumplir su promesa de llevar a los Smiths a las listas de éxitos, dentro de Rough Trade había muchas voces que disentían, pues consideraban que ese acuerdo para cuatro discos significaba que el sello ahora era rehén del destino de los Smiths. Mientras que la ausencia de colegueo y peloteo dentro de la compañía discográfica era una de las razones por las que los Smiths habían firmado por el sello, también habían sido igual de claros al hacerles saber las presiones a las que estarían sometidos. Les habían dejado claro que, al cerrar un trato a largo plazo con la banda, Rough Trade se había metido en un limbo financiero, y ahora los Smiths estaban aterrados ante esa perspectiva.

«Solo nos lo hacían saber unas cinco veces al día», dice Marr, «y no necesariamente de una manera que nos hiciera sentir bien o nos aliviara la presión. Geoff lo fue dejando caer desde el principio, y te dabas cuenta de que lo estaban pasando un poco mal y de que... para ellos era un paso económico gigantesco.»

La grabación del álbum de debut de los Smiths fue más difícil de lo que Travis esperaba.

El grupo había ido grabando de manera esporádica, entre los compromisos que tenía para la gira de «This Charming Man», y no les resultaba fácil enlazar unas cuantas sesiones de estudio. Las primeras, producidas por el antiguo teclista de The Teardrop Explodes, Troy Tate, se habían desechado.

Para un grupo que estaba en racha, con un canon de material en rápido crecimiento y afinado por meses de actuaciones celebratorias e incandescentes, los resultados de la grabación sonaban extrañamente planos. Tras el primer intento con Tate, el grupo había elegido a John Porter, que había sido ingeniero en sus sesiones con Peel. Al haber sido teclista de Roxy Music, Porter tenía sin duda el pedigrí que el grupo aprobaba, aunque, a pesar de los orígenes de Porter, el disco de debut de la banda suena de lo más anticuado. El sonido apagado de la batería y las líneas de teclado en «Reel Around the Fountain» tienen esa sensación de barniz de estudio. En otras partes, la separación entre las líneas de guitarra añadidas de Marr ahogan la elasticidad de la interacción entre el guitarrista y la sección rítmica de Joyce y Rourke. El álbum resultaba un compromiso insatisfactorio entre el ingenio y el drama de las letras tal como las cantaba Morrissey y la chispeante competencia del grupo, aunque eso no le impidió llegar al número dos de las listas de álbumes más vendidos.

«¿Troy Tate? ¿John Porter? ¿Quién los elegía?», dice Harper. «Todo eso era cosa de Geoff, y el álbum de debut sonaba como una mierda, y el grupo lo sabía. Todo era un desacierto; *Hatful of Hollow* suena mucho mejor.»

Hatful of Hollow, al reunir las sesiones de radio del grupo y las caras B, capturaba el primer impulso de los Smiths en su momento culminante. Vendido deliberadamente a un precio más barato y dentro de una portada desplegable, se publicó en noviembre de 1984, justo ocho meses después del debut. Al abrir la funda te encontrabas con una foto en blanco y negro del grupo afinando entre bastidores dentro de un módulo prefabricado en el festival de Glastonbury, en aquella época patrocinado por la Campaña por el Desarme Nuclear.

«No puedo separar el concierto de Glastonbury del hecho de ser un grupo de Rough Trade», dice Marr. «Glastonbury estaba todavía lejísimos de ser lo que significa hora, pero me alegro de que lo hiciéramos, porque, de manera subconsciente, fue una de las últimas oportunidades de reunirnos con la comunidad y hacer política.»

Antes de contar con cobertura televisiva, el festival de Glastonbury era mucho más radical que ahora. Combinaba los restos del pensamiento alternativo de los setenta —que todavía tenía más seguidores de lo que creían los medios de comunicación convencionales— con las diversas corrientes izquierdistas con las que Rough Trade todavía se relacionaba, y era un acontecimiento que atraía al activismo independiente, el hedonismo y una celebración de valores anti-thatcheristas, todo lo cual, en el verano de 1984, tuvo una resonancia añadida a medida que la huelga nacional de mineros comenzaba a monopolizar las noticias.[20]

Antes de la actuación de Glastonbury, los Smiths habían aparecido, diez días antes, en el festival GLC Jobs for a Change. Ambas actuaciones sugerían que The Smiths eran un grupo político; para la banda, el hecho de estar en un sello independiente daba fe de su postura.

«La gente supone que tienes que salir al escenario y decir: 'Es una mierda estar en el paro, y está muy mal'», dice Marr, «y hacerte un poco el santurrón, pero el aspecto político de esa época —y Rough Trade lo tenía en abundancia— tenía muchas facetas, porque se daba por sentado que tenías una postura política. Realmente era: 'Si no formas parte de la solución, formas parte del problema'. O bien eras un grupo comercial o por definición estabas contra el gobierno.»

A mediados de los ochenta se había creado un nuevo diálogo entre la política y la cultura que había estado ausente en la concepción de Rough Trade. Más que la aplicación de las ideologías marxista o feminista que habían conformado el post-punk, un marco narrativo más amplio impulsado por un estilo de vida se reunía alrededor de nue-

20. Junto con «Shipbuilding» de Robert Wyatt, uno de los discos más políticos de Rough Trade fue «Support the Miners», de The Enemy Within, un single del proyecto paralelo de Adrian Sherwood y Keith Le Blanc. El nombre del grupo procedía de la provocativa (y despreciable) expresión que Margaret Thatcher había dedicado a las familias y comunidades mineras. Todos los ingresos por la venta del disco fueron a parar a la caja de resistencia de los mineros en huelga. [N. del A.]

vos medios como Channel 4 y revistas de estilo como *The Face*, que se había lanzado después del inicio de Rough Trade. Tanto *The Face* como Channel 4, a través de su programa musical *The Tube*, presentaron al grupo tan pronto como cuando lanzó «This Charming Man». Para muchos espectadores, entre ellos el propio grupo, todo eso eran cambios en la cultura a los que Rough Trade todavía no se había adaptado. El sello seguía transmitiendo el tufillo de colectivismo y utopía con el que había comenzado, que a la luz de la *realpolitik* del segundo mandato de Thatcher parecía de otra época.

«Rough Trade impuso su modelo durante algunos años, llamémoslo raíces», dice Marr. «También lo puedes llamar dogma en algunos casos, y funcionó en el mercado en el que nos encontrábamos. Pero estéticamente Rough Trade necesitaba librarse un poco de todo aquello, porque la escena de Ladbroke y Portobello Road de sus orígenes no era la que vivíamos entonces, y aquella época no era Thatcher, sino que era muy muy anti-Thatcher.»

A pesar de que la prensa popular de vez en cuando caricaturizaba a Morrissey como si fuera un peligroso excéntrico, el atractivo comercial del clasicismo pop del grupo significaba que las opiniones de los Smiths sobre el vegetarianismo, las clases sociales y la política eran cada vez más comprendidas y populares entre un público que aumentaba sin cesar.

«Hay una magnífica fotografía de Johnny ayudando a un tipo a subir al escenario para bailar con ellos en el festival de Glastonbury, y eso era todo», dice Moss. «Teníamos la idea de que era algo en lo que todo el mundo podía participar.»

A pesar de los dolores de cabeza de Travis a la hora de financiar las ambiciones de Rough Trade y del grupo, en Estados Unidos los Smiths encontrarían su hábitat natural con Seymour Stein y Sire. Los orígenes musicales de Stein se remontaban hasta los equipos de compositores de los grupos de chicas que tanto habían inspirado a Marr: por lo que a él se refería, no había color. «Para nosotros no había ninguno otra opción, debido al trabajo que había hecho en la música popular americana, y su relación con Andrew Oldham», dice, «y su amistad con Patti Smith, los Talking Heads y los Ramones era también algo conocido, pero era toda esa cultura inicial del Broadway de los sesenta sobre lo que yo quería sonsacarle, y lo sigo haciendo todavía.»

La primera vez que Stein vio al grupo fue cuando tocaron en el ICA en 1983, justo antes del lanzamiento de «This Charming Man». «Yo estaba en la galería del ICA», dice Moss, «acompañado de Seymour, y me di cuenta de que estaba flipando, flipaba completamente, porque en aquella época el directo era simplemente fenomenal, era una celebración. Una cosa que me exaspera en relación a los Smiths es que la gente creía que eran deprimentes, pero era pura celebración.»

Y para dar fe de esa celebración, durante la actuación del grupo tenía lugar la por entonces habitual lluvia de flores, que daba la impresión de una cascada hortícola. Morrissey, que a menudo se gastaba sus honorarios de la actuación solo en flores, lanzaba ramilletes al público, que eran recibidos con los propios ramilletes que los asistentes habían traído, con lo que se creaba una atmósfera embriagadora y mareante. «Dándole flores al público antes del concierto conseguías que entre los asistentes hubiera pocos futboleros», dice Moss. «Al principio imaginamos que solo íbamos a ganar 50 libras por noche, pero nos lo gastábamos todo en flores... y aquello continuó durante ese primer año. Ninguna de las ideas que teníamos era a corto plazo.»

Stein, en la galería, fascinado por lo que estaba ocurriendo, se implicó directamente en el carnaval de flores. «Uno de los gladiolos me dio directamente en la cara», dice Stein. «Había recibido una llamada telefónica de Geoff Travis, muy entusiasmado con el grupo, y yo confiaba tanto en su criterio que me había subido a un avión y había ido ir a verlos, y, Dios mío, era asombroso y... Geoff me estaba diciendo: 'Morrissey...', y yo le contesté: 'No es solo Morrissey. Tienes mucha suerte, en este grupo hay dos superestrellas'. Por lo general yo soy una persona de canciones, y ellos desde luego tenían las canciones, pero incluso yo, que me interesaban más las canciones que la instrumentación, me daba cuenta de que Johnny era un guitarrista muy especial.»

Después de firmar con el grupo, Stein organizó el primer concierto de los Smiths en Estados Unidos, un único concierto en el Danceteria de Nueva York; fue la última actuación de los Smiths de 1983, la última noche del año. Para un grupo que apenas había dado su segundo concierto en enero, su ascensión y ritmo de trabajo habían sido extraordinarios. El grupo había sido contratado para ese concierto por Ruth Polsky, otra presidenta de la industria que quedaría tan impresionada por los Smiths que intentaría infructuosamente ser mánager del grupo. La telonera era la chica del guardarropa del Danceteria, que Stein acababa de contratar para Sire, Madonna. Stein, en su momento de máximo dominio del ambiente musical de toda la ciudad, iba de fiesta a una escala épica, con las llaves de la ciudad en la mano, sobre todo por la noche.

«La primera noche que toqué en Estados Unidos», dice Marr, «lo hice totalmente grogui, básicamente por culpa del jet lag. No había otra razón, pero recuerdo que me encontraba en un pasillo largo y oscuro de un club subterráneo a las tres de la mañana y que Seymour me decía: 'Ahora mismo te voy a enseñar lo que es Nueva York', y lo hizo, y me dije que ese era uno de los motivos por los que habíamos firmado con él.»

«Todo acabó encajando», dice Stein. «Nueva York era tan mágica. Yo estaba tan chalado que apenas me acuerdo. Salía cada noche, cada puta noche, y era increíble.»

En Londres, Travis y Rough Trade intentaban asimilar el impacto que el torbellino de los Smiths había causado en la compañía. Algo sin precedentes para muchos grupos, por no hablar de ninguno de los que habían firmado con Rough Trade, la escala y rapidez del éxito de los Smiths era algo que Travis ni siquiera se había atrevido a imaginar. El grupo y el sello acabarían definiendo su identidad mutua, pero a medida que en Rough Trade se empaquetaban y se distribuían cajas y cajas con los discos de los Smiths había algo que quedaba claro. Ninguna de las otras publicaciones del sello se acercaba ni de lejos a las ventas de estos. Tal como había predicho Moss, el grupo gozaba ahora de una considerable autoridad dentro de la empresa, y eran prácticamente los propietarios. La inestable relación entre Rough Trade y los Smiths se iría volviendo cada vez más peligrosa para el futuro de ambos.

«Era el único lugar al que podíamos ir», dice Moss, «y creo que en general funcionó bien, pero los negocios pequeños son volátiles. No es solo Rough Trade, es la naturaleza de la empresa. Grupos como The Go-Betweens o The Fall estaban cabreados porque los Smiths eran los únicos que tiraban del carro.»

7. THIEVES LIKE US[21]

New Order, *Thieves Like Us*, FAC 103 *(Peter Saville/Factory)*

21. Single de New Order cuyo título podría traducirse como «Ladrones como nosotros». [*N. del T.*]

Los Smiths no eran los únicos que estaban descubriendo que los clubs de Nueva York era muy receptivos con las bandas británicas. New Order y Factory iniciaron un idilio con el centro de la ciudad, una relación que encontraría su contrapartida cuando Factory abrió su propia versión de un club de Manhattan en el centro de Manchester, una decisión que al mismo tiempo definiría a la empresa y contribuiría a arruinarla.

«Había entrado un enorme inyección de líquido», dice Peter Saville. «Las ventas de los discos eran importantes, y no se hacía nada con ese dinero. No había empresa ni personal ni salarios ni oficinas, motivo por el cual se creó la Haçienda en un momento de desencaminado idealismo.»

Junto con el continuo y creciente flujo de dinero procedente del catálogo de Factory había también un agujero negro contable: dirigir una empresa con una facturación internacional de un millón de libras desde un piso significaba de manera inevitable que el papeleo de Factory era un desastre. Aunque Tony Wilson se encontraba como pez en el agua en medio de esa sensación de caos permanente, fue a buscar a la mujer de Rob Gretton, Lesley Gilbert, la primera de muchas mujeres que gestionarían Factory entre bastidores, para que pusiera un poco de orden en los asuntos de la empresa.

«Primero fui yo», dice Gilbert, «y luego Lindsey Reid, la exmujer de Tony, y después se hizo cargo Tina Simmons, y Tina era una persona que debería haber estado allí desde el principio, porque había trabajado en la industria y era super-super-eficaz y muy competente. Aquello era un caos. Aunque no creo que eso fuera realmente un problema, pues se seguían editando discos, se hacía todo lo que había que hacer.»

Tina Simmons estaba familiarizada con Factory, pues había trabajado con Alan Erasmus. En contraste con el permanente carisma de Wilson frente a las cámaras y el carácter inflexible de Gretton, Erasmus era un miembro discreto de la sociedad de Factory. Pasaba gran parte de su tiempo estudiando lo que hacían los demás, y había conocido a Simmons porque era su contacto en una de las empresas de fabricación que Factory utilizaba en Londres. Se habían conocido por teléfono mientras intentaban convertir los diseños para las portadas de Saville en una realidad de cartón y Pantone.

En lugar de hacer caso omiso de las complejidades de los diseños de Saville, Simmons había intentado amoldarse lo más posible a ellos. Erasmus, impresionado por el compromiso y meticulosidad de Simmons, la había invitado a una entrevista en Palatine Road, donde, como era de esperar, se encontró con Wilson, Gretton y Erasmus inmersos en sus obligaciones de dirección, disintiendo con vehemencia en medio de una nube de humo azul.

«Fue una entrevista de lo mas insólita», dice Simmons. «Se pasaron casi todo el tiempo discutiendo entre ellos acerca de por qué yo debería estar allí... Wilson dijo: 'Hay una cola de gente en Manchester que quiere este trabajo. ¿Por qué debería dártelo a ti? ¿Porque eres del sur?'. Todo era Manchester, Manchester.» Wilson fue derrotado en la votación y Simmons se trasladó a Manchester y comenzó a poner un poco de orden en las diversas ramas del negocio de Factory.

Hacía poco que el sello había creado Factory Benelux y Factory USA. Aunque daba la impresión de ser una empresa de alcance internacional, la realidad era un logo de Factory Communications elegantemente diseñado que proyectaba de manera sutil una identidad corporativa desde el escritorio de algunos amigos en Bruselas y Nueva York.

El ubicuo Michel Duval, que había sido uno de los primeros socios en Blanco y Negro, junto con su propio sello Les Disques du Crépuscule, dirigía Factory Benelux en Bélgica. Michael Shamberg, un cineasta amigo de Wilson con excelente relaciones en el Manhattan

de los ochenta, estaba nominalmente a cargo de Factory USA en
Nueva York. Aunque Shamberg tenía fácil acceso a los mejores clubs
y lugares de diversión que Nueva York podía ofrecer, había un problema intrínseco en el acuerdo de Factory USA que resultaba característico de las prioridades de Wilson.

«Michal Shamberg montó Factory New York», dice Simmons,
«pero la distribución y licencia se hacían a través de Rough Trade
San Francisco, de manera que todo el dinero iba de San Francisco a
Nueva York, y luego de Nueva York a nosotros, o no, como ocurría a
veces.»

Factory Benelux era una propuesta razonablemente seria. Los
conocimientos de Duval del diseño de cubiertas y su atención al detalle consiguieron que Factory, de una manera que no sorprendió a
nadie, se labrara una buena reputación en Bélgica, hasta el punto de
que muchos de los grupos más pequeños del sello tocaron en Bruselas ante el público más nutrido de su historia. Duval consiguió llevar
su propio programa de ediciones presentando discos exclusivos de
Factory Benelux de grupos como New Order. Mientras que las canciones en cuestión puede que fueran más o menos descartes o mezclas alternativas, son un ejemplo de la generosidad de Wilson.

En el Reino Unido, casi sin más promoción que una portada de
Peter Saville que aparecía en los estantes de las tiendas de discos,
algunas sesiones y algún fragmento de canción en el programa de
John Peel, y un breve anuncio en la prensa musical, New Order iban
vendiendo cada vez más discos sin ningún esfuerzo.

«Había entre cincuenta mil y setenta mil personas», dice Saville,
«generalmente gente joven, que compraban todo lo que publicaban,
lo que significaba que New Order podían continuar sin compañía
discográfica, sin publicidad, sin promoción y ni siquiera sin formar
parte de la industria, porque cincuenta o sesenta mil discos vendidos,
concentrados generalmente durante la semana de la publicación,
implicaban que la canción acabaría sonando en la radio comercial,
donde no queríamos que estuviera.»

El modelo de negocio anticarrera de New Order encajaba perfectamente con el grupo y con el sello, y les permitía funcionar completamente a su propio ritmo y dentro de su propio esquema de
trabajo. También confirmaba las ideas de Wilson sobre el significado

de Factory. El hecho de que New Order entrara en las listas sin recurrir a entrevistas ni vídeos en los que apareciera el grupo demostró su capacidad de ser una organización donde primaban las ideas; más un laboratorio de ideas para una nueva identidad creativa septentrional que algo tan vulgar como un sello indie.

Tina Simmons llegó en 1983, tras la publicación del tercer single de New Order, «Blue Monday». De haber estado allí cuando comenzó la producción del disco se habría percatado de los métodos de trabajo de Factory: una portada increíblemente detallada, la edición de un single que no se incluiría posteriormente en ningún LP con escasa promoción y sin prestar atención a los costes del disco. Todo ello a nivel internacional, pues el single se convirtió en un enorme éxito en todo el mundo mientras la economía de Factory, por primera vez, sufría enormes perdidas.

«'Blue Monday' fue nuestra incursión en el eurodisco», dice Stephen Morris, batería de New Order. «Nos inspiramos en Giorgio Moroder, y luego en nuestros viajes a Nueva York. Más o menos por ese orden, y hacer 'Blue Monday' fue un intento de aglutinar esas cosas.»

Sumergirse en la producción de su primer álbum, *Movement* —mientras un Martin Hannett cada vez más hecho polvo intentaba infructuosamente acabar el disco con ellos— había sido un proceso introspectivo pero productivo, durante el cual Bernard Sumner había cambiado algunos de sus hábitos.

«Supongo que después de la muerte de Ian [Curtis] durante mucho tiempo estuve deprimido y triste», dice Sumner. «Luego comencé a fumar marihuana y descubrí que cuando fumaba marihuana la música electrónica sonaba fabulosa, así que comencé a tomar ácido. La música electro, $E=MC2$ de Giorgio Moroder, los álbumes de Donna Summer, el primer italo-disco… todo aquello tuvo un maravilloso efecto en mí. Me encantaba su precisión, sus precisos sonidos electrónicos.»

Grabado en las mismas sesiones que el segundo álbum del grupo, *Power, Corruption and Lies*, en «Blue Monday» New Order hacía un uso expresivo de esos precisos sonidos electrónicos con una economía y una elegancia a la que añadía una seductora adustez británica. Aunque puede que «Blue Monday» se inspirara en la energía erótica del «I Feel Love» de Donna Summer, reemplazaba la declaración eufórica de esta por una pregunta: «*How does it feel to treat me like you do?*».[22] Gracias a «Blue Monday» la pista de baile sufrió la intervención de una introspección septentrional pasivo-agresiva.

El imparable impulso comercial del single se debió a dos factores: se convirtió en habitual en la radio comercial y llegó a un sector del público hasta ahora olvidado, el de los clubs de vacaciones para gente entre dieciocho y treinta años, para quienes «Blue Monday» se había convertido en la banda sonora de sus dos semanas de vacaciones al sol, donde los DJ mediterráneos ponían la canción sin parar, mezclándola con su propio material de italo-disco.

La portada, inspirada en los disquetes de ordenador —el artefacto de Factory más conocido y comprado— respondía a uno de los momentos más creativos e innovadores de Saville, que incorporaba la tecnología de la música a su diseño, todo a un coste que consiguió que Factory y el grupo perdieran dinero con cada ejemplar que vendían. «Cuando finalmente hice 'Blue Monday', la famosa manzana de la discordia, nadie en Factory vio el diseño», dice Saville. «Fue directamente a la imprenta. ¿Quién iba a verlo? Tony no podía aprobarlo, New Order no lo aprobó. Hablé con Rob porque me pareció que era responsable hacerlo. Le dije: '¿Lo has visto?'. Y él me contestó: 'Sí…'. Eso era típico de Rob. Me dijo: 'Hooky lo detesta, pero a Stephen le gusta mucho'. '¿Y a Bernard?'… 'La verdad es que le da igual.' Y eso fue todo.»

«La portada es fantástica», dice Morris, «pero estábamos muy metidos en la música, y Saville iba a la suya. Mencionaba la obra de los futuristas y nosotros pensábamos: «'¿Marinetti? ¿En qué grupo toca?'.»

La permanente indiferencia del grupo hacia las convenciones de la industria se mantuvo mientras «Blue Monday» estuvo en las listas. El grupo insistió en tocar en directo en su aparición en el *Top of the Pops*, una proeza que estaba mucho más allá de la pericia técnica de los ingenieros del programa. El resultado fue una actuación complicada que parecía no tener nada que ver con el programa, y que no hizo sino acrecentar la reputación de arrogantes que tenía el grupo.

Al tener un single entre el Top 10, Gretton, como era habitual, le pidió a Richard Thomas que contratara un concierto Londres.

---

22. ¿Qué se siente al tratarme como me tratas? [*N. del T.*]

En lugar de capitalizar ese impulso híbrido y tocar en la Brixton Academy o en el Town & Country Club, New Order promocionó «Blue Monday» con un concierto cerca de Surbiton. «Tocamos en el Tolworth Recreation Centre para la gira de 'Blue Monday'», dice Thomas. New Order podrían haberse convertido en estrellas del pop multiplatino con «Blue Monday», pero su total indiferencia hacia la capital solo consiguió aumentar.

Aunque nunca les había interesado realmente triunfar en Londres, ahora el grupo, Gretton y Wilson ya no se centraban tanto en su ciudad natal y pasaban el máximo tiempo posible en Nueva York.

«La idea para el sonido del bombo de 'Blue Monday' se me ocurrió de tanto ir al Heaven», dice Sumner. «El siguiente paso fue ir a tocar a Nueva York, al Fun House y al Paradise Garage, y allí oímos una versión neoyorquina de esa música electrónica, un sonido portorriqueño, con influencia de la música disco gay, una mezcla de hachís, ácido y clubs.»

«Era muy reconfortante ver que la gente se lo pasaba muy bien de una manera totalmente inocente», dice Morris. «No había ideas preconcebidas, solo ibas a pasarlo bien.»

El grupo estaba asimilando esa amable sensación de hedonismo a todos los niveles, el contagioso entusiasmo de los clubs. «Dormíamos durante el día. Teníamos un despertador que sonaba a las once y media de la noche, nos reuníamos en la habitación de alguno y nos tomábamos un ácido, excepto Rob», dice Sumner, «y Michael Shamberg conducía. Íbamos a cinco clubs en una noche, y nos volvíamos locos. Se parecía mucho al efecto que luego tuvo el éxtasis. Pero a nosotros nos ocurrió con el ácido en 1982.»

La imagen de New Order también cambió. Las gabardinas y las mangas de camisa de Joy Division fueron sustituidas por polos y mocasines. Ahora el grupo vestía de manera un poco desenfadada, estilo Fred Perry; una versión de casa adosada del Manchester de los ochenta de ropa de tenis francesa e italiana de gama alta, polos y colores pastel (aunque seguían llevando chaquetas de cuero y una chapa punk).

«Rob siempre vestía así, de todos modos», dice Morris. «Le gustaba ese estilo desenfadado y nos compraba camisas, y supongo que nos contagió su estilo. Teníamos que librarnos de esos putos impermeables; era algo semiinconsciente. Te alejas de los impermeables con la música, y luego te alejes también con la ropa.»

Después de «Blue Monday» el grupo grabó «Confusion» en Nueva York con Arthur Baker, un productor que estaba en el meollo del ambiente de los clubs de la ciudad. El vídeo, en el que se veía a Jellybean Benitez mientras mezclaba la canción en una cinta de cuarto de pulgada y luego la ponía en el Funhouse, al tiempo que el grupo, Baker y el DJ calibraban la reacción de la gente que bailaba en la pista, resulta tremendamente evocadora de la cultura neoyorquina en la que la banda y el sello estaban ahora inmersos: chavales de todas las razas recién llegados de la calle en zapatillas deportivas y calcetines altos bailando break-dance al sonido de las enormes cajas de bajos del Funhouse.

En un entorno tan seductor, bullían las ideas en la mente de Gretton, Wilson y el grupo. Wilson y Gretton en particular comenzaron a mantener una serie de conversaciones a altas horas de la madrugada, todas ellas en torno a la pregunta: ¿y si pudiéramos repetir esta experiencia en Manchester?

«No fue sencillo», dice Morris, «y sigue sin ser sencillo. Comenzamos a ir a clubs y a hacer música para tocar en clubs, y eso tuvo un gran efecto sobre nosotros. Tony y Rob fueron a ver muchas naves industriales enormes y pensaron: '¿De qué tenemos mucho en Manchester?'.»

Si una combinación de Factory y New Order iba a plantearse abrir un club, Gretton tenía una idea clara de cómo había que dirigirlo. Mike Pickering, amigo de Gretton gracias a una pasión compartida por el Manchester City los días que jugaba fuera, se había marchado a Europa, haciendo todo tipo de trabajos en la cocina y se había instalado en un gran espacio en desuso de Rotterdam. «Conocí a una gente que había ocupado unos enormes depósitos de agua en desuso en los márgenes del río Maas», dice Pickering, «y tenían una gran sala, Hall 4, que estaba llena de mierda de paloma, y todos los que se habían instalado allí eran artistas, músicos, electricistas o ingenieros de sonido.»

Hall 4 se convirtió en un espacio de performances contemporáneo, y Pickering, utilizando algunas de sus relaciones en Manchester, comenzó a contratar grupos de la No Wave salidos del Lower East Side, junto con algunos de sus amigos de Manchester y alguna que otra leyenda. «Trajimos a un montón de gente. Todavía no sé cómo coño lo conseguimos, la verdad. Trajimos a Captain Beefheart. Tuxedomoon vivieron allí una temporada. James White and the Blacks, Arto Lindsay y DNA, y organicé una noche Factory con A Certain Ratio y Section 25, y comencé a hacer de DJ muchas noches.»

Gretton, que había elegido fechas en Bélgica como un ensayo para que New Order comenzaran a actuar de nuevo lejos de los focos de Londres o Manchester, quedó impresionado por el alcance de la política de contrataciones de Pickering y su amplia funcionalidad.

«Rob se dio cuenta», dice Pickering, «y me dijo: 'Tienes que volver a casa porque quiero montar un club'. Así que de inmediato volví y viví con él y Lesley en Chorlton.»

El relajamiento de Factory gracias a su contacto con los clubs de Nueva York quedó reflejado en su línea editorial. Junto con sus artistas principales, New Order, Durutti Column y A Certain Ratio, estaban 52nd Street y la propia banda de Pickering, Quando Quango, todos ellos más interesados en la libre expresión en la pista de baile que en la introspección en el dormitorio.

«A todos nos encantaba la música electrónica, y *NME* nos odiaba, nos odiaba a todos sin paliativos», dice Pickering. «Creían que nos iba el soul, pero nos importaba una mierda. Éramos capaces de irnos a Nueva York, donde Quando Quango tocaba dos noche seguidas en el Paradise Garage como invitados de Larry Levan y New Order.» Y si Quando Quango no eran apreciados en su país, el público de los clubs de New York votó con los pies que el segundo single del grupo, «Love Tempo», llegara al número 4 de las listas de baile de *Billboard*.

Un número cada vez mayor de publicaciones, y un montón de nuevos artistas contratados, significaba que por primera vez, a pesar de lo que pensara de ellos el *NME*, Factory estaba dispuesto a contratar una empresa de relaciones públicas en Londres. Richard Thomas le recomendó a Gretton que fichara a Dave Harper, que estaba a punto de dejar Rough Trade y establecerse por su cuenta. En aquel momento Thomas era mánager de The Fall y había quedado impresionado por la capacidad de Harper para lidiar con los cambios de ánimo de Mark E. Smith.

«Tuve que ir a Factory y reunirme con Tony, Rob y Alan Erasmus», dice Harper. «Evidentemente, me sentí intimidado. Como siempre,

Tony Wilson se mostró encantador. Alan Erasmus era un tipo raro, y Gretton... era un hombre muy inteligente, aunque podría haber trabajado en recursos humanos... 'Dejémonos de chorradas... ¿Por qué coño deberías encargarte de la prensa en Factory?'. Así que me inventé no sé qué bobada y él exclamó: 'Bah'. Todavía tenía esa actitud punk de antes. Rob era de las personas más divertidas del mundo, y no era de los que se dejan intimidar. Comparado con cualquier otra cosa, sobre todo Rough Trade, aquello era muy excitante y de lo más zafio.»

La idea de abrir un club estilo neoyorquino ya no era solo una idea en gestación, sino que se comentaba abiertamente como posibilidad mientras Wilson y Gretton recorrían la ciudad en busca de algún local. Ahora que New Order era uno de los principales acreedores de Factory, Gretton le preguntó al grupo si aprobaría invertir en la idea. «La desventaja de que no hubiera contratos era que, en consecuencia, no había contabilidad», dice Morris, «por lo que circulaba mucho dinero. Lo que me explicó Rob fue que iban a montar un club, y si montaban ese club era porque era una buena manera de sacar dinero de Factory... y todos dijimos: 'Vale, eso lo entiendo'.»

Factory había empezado siendo un club antes de convertirse en una discográfica, y así es como había conseguido su primer éxito. De vuelta en Manchester, las ideas de Wilson y Gretton para el club eran ahora mucho más ambiciosas y tenían una escala mucho más grande. El grupo había visto cómo la idea pasaba de ser una conversación entre porros a un ambicioso proyecto de ladrillos y mortero, un proyecto que estaba provocando en Wilson nuevos niveles de grandeza empírica, algo que no le había faltado nunca. Aunque New Order seguían aprobando la idea, se mostraban cada vez más escépticos.

«Me imaginaba que sería como The Factory», dice Morris. «Alquilar un espacio y hacer lo mismo. Luego Rob dijo que tenía un edificio en mente, International Marine. Yo conocía International Marine. Había pasado en coche durante años, con lo que el lugar tenía un elemento de misterio. No me apetecía meterme en el proyecto, por si alguien esperaba que yo fuera un potencial inversor, cosa que tenía clara que no quería hacer. Lo que sí sabía es que se trataba de un proyecto enorme.»

International Marine era un espacio lo bastante grande como para acomodar grandes pubs victorianos y yates transoceánicos, y tan grande como cualquiera de los edificios de Whitworth Street West, que en 1982 era una serie de naves industriales en su mayor parte vacías cuya parte posterior daba al canal Rochdale. Incluso para el mercado inmobiliario del Manchester de principios de los ochenta, asolado por la recesión, la renovación total del edificio era una importante inversión en bienes inmobiliarios, una inversión a la que se añadía el riesgo de que el sello solo había conseguido un *leasing* de la propiedad.

Funhouse y Danceteria utilizaban el espacio para alentar la interacción entre la multitud y la dinámica de la música que se oía en los clubs. La epifanía que Wilson y Gretton habían experimentado en Nueva York les convenció de que disponer en Manchester de un espacio abierto en el que la ciudad experimentara libertad de movimientos y sin *dress code* constituiría una ruptura reveladora con los abrevaderos y antros en sótanos con licencia para abrir hasta tarde que representaban la vida nocturna de la ciudad, un punto que muchos de los DJ y asiduos de los clubs de la ciudad encontrarían muy discutible. El diseño del club, por parte de Ben Kelly, combinaba el utilitarismo de las primeras portadas de Factory con una reconcepción parecida de objetos funcionales: señales luminosas de tráfico, ojos de gato y acero galvanizado. La mezcla de estética industrial y de una sensación de etéreas posibilidades ascendiendo hacia las tres plantas era la identidad de Factory en forma tridimensional.

Sin embargo, en Manchester se echaban en falta dos elementos cruciales de la experiencia de los clubs de Nueva York. «Recuerdo haber ido a The Loft y pensar: 'Uau'», dice Pickering, que en ese momento formaba parte del círculo íntimo de New Order. «La verdad es que no acababa de sentirme integrado en todo aquello porque no sabía lo que era el éxtasis, y muchos de ellos tomaban y era muy gay, pero el mismísimo hecho de que los clubs se construyeran alrededor de sistemas de sonido en lugar de alrededor de la cultura del alcohol era asombroso. En el Danceteria conocí a Mark Kamins y le oí poner el disco de Anne Clark de Rough Trade y mezclarlo con Afrika Bambaataa, y nunca había oído nada parecido, y me dije: esto es lo que hay que poner, esto es acojonante.»

Pasarían unos buenos seis años antes de que el éxtasis se utilizara en la Haçienda para alcanzar un nivel parecido de euforia. Mientras tanto, el edificio, a base de ir probando, resultó tener una acústica terrible, sobre todo para la música en directo. La política inicial de contrataciones de la Haçienda era un híbrido entre el mismo tipo de artistas que habían tocado en el club The Factory —grupos de moda del circuito independiente— y los contactos que Pickering había hecho en Nueva York. Imitando las incursiones del Danceteria en el mundo multimedia, la Haçienda imprimía con orgullo VIDEO MUSIC DANCE en sus folletos publicitarios, poniendo énfasis en su deseo de ser un espacio de espectáculo contemporáneo, a medio camino entre un centro artístico y una fiesta en una nave industrial. Claude Bessy, que se había instalado en Manchester, era el vídeo-jockey residente del club, y alternaba entre películas de *bondage* con animación y películas de serie B en blanco y negro, que editaba en el sótano de la casa de Wilson, que ahora contaba con un pequeño equipo de edición. Inicialmente, las actuaciones de la Haçienda las grababa en vídeo Malcolm Whitehead, un socio de Factory que había formado una nueva sociedad de vídeo con Wilson llamada Ikon. Al abrir un club y fundar una empresa de vídeo, Wilson comprendió que gracias a él el nombre de Factory Communications comenzaba a ser una definición pertinente de la actividad de la compañía en lugar de una más de sus elegantes pretensiones.

Gente como Divine y Annette Peacock, que tocaron en la Haçienda en su primer año de existencia, demostraban sin ninguna duda que el club tenía una de las políticas de programación más progresistas del país; el poder ir vestido como quisieras y el deseo de tener un público igualitario resultaban también anatema para los sofisticados habituales de la vida nocturna londinense de mediados de los ochenta.

Aunque resultaba excitante como experimento cultural, el hecho es que la Haçienda, a pesar de su magnanimidad a la hora de entregar el carnet de socio a cualquiera que pasara por allí, luchaba por encontrar su público. Richard Thomas era uno de los principales socios de Factory que habían ido en autobús desde Londres para la noche inaugural, y desde entonces se había convertido en un habitual.

«Hay vídeos de Violent Femmes tocando delante de veinte personas», dice. «Mike Pickering probablemente era demasiado bueno contratando: hacía las promociones tal como las haría un A&R. Un año más tarde casi todos los grupos que había contratado tenían demasiado éxito y eran demasiado importantes para tocar allí.» «Wilson se paseaba por el club diciéndole 'querido' a todo el mundo», dice Harper, «pero era Pickering quien montaba los conciertos. Era de lo más deprimente, un local de mierda; un sonido espantoso, mugriento, en realidad no iba nadie, excepto a ver a New Order.» La sensación predominante era de que fuera del circulo más amplio de Factory la gente no sabía muy bien para qué servía el edificio. A pesar de sus lujosos detalles y de su diseño elegante e ingenioso, siguía siendo un espacio enorme que había que llenar. Mientras que el diseño a la última de la Haçienda podía haber parecido de lo más actual en *Blueprint* y en una revista de diseño, ahora comenzaban a ponerse a prueba la escala de sus ambiciones. Richard Boon también se había paseado por los clubs de Nueva York. Como observador cercano a Factory, se daba cuenta de que la idea tenía muchos problemas. «Hurrah, Danceteria, eran fantásticos, pero la Haçienda estaba un poco fuera de lugar, fuera de su tiempo. No ibas a llenar esos lugares a no ser que tuvieras baile, y como había demostrado el northern soul, la gente de Manchester quería salir a bailar. Pero no eran tantos los que querían salir y escuchar a Cabaret Voltaire en medio de vídeos interminables de chorradas, y desde luego no eran suficientes para llenar un club con capacidad para 1.600 personas. Y lo peor fue que, durante el primer año, el sonido era terrible.»

«Casi todo las noches estaba vacío» dice Pickering, «no había más de veinte personas. Pero Rob insistía en que abriéramos todas las noches… Ningún club puede hacer eso, sobre todo en aquellos tiempos… pero tuvimos un masivo viernes noche, que fue el primero en su estilo, con una política de dejar entrar a cualquiera que lo deseara. Teníamos mangantes bailando salsa, era brillante.»

Uno de los primeros clientes habituales de la Haçienda fue Johnny Marr, cuyo compañero de piso, Andrew Berry, dirigía la peluquería de la Haçienda —y también cortaba el pelo a los clientes—, Swing, «el estilista del norte del que más se habla». «Eran las mismas dieciocho personas que no tenían nada que hacer un miércoles por la noche», dice Marr, «así que si pensabas salir y comerte una hamburguesa vegetariana, igual podías hacerlo en la Haçienda, donde además te invitarían a un vodka con naranja que te duraría toda la noche.»

La política de Gretton de abrir todas las noches excepto el domingo, para cumplir con la legislación, era un acto de integración. Quería que compartieran el proyecto el mayor número posible de ciudadanos de Manchester, y, como acérrimo fan de la ciudad y poseedor de una infinita colección de singles de northern soul, estaba tremendamente familiarizado con las corrientes y códigos de la cultura callejera británica. «Rob quería abrir el club a todo el mundo», dice Pickering. «Le interesaba la fusión de todo aquello. Le encantaba que gente como los Jazz Defektors y algunas de las pandillas de baile de Moss Side se adueñaran de la pista vacía y montaran su numerito.»

Los Jazz Defektors formaban parte de la incipiente escena de acid jazz de Manchester, y sus trajes años cuarenta pronto serían imitados por Kalima. En los dos grupos encontramos ese continuo alejamiento de Factory de su estética inicial de austeridad hacia una música soul más sofisticada. Un joven estudiante pelirrojo del Politécnico, Mick Hucknall[23], era un habitual de sus conciertos.

Poco a poco, al menos durante los fines de semana, una nueva versión de la noche de Manchester comenzó a aglutinarse en torno al club. Greg Wilson, un DJ que era el mánager del grupo de break dance Broken Glass, era residente tanto en el Legends como en Piccadilly Radio, donde ponía discos de música electrónica dura de importación. Invitado por Pickering a hacer lo mismo en la Haçienda los viernes y sábados por la noche, Wilson comenzó a crear un público que no tenía nada que ver con los iniciales clientes de impermeable. «Los sábados por la noche acudía lo que yo llamaba la gente de *The Face*», dice Pickering, y apenas un atisbo de la energía y euforia que Gretton había imaginado comenzaba a generarse en el club. Johnny Marr era uno de los asistentes que disfrutaban de esa fertilización cruzada del club y sus nuevas posibilidades. «En aquella época todavía no había montado los Smiths... y solo tenía, digamos, un billete de cinco libras en el bolsillo para pasar la semana, aunque la verdad es que no me importaba, porque si estabas allí creías que Nueva York no era más que una parte ampliada de Manchester. No tenías que formar parte

23. Mick Hucknall sería el cantante de Simply Red. [*N. del T.*]

de un grupo increíble y enrollado para beneficiarte de ello, solo tenías que estar por allí e interesarte. De manera irónica, y teniendo en cuenta su imagen, Factory era muy integrador, en absoluto elitista.»

A pesar de los socios que escribían para quejarse de la preponderancia de la música de baile, la política musical de la Haçienda acabó influyendo en algunos de sus clientes de mentalidad más abierta. «Cuando escribí 'Girl Afraid', me había pasado literalmente la noche escuchando la compilación de ZE Records», dice Marr. «Intentaba juntar con algo esa especie de apremiante ritmo electrónico, y una correlación entre eso y hacer una especie de disco estilo Sun con nuestros instrumentos, pero esencialmente es 'Bustin' Out' de Nona Hendryx.»

Los intentos de Pickering de llevar acabo una polinización cruzada estilo Mudd Club serían ahora la envidia de cualquier comisario/participante en la cultura industrial del siglo XXI. «Tenía a William Burroughs haciendo lecturas», dice Pickering. «Gil Scott-Heron, Grandmaster Flash y los Furious Five, espectáculos de moda, The Legendary Stardust Cowboy y David Mach, el artista conceptual, había hecho una instalación.» Mientras que esos acontecimientos puede que atrajeran a un público de entre veinte y doscientas personas, su resonancia perduraría. En quizá uno de los mejores ejemplos de hasta qué punto tenía conexiones con las subculturas internacionales y sus costumbres, William Burroughs, al observar que Claude Bessy se dirigía hacia la cabina de vídeo, se sintió lo bastante conmovido como para preguntarle: «Claude, ¿qué cojones estás haciendo en Manchester?».

Además de la residencia de August Darnell, de Kid Creole and the Coconuts, en el Hotel Britannia, y la fiesta de cumpleaños que la Haçienda ofreció a Ruth Polsky, el momento más visto de la relación recíproca entre Manchester y Nueva York tuvo lugar el 27 de enero de 1984, cuando *The Tube* se filmó en la Haçienda a finales de una tarde de un lluvioso viernes.

El evento, Fac 104, representó la primera aparición de la novia de Jellybean Benitez, Madonna, en la televisión británica, haciendo playback de su segundo single, «Holiday» (aunque no fue, tal como afirmaría posteriormente Wilson, su primera aparición en el Reino

Unido; había actuado en el Camden Palace varias semanas antes[24]).
Los otros participantes en el espectáculo daban fe de lo vibrante
que era ahora el idilio amoroso de Manchester con Nueva York y
la música electrónica: uno de los últimos artistas contratados por
Factory, Marcel King, cantó su obra maestra electro-soul «Reach
for Love», y Broken Glass aparecieron en persona en la pista de la
Haçienda. Gracias a ese concierto la mayoría de televidentes pudieron contemplar por dentro la Haçienda, y en el programa también
hubo entrevistas con Wilson y Paul Morley. Se vio a un montón de
gente que quería salir en televisión, y había que sacar entrada, aunque era gratis. El programa daba la impresión de que la Haçienda era
realmente el centro de la cultura callejera, una cultura que en realidad solo existía, exceptuando algún viernes por la noche, en la mente
de Wilson y Gretton.

En cuanto las cámaras desaparecieron la realidad fue que la
Haçienda y el sello discográfico todavía luchaban con el peso de sus
ambiciones. «Factory iba a la deriva», dice Harper, «vivían de New
Order. Durutti Column y A Certain Ratio hacían lo que hacían. Lo
demás era como *The Face* en Manchester, pero fuera a nadie le importaba, y mucho menos en Londres.»

Uno de los discos de Factory que fue recibido con un muro de indiferencia fue «Reach for Love» de Marcel King, una pieza ejemplar de
música soul moderna producida por Be Music, la productora que los
miembros de New Order habían montado para utilizar su recién des-
cubierta habilidad en el estudio.

«Habíamos dejado a Martin y explorábamos la tecnología del
estudio, y en mayor o menor medida hacíamos toda la producción»,
dice Stephen Morris. «Hooky acabó entrando en lo que solían ser los
Cargo Studios e invirtiendo en ellos, lo que acabó convirtiéndose en
Suite Sixteen en Rochdale. Bernard y Donald de A Certain Ratio se
juntaron, y si luego alguien tenía algún problema psicológico profundo me lo mandaban a mí y a Gillian.» «Reach for Love» de Marcel
King salió de esta singular combinación: una canción que combinaba

---

24. Ivo Watts-Russell estuvo presente en la primera aparición de Madonna en el Reino Unido en
el Camden Palace Music Machine, el 15 de octubre de 1983. «Me habían invitado los de Sire de
Nueva York, y se nos ocurrió ir a echar un vistazo», dice. «La mujer que la había contratado nos
dijo: 'Dios, esta mujer es una pesadilla'.» [*N. del A.*]

el desengaño y, en su estribillo «*We've got to keep on struggling*»[25], la frustración de los barrios marginales. «'Reach for Love' fue obra de Bernard y Donald, y es absolutamente fantástica», dice Morris. Para una ciudad que experimentaba en lo más profundo de sus carnes el programa de recortes locales de Thatcher, y un cuerpo de policía dirigido por un cristiano evangélico cuya aplicación draconiana de la legislación acabaría suponiendo un problema para la Haçienda, «Reach for Love» era una especie de llamada a la resistencia desde el corazón de la ciudad. Aquella pieza también sonaba tan acuciante, funky y melódica como lo que ponían en Radio 1 en 1984.

Sin embargo, «Reach for Love» estaba destinada a seguir el habitual código antipromoción de Factory: muy poca publicidad o ninguna y seguir creyendo en la leyenda de que, al ser de Factory Communications y tener una portada de vanguardia, conseguiría un público de manera natural. Esa contundente pieza de soul bailable quizá era demasiado incluso para el público de New Order, pero todo eso no debería haber impedido que «Reach for Love» se convirtiera en un éxito: fue una de las canciones pop más inteligentes y directas que Factory publicaría nunca.

«Es algo que forma parte de la caída de Factory», dice Morris. «No es que les gustara ese rollo frío —se les daba bien cierta frialdad caótica—, pero cuando tuvieron un auténtico momento pop como 'Reach for Love' fueron incapaces de convertirlo en lo que debería haber sido. Tendría que haber sido un éxito sin precedentes, y fue todo culpa de Factory, porque no fueron capaces de superar ese muro de frialdad.»

A Wilson todavía le encantaba esa pose de ir en contra de la industria, e insistía en que Factory estaba por encima de las ortodoxias de intentar promocionar discos. Factory hacía publicidad solo de una manera sutil y reacia (mientras que la Haçienda incluía un anuncio semanal en la sección de eventos/en directo del *NME*), una política que Alan Erasmus llevaba a un terreno mucho más mundano, pues sabía cómo conseguir que los pósters de la ciudad fueran alegres y atractivos y cerrar el tipo de acuerdos bajo mano de quid pro quo que eran sinónimo de lograr presencia en la radio desde que los DJ empezaron a operar en las ondas.

25. «Tenemos que seguir luchando.» [*N. del T.*]

«En una ocasión Gillian y yo mantuvimos un acalorado debate con Tony mientras estábamos sentados en el estudio durante horas a la espera de que Bernard rehiciera su parte de guitarra por enésima vez», dice Morris. «Dijimos: 'Tony, a ti te va muy bien todo este rollo de no hacer promoción'», en ese momento había un montón de promociones encubiertas, «'pero estás dejando que los grupos se hundan'. Y nos contestó: 'El problema que tenéis es que os preocupa demasiado el dinero, ese es vuestro maldito problema'. Pero 'Reach for Love' es un caso ejemplar, se trata de un disco fantástico.»

La tensión entre dirigir un negocio y dirigir un proyecto creativo que veces bordeaba el absurdo quedaba resumido por el concepto recién introducido de reuniones de la junta directiva de Factory. El hecho de que Factory Communications careciera de junta directiva no iba a impedir que Wilson y sus colegas disfrutaran de una buena oportunidad para discutir los puntos más delicados de cualquier agenda que tuvieran en la cabeza. «En una de esas reuniones apareció Martin Hannett y sacó su pistola», dice Pickering. «Aquellas reuniones solían terminar con Wilson y Gretton en el suelo intentando atizarse un puñetazo. Se invitaba a gente al azar, y nadie sabía por qué. Se pasaban el rato echando pestes de Factory, todo aquello era ridículo.»

«La personalidad de Tony era lo que permitía que Factory siguiera adelante», dice Harper. «Tenía una piel a prueba de balas. Lo conocí una vez en Liverpool, cuando Granada se había trasladado a Albert Dock. Nos encontramos en los estudios y él me llevó de vuelta en coche a Palatine Road. Todos eran tan pijitos con sus coches: Tony conducía un Mercedes descromado que había vuelto a pintar de negro mate, todo era negro mate. Entra al coche con su mochila de Armani y me dice: 'Muy bien, Harper, ahora vamos a salir de Liverpool, y prepárate porque todo el mundo me llama marica y gilipollas'. Era tan reconocible, y el coche también. Salimos de Liverpool y todo el mundo le gritaba: 'Gilipollas', y se vuelve hacia mí y me dice: 'Me adoran', y se pone a saludar a la gente como si fuera la reina.»

Gracias al perfil mediático regional de Wilson y a la buena disposición de Granada para hacer programas culturalmente enriquecedores de manera regular, Factory y Wilson estaban en las pantallas televisivas del Norte de manera casi permanente. Desde las emisiones para escuelas y universidades, en las que Wilson impartió lecciones sobre cómo dirigir un negocio y cómo funcionaba un estudio de grabación, hasta las entrevistas de Wilson con The Fall y los Smiths al principio de su carrera para los suplementos en las noticias de la noche, Factory tenía una ventaja sobre todos sus rivales. Recibía una desproporcionada cantidad de cobertura televisiva que colocaba al sello y a su representante principal a la cabeza de un proyecto cultural perfectamente afinado. Wilson se mostraba natural delante de la cámara; cuanto más absurdos eran sus monólogos sobre la esencia de Factory, más sólidos y seductores eran él y el sello, fuera lo que fuera ahora «el sello».

Pero tildar a Factory y a Wilson de simples expertos en medios de comunicación es pasar por alto el hecho de que Factory, en medio de tantos gestos y poses, estaba tomando decisiones increíbles y creativas.

Junto con la decoración de la Haçienda y el sonido de muchos de sus discos, el sello rezumaba una modernidad que iba muy por delante de sus homólogos, sobre todo las *majors* rivales de Londres, para permanente satisfacción de Wilson y Gretton. New Order, al tiempo que se negaban a hacer playback en el *Top of the Pops*, iban compilando lentamente una serie de vídeos que tanto podían ser una instalación como un programa nocturno de la MTV.

Para «The Perfect Kiss», el cineasta Jonathan Demme, un año después de terminar *Stop Making Sense* de Talking Heads, rodó al grupo tocando en directo en su espacio de ensayo. La interpretación de *cinéma-vérité* en 35 mm dura unos once minutos y capta la alquimia instrumental del grupo en su cumbre creativa. El uso que hace Demme de una iluminación hipernaturalista le otorga a New Order y a su equipo una profundidad luminosa a medida que una de sus canciones más épicas se adentra en un denso *groove* del bajo de Hooky, percusión manual y los famosos samples de rana de la canción. Aunque sobre el papel el tratamiento pudiera parecer banal, «grupo toca una canción en su local de ensayo», la película vibra con esa estética de alta vanguardia que fue Factory en su mejor momento. *Low-life*, el álbum del que se extrajo «The Perfect Kiss», se promocionó con un póster: «No es solo Low Life quien graba para

Factory»[26]. Esa frase publicitaria equivalía más o menos admitir que aparte de New Order los demás discos del sello despertaban muy poco interés. Las cifras de venta de los discos que salían en el póster —Section 25, Thick Pigeon y Royal Family and the Poor— reflejan la permanente sensación de que, por bien diseñada y ejecutada que estuviera una portada, no todo conectaba con la gente que compraba discos.

Un nutrido público televisivo tuvo la oportunidad de ver el modus operandi de Factory gracias a la película *New Order Play at Home*. Producida por Channel 4, *Play at Home* era una serie en seis capítulos en la que se pedía a los grupos que rodaran un documental acerca de sí mismos y su ciudad natal. Como en gran parte de los documentales no hubo censura alguna del contenido, la serie estuvo a la vanguardia de lo que en aquella época convirtió a Channel 4 en una fábrica creativa.

Una voz en off con acento americano lee los créditos iniciales: «Factory Records, una sociedad, un negocio, un chiste», que marca ya el tono del ingenioso autoanálisis del programa sin intervención alguna de presentadores impersonales. Junto con una foto de Wilson, a quien se entrevista desnudo en la bañera junto a Gillian Gilbert (que lleva un vestido blanco), aparece la línea introductoria: «Cree que dirige una compañía discográfica en su tiempo libre». Lo que sigue es una perspicaz e hilarante serie de entrevistas y monólogos mientras Hannett y Liz Naylor arremeten contra la manera de pensar de Factory, sobre todo contra la Haçienda. Aparece Rob Gretton entrevistándose a sí mismo y afirmando con regularidad: «Esta es una buena pregunta». Alan Erasmus es entrevistado en la parte de atrás de la moto de Hooky, y se monta una historia en la que los tres directores de la empresa se contradicen abiertamente y se culpan unos a otros del caos de Factory.[27]

En el bar Gay Traitor de la Haçienda, Wilson es interrogado por miembros de Durutti Column, Section 25 y A Certain Ratio sobre

<hr />

26. «*Low life*», además de «mala vida» significa también «persona vulgar». [*N. del T.*]

27. En una de las escenas más divertidas de *Play at Home*, Liz Naylor y Cath Carroll, vestidas con un mono y con el pelo en punta, entrevistan a Gillian Gilbert en un gimnasio. Mientras las tres hacen ejercicio en la máquina de remo, Naylor insinúa que Wilson es bastante vanidoso y que se preocupa demasiado por su aspecto, a lo que Gilbert contesta: «Mira quién habla». [*N. del A.*]

el paradero de las cuentas y por qué es tan difícil localizar a Wilson. Para un grupo y un sello discográfico que ofrecía una ventana a su público en horario de máxima audiencia, el programa lleva la estrategia y promoción de Factory a nuevos niveles de autoflagelación. Sin embargo, el brío y la franqueza del reparto, así como la incuestionable sensación de que, sean cuales sean los agravios, (casi) todos los que allí aparecen se lo están pasando la mar de bien, consiguen que Factory y Manchester parezcan uno de los lugares más excitantes el mundo. Cuando le preguntan por sus planes de futuro, Wilson contesta que «quiere hacer lofts en Manchester». Tras haber visto cómo se vivía en los lofts del Soho las mañanas posteriores a las noches pasadas en los clubs del centro, Wilson se inspiró claramente en las viviendas de la zona, así como en sus condiciones de trabajo, hasta el punto de que a la idea se le adjudicó un número de catálogo: «FAC 101 Lofts Concept». Las naves industriales vacías que había alrededor de la Haçienda que aparecen como telón de fondo en la entrevista de *Play at Home* acabarían convirtiéndose en viviendas, y décadas después Wilson y Saville se convertirían en embajadores y asesores para la regeneración de Manchester. Al igual que los artistas que colonizaron el sur de Manhattan y vivían de manera precaria en sus naves industriales en decadencia se presentaban, en su atrevimiento y ambición, como reclamo de lo que podía ser un barrio emocionante para los banqueros de Wall Street, los promotores de Manchester presentarían a Factory, y sobre todo la Haçienda, como plantilla para el Nuevo Manchester Emergente, la metrópolis de Richard Florida *in excelsis*. Aunque ni Wilson ni Saville disfrutarían de los beneficios de la regeneración ofrecidos a los promotores, los icónicos fundadores de Factory añadirían un lustre de credibilidad a la fiebre del oro inmobiliaria de la clase creativa de Manchester.

En *Play at Home*, mientras arranca un travelling en los Peninos que barre toda la ciudad, New Order empieza a tocar ante una Haçienda a rebosar. A medida que la cámara se desplaza a través de fábricas abandonadas y carreteras secundarias, una de las melodías más tiernas del grupo sirve de banda sonora al paisaje urbano: Manchester al sol, reluciente, maltrecha pero bruñida, llena de confianza en sí misma. El optimismo del proyecto Factory, la capacidad de hacer que ocurran cosas y la creencia de que todo es posible resuenan en las notas agudas del bajo de Peter Hook y ascienden hasta el cielo de Manchester.

«Existe un pub llamado Peveril of the Peak en la parte de atrás de lo que era la Haçienda», dice Harper, «es una estructura antigua, con tejas, en forma de cuña. Es donde A Certain Ratio y Pickering iban a beber en esa sombría zona industrial, a ese encantador pub victoriano. Ahora está rodeado de viviendas de ejecutivos. Entrabas ahí y todo el mundo hablaba de música, era un lugar de lo más enrollado, y tenías esa maravillosa sensación de que iba a durar para siempre.»

La yuxtaposición de orgullo cívico y cultura pop no se limitaba a Wilson ni a Manchester. En febrero de 1986 el teatro Royal Court de Liverpool organizó un concierto de beneficencia para el Ayuntamiento de Liverpool cuando Derek Hatton era concejal: *With Love from Manchester*. En él tocaron los hijos predilectos de la ciudad vecina; entre ellos The Fall, John Cooper Clarke y los Smiths, con New Order como cabezas de cartel. El encargado de organizar la velada fue Wilson, que había recibido la visita de Hatton, que por entonces ya hacía seis meses que había impuesto un «déficit presupuestario» ilegal contra los recortes gubernamentales de las finanzas municipales. Hatton también necesitaba toda la ayuda —y efectivo— que pudiera reunir. Wilson le aconsejó que fuera a ver directamente a Gretton, y, acompañado de un asesor, invitó a Gretton y a Pickering a una reunión en el Hotel Adelphi de Liverpool. «Rob no dejaba de preguntarle al tipo que acompañaba a Hatton: '¿Eres un gangster?'», dice Pickering. «Hatton no le hacía caso y seguía preguntando si New Order podrían tocar gratis. A lo que Rob no dejaba de contestar: '¿Es un gangster?'. Rob se fue lavabo y yo me volví hacia el tipo que estaba con Hatton y le dije: 'Solo con que le digas que sí, estará dispuesto a hacerlo'. Cuando volvió Rob, se sentó y lo primero que le preguntó al tipo fue: '¿Eres un gangster?'. El tipo lo contestó que sí y Rob dijo: 'Muy bien, pues, lo haremos'.»

«De repente se organizó ese macroconcierto con Derek Hatton», dice Harper, «y de pronto surgió todo ese rollo 'Liverpool ama Manchester' que Tony creó. Y Hatton se involucró, Wilson se involucró, esos dos monstruosos egos haciendo afirmaciones ridículas en nombre del noroeste.» *With Love from Manchester* no fue más que un aperi-

tivo de lo que vendría cinco meses más tarde, cuando el 19 de julio se
celebró en el recién inaugurado GMEX, el Greater Manchester Exhi-
bition, el Festival del Décimo Verano, una celebración de todo un fin
de semana del aniversario de la visita de los Sex Pistols al Lesser Free
Trade Hall, y que había determinado el destino de Factory.

   «El macroconcierto del GMEX fue algo superpijo», dice Dave Harper. «Fue de pies a cabeza una auténtica paja Factory, pero espectacular.» El concierto presentó a más de una docena de artistas que resu-
mían la idea que tenía Factory de la herencia del punk de Manchester,
y fue un lanzamiento celebratorio del local más nuevo y más grande
de la ciudad, que colocó directamente a Factory en el centro de la
vida cultural de Manchester. A lo largo del día, todo el mundo, desde
Wayne Fonda and the Mindbenders, John Cale, OMD y Pete Shelley,
se unieron a The Fall, A Certain Ratio y New Order. Los cabezas de
cartel eran los Smiths, cuya aparición fue uno de los muchos gestos
de cordialidad entre el grupo y Factory, que da la impresión de que
su rivalidad era en gran medida una comedia. Morrissey estuvo a la
altura de la ocasión y durante una incendiaria versión de «The Queen
Is Dead» levantó un letrero en el que se leía «*TWO LIGHT ALES, PLEASE*»
(Dos cervezas, por favor).

   El Festival del Décimo Verano ofreció diez espectáculos multimedia, desde pases de modelos en la Haçienda hasta un libro escrito
por Richard Boon, Liz Naylor y Cath Carroll y un seminario sobre
el negocio musical. La semana también fue un punto culminante
en la fetichización del objeto Factory: Saville diseñó diez esculturas
numéricas para una instalación en la Manchester City Art Gallery,
junto con una serie de productos como chapas, pósters y un mono
de trabajo. La ciudad también albergó una exposición fotográfica de
Kevin Cummins y un minifestival de cine y televisión. Trabajando a
toda máquina para trazar el paisaje cultural de la ciudad, el Festival
del Décimo Verano señaló el inicio del uso excesivo del artículo definido por parte de Factory. Casi todos los eventos incluían la palabra
«el», una costumbre que comenzaría a extenderse y que comenzaría a chirriar a medida que el sello comenzaba a ser definido por su
estilo más que por su contenido. En un gesto ingenioso y cómplice,
Bill Grundy, el presentador de televisión que fue suspendido por la
cadena después de que su entrevista con los Sex Pistols degenerara

en un concurso de insultos en un programa de tarde, fue el elegido
como presentador principal del Festival del Décimo Verano.

NME, consciente de la importancia de que Grundy saliera de su
retiro para presentar el Festival, mandó un periodista, acompañado
de Harper, a la casa de Grundy en Hebden Bridge. «Evidentemente,
nadie había oído hablar de Bill Grundy ni le había entrevistado desde
el 76», dice Harper. «No había teléfonos móviles, y llegamos una hora
o dos tarde y comenzamos a caminar por el sendero del jardín hasta
su casita, hasta que de repente Bill Grundy salió hecho un basilisco
mientras gritaba: '¡A tomar por culo, a tomar por culo, maricas!'. Así
que entramos en su casa y su mujer nos prepara una taza de té y más
o menos la primera pregunta es: 'A ver, Bill, teniendo en cuenta que
tu carrera en televisión acabó en el momento en que entrevistaste a
los Sex Pistols, ¿a qué te has dedicado hasta ahora?'. Y al tío se le fue la
pinza completamente: '¡Serás gilipollas, no sabes nada de mi carrera,
cómo te atreves! Putos críos, no sabéis una mierda de mí. Estuve en la
armada, ¿vale? Me he follado a más prostitutas que...'.»

A pesar de todos los acontecimientos a gran escala y productos icónicos que se planificaban en Palatine Road, en el verano de 1986 el
espíritu de compañerismo de Factory se tambaleaba. Detrás de la
historia que aparecía en los medios, según la cual se trataba del sello
discográfico más innovador y elegante de Gran Bretaña, todos tenían
claro que New Order había llegado a un punto en el que Factory
necesitaba al grupo más que el grupo al sello.

Al mismo tiempo, Wilson exploraba la posibilidad de más encargos intelectuales en Granada e intentaba escapar de que lo encasilla-
ran como reportero de noticias locales. «Había pasado de ser Tony
Wilson a Anthony H. Wilson», dice Tina Simmons. «No lo recuerdo
exactamente, pero comenzó a firmar sus tarjetas de Navidad como
AHW... e hizo muchas más cosas de tipo periodístico.»

Rob Gretton también estaba sufriendo cambios; su salud se dete-
rioraba, así como su relación con Wilson. Hacia finales de 1985 dimitió como director de Factory y contrató a una ayudante, Rebecca
Boulton, una colega de la Haçienda. «Cuando comencé a trabajar
con Rob creo que estaba claro que probablemente había unos cuantos malentendidos entre Factory, Rob y New Order», dice. «Creo que

todo el mundo creía que en el futuro no solo ganarían dinero con New Order. Como New Order tenía tanto éxito, y Factory parecía tener tanto éxito, todos pensaban que en cualquier momento aparecería otro artista que fuera igual de bueno, cosa que no ocurrió.»

Gretton, tras haber estado a menudo bastante cerca de perder la casa que tenía con Lesley Gilbert en Chorlton, durante casi una década regularmente lo había apostado todo por Joy Division/New Order y por Factory. El estrés de mantener el impulso de la banda, junto con el tener que compartir de manera permanente, lo quisiera o no, gran parte del trabajo de Factory, comenzaba a pasarle factura.

«Todo comenzó a afectarle», dice Gilbert. «Fue una combinación de su manera de vivir, la preocupación por ser padre, las drogas… una mezcla de todas esas cosas.»

Gretton seguía siendo codirector de la Haçienda, pero se había abierto una brecha entre él y Wilson que iba más allá de sus habituales riñas. Factory era tan solo una empresa semilegal en términos de sus obligaciones contables, y a Wilson nunca le interesaron las labores prosaicas de oficina. La cuestión era: ¿quién estaba motivado para aceptar la responsabilidad de dirigir la empresa discográfica? Sin las ventas de los discos de New Order no existiría Factory, pero si se pasaban a otro sello no dispondrían de la libertad en torno a la cual habían construido su carrera. Era una encrucijada típica de Factory, una situación sin salida de comercio y creatividad que resultaba demasiado seductora y agotadora a la hora de hallar una solución.

Exactamente la clase de situación que hacía sonreír a Wilson en sus momentos de mayor despreocupación. Gretton, por otra parte, comenzaba exhibir una canosidad prematura.

«Se habían agravado los problemas entre ellos», dice Boulton. «Rob había estado enfermo, pero se le veía bastante tranquilo cuando comencé a trabajar para él, aunque tuve la impresión de que se mantenían alejados uno de otro mucho más que antes.»

Mientras Gretton estaba cada vez más alejado de Factory y Wilson se concentraba en su carrera en los medios de comunicación, Simmons y Erasmus se centraban más en el día día de dirigir el sello. «Tina Simmons era quien estaba más al frente, y todo el mundo confiaba bastante en su competencia», dice Boulton. «Tenía un carácter bastante fuerte. Creo que, al ser una mujer, tuvo que luchar un poco en lo que era un ambiente dominado por hombres, aun cuando todo mundo la trataba con mucho respeto.»

La primera decisión importante de Simmons fue poner fin a la caótica magnanimidad de Wilson e introducir un poco de profesionalismo técnico en la compañía. Los días de contratar una banda firmando con sangre o con un apretón de manos se habían acabado. «Factory no tenía contratos», dice Simmons. «Teníamos que poner orden. Le dije a Tony: '¿Sabes que todo esto que estás haciendo es ilegal? Porque la verdad es que no somos propietarios de esto'. Incluso Tony tuvo que admitirlo, con lo que conseguimos progresar algo, cosa que no se había hecho antes.»

Aun cuando Wilson se resignara a someterse a las prácticas habituales de la industria, lo hacía al estilo Factory. Los contratos con los grupos estaban dentro de una carpeta a medida en la que había dos hojas de plexiglás y tres o cuatro pernos; el envoltorio se completaba con un título ligeramente repujado que especificaba: «El contrato Factory», y un número de serie. El papel en el que figuraba el contrato tampoco estaba muy bien mecanografiado, y ni el pretencioso envoltorio ni los contenidos legales serían de gran ayuda o validez cuando Factory tuviera problemas económicos. Pero en aquel momento, Wilson, que casi nunca sacaba dinero de Factory para él, no iba a permitir que la vertiente fiscal de Factory interfiriera en sus caprichos, sobre todo cuando sus propias circunstancias no quedaban afectadas por las finanzas de la empresa. «Tony no necesitaba un sueldo porque trabajaba por su cuenta y ganaba mucho dinero en televisión», dice Simmons. «Las únicas personas que cobraban un sueldo éramos Alan y yo, y yo cobraba más o menos la mitad de lo que había estado ganando en Londres.»

Además de Boulton, hubo otro personaje que se unió al círculo de New Order. Si al grupo anteriormente le habían dado las llaves de Manhattan, ahora era cortejado por la aristocracia de la industria musical de Los Ángeles.

«Rob entró un día», dice Simmons, «y le dijo a New Order: '¿Qué os parecería firmar por el sello de Quincy Jones?'. Le entusiasmaba Quincy, y esa fue la única razón por la que firmaron por Warner Brothers. Era algo como de otro mundo.»

Tres años antes Quincy Jones había producido *Thriller*, el álbum de más éxito de todos los tiempos, que lo convirtió en uno de los hombres más poderosos de la industria musical global y consiguió que el director de Warner, Mo Austin, le dejara llevar su propio sello, Qwest. Aunque Gretton estaba encantado con la invitación, no estaba dispuesto a bajar la guardia, así que invitó a Jones a volar hasta Manchester para comentar sus motivos. «Fuimos a recogerlo al aeropuerto en el Audi Quattro de Rob», dice Pickering, «y lo llevamos a comer a un self-service del área de servicio de Knutsford. A Quincy le encantó. Estaba decidido a firmar.»

El contrato lo había preparado Tom Atencio, un ejecutivo musical de Los Ángeles de una sensibilidad más refinada que muchos de su rivales. Consciente de que técnicamente Factory poseía una oficina en Nueva York con Michael Shamberg, también comprendía los problemas que conllevaba el hecho de que la distribución del grupo la llevara Rough Trade America en San Francisco. Al darse cuenta de que el potencial de New Order estaba siendo enormemente subestimado en un floreciente mercado anglófilo, estaba decidido a financiarle al grupo una seria carrera americana que fuera más allá de los intentos de aficionado de la precaria red de Rough Trade.

Para el grupo, que se había encariñado con los Estados Unidos después de haber ido de gira a menudo, la entrada en las altas esferas de Hollywood resultaba igualmente atractiva. «Al principio era la combinación de Tom Atencio en Los Ángeles y Michael Shamberg en Nueva York», dice Morris. «Luego, a través de Tom, vía Mo Austin, acabamos con Quincy Jones. Tenía un sello discográfico, y en aquel momento estábamos todos muy interesados.»

«Michael Shamberg conocía a esos artistas», dice Atencio. «Nueva York vivía una época muy interesante a principios de los ochenta, cuando podías ir al Danceteria, al Muddy Club e ir al centro y sentarte en un bar con Russell Simmons y David Byrne. Todo aquella aglomeración de ideas, toda aquella excitación, era muy fuerte. La bolsa no hacía más que subir, Nueva York era terriblemente decadente. Yo pasaba allí una semana cada mes porque era el centro del mundo. Podía ir a Inglaterra, volver con un montón de discos, hacer que me los mezclaran con ritmos locales y ponerlos en la radio.»

La flor y nata de la industria discográfica estadounidense había rendido pleitesía a New Order a partir de sus primeras grabaciones, pero después de que «Blue Monday» hubiera estado treinta semanas en las listas del Reino Unido, era el grupo al que había que contratar fuera como fuera. Todos los magnates del mundo del espectáculo de Estados Unidos habían intentado penetrar en la distante mística de la banda, ya fuera ofreciéndoles incalculables riquezas o intentando relacionarse con ellos a la manera tradicional.

«Había oído contar que todo el mundo había intentado ficharlos», dice Atencio. «Bob Krasnow literalmente les había ofrecido un cheque en blanco. Era famosa la historia de que David Geffen se había fumado un porro con ellos entre bastidores... el único problema es que era el porro de la banda, y cuando estás de gira es complicado conseguir drogas. Me quedó claro que eran punks. Comprendí que había algo de todo eso en el núcleo de Factory y en el grupo, pero yo no los conocía. Llamé a Tony. Me dice: 'Tienes que hablar con Rob'. Así que entre la diferencia horaria, el sistema telegráfico trasatlántico, que significaba que la conexión era terrible, el hecho de que Rob llevaba en el pub desde las 11 de la mañana, y probablemente fumando porros desde las 3 de la tarde, y su acento de Manchester, no entendía ni la mitad de lo que me estaba diciendo. Lo juro por Dios. Lo único que dije fue: 'Sí... de acuerdo... fantástico. Bueno, me vengo y lo hablamos'.»

Al dejarlo todo en manos de Gretton, Wilson exhibía su desinterés por los asuntos comerciales del grupo al tiempo que comprendía que New Order se disponían a embarcarse en una nueva fase más profesional de su carrera, en la que necesitaban firmar por una *major* norteamericana.

Si Wilson tenía un defecto era que le gustaba aparentar que sabía mucho, algo que quedó de relieve cuando intentó representar el papel de personaje de la industria musical al que se le dan bien las cifras, y que resultaba bastante cuestionable con solo echar un solo vistazo a las finanzas de Factory. Ahora que Gretton y Atencio llevaban juntos a New Order en los Estados Unidos, Wilson encontró una posición más cómoda, la de inglés elocuente y enrollado en Los Ángeles.

«Nuestra relación con Tom era un tanto tridireccional», dice Morris, «porque no podías impedir que Tony hablara con Atencio, porque Tony simplemente quería estar en Los Ángeles y que lo pasearan en coche con la capota bajada. Pero todos los negocios se hacían entre Rob y Tom.»

«Tony era idealista en extremo», dice Atencio, «pero se daba cuenta de que las corporaciones podían ampliar tu marca mental. Estaba fascinado con los ejecutivos que había en Estados Unidos. Eran totalmente lo contrario que en el Reino Unido: no te apetecía salir por ahí con la gente que solía aceptar un trabajo corporativo en el Reino Unido, y con razón, pero los que llevaban The Cartel eran realmente enrollados, interesantes de verdad, aunque no tenían dinero. Detestaban el dinero corporativo, no tenían jets privados. De manera que para Tony resultó una revelación que gente enrollada aceptara dinero corporativo, qué idea tan apasionante. Posiblemente tanto Tony como Rob se plantearon posibilidades que no se les habían ocurrido antes, para bien o para mal.»

Un tío enrollado al que el acuerdo con Qwest de New Order sacó de sus casillas fue Seymour Stein. Al ser alguien que había tenido la primera opción sobre prácticamente todos los artistas británicos distribuidos por Rough Trade, y que había gozado de un éxito considerable (y que se lo había pasado muy bien) con algunos, consideraba que Wilson y Gretton deberían haber acudido a él como primera opción. Ya que Sire, al igual que Qwest, estaba financiado por Mo Austin de Warner, a Austin no le molestó en absoluto que dos de sus ejecutivos se pelearan por la banda de más éxito en el Reino Unido.

«Seymour había traído mucha música estupenda del Reino Unido», dice Atencio, «y creo que por eso Mo se entusiasmó tanto cuando le dije: 'Que firmen por el sello de Quincy'. Probablemente estaba loco de alegría, de hecho sé que pensaba: 'Dios mío, puedo arrebatarle cierta influencia a Seymour y poner algo dinero en la cuenta de Quincy'.»

Stein, treinta años más tarde, todavía está molesto por haber sido derrotado por una vez en su propio terreno. «La verdad es que yo quería a New Order», dice Stein, «pero creo que Mo intentaba conseguir que Qwest estuviera a la última. Quincy Jones es una auténtica leyenda, pero Qwest nunca llegó a despegar. Para un productor que produce constantemente es muy difícil dirigir una compañía discográfica, y podría citarte muchos ejemplos, y no es que tenga nada contra Atencio. Creo que a New Order le hubiera ido mejor de haber estado en Sire, pero quién sabe, y al final así fueron las cosas.»

New Order, tras haber sido objeto de la clásica lucha de poder de la Costa Oeste, por primera vez pasaba a formar parte de la industria musical profesional. Al menos en Estados Unidos, era un grupo integrado en una estructura corporativa, y se esperaba que sufrieran los rigores de las prolongadas giras por el interior del país.

«Ir de gira por Estados Unidos requiere una estructura», dice Atencio. «Exige planificación. Era caro amortizar los costes de la gira. Tenías que planificar. No podías hacer tres conciertos en Francia y luego volverte a casa, quedarte un par de días y luego pasar el fin de semana en Bélgica, pero eso es lo que hacían. No era un negocio, era un hobby con beneficios.»

«*Low-Life* fue… 'Vamos a petarlo en los Estados Unidos'», dice Morris. «Luego, a falta de una expresión mejor, las cosas empezaron a torcerse porque se convirtió en un trabajo de verdad, y por primera vez veíamos los sellos discográficos estadounidenses corporativos. *Low-life* se estaba convirtiendo en una rutina, y creo que con *Brotherhood* acabamos de comprender lo que eso significa. Y luego estaban las ideas de cada miembro del grupo. Hooky quería hacer rock, mientras que antes simplemente hacíamos las canciones. Y ahora era: 'No, esta banda tiene dos lados, está el lado rock y el lado electrónico. Así que lo que haremos en este álbum será música electrónica en una cara y rock en la otra. Nada de teclados en esta canción, será una canción rock'. Y otro decía: 'No, no estoy de acuerdo'. Pero los desacuerdos forman parte de la vida de un grupo.»

Gretton, satisfecho de mantenerse a cierta distancia profesional de Factory, comprendió que el futuro del grupo y sus finanzas tendrían una base más sólida con Warner y se dedicó a conseguir que fuera un éxito. Si para la banda era una rutina, en contraste con sus acuerdos con Factory, sin duda les ofrecía una increíble remuneración. Por primera vez desde Joy Division, trabajaban con un sello que no les debía dinero.

«Cuando trabajas con un estrecho margen, como cuando públicas discos a través de The Cartel y Rough Trade, el flujo de caja es realmente peligroso», dice Atencio, «estás en el filo de la navaja. Todo el mundo había visto que ni siquiera Richard Branson y Chris Blackwell habían conseguido dirigir su propia compañía en Estados Unidos, así que, ¿por qué intentarlo? En Estados Unidos los acuerdos eran de mucho dinero, y pagaban.»

Además de la remuneración, New Order ocupaba ahora un punto medio entre una enigmática banda de culto británica y una propuesta cada vez más comercial; capitalizaban la mística y el atractivo que habían cultivado gracias a las portadas diseñadas por Peter Saville que durante años habían aparecido en las estanterías de los discos de importación de las tiendas independientes con más criterio del país, un atractivo que Atencio, en Los Ángeles, comprendía perfectamente.

«Cuando tenías delante uno de esos LP, pasaban muchas cosas», dice. «Tenías que imaginarte qué aspecto tenían, y eso era muy excitante antes de la época de la gratificación instantánea digital, cuando ya sabes demasiado de la gente. Tenías que elaborarlo, colocar la aguja al principio del disco, escuchar todas las canciones y experimentarlo exactamente tal como ellos querían, y mientras lo hacías contemplabas una obra de arte de doce pulgadas.»

A partir de *Low-life*, el grupo emprendió una serie de giras por Estados Unidos cada vez más prolongadas y hedonistas. «En sus fiestas no había jerarquías», dice Atencio. «Era otro de sus aspectos estimulantes: todo el mundo, el equipo de montaje, Rob, el grupo, Gillian incluida, todos estaban a la misma altura, que era realmente olímpica.»

La fiesta también proporcionaba una manera de evadirse de los acontecimientos que ocurrían en su país. «Solo puedo hablar por mí», dice Morris. «Tocar en grandes locales, saludar a un montón de gente a la que enseguida olvidas y vivir a tope a conciencia, que es lo que haces cuando estás en un grupo... y tocas ante miles de personas y es cojonudo, y entonces vuelves a Inglaterra y de repente te das cuenta de que has hecho todo eso y el dinero ha desaparecido. Ha ido a parar directamente a la maldita Haçienda. En lugar de trabajar para complacernos, trabajábamos para ofrecer ayuda económica. La Haçienda no solo no era un éxito... era el primer proyecto de Factory que no había funcionado desde el principio.»

8. PRIMITIVE PAINTERS[28]

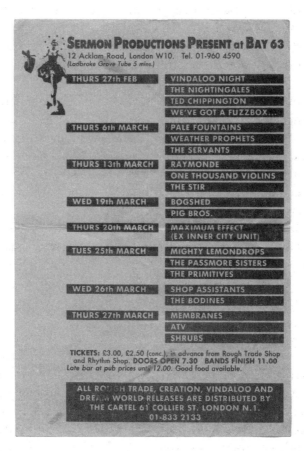

Flyer de Bay 63, el local que la generación C86 hizo suyo.
(archivo de Cerne Canning)

---

28. Single de Felt publicado por Cherry Red en 1985 extraído del LP *Ignite the Seven Cannons*. [*N. del T.*]

Mientras Factory era un caos de cintas de vídeo e ideas que se filtraban a la escena internacional, Rough Trade crecía a un ritmo peligroso a expensas del catálogo de los Smiths y sufría un cambio de tipo más mundano.

«El personal de Rough Trade todavía conservaba esas ideas de colectividad», dice Richard Boon. «Durante una época yo era jefe de personal, y recuerdo que organizábamos reuniones mensuales de manera regular. La gente estaba muy preocupada por la falta de una gestión coherente. Estábamos a punto de mudarnos de Blenheim Crescent a King's Cross, y en una reunión de personal alguien dijo: 'Lo que necesitamos realmente es un supervisor, un gerente de verdad, no alguien que dirija el sello', y reclutaron a Richard Powell de un club de críquet llamado White Swans, donde jugaban muchos miembros del personal de Rough Trade.»

La llegada de Richard Powell coincidió con el traslado de Rough Trade a Collier Street, en King's Cross. La nueva sede de la empresa, que comprendía tres plantas y un sótano, era un antiguo almacén victoriano. El 61-71 de Collier Street era decididamente un edificio antiguo y mercantil, situado en una calle lateral, a tiro de piedra de la esquina de King's Cross y Pentonville Road, y a cuatro pasos caminando del Malt & Hops de Caledonian Road, un pub que se convirtió para Rough Trade en el equivalente al comedor de la empresa. Richard Scott era quien había encontrado el local de Collier Street, con la ayuda de los aliados políticos naturales de Rough Trade.

«El gobierno municipal del Gran Londres había redactado un informe sobre el futuro cultural de la ciudad», dice Scott, «y nos había destacado como una empresa de valor cultural. Acabamos en Collier Street, que prácticamente conseguimos gratis. Además, el gobierno municipal nos lo limpió a fondo y lo reformó a nuestra conveniencia, incluyendo un fantástico elevador de tijera. Escribí a nuestro diputado local, Chris Smith, el primer diputado que salió del armario, y la cosa se hizo al momento.»

Recién instalados, con su primer director ejecutivo, Rough Trade completó la mudanza espiritual y física de Ladbroke Grove. La estructura de igual salario para todos y el espíritu cooperativo se abandonaron a favor de un sistema de sueldos vinculado al rendimiento, y The Cartel quedó sustituido por un sistema de distribución de control centralizado. En sus nuevas oficinas, que se vanagloriaban de convenciones de la industria como un recepcionista y una capa de gestores intermedios, Rough Trade era ahora una versión reducida y razonablemente ortodoxa de una *major* del entretenimiento: compañía discográfica, gestora de derechos musicales y distribuidora, todo ello en un local centralizado. Los Smiths eran quienes habían facilitado estos cambios, y su productividad garantizaba que Rough Trade contaba con una nueva referencia del grupo al menos cada seis meses. Muy diferente de la época en que existían turnos de limpieza y cocina, Rough Trade se encontraba ahora en el mismo implacable mercado musical que todo el mundo; ahora incluso contaban con un plan de negocios y una estrategia de crecimiento cortesía de su nuevo director.

«Richard Powell llego después de los Smiths, cuando había dinero», dice Boon. «Tenía una formación interesante, y había levantado una empresa de relojería de Clerkenwell, donde solía haber muchos relojeros, y por eso lo habían contratado, pero no tenía ninguna experiencia en el mundo discográfico. Introdujo algo de Buckminster Fuller[29], el camino crítico. Supuestamente, cada departamento debía autofinanciarse, con lo que tenías tus objetivos y cons-

---

29. Richard Buckminster «Bucky» Fuller fue un diseñador, arquitecto, visionario e inventor norteamericano. También fue profesor en la Universidad del Sur de Illinois Carbondale y un prolífico escritor. *Critical Path* [Camino crítico], de 1981, es uno de sus libros. [*N. del T.*]

tantemente tenías que redactar informes; no tiene nada de malo en cuanto que estilo de gestión correctivo, pero es muy analítico.»

Powell llegó en un momento en que Rough Trade era solvente, y, tal como él lo entendía, su trabajo era que siguiera siéndolo. Los ingresos procedentes de los Smiths aseguraban el pago a los acreedores de la empresa, y los diversos aspectos internacionales del negocio —Rough Trade Alemania, Rough Trade America y Rough Trade Benelux— se podían dirigir de manera centralizada. Mientras que esa ratificación tenía sentido empresarial, seguían existiendo riesgos inherentes que asomaban bajo el barniz de profesionalismo que se filtraban en la gestión diaria de Collier Street. El nuevo edificio era grande y caro de mantener: aunque se habían negociado unas condiciones enormemente favorables, existían varias cláusulas en su utilización que impedían que se considerara un activo. Y de manera más inmediata, en caso de que los Smiths se disolvieran o decidieron abandonar el sello, la única fuente de ingresos reales de Rough Trade desaparecería de inmediato. A ello había que añadir las omnipresentes tensiones entre el sello y la distribuidora. Sin embargo, al menos desde el punto de vista cosmético, por primera vez Rough Trade daba la impresión de ser una empresa con su propia casa en orden. «Había una estructura coherente», dice Boon. «Se puso orden en todo ese caos de dinero que entraba y que salía, y Rough Trade se convirtió en un grupo de empresas con papel de carta corporativo. Todos esos puntos son discutibles, y Geoff ponía muchos reparos, pero había una sensación de control, aunque era una estructura muy introspectiva, que siempre se estaba analizando.»

En sus prisas por ampliar el catálogo, muchos de los antiguos artistas se sintieron marginados. La identidad de Rough Trade como sello se veía diluida por el volumen de nuevos artistas que llegaban al programa de lanzamientos. Entre el primer álbum de los Smiths y *Hatful of Hollow*, Rough Trade había publicado diez álbumes; entre *Hatful of Hollow* y *Meat Is Murder*, esa cifra se dobló. «The Go-Betweens habían tenido una trayectoria ascendente, y quedaron completamente eclipsados por los Smiths», dice Dave Harper, «y se lo tomaron muy mal: 'El puto Geoff no contesta a nuestras llamadas, vamos de gira con esta mierda de furgoneta y no está pasando nada'. En Collier Street había más artistas, The Woodentops, James Blood Ulmer, había muchísimo material, alguno muy interesante, pero nada de eso era comercial. No había ninguna estrategia: jugábamos en la liga, pero sin conocer las reglas. Se actuaba sin ninguna prioridad. Scott Piering y yo dijimos: 'Ya estamos hartos de esto', y nos fuimos.»

Los éxitos combinados de Blanco y Negro y los Smiths significaron que, se pensara lo que se pensara de los principios hippiosos de Rough Trade, Travis era ahora una fuerza silenciosa dentro de la industria musical. Rough Trade Records podía contratar a quien le diera la gana sin tener que consultar a las otras partes de la empresa. Si Rough Trade Distribution no aprobaba que el sello contratara a un artista por motivos estéticos o comerciales, Travis podía sortear esa decisión utilizando los fondos de Blanco y Negro. «Geoff ponía sobre la mesa algo que le interesaba», dice Boon, «pero si en la reunión se desestimaba, decía: 'Pues ya lo pagaré con mi dinero'. Geoff se había convertido en un canal que nos permitía acceder a grandes fuentes de capital.»

Cuando comenzó el proceso de racionalización de Richard Powell, el regionalismo utópico de The Cartel llegó a su fin en el momento en que Collier Street se convirtió en el punto central de Rough Trade Distribution.

En aquel momento, Richard Scott ya había perdido interés en el proyecto de Rough Trade. Apenas se hablaba con Travis y se paseaba por las tres plantas del nuevo edificio preguntándose para qué era todo aquello. «Me daba cuenta de los cambios que ocurrían en el mercado», dice, «y de que el sello Rough Trade ya no estaba compitiendo. Aparte de los Smiths, no teníamos nada más. Además, el aspecto de la distribución iba a tener que organizarse de una manera completamente diferente y comercial, lo que significaba que era cada vez menos interesante.»

Que el día a día de Rough Trade probablemente estuviera cada vez más homogeneizado no impedía que el nuevo escalafón de gerentes de producto tuviera más y más clientes. El número de sellos que Rough Trade Distribution manejaba desde su reubicación en King's Cross casi se había triplicado. La cuota de mercado total de la empresa había aumentado de manera significativa; al igual que su nuevo papel de carta corporativo, daba la impresión de que en Collier Street funcionaba una nueva dinámica comercial. La realidad era que si Rough Trade tenía todo ese nuevo espacio que llenar, Richard Powell necesitaba asegurarse de que cada rincón quedaba ocupado con la máxima productividad posible. El volumen de ventas lo era todo.

«Al final todo era completamente desproporcionado», dice Scott. «La causa de todo ello era Richard Powell, al que habíamos contratado para que hiciera exactamente lo que estaba haciendo con su máster de administración de empresas, más o menos lidiar con todo, cosa que hacía de manera tremendamente eficaz. Y eso solo fracasó porque al final él y el resto de la dirección, Simon Edwards y Dave Whitehead, decidieron que la relación con Geoff no tenía futuro.»

Para gente como Liz Naylor, que trabajaba con Boon editando una publicación comercial interna, *The Catalogue*, ese intento de profesionalización era tan solo un mecanismo para proyectar una máquina bien engrasada: una máquina cuya funcionalidad demostrara que el éxito de los Smiths no había sido casualidad, y que Rough Trade iba en serio a la hora de competir. «Lo único que nos interesaba era emborracharnos y tomar drogas», dice Naylor, «porque eso era lo que pensábamos que había que hacer. Eso era lo que nos había enseñado Richard Boon de cómo dirigir una compañía discográfica: tomar enormes cantidades de anfetaminas y corretear por ahí, y Geoff pensaba: '¿Qué está haciendo aquí esta gente?'.»

Mientras limpiaba su escritorio antes de marcharse, Dave Harper percibía el inminente derrumbe de Collier Street, a pesar de sus intentos de racionalizar la empresa. «Lo de Richard Scott y Geoff se estaba convirtiendo en un problema», dice Harper, «y Richard Powell, un tipo encantador pero que no había previsto todo aquello, intentaba asumir que todo se encaminaba al desastre. Estaba claro que el edificio era demasiado grande, al igual que los gastos de mantenimiento, y probablemente habría una recesión, y en el aire seguía flotando demasiada cólera, demasiada tensión y revolución. No era la revolución de Blenheim Crescent de los setenta, sino la cólera ante el hecho de que Geoff quemaba todo el dinero que estaban ganando.»

El día a día de Travis con los Smiths y con cualquier grupo que acabara de nombrarle mánager consumía casi todo su tiempo. Cada vez se desentendía más de las ocupaciones administrativas de la nueva clase de directivos de Rough Trade y se concentraba en las dos cosas

que más disfrutaba y se le daban mejor: trabajar con los grupos y contratar al mayor número de artistas que cayeran en sus manos. La creciente popularidad de los Smiths y de la música de guitarra en general
significaba que Travis se veía bombardeado por abundante música
nueva, que ignoraba en su mayor parte, pues su método preferido
de trabajar como A&R consistía en captar el potencial de los grupos
cuando comenzaban a tocar en directo. Cerne Canning, un adolescente obsesionado con los Smiths, fue contratado como ayudante
de A&R para auxiliar a Travis a clasificar la montaña de material que
tenía siempre por escuchar. «Conseguí un empleo en Rough Trade
para ayudarle a escuchar las cintas que le llegaban», dice Canning.
«Había traído de Blenheim Crescent más de quinientas cintas en unas
bolsas de plástico negras, y todo el mundo se quejaba de que blo-
queaban su oficina y no podían entrar.»

No era tan solo Travis el que se ahogaba entre material grabado de
cualquier manera. Ante la enorme incredulidad de Richard Powell,
Rough Trade había perdido el control del número de sellos que distribuía. Los acuerdos informales de la empresa de fabricar y distribuir la música de casi cualquiera que entraba por la puerta habían
pasado del altruismo a ser un lastre. Las nuevas economías de escala
del camino crítico ya no podían permitirse inmovilizar decenas de
miles de libras en una serie interminable de singles de siete pulgadas
a pequeña escala, discos que se publicaban con entusiasmo pero con
muy poca ambición, aparte de aparecer fugazmente por la cola de
la lista de música independiente y conseguir un impulso paternal de
John Peel. El éxito de sellos coetáneos de Rough Trade como Mute
y 4AD le garantizaba a la empresa una sustancial facturación procedente de la distribución, aunque se gastaba cada vez más en sellos con
pocas perspectivas de repetir el éxito de quienes los habían inspirado.

«Había sellos más pequeños», dice el hermano de Dave Harper,
Simon, que hacía poco había sido contratado por Rough Trade como
gerente de producto, «a los que no les faltaba pasión, aunque la gente
que los dirigía quizá se veía obligada a mantener un empleo a tiempo
completo. Sellos como Pink Records o Subway Organization, tipos
tan apasionados como cualquiera, pero que todavía estaban en esa
fase en que les faltaban horas para poder encargarse de todos sus
artistas.»

Pequeñas empresas discográficas «caseras», como Vindaloo
Records de Birmingham, Subway Organization de Bristol y Ron
Johnson Records, radicada en Derbyshire, componían una nueva
generación de microsellos que habían surgido como resultado
del localismo de The Cartel y habían sido uno de sus éxitos a nivel
regional. Con solo entrar en el local de venta al por menor de su
zona podían concertar un acuerdo de producción y distribución con
Rough Trade. Desde Long Eaton, Ron Johnson podía organizar casi
cuarenta lanzamientos sin necesidad de ir regularmente a Londres.
Aunque rara vez conseguían algo más que sonar una vez en el programa de John Peel e ir de gira por las trastiendas de los pubs de
provincias, aportaban una energía y una sensibilidad de házteIo-tú-
mismo que presentaba una verdadera alternativa tanto a la música
convencional propiamente dicha como a la música convencional
independiente, que ahora era un cruce entre los Smiths, New Order
y Depeche Mode. Para una industria musical que todavía tenía que
llenar cuatro semanarios musicales, el entusiasmo de los grupos al
menos proporcionaba algo de qué hablar, aun cuando los sellos no
dispusieran de presupuesto para publicidad.

«Una sesión con Peel era algo muy importante», dice Canning.
«Los grupos que ahora se consideran clave para la época tocaban
delante de apenas cuarenta personas. The June Brides, The Shop
Assistants, McCarthy... muy pocos de esos grupos llegaron a tocar
delante de cien personas.»

La camaradería que creaba la independencia de vivir del paro, tal
como la experimentaban los responsables de Vindaloo y Subway, era
algo totalmente compartido por el personal del almacén de Rough
Trade, que vendían, empaquetaban y enviaban discos de los Nightingales y McCarthy a cualquier tienda que los aceptara. «Para mí, ver a
los Nightingales en un pub era una experiencia mucho más auténtica
que cualquier otra cosa», dice Liz Naylor. «Conseguían aparecer en
algún programa de televisión, y nosotros lo veíamos en el almacén y
los vitoreábamos, pero era como si a nadie más del edificio le impor-
taran una mierda. Todo parecía muy jerarquizado.»

«Recuerdo un concierto que montamos con Vindaloo», dice Canning. «Había poco más de cien personas en la sala, y unas sesenta
formaban parte del personal de Rough Trade, que se pasaron el

concierto cantando todas las letras de la actuación de Ted Chipping-
ton.»

Había un abismo entre Rough Trade, Factory, 4AD y Mute, y los
centenares de sellos más pequeños que ahora pasaban a través de
Rough Trade. A medida que el permanente flujo de voluntariosos
aficionados dibujaba un imaginario programa de lanzamientos para
cualquier director de sello de Rough Trade al que necesitaran convencer, la empresa hacía poco más que ir a la deriva con la esperanza
de estar apostando por algún ganador.

Si el patrocinio de Rough Trade seguía siendo la única manera
real de conseguir publicar un disco, otro recién llegado con una bolsa
de plástico llena de maquetas bajo el brazo estaba, al menos en su
cabeza, mucho más interesado en el tipo de lenguaje que desde hacía
ya tiempo había desaparecido de Rough Trade —si es que, para
empezar, había existido alguna vez—, junto con el sexo, las drogas y
el rock 'n' roll. Y había otro aspecto crucial en su deseo: el dinero.

«Recuerdo que un día realmente caluroso de verano», dice Richard
Scott, «Simon Edwards, que es un hombre al que conozco hace
mucho tiempo, dijo que había un tipo que quería que yo conociera.
Yo estaba sentado en la acera junto al Malt & Hops, y aparece esta
persona vestida completamente de cuero —en aquel día asfixiante—
y dice: 'Qué hay, soy Alan McGee'. Nos sentamos y le pregunté:
'¿Qué quieres hacer con tu sello?'. Y me contestó: 'Quiero ganar un
millón de libras'.»

«Estoy bastante seguro», dice McGee, «de haberle dicho que también quería a su secretaria, pero como era Rough Trade no creo que
ni siquiera tuvieran. A mí me importaba una mierda todo ese rollo
indie, yo me había metido en la música para tener una mansión,
tomar drogas y follarme a hermosas mujeres, esa era la verdad, para
ser honesto. Y recuerdo que me sentí bastante desilusionado cuando
comenzamos a publicar discos de los Jasmine Minks, y me dije que
aquella puta mansión todavía estaba bastante lejos.»

Cuando era un adolescente y vivía en Glasgow, McGee, un pelirrojo con una mirada interrogadora, había asistido con regularidad
a esos conciertos punk que tanto habían desconcertado a Edwyn
Collins y a Alan Horne, en los que la combinación de agresión teatral
y ruido en escena conducían a tal liberación de virulentas hormonas

masculinas entre el público que las peleas surgían entre escupitajos, sudor y cervezas derramadas antes de que la primera canción tocara a su fin. «Lo que la gente realmente olvida del punk», dice McGee, «es que se parecía más a ir a un partido de fútbol, era algo muy de machos. En el 78 podías estar en un concierto de los Damned y aquello era una locura. Recuerdo que un día me di la vuelta y alguien le dio un puñetazo a un chaval menudo, y le dio tan fuerte que el tío retrocedió dos metros antes de caer. En Glasgow todos los conciertos eran así, una puta locura.»

Después de probar suerte como bajista en una sucesión de embrionarias bandas punk y new wave, primero H$_2$O y después Newspeak, McGee, un hincha de los Rangers, había escogido la música en lugar del fútbol mientras de día trabajaba en las oficinas de la British Rail, un empleo que, si decidía dar el salto y seguía las brillantes luces de la gran ciudad, podía trasladar a Londres, una decisión que se precipitó después de un encontronazo con un punk en un concierto.

«Un tipo amenazó con apuñalarme porque pensaba que mi rollo punk era impostado», dice McGee. «Él decidía quiénes eran los auténticos punks y cuáles iban de postureo. Cómo cojones podrías llegar a decidir que un tipo con el pelo naranja era un punk auténtico o no, eso no lo sé, pero recuerdo que contaban que ese tío había apuñalado a mucha gente, de manera que cuando Innes de Primal Scream dijo: 'Vayámonos a Londres y seamos estrellas del pop', me pareció una buena idea.» El grupo que Innes y McGee habían montado se llamaba The Laughing Apple.

El Londres de finales de 1980 les pareció a Innes y McGee un lugar impenetrable y sin vida. Recurriendo a sus considerables reservas de entusiasmo hacia cualquier cosa que llamara su atención, McGee fundó un fanzine llamado *Communication Blur*, que lentamente se convirtió en una noche musical más o menos regular, el Communication Club. The Laughing Apple había sacado el nombre de una canción de Donovan, y descubrió espíritus afines en la escena que surgió alrededor de Television Personalities, que habían pasado de tocar música thrash a ser una banda pop-art con referencias permanentes a los sesenta. Al igual que Postcard, pero sin las exuberantes inflexiones disco ni los ganchos comerciales, Television Personalities extraían numerosas referencias del pasado. Haciendo caso omiso

del mundo moderno en favor de una perspicaz lectura mod tirando
a psicodélica del Londres de los sesenta, Television Personalities y
su sello, Whaam!, quedaban permanentemente enmarcados en la
psicodelia en blanco y negro del 66, todo ello refractado a través de la
voz falsamente naif de Dan Treacy, su cantante y compositor. Si los
hijos de las flores originales de los sesenta habían soñado con regresar
al jardín, Television Personalities se veían como escolares haciendo
novillos para ir a una audición para extras de *Ready Steady Go!*[30]

«En aquel momento no estaba pasando nada», dice Joe Foster, que,
en su condición de bajista de Television Personalities, se convirtió
rápidamente en uno de los confidentes y amigos más íntimos de
McGee. «Había psychobilly en el Klub Foot del Hammersmith Cla-
rendon, donde tocaba Nick Cave, y eso era todo lo que había, de
manera que queríamos hacer algo muy diferente.»

Foster, un ferviente estudioso de la historia del rock desde el inicio
de su adolescencia, era una fuente de saber por lo que se refería a discos olvidados desde hacía mucho y que consideraba dignos de investigación. «Joe Foster era un coleccionista, y el genio oculto que había
detrás de casi todo», dice McGee. «Me introdujo a mí y a muchas
otras personas en muchas cosas: Big Star, Velvet Underground, Fred
Neil, Dylan. Pero su especialidad eran los grupos de vida canalla, y
por defecto, Joe era un personaje canalla por culpa de sus discos.»

Los grupos canallas: Love, los Seeds, los Rolling Stones en su fase
imperial de mediados de los sesenta y todos sus imitadores en las
compilaciones *Nuggets* y *Pebbles* iban a ejercer una gran influencia
sobre McGee y Foster cuando estos fundaron un nuevo club, The
Living Room, en Tottenham Court Road, en la parte de arriba del
pub The Roebuck. The Living Room rápidamente dio lugar a una
escena reducida pero entusiasta, en la que se promovía a los nuevos grupos que reunían el criterio psicodélico de canciones de tres
minutos y artistas más reconocidos o parcialmente olvidados que
representaban un vínculo con la corriente del punk inspirado en los
sesenta. The Living Room abría sus puertas los viernes o los sábados
por la noche, y se convirtió en un abrevadero para cualquiera dis-

---

30. *Ready Steady Go!* fue un programa de música pop-rock británico que se emitió todos los viernes desde el 9 de agosto de 1963 al 23 de diciembre de 1966. [*N. del T.*]

puesto a creer que formaba parte de una próspera red underground. Una compilación en directo de algunos artistas que tocaron en el club, «producida» por Joe Foster, con una calidad de sonido propia de alguien golpeando una lata de galletas, *Alive at The Living Room*, se convirtió en el primer disco del nuevo sello que McGee había decidido lanzar con sus ingresos procedentes del club, y al que llamaría Creation.

«La verdad es que éramos unos críos», dice McGee. «Yo tenía veintiún años cuando fundé Creation. Conocí a Joe cuando tenía veintidós, y para ser honesto probablemente no sabía gran cosa de música ni del negocio musical.» Aunque The Living Room estaba siempre animado y a menudo se vendía un aforo superior a las normas de seguridad contra incendios, seguía estando en los márgenes de la escena de la música en directo londinense. En las cabezas de McGee y Foster, sin embargo, comenzaba a nacer una nueva revolución de pantalones de cuero que iba a rivalizar con el Sunset Strip o el Detroit de los mejores días de mediados de los sesenta. «Queríamos ser al mismo tiempo Sky Saxon y la nueva Motown», dice Foster, «de manera que teníamos que crear una escena completa, en la que pasaran muchas cosas con mucha gente. Pero la verdad es que no contábamos con mucha gente, de manera que también fingíamos que éramos muchos.»

En consonancia con el nombre del sello, extraído de un grupo mod de garaje británico de los sesenta *in excelsis*, The Creation, los temas de *Alive at The Living Room* parecen una lista de las mejores canciones sobre drogas de los grupos de garaje de los sesenta: la versión de The Pastels de «Hurricane Fighter Plane» de Red Crayola, una versión de los Jasmine Minks más bien floja de una canción de Love o un primitivo ensayo de «Green Fuzz» de Randy Alvey, tal como se interpreta en *Pebbles*, volumen dos, también de los Minks. «Cuando hicimos nuestros primeros conciertos en Londres, había un enorme revival de los sesenta», dice Stephen McRobbie de los Pastels. «Estaban todos esos clubs psicodélicos de los sesenta, y TV Personalities tenían ese aspecto. Dan Treacy publicaba nuestros discos, y creo que hicimos quizá seis conciertos con ellos justo después de empezar. Proliferaban las fotografías de los Byrds, Love y la Velvet Underground, y todo el mundo estaba ya aburrido del look punk-rock. También era en cierta medida un escapismo, porque a mediados de los ochenta la situación era muy deprimente, muchísimo.»

La mayoría de la clientela y grupos de The Living Room rechazaban o detestaban gran parte de la música contemporánea. A principios de 1985, se publicó una recopilación que tuvo tanto impacto como si la hubiera sacado la última banda de moda apoyada por la prensa. *VU* era una recopilación de canciones perdidas de la Velvet Underground de su periodo medio, restauradas a su claridad original multipista. Aunque algunas canciones habían estado anteriormente disponibles en ediciones piratas de baja calidad, el sonido de «Stephanie Says» y «Foggy Notion», publicadas con una fidelidad cristalina, era una reivindicación de todo lo que McGee, Foster y Treacy más apreciaban. En comparación con las radiantes sonrisas de los artistas más vendidos de mediados de los ochenta, en las fotografías que acompañaban la edición de *VU*, la Velvet Underground, en todo su esplendor anfetamínico en blanco y negro, parecían la máxima aristocracia del pop-art. Cualquier miembro del público de The Living Room que aún no tuviera una camiseta a rayas, un flequillo a lo Sterling Morrison o botas de motorista, ya no necesitaba que lo animaran para hacer las compras pertinentes.

Biff Bang Pow! era un grupo que no había llegado a estar incluido en *Alive at the Living Room* pero que había tocado allí de manera regular. Era el nuevo grupo de McGee, y su guitarrista, Dick Green, había sido el tercer miembro, junto con McGee y Foster, en la flexible sociedad que había constituido Creation Records. Menos extrovertido que Foster o McGee, Green, que estaba tan enamorado de la implacable misión de Creation tanto como sus socios, también había estudiado en la universidad.

«Dick se encargaba de gran parte de las cosas más administrativas que Alan y yo no comprendíamos», dice Foster. «Tenía facilidad para hacerlo, lo cual no quiere decir que fuera un personaje serio, que es lo que la gente a veces supone. Era tan malo como los demás, solo que era el experto en un campo que resultaba muy importante.» Mientras Creation intentaba convertirse en una empresa discográfica de verdad, McGee instaba a sus compañeros exadolescentes punks de Glasgow a que le siguieran y se unieran a la fiesta; uno de ellos, Bobby Gillespie, había fundado su propio club: Splash One. Había sacado el nombre de una canción de 13th Floor Elevators, y compartía la estética y canciones preferidas de The Living Room, además de una visión de amplias miras de la música contemporánea. «Conocía a Bob de antes de Splash One», dice McRobbie. «Bobby era la persona que podía conseguir que se hicieran las portadas porque trabajaba en una imprenta. Me caía muy bien. Creo que ya entonces teníamos una personalidad muy distinta, pero me cayó muy bien, y era un tipo realmente listo, inteligente, y muy intransigente y apasionado. Splash One era donde había que ir, y ponían una música fantástica, y tenía esa cosa semipermanente de que era siempre en domingo.»

Además de tener unos casetes inmaculadamente preparados para sonar entre las actuaciones de los grupos, Splash One tenía una confianza absoluta en su posición única, gracias a las regulares llamadas telefónicas de Gillespie y McGee, de poder contratar a los grupos de The Living Room para su único concierto en Escocia. Glasgow también contaba con una próspera escena de nuevos grupos que se lo hacían todo ellos al estilo Postcard: grupos como BMX Bandits, The Soup Dragons, The Pastels y The Shop Assistants de Edimburgo eran capaces de llenar el club y aportaban la actitud bohemia de Glasgow; tanto el público femenino como el masculino se llevaba la calceta a las sesiones de los domingos por la tarde, un indicador claro de que la idea de Orange Juice de un estilo warholiano estaba floreciendo una vez más en la ciudad.

Después de *Alive at the Living Room*, Creation publicó una serie de singles de grupos que aparecían de manera regular en los *flyers* del club. En el interior de unas portadas de papel doblado impreso por Gillespie en Glasgow, «Flowers in the Sky» de Revolving Paint Dream o «Think!» de The Jasmine Minks, producían en una primera escucha la clara impresión de que, mientras que el público de The Living Room quizá conocía las compilaciones de *Nuggets* y *Pebbles*, sus discos probablemente seguían teniendo un interés minoritario reducido a los más habituales del piso de arriba del pub The Roebuck. Cualquiera que hubiera tenido la desdicha de toparse con los dos singles que Creation publicó de un escritor de fanzine, The Legend!, que también obedecía al seudónimo de Everett True, se habría quedado sorprendido por su asombrosa incompetencia. Tanto «73 in 83»

como «Destroy the Blues» parecen el sonido de editoriales garabatea-
dos a altas horas de la noche, medio ladrados y medio farfullados en
el interior de un estudio de grabación barato, comentarios sobre un
nicho de mercado de la industria de la música independiente que en
gran medida existía tan solo en la cabeza de The Legend!

Fue un grupo de East Kilbride que le había pasado una maqueta
a Gillespie en Splash One el que le permitió a Creation superar su
fetichización de los sesenta y hacer realidad su fantaseada hipérbole
de un disco de rock 'n' roll visceral. «Creation era más una especie de
proyecto teórico, si quieres», dice Foster. «Estaban las canciones y se
había hecho lo necesario, pero nada había acabado de cuajar, y entonces Bobby trajo a los Mary Chain y todo arrancó.»

«Fichar a los Mary Chain», dice McRobbie, «supuso un increíble
paso adelante, el síntoma de que algo mucho mas vibrante y excitante comenzaba a ocurrir. Además, tenían un aspecto increíble,
como una auténtica banda de delincuentes. Con los Pastels, nuestro
estilo era mas tipo excursionista o algo así.» La duodécima publicación del sello, «Upside Down» de los Jesus and Mary Chain, cogía el
amor que sentía la Velvet por Motown y el *feedback* y lo llevaba a dar
un paseo por una ciudad planificada de Lanarkshire a la hora del cierre de los pubs. El solo hecho de poner el single, que Foster y el grupo
habían grabado mientras la mesa de mezclas se sobrecalentaba por
culpa de la distorsión —solo para que McGee lo remezclara hasta el
punto de que al ingeniero de masterización le resultó casi imposible
prensarlo— ponía a prueba la fe del que lo escuchaba en si su aparato
de alta fidelidad podría resistirlo. El hecho de que debajo de ese ruido
se encontrara la canción pop mejor construida que Creation había
publicado probaba, tal como le gustaba señalar a McGee, que el sello
predicaba con el ejemplo. Y lo mejor de todo era que Creation había
dado con un éxito: la primera edición del single vendió la extraordinaria cifra de 14.000 copias, iniciando una carrera hacia la cima de las
listas independientes que duró hasta que el single hubo vendido más
de 35.000. The Jesus and Mary Chain iban camino de convertirse en
un auténtico fenómeno y de recibir una gran atención por parte de la
prensa musical.

«A Alan le enviaban esas portadas y bolsas de PVC de siete pulgadas desde Glasgow», dice Simon Harper, «y nosotros metíamos den-

tro los singles en una de las muchas oficinas de Collier Street, y hubo un momento en que ya no podíamos seguir el ritmo. Todo el mundo lo quería; era un disco muy importante. No podíamos seguir el ritmo de la demanda simplemente porque no nos daba tiempo a meterlo en la funda.»

Simon Harper era uno de los aliados de McGee en Rough Trade, un lugar del que Foster y él, con sus gustos más carnívoros, estaban cada vez más hartos. El éxito de «Upside Down» de repente significó que la prensa y el resto de la industria se fijaran en McGee y Creation fuera del nicho de The Living Room. McGee hacía que Creation y The Jesus and Mary Chain hablaran la lengua vernácula de Loog Oldham / Tin Pan Alley, admitiendo alegremente que quería aprovechar todo el éxito que le saliera al paso, sobre todo el dinero. Poniendo tanta distancia psicológica entre Creation y la empresa como le era posible, McGee a menudo era divertido, y un cierto sector de la prensa musical comenzaba a prestarle atención. La cháchara encendida de McGee recibía cada vez más ayuda farmacéutica. «Simplemente me tomaba lo que Joe me ponía delante», dice, «y arrancábamos. La mitad del tiempo ni siquiera sabía lo que era.»

Foster, en concreto, siempre había sabido que Rough Trade nunca se había tomado en serio como se merecían a Television Personalities. Su single de debut, «Part Time Punks», que Travis había publicado en Rough Trade, había vendido más de 30.000 copias, pero Foster consideraba que al grupo se le había marginado un poco en favor de Scritti Politti, que eran más intelectuales. Green Gartside en concreto sigue siendo objeto de la decorosa ira de Foster: «Siempre hacía ostentación de su inteligencia ante los demás», dice Foster. «Pero ¿dónde está tu libro? No eres lo bastante inteligente para escribir un libro, ¿verdad?» Ahora, como productor residente y provocador principal de Creation, Foster consideraba que Rough Trade le trataba con la misma condescendencia. «En resumidas cuentas, tampoco me parecían tan cojonudos», dice. «Simplemente les gustaba esa clase de música enrollada que te gustaría si fueras un agente inmobiliario que lee *The Guardian*, les gustaba Bob Marley… joder… y tanto que les gustaba.»

Creation necesitaba la confrontación para avanzar, en parte como homenaje al punk y en parte porque McGee, que con la ayuda del speed pronunciaba su marcado acento irlandés tan deprisa que a veces resultaba impenetrable, tenía la impresión de que la dirección de Collier Street lo trataba con condescendencia. «Joe los odiaba más que yo», dice McGee. «Yo los consideraba unos capullos condescendientes de clase media, y lo único que quería era metérsela bien por el culo, con lo que para mí no era más que una guerra, una guerra de clases, y no me importaba una mierda cómo lograra mis fines, siempre y cuando los derrotara.»

Por mucho que despreciara a Rough Trade, McGee tenía que lidiar con Geoff Travis mientras los Jesus and Mary Chain, después de meses de conciertos londineses de una sola noche en los que el impacto había sido máximo, y de algún alboroto esporádico a gran escala, acabaron firmando con Blanco y Negro. En su condición de mánager, McGee, con la absoluta cooperación del grupo, había puesto en práctica las fantasías de Malcolm McLaren utilizando la máxima de *The Great Rock 'n' Roll Swindle*: sacar pasta del caos, avivar una atmósfera de hostilidad en los conciertos del grupo y pedir mucho dinero para firmar con una *major*. Todo esto lo supieron jugar bien en la prensa, que rápidamente se hizo cómplice del reflejo de «los nuevos Sex Pistols». Pero cuando Travis conoció al grupo en la sala de estar de los padres de los hermanos Reid en East Kilbride, la firma del contrato estuvo tan exenta de polémica como si hubiera estado comentando una nueva grabación con sus inminentes compañeros del sello Blanco y Negro, Dream Academy o Everything but the Girl. «Hubo un intento de provocación por parte de Alan», dice Travis, «pero básicamente el grupo quería firmar con una compañía de discos de verdad; por entonces ya estaban hartos de hacer el panoli con Creation.»

McGee, comprendiendo rápidamente que Travis contaba con lo mejor de ambos mundos al dirigir Rough Trade y tener al mismo tiempo acceso a un presupuesto de *major* con Blanco y Negro, utilizó su creciente reputación para hablar con Rob Dickins de Warner y convencerle para que financiera su propia versión de Blanco, un subsello llamado Elevation. Los dos primeros lanzamientos de Elevation permitirían que dos de las mayores promesas de Creation, Primal Screal y los Weather Prophets —la mordaz versión casera londinense de los Creedence de Pete Astor— grabaran sus álbumes de debut en

unos estudios de grabación profesionales y consiguieran una campaña promocional propia de una *major*.

Sin embargo, entusiasmado por haber cerrado un trato con ellos,
el propio McGee se sentía un poco perdido dentro de las oficinas de
Warner Brothers de Kensington High Street. De todos modos, había
encontrado un aliado en Mick Houghton, que se encargaba de las
relaciones públicas tanto de Elevation como de los Jesus and Mary
Chain. «Estoy seguro de que Alan te diría lo mismo», dice Houghton. «No tenía ni idea de lo que estaba haciendo, y Elevation desde
luego mató a los Weather Prophets, y casi se carga también a Primal
Scream.»

Mientras Blanco y Negro iba viento en popa, afianzándose en el
mercado más convencional con Everything but the Girl y recibiendo
un completo apoyo de la prensa musical, Elevation extrañamente no
conseguía cumplir sus expectativas. Tanto *Mayflower* de los Weather
Prophets como *Sonic Flower Groove* de Primal Scream, según los criterios de Warner Brothers, pasaron sin pena ni gloria. Hubo otra
diferencia fundamental. «Creo que Geoff les daba un poco de miedo
a los de Warner», dice Houghton. «Simplemente pensaban que era
un poco demasiado inteligente para ellos, cosa que probablemente
era cierta. Geoff no llevaba un estilo de vida propio del rock 'n' roll.
Siempre me recordó a un maestro de escuela que más o menos te
estaba diciendo: 'Eres un poco mayor para comportarte así'. Probablemente tenía razón, en aquel tiempo era cojonudo.»

Otro miembro del personal de A&R de Warner al que le costaba
lidiar con la vida corporativa era Bill Drummond, que después de
haber renunciado al control de Echo & The Bunnymen, ahora trabajaba en la empresa matriz de asesor de A&R; sortear la política de
poder de la toma de decisiones con Dickins era algo que solo le susci-
taba un interés fugaz y escaso, una manera de matar el tiempo mientras meditaba su próxima jugada. «Yo mismo me había jodido», dice
Drummond. «Incluso me había comprado un traje de Paul Smith.»
Drummond se tropezó un día con McGee en Warner Brothers y vio
en él a alguien que se sentía aún más aislado de los procesos ejecutivos, pero cuyo entusiasmo seguía como el primer día. «Estaba completamente metido en todo», dice Drummond. «Había cerrado el
acuerdo de Elevation y era un completo desastre. En aquel momento

estaba tan mal como yo, sabes, entregarlo todo a una *major* y a ver qué pasa no es una buena idea, y nunca funciona.»

Drummond había sido de los primeros en escuchar lo que McGee estaba llevando a Warner, y le costaba ver la relación entre los entusiastas vuelos hiperbólicos de McGee y el producto grabado acabado que sonaba en el estéreo de la sala de juntas. «Conocía la existencia de los Mary Chain», dice Drummond. «Teníamos una reunión semanal de A&R en WEA, y Max Hole, que era el director de A&R, puso esa cinta como de un gato que han cogido como rehén y que me pareció una basura. Pero McGee comenzó a hacer acto de presencia en el edificio. Se pasaba por ahí, nos acabamos conociendo y es como si él acabara cayendo en la cuenta: 'ese es, estuvo con los Bunnymen'.»

Llegar a conocer a Drummond fue uno de los pocos aspectos positivos de los escarceos de McGee con Warner, y después de haber llamado la atención de uno de sus héroes, McGee se apresuró a compartir los placeres del catálogo de Creation, y se encargó de que Drummond escuchara atentamente, y posteriormente comentaran, los méritos de los Moodists, Meat Whiplash y las maquetas del álbum de Primal Scream.

«Me puso todas esas cosas», dice Drummond, «y yo pensé que era una basura, que todo eso era basura, qué me estás diciendo con que 'Esto es lo más grande, y tal'. No puedo ni podía escucharlos, eran discos muy mal hechos, grabados con cuatro perras, pero él me pareció simpático, sabes, lo encontré... lo que sea.»

Al final, harto ya de Warner y de la industria en general, a la madura edad de treinta y tres años y un tercio, Drummond decidió retirarse, cosa que hizo pública en un comunicado de prensa en el que se mitificaba como corresponde.

El solo hecho de convertir una carta de dimisión en un comunicado sobre el estado de las cosas pone de relieve el extraordinario sentido de la oportunidad de Drummond. «En algunos aspectos Bill fue el mejor mánager con el que creo haber trabajado nunca», dice Houghton, «en el sentido de que era un asombroso catalizador y una figura muy inspiradora, pero era un hombre de negocios espantoso, ya lo creo. Probablemente saqué más provecho de la relación con la compañía discográfica que él porque era incapaz de tratar con ellos. No se sentía cómodo.»

La primera decisión de Drummond al «dejar la industria» fue invertir los papeles y convertirse en un artista de la grabación. «Cuando decidí que iba a dejar el negocio musical para siempre, me dije que quería hacer un disco: escribí las canciones en una semana, grabé el álbum, lo publiqué y eso fue todo», dice. «Fui a ver a McGee y le dije: 'Mira, quiero hacer esto, ¿quieres publicarlo?'. Y él dijo que sí al instante. Ni siquiera me preguntó qué clase de música era, y mucho menos oyó las canciones. Así que lo grabé y un día se lo llevé a su piso. Se quedó estupefacto; no podía entender cómo había hecho ese disco. Es que no se lo podía creer.»

Escuchar el álbum, que Drummond había titulado *The Man*, es verse transportado a la trastienda de un pub apartado en el Dumfries & Galloway rural. Con un pronunciado acento escocés, Drummond y un grupo improvisado tocan once canciones que combinan las tendencias automitificadoras con el surrealismo de las Highlands. Su canción más comentada fue «Julian Cope Is Dead», una respuesta de hombre de la frontera a la canción de The Teardrop Explodes «Bill Drummond Said». Para una interpretación de «Such a Parcel of Rogues in a Nation» de Robert Burns, Drummond también invitó a su padre, un ministro presbiteriano, a que recitara el poema con su voz autoritaria y enfática, acompañado tan solo de unas notas de banjo y el sonido del viento soplando a través del valle.

«*The Man* es uno de los discos más extraordinarios que se han hecho», dice Mick Houghton. «Era un cruce entre la *C86* e Ivor Cutler o algo así. No creo que nadie más hubiera publicado ese disco, al igual que tampoco creo que nadie más pudiera haberlo hecho.»

«Es un genio absoluto», dice McGee. «Casi me ahogué cuando lo oí. No tenía ni idea de que iba a cantar con ese marcado acento escocés, y estaba tumbado en la bañera y de pronto escuché 'y los ojos y los árboles de la nación'... y aquello me arrastró bajo el agua.»

Al igual que todos los discos que publicó Creation, *The Man* se hizo en cuestión de días, pero, con entre cinco y diez años de experiencia en lo que era la vida y el negocio discográfico, y repleto de coristas y *pedal steel guitar*, posee una seductora seguridad en sí mismo en sus sencillos arreglos y en la manera clara de cantar de Drummond al estilo lord Summerisle en la película *El hombre de mimbre*. Comparado con la mayoría de tanteos perdidos en reverberaciones de la mayoría de los primeros discos del sello, *The Man* suena como un alegre disco de country grabado en medio de la carretera. Además, cuando se escucha atentamente, da algunas pistas de la futura dirección artística de Drummond.

«Aparte de ser genial, lo mejor es que si escuchas el disco puedes oír a The KLF en ese puto disco», dice McGee. «Sus arreglos de *pedal steel guitar*, cuatro años después, son los putos KLF. Con ello no quiero decir que melódicamente sean The KLF, sino que es la misma manera de juntar los elementos. El sonido de la *pedal steel* es acid house KLF. No podía entender por qué había querido sacar un disco conmigo, porque en aquel momento realmente no habíamos hecho nada.»

El sonido de Drummond al entonar su aprobación de las «chicas guarras» en «I Believe in Rock & Roll» sobre una vieja guitarra acústica puede que esté a años luz de la grandeza de la música «stadium house» de The KLF, pero hay ciertas cadencias de parte de la imaginería que perdurarían mientras The KLF desarrollaba su mito sobre el gran escenario. En la letra de «I'm the King of Joy»: «Tengo un corazón de vikingo con la fe de un niño / ¿Alguna vez has oído la canción 'Born to be Wild'?», el arquetipo del motero nórdico que sería una característica de los vídeos de The KLF sin duda está presente. De una manera un tanto más prosaica, Drummond admite que: «Probablemente Alan tiene razón. Solo sé tres acordes».

Por mucho que se divirtiera regodeándose en el carácter caprichoso de sus héroes, para McGee la realidad era que Creation iba dando tumbos en su intento de convertir su actitud en un programa de lanzamientos coherente. El fiasco de Elevation no había sido pequeño, aunque como mánager de los Jesus and Mary Chain no solo se ganaba la vida de manera decente, sino que había invertido su parte de los ingresos de la banda en Creation. El sello seguía siendo su prioridad, aunque significaba poco para cualquiera que estuviera fuera de su círculo y su universo imaginario paralelo del punk y los sesenta. McGee estaba impaciente por seguir su propio camino, y consideraba Elevation un experimento fracasado que había quedado condenado desde el principio por la estrechez de miras de los ejecutivos de Warner. Sacó Creation del salón de su casa y se instaló en Hatton Garden, en una de las habitaciones más pequeñas de una serie de oficinas de Clerkenwell Road, un edificio que había encontrado Dave Harper mientras buscaba una nueva sede para Rough Trade.

«Era realmente barato», dice Harper. «Alan se instaló allí, luego Wayne Morris, que era mánager de los Primitives y más o menos dirigía Lazy Records. Era una época muy vibrante, porque todo el mundo hacía más o menos lo mismo. Delante había un pub, y no estábamos demasiado lejos de Collier Street, aunque creo que eso era irrelevante.»

Los inquilinos del número 83 de Clerkenwell Road tenían ambiciones que iban más allá de lo que habían dejado atrás en Rough Trade. Harper y su socio, Nicki Kefalas, con su recién formado Out Promotion, manejaban Factory, Mute, Creation y 4AD, y regularmente recibía llamadas de las *majors*, a quienes gente como Morris y McGee se trabajaban continuamente para intentar sacarles presupuesto para sus músicos. A esa idea de disfrutar intentando colocar tus productos y de estar en el meollo de una parte de la industria más celebratoria y menos austera, al menos comparada con el aburrimiento de Collier Street, se añadía el carácter de los demás ocupantes del edificio.

«Había un tío raro que había sido relaciones públicas en una *major*», dice Harper. «Era un tío muy triste, porque había sido agente de prensa de Elton John. Estaba desesperado por hacer amigos y solía ir colocado, y se metía coca, y justo delante había un investigador privado que se follaba a la hija de la mujer que estaba en recepción. Afirmaba haber trabajado de agente secreto en Belfast, y que le habían golpeado la cabeza con un hacha... todo muy confidencial. El lugar estaba lleno de gente realmente rara, y los músicos eran más o menos los únicos normales.»

Era un ambiente en el que McGee tan solo podía prosperar. A pesar del predominio de la actitud por encima de todo lo demás, sobre todo las ventas de discos, Creation y McGee se consideraban, gracias en parte a su generosa hospitalidad y al tremendo éxito de los Jesus and Mary Chain, una compañía discográfica al alza. «En aquella época el *NME* estaba obsesionada con Creation», dice Houghton, que ahora era uno de los relaciones públicas del sello, «y en aquella época el *NME* era el rey, no es que los del *Melody Maker* lo aceptaran, pero más o menos lo eran.»

Con muchas ganas de proyectarse como los reyes del speed, el cuero y las gafas de sol —la versión de un escritor de fanzine de un motero fuera de la ley—, McGee y Foster, con casi todos los músicos que tenían a su cargo, salían cada noche, aun cuando para ellos el súmmum de la decadencia fuera la sala superior de algún pub del norte de Londres y un sistema de sonido que sonara a lata. «Más o menos tiene que ver con que los periodistas eran muy cándidos», dice Houghton. «En aquel momento había muy poca disipación en las oficinas de Creation. Eran como unos escolares tontorrones, que se emborrachaban y tomaban demasiado speed, pero ese mismo era el grado de disipación de casi todos los periodistas musicales. La banda más libertina con la que trabajé en esa época fueron los Talking Heads, y lo hacían con estilo, con fiestas fabulosas, y eran gente muy inteligente. Comparado con ellos, Creation era algo muy provinciano.»

Una nueva incorporación al catálogo de Creation fue Nick Currie, que ahora grababa con el nombre de Momus y había sacado un álbum de debut, *Circus Maximus*, en él, un nuevo sello que el rejuvenecido Mike Alway había fundado después de su infructuoso intento de convertirse en un miembro más convencional de la industria discográfica con Blanco y Negro. él era Alway en su vertiente más quijotesca, incluso según su criterio. Si las ideas de Alway para Cherry Red y Blanco habían sido un enfoque estilizado y divulgador de las tendencias del momento, él iba a hacer algo completamente diferente. Financiado por un magnánimo Iain McNay, que estaba dispuesto a llevar a Alway de nuevo al redil de Cherry Red, el catálogo de él se poblaría en gran medida del producto de la imaginación de Alway.

Alway pensaba como un autor más que como un A&R, y no sentía el menor interés en ponerse a buscar para él los grupos que estaban tocando en el primer peldaño del circuito en directo.

«Dejé de ir a conciertos. Me aburría muchísimo», dice. «Miraba mucha televisión y películas olvidadas, y volvía una y otra vez sobre lo mismo, y comencé a inventarme un sello basado en todo eso. Debo reconocer que veía las cosas de una manera muy idealizada: quería ser una mezcla de Surbiton y la Toscana. No podías ir a Richmond y tomarte una taza de café, así que casi toda mi vida en el West

End la pasaba en Old Compton Street del Soho, o en Bayswater, donde solían estar las oficinas, que eran lugares realmente cosmopolitas donde podías tomarte un *espresso* a la hora que quisieras y que era de la mejor calidad.»

Junto con Momus, el catálogo de él presentaba a The King of Luxembourg, los Would-Be-Goods y Bad Dream Fancy Dress, todos ellos destilados de los gustos actuales de Alway: el amable pero díscolo domingo por la tarde de los sesenta en Eastmancolor de *Accidente* de Joseph Losey interrumpido por una visita del reparto de una película de serie B de Lance Percival. «Intenté hacerlo como si dirigiera una película», dice Alway. «Te hacías una idea de lo que querías y básicamente conseguías al personal adecuado para llevarla a cabo. Todos los grupos eran básicamente grotescas ampliaciones de algunas partes del carácter de estos.»

En Simon Fisher Turner, que había sido el niño mimado de Jonathan King, Alway encontró al perfecto actor de carácter para el reparto de The King of Luxembourg. Turner, que durante su «carrera» como The King of Luxembourg había compuesto la banda sonora de las películas de Derek Jarman, poseía, tras haber sido la niñera preferida de David y Angie Bowie, abundantes imágenes y anécdotas que contar. Alway y Turner hicieron versiones de canciones como «Picture of Dorian Grey» de Television Personalities y sobrealimentaron el revival de los sesenta con algo que se había echado en falta en The Living Room y Splash One: el camp con estilo. El álbum de Bad Dream Fancy Dress *Choirboys Gas* fue producido por Turner (que describió su posición en él como «hacer el papel de travestido en una comedia»); en canciones como «Leigh-on-Sea» y «The Supremes» mezclaba su amor por los grupos de chicas con los *fish and chips* a la orilla del mar, como si *The Leather Boys* hubiera sido el tema de «Leader of the Pack»[31]. Los Would-Be-Goods habían sacado el nombre de un libro de E. Nesbit, y su líder, Jessica Griffin, cantaba con un acento digno de Jenny Agutter en la película *The Railway Children*. En un pareado que aparecía en el single de debut de los Would-Be-Goods, «The Camera Loves Me», se oía: «Otro gin

---

31. *The Leather Boys* es una célebre película británica de 1964 sobre la subcultura rocker de Londres. «Leader of the Pack» es un tema del grupo de chicas las Shangri-Las de 1965. [*N. del T.*]

tonic y soy tuya para siempre / Nunca me habían fotografiado así»,
cantado mientras unas flautas revolotean en torno a la manera de
entonar ingenua de Griffin, y que resume la actitud del mundo de
él, la embriaguez y una idea muy británica del desenfreno pop. «Me
remonté a los Monkees», dice Alway, «e intenté añadir arte.»

Sin duda las portadas de él tenían el aire de una exposición. Con
unas galletas de colores pastel y una fotografía estilo Kodachrome,
las imágenes, junto con la llamativa «e» minúscula de él, parecían
folletos de viajes de un futuro en el que Huxley había trasladado los
personajes de *Retorno a Brideshead* a *Un mundo feliz*.

«él trataba de un mundo futuro, un mundo de café *espresso* y de
vivir en la calle, de la afabilidad», dice Alway, «y nada de eso tenía
nada que ver con trabajar de nueve a cinco y luego comerse un triste
huevo frito. Era lo mismo que básicamente inspiraba Habitat; iba
contra cosas como la cerveza negra.»

Pero si Alway había predicho que la clase dirigente expresaría un
cándido deseo de frecuentar sitios elegantes unos quince años antes
de que eso ocurriera, su nuevo sello en gran medida desconcertaba
a los defensores incondicionales de los sellos independientes en los
medios de comunicación. «De hecho, con él tuve buena prensa en
Inglaterra», dice, «aunque Peel nunca me apoyó.»

Circus Maximus de Momus fue la publicación de más éxito de él,
y tuvo una acogida favorable, gracias en parte a que Momus era en
gran medida un personaje extraído de la imaginación de Currie antes
que de la de Alway. Momus era capaz entusiasmar a los periodistas
mencionando a Brel y Bataille con la convicción con la que un licenciado erudito de Edimburgo explora los impulsos que hay detrás de la
perversión. *Circus Maximus* era también un disco que había llamado
la atención de McGee.

El mundo cultivado y cáustico de Momus era un gran salto dentro
del catálogo de Creation, aunque Currie había encontrado puntos
en común con McGee, como su interés por el sexo y la decadencia,
así como por el saber. «En aquella época, estaba recibiendo cierta
atención por parte de *The Face* y el *NME*», dice Currie, «y creo que
el interés de Alan quizá se vio alentado por el hecho de que yo había
escrito un artículo sobre Jacques Brel en el que afirmaba que este
era más excitante y peligroso que mil Jesus and Mary Chains, en un

momento en que Alan acababa de perderlos, de manera que algo de ello influyó.»

Después de dejar él, el primer álbum de Momus para Creation fue el ciclo de canciones de sabor francés *The Poison Boyfriend*, un disco que arrojaba luz sobre la idea del romanticismo propio de un voyeur meditativo y reflexivo. El primer verso de «Closer to You», «Quizá eres la chica que vi en la Circle Line», farfullado con intensidad claustrofóbica, confirmaba que las ambiciones de Currie se situaban en un contexto completamente distinto del resto del catálogo de Creation.

«Creo que en nuestro primer encuentro le dije a Alan que quería ser más grande que David Bowie», dice Currie, «y él me contestó: 'Bueno, eso está muy bien, porque casi todo el mundo que acude a mí quiere ser más grande que los Mighty Lemon Drops'. Sabía que Alan poseía un perfil realmente positivo con la prensa, y que estando en Creation me prestarían más atención que la que había obtenido en él, aunque estéticamente quizá fuera un entorno más tóxico en algunos aspectos, y te encontrabas con esa atroz resurrección sesentera que afirmaba que todo se remontaba a las recopilaciones de *Pebbles*.»

Aunque es posible que McGee considerara que Momus era una bocanada de aire fresco porque se desviaba del canon, Alway le había echado el ojo a un material que quería fichar para él que nada tenía que ver con la música. Si su visión de un futuro epicúreo de chanzas y aire fresco necesitaba una cara visible, estaba convencido de haber encontrado a su hombre. «Quería grabar un disco con Keith Floyd», dice Alway. «Le telefoneé a él y a su productor David Pritchard cuando estaban rodando *Floyd on Spain* y estuvo de acuerdo. Recuerdo que me dije: este tipo es un genio. Él me estaba diciendo: 'Todos somos idiotas porque no comemos pescado'. Era una metáfora que iba más allá de la comida.»

Por desgracia, al igual que muchas de las ideas de Alway, era fértil en su impulso, pero más difícil de llevar a la práctica, y ni la reunión de cerebros ni el disco llegaron a concretarse. En Cherry Red, Alway se esforzaba por conseguir que la gente se tomara en serio él como un negocio en activo. Iain McNay se había unido a la comunidad Rajneeshpuram de Oregón dejando la empresa en manos de los mánagers y editores del sello, los cuales, después de pasarse el día trabajando en las liquidaciones de derechos de los Dead Kennedys y

Tracey Thorn, estaban completamente desconcertados con las intenciones de Alway. Mientras tanto, la decisión de Currie de firmar con Creation le había permitido comenzar a pensar en hacer vídeos y tomarse un poco más en serio las palabras de McGee de dominar el mundo.

«Con Mike era casi dinero del Monopoly», dice Currie. «Pero existía cierta *realpolitik* en el discurso de Alan. Te invitaba a pasar por su oficina y te decía: 'Mira esta reseña del *Melody Maker*, te dedican media página', y en la página de al lado había algún álbum de una *major* en el que se habían gastado medio millón de libras y al que también le dedicaban media página. Gastábamos dos mil libras y nos concedían el mismo espacio en la prensa musical.»

Seis meses antes, a una milla y media al noroeste de Clerkenwell Road, Cerne Canning tuvo una idea que quizá ayudara a reconectar Rough Trade con cómo se veía en la calle la música en directo, algo que había contribuido a definir el sello en sus primeros años y se había echado de menos desde que se trasladaran a King's Cross. «Geoff y yo habíamos estado hablando de que la música en directo no acababa de arrancar», dice Canning, que organizaba de manera regular conciertos en Bay 63, el antiguo Acklam Hall de Ladbroke Grove. «McGee hacía The Living Room y Dan Treacy llevaba grupos como The Shop Assistants y los Pastels a su club Room at the Top, pero yo tenía la sensación de que Rough Trade no se estaba esforzando mucho.»

Canning comenzó a organizar conciertos en Londres para muchas de las bandas que Rough Trade distribuía, procurando que grupos como The Soup Dragons y Bogshed pudieran poner un pie en la capital. Al darse cuenta de que esos grupos se podían reunir en un festival con espíritu de grabación casera contrató cinco noches en el Hammersmith Riverside que se anunciaron como «The Week of Wonders» («La semana de los prodigios») en octubre de 1985. Además de presentar a los June Brides y los Stone Roses en su segundo concierto en Londres, el plato estelar de la semana fue sobre todo Creation, y en la noche dedicada a ellos tocaron Joe Foster, los Pastels y los Membranes, no antes de que estallara una discusión acerca del orden en que tenían que salir. El último grupo que había firmado por Rough Trade, los Woodentops, de los que el sello esperaba que desarrollaran un impulso estilo Smiths, se promocionaron a bombo y platillo en la prensa. El resultado fue que la semana parecía un escaparate para las dos compañías con mejor relación con los medios. «Tuve problemas con los otros sellos», dice Canning, «por destacar a Rough Trade y Creation en los carteles.»

La presentación de una amplia muestra del underground de fabricación casera —un underground cuyo denominador común era que ocupaba el mismo peldaño de bajo presupuesto del negocio musical más que el hecho de compartir ningún estilo— llamó la atención de la prensa, sobre todo del *NME*, que a mediados de los ochenta se enfrentaba a la dura competencia del éxito de las revistas de tendencias y sufrió una de sus periódicas crisis de identidad. La revista, más o menos dividida en dos campos, contaba con escritores que querían cubrir la innovadora música hip hop que surgía de los Estados Unidos (junto con su contrapartida electro y go-go) y aquellos de la plantilla que insistían en que la publicación debía permanecer fiel a sus raíces de principios de los ochenta como defensora de la música independiente más guitarrera, la música con la que los lectores se identificaban más. La tendencia de cubrir los nuevos sonidos más dinámicos a menudo ganaba; en la portada, junto con una entradilla y la firma del autor, había fotos de Cameo, Mantronix y Schoolly D. La publicación también intentaba apelar a una subcultura juvenil más amplia, y había dejado de cubrir exclusivamente la música, presentando una serie de artículos de portada sobre, por ejemplo, Jimmy White, la ubicua película *Absolute Beginners* y el decatleta olímpico Daley Thompson, con el resultado de que se convirtió en una versión de *The Face* para universitarios.

Para los escritores de la publicación que seguían alineándose con la música de guitarra y las listas independientes que traía cada semana, el minifestival de Canning proporcionó una especie de *locus* y una ocasión que consideraron digna de inversión. «Gracias a la Week of Wonders me propusieron hacer los conciertos de la *C86*», dice Canning, «que inspiraron al *NME* a hacer la casete».

La *C86*, una casete seleccionada por el *NME* y que se regalaba con la revista, presentaba a la clase de grupos que Canning estaba promoviendo, y era una oportunidad para que la publicación volviera a tomar partido por la música guitarrera. Los medios de comunicación generalistas, dirigidos ahora por muchos de aquellos cuyas vidas habían cambiado con el punk, habían comenzado a fijarse en que 1986 era el décimo aniversario del punk, lo que había provocado una serie prolongada de crónicas y artículos de opinión. La música de guitarra independiente de producción casera, por muy amateur que fuera en sus creencias, era para los fans del *NME* uno de los perdurables legados del punk.

Durante ese periodo, *NME* regalaba de manera regular cintas y flexi-discs. Últimamente había lanzado recopilaciones de canciones de northern soul del sello Kent, y una casete titulada *The Latin Kick* había intentado introducir a los fans de The Fall y The Wedding Present a los placeres de Joe Bataan y Fania All-Stars. La idea de crear una cinta que definiera el espíritu de los tiempos de la música independiente la habían tomado prestada de *C81,* una casete que el *NME* había lanzado en colaboración con Rough Trade cinco años antes. En ella aparecían los Specials, Cabaret Voltaire, Orange Juice y Scritti Politti y otros, y había captado la creatividad y ambición de un sector de la industria musical que, a pesar de su precariedad, rebosaba experimentación y ambición, y había fijado su mirada hacia un futuro que estaba determinado a escribir.

Los veintidós grupos compilados cinco años más tarde en la *C86* se encontraban en la cúspide de una carrera muy diferente y pertenecían a sellos que los directores de fanzines y el personal de Rough Trade se habían tomado en serio, aunque habían sido prácticamente los únicos. Close Lobsters, A Witness y The Shrubs, por ejemplo, venían de alguna caritativa sesión con John Peel y alguna aparición entre el Top 10 de las listas independientes más que del Top 40 nacional.

En el mes de julio se reservó una semana en el ICA para que tocaran los grupos que aparecían en la cinta. El *NME* llevó acabo una enorme promoción de la casete y Rough Trade prensó una edición en vinilo. Unas semanas después de que sus lectores hubieran escuchado la cinta, la revista comenzó a recibir cartas quejándose de la calidad del sonido.

Las grabaciones se habían hecho de cualquier manera y apresuradamente, y, de manera inevitable para una recopilación de bandas recién nacidas que todavía daban sus primeros pasos en un estudio de grabación, los resultados no fueron homogéneos. Aunque no se puede dudar de la energía de casi todos los grupos, sobre todo aquellos que, como Stump y Bogshed, estaban acostumbrados a actuar ante un público atiborrado de sidra con cordial de grosella, era palpable la sensación de que si eso era lo mejor que la generación actual de artistas independientes e inconformistas tenía que ofrecer, el interés iba a ser escaso.

Lo que consiguió la recopilación fue llamar la atención hacia la red de fanzines y sellos más pequeños que todavía se concebían con un espíritu de fabricación casera y ganas de expresarse. Mientras que musicalmente eran totalmente diferentes, Big Flame y The Bodines, por ejemplo, representaban el sector de la música independiente en todo su esplendor de baja fidelidad. Uno de los grupos que a menudo se asociaría con esa recopilación en cuanto se convirtió en un adjetivo fueron los Pastels. «En la década de 1980 creo que la escena musical estaba bastante dispersa», dice McRobbie. «La gente se encontraba por casualidad. A menudo tocábamos con los Membranes, y su energía nos gustaba un montón. Había muchas bandas que tocaban juntas, y en cierto momento Rough Trade decidió intentar definir la escena. El momento fue realmente oportuno.»

Canning, que ha visto cómo la idea de la *C86* fue celebrada, vilipendiada y redescubierta, afirma que la inocencia y el compromiso de los grupos es su legado más perdurable. «Lo que realmente me gustaba de la *C86* —que cosechó críticas muy distintas, y gran parte de su música era bastante cándida y no ha resistido la prueba del tiempo— era la actitud. Yo llevé casi cien grupos durante esa época, y casi todos ellos aparecían para tocar hablando de música y con los cables en bolsas de plástico.»

«Sin duda existía la idea de que lo interesante era ponerse y hacerlo todo tú mismo, y que eso era una expresión pura», dice McRobbie. «Te encargabas de la portada y el resultado era algo que tenía mucho que ver con uno mismo.» Entre los grupos incluidos, cuyo sonido se ha convertido en sinónimo de la *C86*, estaban The Bodines, The Soup Dragons y Primal Scream en la época en que estaban influidos por los Byrds, y combinaban las referencias a los sesenta de Orange Juice y el empecinado amateurismo de Television Personalities. Los grupos carecían del encanto de Orange Juice —confundían su despreocupación de escolares con una torpeza artificiosa— y tenían demasiada poca experiencia para estar familiarizados con la auténtica cara oscura de la alienación y la adicción que recorría las canciones de Dan Treacy. Todo ello, junto con la afición de muchos de los grupos por los anoraks, significaba que en la *C86* había algo de proyecto escolar.[32]

Creation era el sello más representado en la recopilación. Primal Scream, The Pastels, The Bodines y The Servants habían sacado discos a través de McGee, pero el sello procuró distanciarse lo más rápidamente posible del proyecto.

«La *C86* fue una recopilación de material realmente extraña, estúpida y condescendiente», dice Foster. «También hay que decir que no incluía a un montón de gente importante. Estaban grupos que decías: '¿Pero quién coño son estos?'. Aquello fue una completa cagada, un error absoluto, hasta un grado alarmante. Para ser gente que trabajaba con periodistas, deberían haber comprendido un poco mejor lo que estaba ocurriendo.»

Animados por el impacto de la casete, *NME* convirtió de manera inverosímil y temporal en estrellas de portada a The Shop Assistants y The Mighty Lemon Drops. No obstante, basta con echar un vistazo a las listas de finales de 1986 de los periódicos para confirmar que su toma de partido por la música de guitarra independiente —lo que en ese momento ya se denominaba «indie» como género— había sido efímera. Entre los cinco primeros había un solo álbum de guitarra, *Evol* de Sonic Youth, en el número cuatro, y por encima de él estaba el triunvirato de *Parade* de Prince and the Revolution, *Rapture* de Anita Baker y *Control* de Janet Jackson. *The Queen Is Dead* de los Smiths, un álbum al que el *NME* dedicaría números enteros en el futuro, estaba el número 9, entre *The Album* de Mantronix y *Raising Hell* de Run DMC.

Tal era la sensación de desánimo que se creó alrededor de la *C86* que muchas de las bandas tuvieron que esforzarse por impulsar su carrera sobre algo tan frágil, lo que solo sirvió para reforzar la idea de que la recopilación había alimentado el arribismo y la ambición de un

---

32. «Velocity Girl», la canción de Primal Scream que abre la *C86*, y que es quizá su corte más celebrado, posee una letra sombría, que comienza diciendo: «Aquí viene otra vez, con vodka en las venas / Ha estado jugando con la aguja, no sabía hacerlo». Al tratarse de Primal Scream, no debemos descartar la posibilidad de que la canción fuera un homenaje a Edie Sedgwick. [*N. del A.*]

puñado de grupos a los que les encantaba tocar en un pub delante de
cien personas. «En aquella época no muchos grupos tenían mánager,
y la idea de un productor, y de gran parte de lo que hacía la industria
musical, simplemente parecía irrelevante», dice McRobbie. «Naturalmente, muchas personas se apresuraban a regresar a los aspectos más
tradicionales en cuanto recibían una propuesta para hacerlo. Muchos
grupos estaban tan metidos en drogas que necesitaban un mánager,
con lo que eso también se convirtió en parte de la cultura. Recuerdo
que los Mighty Lemon Drops tenían un mánager, y que eso nos parecía bastante insólito; era como si hubieran abrazado el profesionalismo.»

En aquella época The Mighty Lemon Drops tenían de mánagers
a Canning y a su socio Simon Esplen, lo mismo que The Shop Assistants. Ambos grupos habían firmado con Blue Guitar, un sello selecto
falsamente independiente financiado por Chrysalis y cuyo A&R era
Travis, convirtiéndolo en el tercer sello que Travis podía añadir a su
colección de compañías discográficas. Travis había animado a Canning a hacer de mánager de los grupos, y le había enseñado las reglas
del juego vendiendo los derechos de The Mighty Lemon Drops a Seymour Stein en Sire, con lo que el grupo alcanzó esa especie de carrera
de radio universitaria de grado medio con la que solo podía haber
soñado mientras tocaban en el Bay 63.

Otros grupos de la recopilación acabarían siendo recordados con
cariño, o no con tanto cariño, por evocar el feliz amateurismo de la
cinta. «Recuerdo haberme quedado agradablemente sorprendido de
que Bogshed hubiera conseguido estar allí», dice McRobbie, «aunque
como instantánea de lo que ocurría en aquel momento se echan en
falta muchas cosas interesantes. No estaban Felt, ni los Nightingales
ni The Fall.»

«Felt me siguieron a Creation», dice Nick Currie, «y recuerdo que
en una ocasión hablé con Lawrence de lo mucho que nos gustaba la
palabra Creation.»

En sus intentos de atraer a la flor y nata de los grupos incluidos en
el recopilatorio *Pillows and Prayers* y quitárselos a Cherry Red, Alway
le había prometido a Felt un acuerdo con Warner a través de Blanco
y Negro. Travis y Dickins lo rechazaron de entrada, y el grupo se
lamentó de su destino mientras regresaban cabizbajos a Cherry Red

y Alway se lamía las heridas. Felt siguió siendo un grupo prolífico, y una aureola de misterio cada vez más amplia rodeaba al grupo a cada nueva publicación. La combinación de metafísica de salón de Lawrence con las líneas de guitarra de Maurice Deebank, uno de los auténticos virtuosos del sector independiente, creaban unos discos intensos y alambicados, y cada uno de ellos representaba una ilustración más detallada del aislamiento de Felt de casi todos sus contemporáneos y compañeros de sello. Cuando publicaron su cuarto álbum, *Ignite the Seven Cannons*, Cherry Red consiguió ampliar el presupuesto para que Robin Guthrie de Cocteau Twins los produjera. Felt habían sido fans del grupo, y les habían hecho de teloneros en el Royal Festival Hall, exactamente la clase de oportunidad que Felt, que carecían de técnico de sonido, parecían abordar con empecinada indiferencia, a pesar de las ambiciones de Lawrence de convertirse en una estrella. Esa indiferencia iba a definir a Felt. En las entrevistas, Lawrence daba la impresión de que se conformaba con que las futuras generaciones lo descubrieran y lo deificaran; cultivar el enigma parecía ser una prioridad equivalente a vender discos. En el single principal del álbum, «Primitive Painters», aparecía Liz Fraser cantando un dúo con Lawrence, y este se mostraba de lo más seguro de sí mismo y agresivo delante del micro, y se convirtió en un éxito de las listas independientes que llegó a la radio de la tarde. Tanto «Primitive Painters» como *Ignite the Seven Cannons* habían encabezado las listas independientes, lo que significaba que Felt se habían consagrado, igual que había ocurrido antes con New Order, los Smiths, Cocteau Twins o Depeche Mode. Situados en la cúspide después de haberse abierto camino entre la música convencional, con un perfecto sentido de la oportunidad, las tensiones dentro del grupo condujeron a Deebank a abandonar. McGee, tras haber firmado con ellos en el momento en que su acuerdo con Cherry Red caducó, estaba impaciente por trabajar con un grupo que estaba convencido de que sería el éxito definitivo de la música de culto de su generación.

El álbum de debut de Felt en Creation fue, incluso para su criterio, una extraña elección: un álbum instrumental de diecinueve minutos titulado *Let the Snakes Crinkle Their Heads to Death* que realzaba, en ausencia de Deebank, las habilidades con el órgano de su teclista prodigio adolescente, Martin Duffy.

Cuatro meses más tarde el álbum de Felt fue rápidamente seguido por *Forever Breathes the Lonely Word*, una obra maestra editada en otoño de 1986. «Si tengo algo que lamentar de Creation», dice McGee, «es no haber conseguido que el disco funcionara.» Para grabar *Forever*, Felt habían regresado a los estudios de Woodbine Street de Leamington Spa, y con su propietario y productor residente, John A. Rivers, con el que la banda había grabado sus primeros discos. Aunque seguían grabando con el presupuesto que Creation podía arrancar de Rough Trade, uno de los puntos fuertes de *Forever Breathes the Lonely Word* es que suena como un disco que ha sido producido. El Hammond de Martin Duffy se desliza como la niebla, ya sea agitándose en una melodía despreocupada o coloreando las canciones más lentas con una textura delicada. Aunque un tanto envuelto en la reverberación habitual de la época, más que disimular las carencias de Felt, realza sus puntos fuertes. En sus versos iniciales: «Siete hermanos que vuelven de Avalon», *Forever* abandonaba al instante el mundo de carteras de colegial y el «la, la, la» de la *C86* de meses anteriores. De una duración de poco más de treinta minutos, *Forever* fue el primer álbum de Felt que no tenía temas instrumentales, solo las canciones perfectamente estructuradas de Lawrence en colores otoñales; era lo más parecido a un álbum al estilo clásico de sus héroes que iba a conseguir cualquiera de los artistas de Creation. Con un sonido que en general oscilaba entre *Blonde on Blonde* de Dylan y, sobre todo en la manera de cantar a lo Tom Verlaine de Lawrence, el *Marquee Moon* de Television, el álbum aspiraba a una atemporalidad que, de haberse publicado veinte años más tarde, les habría conseguido actuaciones en el programa de televisión *Later with Jools Holland* y una amplia cobertura en la prensa de rock clásico. En 1986 ni siquiera el parloteo promocional de Creation pudo llevar el disco más allá de su zona de confort (aunque al año siguiente, en un acto de supremo cumplimiento de los deseos de Lawrence, apareció una reseña biográfica suya en *Smash Hits*). El *NME*, tras haber decidido hacer un artículo en profundidad sobre el grupo, transformó lo que iba a ser una historia de portada sobre Felt en un artículo sobre el aumento de la tasa de suicidios entre los adolescentes. En ese paso a la sociología, la revista destruyó la oportunidad de Lawrence de convertirse en una estrella de portada. La entrevista, aunque prodigaba alabanzas al disco, ponía énfasis en muchas de las rarezas de Lawrence, entre ellas su aversión a las verduras y una relación obsesivo-compulsiva con la higiene, los ambientadores y con cualquiera a quien se le ocurriera utilizar su cuarto de baño. *Melody Maker* publicaba un artículo con el titular «Felt pública discos brillantes que nadie compra», que presagiaba para Felt y Lawrence un destino bastante negro.

Para los grupos que aprovecharon el momento post-*C86*, Woodbine Street y John A. Rivers se convirtieron brevemente en el Abbey Road de su generación, una Meca para un sonido de batería filtrada, guitarras afiladas y reverberación. Inicialmente utilizado por Swell Maps, otra piedra de toque de la generación *C86*, en el estudio grababan ahora Close Lobsters, Mighty Mighty, Talulah Gosh y gente así. The Pastels grabaron allí su álbum de debut *Up for a Bit with the Pastels*. «Durante una época fue bastante raro», dice McRobbie. «En Leamington Spa nos reconocían por la calle.»

La enorme urgencia y las prisas de esos grupos por grabar contra reloj eran todo lo contrario del sonido refinado y luminoso de *Forever Breathes the Lonely Word*. Felt afianzó su posición como la eminencia gris del catálogo de Creation y de sus contemporáneos de la *C86*. La oficina de Creation en Clerkenwell era un lugar cada vez más relajado y feliz ahora que el hedonismo del rock 'n' roll, aun cuando no fuera más que su versión de presupuesto reducido, emitía su canto de sirena. McGee y sus artistas se consideraban estrellas de portada, y, al menos en la nebulosa red de fanzines, a menudo lo eran. La capacidad de Creation de pasarlo bien no pasó desapercibida. El desaliñado McGee, con sus Ray-Bans baratas y su alborotado pelo anaranjado estilo Dylan, solía aparecer de manera regular en las columnas de cotilleo del *NME*.

Como la *C86* había sido una invención de la prensa, necesitaba justificarse. Haciendo lo que sabía hacer mejor, la revista inventó un género. La palabra «indie» apareció como adjetivo para describir un look y un sonido más que una posición económica. Es posible que en la época la *C86* se asociara a un estilo específico de música de guitarra un tanto afectada, pero «indie» ahora tenía poco que ver con las listas o con la manera en que se financiaba un disco. Por lo que se refería al *NME* y al resto de la prensa musical, cualquier pandilla de chicos y chicas blancos que montaban un grupo, sin tener en cuenta con qué sello firmaban —una *major* o un sello casero recién creado— recibía el nombre de indie.

Dentro de este nuevo mundo indie, los artistas de Creation no tardaron en autoproclamarse sus grupos insignia y canallas: decadentes, disolutos y, en el sentido de que ya no tenían que ir a firmar al paro, ricos (al menos un puñado de ellos). «La ambición era muy atractiva», dice Nick Currie, «todos éramos escoceses que nos buscábamos la vida en Londres. Éramos casi como polacos o lituanos, teníamos pocos clubs de exiliados en la capital. Había una sensación de que intentábamos acostarnos con chicas guapas y hacer dinero.» En Clerkenwell Road, el rock 'n' roll estaba vivo y en forma, y exhalaba elegantes columnas de humo con, de manera esporádica, una nueva y extraña sustancia que se añadía al speed. El primer verso de la última canción de *Forever Breathes the Lonely Word*: «Me he metido en algo peligroso y extraño» indicaba que, para algunos, la fiesta comenzaba a convertirse en algo un poco más duro y un poco más sombrío.

SEGUNDA PARTE

TENGO LA IMPRESIÓN DE ESTAR EN MOVIMIENTO, UNA REPENTINA SENSACIÓN DE LIBERTAD[33]

---

33. Versos de «True Faith» de New Order: «*I get this feeling I'm in motion, a sudden sense of liberty*». [*N. del T.*]

9. EVERYTHING COUNTS[34]

Daniel Miller en los ochenta: artista y productor discográfico, propietario de
Mute *(archivo de Mute Records)*

34. Single de Depeche Mode de 1983 (Mute, 7 BONG 3) cuyo título puede traducirse por «Todo
cuenta». [*N. del T.*]

Allá por 1986, la palabra «indie» se había vuelto irrelevante para Daniel Miller, que había visto cómo Mute pasaba de ser una empresa nacida en su dormitorio a una compañía con una facturación de multinacional que poco a poco se había ido convirtiendo en uno de los grandes éxitos de la primera oleada de sellos independientes que se habían originado a rebufo del punk. «En el caso de Mute, nunca fue indie, espero», dice Miller. «Quiero decir que indie se convirtió en un género que en la mayoría de casos era música publicada por las *majors*.»

Después de fundar Mute a fin de autopublicar su propio single como The Normal en 1978, Miller había esperado un año antes de lanzar el segundo disco de Mute, «Back to Nature» / «The Box», de Fad Gadget. Un año más tarde, Mute se aventuró en el mundo de los álbumes y publicó tres LP en 1980, el palpitante y agresivo *Die Kleinen und Die Bösen* de Deutsch Amerikanische Freundschaft (D. A. F.), de Düsseldorf; el álbum de debut de Fad Gadget, y *Music for Parties* del nuevo «grupo» de Miller, Silicon Teens. En un proyecto de estudio que grababa versiones electrónicas de clásicos como «Memphis, Tennessee» y «You Really Got Me», Miller produjo un álbum de pop de vanguardia de canciones pop de tres minutos con sintetizadores. El siguiente álbum de debut de Mute, *Speak & Spell* de Depeche Mode, era Silicon Teens de carne y hueso: un grupo adolescente de verdad que tocaba pop electrónico bailable y pegadizo. Fue un éxito inmediato en el Top 40, y el grupo convirtió a Miller y a Mute en una compañía discográfica con presencia en el *mainstream*. El proceso se repitió a una escala internacional aún mayor con el LP de debut de Yazoo, *Upstairs at Eric's*. «En un periodo de dieciocho meses pasé de no tener nada a contar con dos artistas que habían ganado un disco de platino», dice Miller, «lo cual resultaba un tanto desconcertante, pues no era algo que hubiese planeado. Fue un accidente, como suelen ser todas estas cosas.»

El paso a los álbumes obligó a Miller, que seguía resistiéndose a la idea de que Mute fuera «una compañía discográfica», a introducir a regañadientes algunas formalidades en el sello.

«Yo quería evitar al máximo la industria», dice Miller, «en parte porque era algo que no me iba, y tampoco a mi música, y la verdad es que además tampoco la entendía. Cuando salió el primer disco de Depeche instalamos una oficina. Cuando comencé a publicar álbumes todo se volvió un poco más serio.»

El que se volviera un poco más serio también implicaba contratar algo de personal, aunque Miller estaba decidido a no transigir en la inspiración original de Mute, según la cual el sello y el artista debían trabajar juntos en contraste con la práctica industrial habitual. «Yo no quería ser una compañía discográfica normal, donde estaban ellos y nosotros», dice Miller. «La verdad es que no sabía si quería ser una compañía discográfica; si iba a serlo, quería ser socio de los demás y tener una relación de igual a igual con ellos. No les dije a Fad Gadget ni a Depeche Mode: 'Muy bien, vamos a cerrar un acuerdo por cinco álbumes, vamos a trabajar con vosotros durante los próximos veinte años, no vamos a firmar un contrato', sino que fue más bien: 'Saquemos un single y a ver qué pasa'.»

La filosofía simple y básica de Miller se reflejaba en Depeche Mode y en sus métodos de trabajo, un cuarteto de chicos a los que no les daba miedo pintarse los ojos y que bailaban en escena detrás de los teclados con la despreocupada seguridad de la juventud que controlaba la tecnología a nivel básico. «Cuando fuimos al *Top of the Pops* no necesitamos furgoneta ni nada parecido», dice Miller. «Ellos lo traían todo en el tren que cogían en Basildon. Era muy moderno, muy portátil: ni baterías ni amplificadores, solo tres sintetizadores y un micrófono. Y tampoco llevaban toda esa parafernalia del rock 'n' roll que yo detestaba. Podías hacerlo tú mismo porque era algo mínimo.

Creo que todavía formaban parte de ese espíritu artesanal con el que empecé.»

La primera serie de singles de Depeche Mode sonaban como unos Kraftwerk adaptados para la televisión infantil, contagiosos y juguetonamente adolescentes. Al instante el grupo conectó con un público que reconoció la energía y modernidad del sonido: las ingenuas posibilidades de una noche de viernes de discoteca en una ciudad de nueva planta; cuando el grupo pasó a tocar de manera casi permanente en locales como el Rascals de Southend o el Croc's Glamour Club en Rayleigh, ya eran veteranos de los clubs nocturnos del sureste.

Seymour Stein, que había trabajado con Miller desde que este le vendiera los derechos de . «T.V.O.D.» / «Warm Leatherette» de The Normal, al instante se quedó intrigado por la descripción que hizo Miller de los últimos artistas que había contratado, y se moría de impaciencia por ver tocar a Depeche Mode en su ambiente natural.

«La única manera que tenía de llegar allí a tiempo era volar con el Concord, que salía a eso de las diez y llegaba sobre las seis», dice Stein. «Llamé con antelación, vinieron a recogerme y me llevaron en coche hasta Basildon, y ese mismo día llegué a un acuerdo con Daniel, y todas las primeras bandas de Daniel acabaron en Sire —Erasure, Yazoo, Assembly—, y Daniel y yo seguimos manteniendo una buena amistad.»

La amistad entre Stein y Miller permitió que Mute tuviera acceso directo a los Estados Unidos, donde sus lanzamientos encontraron un público inmediato en un mercado hambriento de experimentación electrónica. Miller fue capaz de financiar Mute con las ventas internacionales desde el principio, un sistema que permitió que prosperaran sus ideas acerca de la autonomía de Mute y su capacidad para mantener una relación de asociados con sus artistas. Miller aprovechaba cualquier oportunidad para eliminar a los intermediarios. «En aquella primera época no había mánagers ni abogados» dice Miller, «y eso hacía que la vida fuera mucho más fácil, y no parece que nadie saliera perjudicado, porque en la actualidad sigo trabajando con muchos de esos artistas.»

Para el tercer álbum de Depeche Mode, Miller, como productor de la banda, estaba interesado en explorar las energías que había introducido en The Normal. En busca de un sonido electrónico más áspero, él y el grupo fueron a ver a John Foxx, cuyo álbum *Metamatic*, publicado a principios de enero de 1980, había definido las posibilidades de combinar la composición de canciones y la abstracción electrónica, un sonido que se estaba convirtiendo en la vanguardia del pop de los ochenta. Foxx sugirió que trabajaran con su ingeniero Gareth Jones, que le había ayudado a grabar *Metamatic* y conocía muy bien el funcionamiento del nuevo estudio especial para música electrónica de Foxx, el Garden. «John había conectado con un puñado de artistas», dice Jones, «y habían cogido un almacén en Shoreditch, en Holywell Lane, y se había quedado con el sótano.» A principios de los ochenta, Shoreditch había quedado bastante al margen de los planes de regeneración que comenzaban a remodelar lugares como Covent Garden y el Soho. Con una City autorregulada dentro del mercado financiero preglobalizado, el East End era un entorno silencioso durante los fines de semana, después de las horas de oficina, y una de las pocas zonas de Londres en las que todavía se encontraban calles secundarias dañadas por las bombas. «En aquella época Shoreditch era un desierto», dice Jones. «Estaba bastante vacío. John montó ese estudio y yo le ayudé en la parte técnica. Intentaba hacer algo minimalista y de líneas limpias. Nada de copas en vitrinas ni alfombras en la pared ni cosas de esas. John era un hombre con mucho estilo, tenía el título de diseñador gráfico.»

La apertura de los estudios Garden atrajo a los artistas más aventureros del mundo del sintetizador. «British Electric Foundation vinieron a grabar *Music of Quality and Distinction Volume One*», dice Jones. «Recuerdo oír cómo la voz de Tina Turner llegaba del sótano.»

Miller y Depeche Mode estaban igual de impacientes por explorar las posibilidades del Garden, y a sugerencia de Foxx invitaron a Jones a convertirse en coproductor de las sesiones. Jones, cuyo caftán y uñas pintadas no casaban nada con el minimalismo de color negro de la estética de Mute, fue contratado de todos modos. Jones, que simultaneaba su trabajo con Miller y el grupo con otros proyectos distintos, pasaba cada vez más tiempo en Berlín, donde trabajó con una serie de grupos de la Neue Deutsche Welle (NDW, Nueva Ola Alemana). Allí Jones utilizaba los legendarios estudios Hansa Mischraum, o, tal y como los bautizó David Bowie para *Heroes*, «Hansa junto al Muro», un estudio de grabación a la última tan rico en *real-*

politik como en equipo reluciente y programable. Miller, que fue a visitar a Jones mientras estaba en Berlín para ver a Nick Cave, se dio cuenta de que el estudio era un emplazamiento económico para completar el disco de Depeche Mode.

«Desde el edificio se veían más o menos las torres de vigilancia, y aquello creaba una atmósfera muy especial», dice Miller. «Lo dispusimos todo para que el grupo volara a Berlín y viviera y grabara en lo que en aquella época era uno de los estudios de más alta tecnología del mundo, pues era más barato que hacerlo todo en Londres. Se nos ocurrió a Gareth y a mí, que en aquella época estaba allí con Birthday Party.»

Birthday Party, después de haberse trasladado a Berlín para reagrupar lo que serían sus últimos días como grupo, se vieron aclamados por una ciudad que poseía una gran vena bohemia y una cultura ocupa que les dio la bienvenida como héroes que regresaban y fue capaz de atender todas sus necesidades disolutas. «El hecho de que Birthday Party vivieran en Berlín tuvo una gran influencia en la escena musical», dice Miller. «Berlín ya poseía algunas bandas interesantes, Einstürzende Neubauten y Malaria y cosas así, pero el hecho de que Nick estuviera allí tuvo una gran influencia, y luego todo cambió rápidamente.»

«El marco alemán era barato en comparación con la libra, y Berlín estaba subvencionado por el gobierno de Alemania Occidental», dice Jones. «En aquella época había un montón de artistas en Berlín... y todavía los hay... Grabar allí con Depeche era realmente factible, y a todo el mundo le encantó y acabamos mezclando allí tres álbumes consecutivos.».

Einstürzende Neubauten, junto con Non, consiguieron que el primer programa de lanzamientos de Mute contara con artistas de la vanguardia electrónica internacional. Después de conectar con el grupo mientras estaba en Berlín, Miller publicó *Strategies Against Architecture*. El disco era una recopilación de actuaciones en directo y de sus primeras cintas, y mostraba la imagen más cruda de la banda. El uso que hacía el grupo de maquinaria de alquiler, paisajes sonoros industriales y collages de fragmentos de chatarra chocando tuvo una influencia inmediata en Depeche Mode, que se acababan de instalar.

«Yo trabajaba con Neubauten por aquella época, de manera que el sample de metal fue un hallazgo», dice Jones. «Yo di a conocer los samplers a Neubauten y los ruidos metálicos a Depeche. Fui un puente entre los dos campos.»

«Nos hicimos amigos de Neubauten», dice Miller, «aunque ya los conocía... y Martin [Gore] se hizo muy amigo de Blixa, y Diamanda Galás también viví allí.»

La tecnología de vanguardia de Hansa, el E-mu Emulator y el Synclavier, permitían tocar samples con el teclado, que programaba Alan Wilder, el nuevo miembro del grupo, y el de más talento técnico, que había sustituido a Vince Clarke. Wilder, Miller y Jones estaban cada vez más hipnotizados por las posibilidades del equipo de Hansa. Absortos en el proceso de crear un álbum a partir de samples y con las minucias de los códigos de tiempo y la programación, Miller, como productor, era la persona más implicada del estudio. «Daniel hacía una gran cantidad de diseño de sonido por sintetizador. Tenía un increíble sentido práctico», dice Jones, «creaba sonidos en sintetizadores, orquestaba y arreglaba las canciones de Martin, y lo hacía de primera.»

Por fértil y seductor que fuera el ambiente de Hansa, Miller seguía teniendo una compañía discográfica que dirigir, y su tiempo se veía seriamente dividido. En Londres, Vince Clarke repetía su éxito como compositor con su nuevo grupo, Yazoo. Su álbum de debut, *Upstairs at Eric's*, había escalado las listas de éxitos lentamente, y ahora se encontraba en el número 2 del Top 40.

«Yazoo llegó a lo más alto mientras grabábamos *Construction Time Again*», dice Jones. «Daniel se pasaba gran parte del tiempo al teléfono encargándose de los asuntos de Yazoo.»

Además de estar atento a las ventas de *Upstairs at Eric's*, el tiempo que Miller pasaba al teléfono en Hansa a menudo lo consumía en prolongadas llamadas a Rough Trade, que tenían problemas con el éxito del disco. Es posible que *Upstairs at Eric's* fuera tan solo el séptimo álbum de Mute, pero para Rough Trade Distribution era el éxito más grande que habían tenido que manejar. «El primer álbum de Yazoo se vendió de manera increíble y muy deprisa», dice Miller, «y básicamente en Rough Trade tenían problemas de liquidez para pagarnos.» Con un éxito entre manos, Rough Trade, a pesar de contar con la facturación del disco, había perdido el control de sus cuentas, y de hecho Mute estaba pagando los gastos corrientes de Rough Trade, y la distribuidora había contraído una sustancial deuda de seis cifras. «Tuvimos suerte, porque también contábamos con otra distribuidora, Spartan, y estábamos vendiendo discos internacionalmente, con lo que no necesitábamos el cien por cien a Rough Trade para sobrevivir, aunque la verdad es que era mucho dinero», dice Miller. «No es que nos pusiera en peligro, pero me hizo ser cauteloso con muchas cosas... si hubiera sido un hombre de negocios de verdad, habría dicho: son simpáticos, pero no debería trabajar con ellos.»

La lealtad de Miller con Rough Trade volvió a ponerse a prueba unos años más tarde cuando lo que se jugaban Mute y toda la empresa de Rough Trade era muchísimo más. Las periódicas crisis contables de Rough Trade seguían siendo, a pesar del éxito de los sellos asociados, un precio que valía la pena pagar por seguir siendo independientes.

En cuanto que productor y director de una compañía discográfica, Miller se veía escindido entre el intento de aprovechar la visión y creatividad del grupo y la realidad del mercado de la publicación del disco en cuanto este se hubo completado. «Era evidente que constantemente pasaba de una cosa a otra», dice, «tenía que llevar mi compañía discográfica y también hacer de coproductor... dos actividades muy diferentes, y a menudo había un diálogo cuando básicamente estaba discutiendo conmigo mismo.»

Aunque ser productor de Depeche Mode y director general de su compañía discográfica sometía a Miller a una considerable presión, su relación con el grupo iba viento en popa. Al ser alguien que vivía desde dentro la creación de sus discos, era sensible a las ideas de Depeche, y llevó el grupo de su pop de sintetizador de sus comienzos hacia una identidad más oscura y experimental. Una compañía discográfica normal quizá habría despedido a un A&R como ese por cometer un suicidio comercial: el de convertir una banda de éxito en algo raro. Pero Miller y Depeche Mode tenían tan buena relación que podían pasar por alto esas consideraciones e intentar definir el éxito según sus propias condiciones mutuamente acordadas. Miller, fiel a su idea de que en Mute había que crear una sociedad entre el sello y el artista, prefería el riesgo creativo a lograr un éxito rápido.

«Con Depeche, sobre todo, acabé haciendo cosas como compañía discográfica que probablemente no habría hecho de no haber participado en la grabación del disco», dice Miller, «y si me paro a pensarlo, creo que probablemente fue algo bueno. A menudo publicábamos canciones que no eran muy comerciales como primer single. Eso era muy bueno artísticamente, aunque probablemente no tenía mucho sentido en cuanto que decisión de la compañía discográfica. Era una pequeña parte de las muchas cosas que les permitían avanzar, el hecho de que no siempre íbamos directamente a por la yugular comercial.»

En Estados Unidos la decisión de Miller de anteponer su mentalidad de productor a la de hombre de negocios comenzaba a tener consecuencias para el grupo. Mientras que en Europa y sobre todo en el Reino Unido la banda seguía intentando convertir su atractiva música comercial de sintetizador en algo más serio, en Estados Unidos sus canciones cada vez más discordantes y con una letra cada vez más provocativa comenzaban a sintonizar con unos adolescentes que estaban horrorizados por la saturación de productos nacionales como Bruce Springsteen y Michael Jackson y por el pop importado de extensiones de pelo de la MTV de grupos como Culture Club y A Flock of Seagulls.

Marc Geiger, un joven DJ universitario que aparecía en el programa nocturno de su emisora local, estaba ávido, al igual que sus oyentes, de escuchar una música más exigente e inteligente. «La emisora se llamaba 91X», dice Geiger, que todavía conserva ese aspecto juvenil de sus años de novato. «Estaba en Tijuana, y la emisora más influyente era KROQ, que hoy en día es terrible, pero que sigue emitiendo, y que era fundamental en la época, al igual que una emisora de las afueras Nueva York llamada WLIR, en Long Island.»

El llenar las ondas de una mezcla de discos de Factory, Mute, Rough Trade y 4AD les granjeó a emisoras como KROQ y WLIR una reputación anglófila que encontró un público abundante y ansioso. Para Depeche Mode fue una oportunidad perfecta para recalibrar su propia imagen lejos de las revistas adolescentes y del *Top of the Pops*, y para transformarse en algo que casara con su nuevo material más sombrío. A una distancia abismal de los formatos de tres minutos de la Radio 1 diurna, las emisoras de Estados Unidos incluían también los remix más largos de New Order y Depeche Mode. Mientras que muchos de los discos no se podían comprar en los Estados Unidos, el impacto de escuchar los últimos sonidos contemporáneos por la radio provocó la aparición de un público cada vez más ávido por explorar la música de esos grupos.

«Depeche Mode comenzaron a ser conocidos gracias a los LP», dice Geiger. «Aquellos artistas... sus fans sabían cómo encontrarlos, y donde había que buscar era en las secciones de importación de todas esas tiendas de discos que en aquella época estaban en efervescencia, y te dabas cuenta de cuáles eran los que comprendían lo que significaba 4AD, Factory o Rough Trade. Si estabas en ese mundo y eras lo bastante afortunado como para estar cerca de una de esas emisoras en la época, comprendías la magnitud del fenómeno, porque si sonaba una nueva canción de Depeche Mode en KROQ se vendía el aforo de un estadio mucho más deprisa que si tocaba cualquiera de las grandes bandas de rock. Si sintonizabas la emisora, percibías la subcultura, igual que ha ocurrido siempre, antes de eso y después eso, aunque era algo que los medios de comunicación convencionales ignoraban.»

Para incredulidad de gran parte de los artistas de 4AD, Rough Trade, Factory y Mute, de repente se encontraron con un gran número de ávidos fans en el mercado musical más grande del mundo. Sin apenas promoción y con una cobertura en los medios prácticamente inexistente, los discos de Cocteau Twins, Depeche Mode, Echo & the Bunnymen, los Smiths y Cabaret Voltaire ahora gozaban de la oportunidad de ir de gira por Estados Unidos de manera profesional. Las noches de los reyes del mambo de los clubs de Manhattan estaban pasando, y ese nuevo mundo de jóvenes anglófilos compradores de discos se convirtió en uno de los públicos de crecimiento más rápido de los Estados Unidos.

Con el celo de un joven obsesionado por la música, a sus veintipocos años, Geiger estaba convencido de las posibilidades que tenían los artistas británicos de triunfar más allá de capitales culturales como Los Ángeles y Nueva York. Estaba decidido a inventar una nueva estructura de giras que abriría los Estados Unidos a la flor y nata de los artistas independientes de Gran Bretaña.

«A veces, cuando critico a la gente del Reino Unido, es porque hay unos muros de veinte metros en torno a las Islas Británicas, y no

quieren ver lo que hay fuera», dice, «y Nueva York tiene algo de eso…
viene a tocar New Order a un club de Nueva York y ya está. El resto
es improvisación. Los Ruth Polskys y otros… su modus operandi era
conseguir que tocaran en su club. A mí no me interesaba salir con los
grupos ni tomar cocaína con ellos. Lo que me interesaba era que sus
jefes de sello supieran que yo entendía más de sus 12" que ellos.»

Había una generación de bandas que habían tocado unas cuantas
veces en el Danceteria y posiblemente visitado Boston, Chicago o la
Costa Oeste, y ahora podían hacerlo delante de un público que superaba todo lo que podían encontrar en su país. «Las ciudades eran más
grandes», dice Geiger. «El mercado era bastante refinado. Los ingleses simplemente no se daban cuenta porque no habían estado allí.
Nadie quería trabajar con esos artistas, de manera que de inmediato
me fui al Reino Unido y contraté a los Smiths, los Bunnymen, New
Order, Depeche Mode y a muchos otros.»

Depeche Mode fue uno de los primeros grupos que Geiger contrató. Al ser uno de los que más sonaban en KROQ, se concentró en
la Costa Oeste, donde el grupo se encontró de repente tocando en
escenarios al aire libre e iluminados por el sol. «Era algo muy inesperado y sorprendente», dice Miller. «Habían hecho un par de giras,
y no regresaron a los Estados Unidos para *Construction Time Again*
porque consideraban que no iban a ningún lado con eso y la cosa ya
no daba para más, y de repente despegaron. En 1985 fuimos a tocar al
Palladium de los Ángeles, un club de dos mil asientos, y se vendió de
la noche a la mañana, de modo que contratamos otra fecha, que también se vendió de la noche a la mañana, y luego contratamos Irvine
Meadows, que está en Orange County y es un escenario al aire libre
en el que caben quince mil personas, y también se vendió, de manera
que antes de que nos diéramos cuenta tres años más tarde estaban
tocando ante sesenta mil personas en el Rose Bowl de Pasadena.»

Cortesía de la radio alternativa, ahora Depeche Mode era un
grupo que tocaba en estadios de California, el mascarón de proa para
un nuevo público que la industria musical americana comenzaría a
llamar «alternativo». Era un mercado que empezaría a revelarse a través de la serie de giras contratadas por Geiger. Al principio, los ejecutivos estadounidenses se mostraban cautelosos y rechazaban esta cultura importada que parecía atraer a adolescentes vestidos de negro

y maquillados a temperaturas de más de treinta grados durante la tarde, una multitud entusiasmada ante la idea de cantar las nuevas y más oscuras letras de Depeche Mode: «People Are People», «Master and Servant» y «Blasphemous Rumours», donde cada canción trataba de temas que jamás se discutían en el interminable «Morning in America».[35]

«Todo comenzó con *Some Great Reward*», dice Geiger. «Recuerdo que vendieron todo el aforo de un estadio, y el mundo ni se dio cuenta. Fue en plan: 'Todos los demás, que se aparten'.»

Para tocar en California, Depeche Mode se vistió de cuero y cadenas delante de un show de luces completo, y ya iban rumbo de convertirse en dioses del rock al tiempo que seguían completamente conectados a su etiqueta de música de sintetizador minimalista. «Era muy Bon Jovi», dice Miller. «Mucho cuero y volumen... pero en aquel momento no había batería, y prácticamente tampoco guitarra.»

Para su próximo álbum, Miller propuso que Depeche Mode no abandonaran su idea del riesgo. Miller sugirió que Jones, él mismo y el grupo comenzaran la grabación en Hansa Mischraum y vivieran allí cada día de la grabación de principio a fin sin tomarse ni un día libre, un viaje al corazón de las tinieblas del estudio entregados a los samplers y a la mesa de mezclas.

«Era una versión muy light de Werner Herzog», dice Miller. «Yo estaba muy influido por esa cosa muy concentrada, de vivirlo de manera muy intensa. Me acordaba de cómo Herzog había rodado *Aguirre, la cólera de Dios*, y llegado a tales extremos.»

La idea de Herzog de una «verdad estética», mediante la cual las tensiones y dificultades de rodar una película con un calendario extenuante revelarían una verdad mayor en la narración, había dado como resultado algunas películas extraordinarias, acompañadas de historias de tensiones igualmente extraordinarias, peleas e histeria por parte de los actores, el equipo y el director.

«Yo soy un enorme admirador de todo eso», dice Miller. «La verdad es que no creo que yo pudiera llevarlo a ese extremo, pero se me ocu-

---

35. «Morning in America» era el nombre con que fue conocido el programa publicitario televisivo *Prouder, Stronger, Better*, que formaba parte de la campaña presidencial de Ronald Reagan de 1984. [*N. del T.*]

rrió que podríamos añadir algo de eso a la grabación del disco, así que lo hicimos... y casi todos estuvimos a punto que perder la chaveta... y al mismo tiempo yo intentaba dirigir el sello... ese era el mayor problema.»

«Grabamos el disco sin tomarnos ni un día libre», dice Jones, «y creo que eso nos volvió a todos un poco locos... pero lo principal eran las canciones. Todos creíamos que los temas eran realmente buenos, porque no era un grupo normal, las máquinas lo hacían casi todo. Martin tocaba un poco la guitarra y Alan un poco el piano, pero básicamente había un secuenciador que lo hacía todo, y todo aquello era orquestado por quien quisiera hacerlo. Hacíamos un trabajo con los samplers que nos parecía innovador: el secuenciador era algo que te liberaba: sampleabas un sonido y hacías que *ese* sonido tocara *ese* ritmo, era realmente increíble.»

Al igual que Herzog había descubierto que sus métodos de trabajo creaban intolerables discusiones con Klaus Kinski y el proceso se interrumpía por falta de planificación, los miembros que participaban en los experimentos de Hansa también experimentaban oleadas de letargo en el estudio, a menudo amplificadas por diversos grados de embriaguez. «Había muchos días en los que no pasaba nada», dice Jones. «Había días en los que literalmente no hacíamos nada, y fumábamos una cantidad moderada de porros, nada de drogas duras, pero teníamos mucho alcohol y una hierba excelente... aunque eso fue antes de que Dave pasara por esa fase yonqui que casi lo mata y todo eso. Era todo una fiesta de intensidad media.»

El proceso de *Black Celebration* había causado mella en Miller, que comprendió que la responsabilidad de dirigir una compañía con una facturación anual multimillonaria no podía coexistir con los altibajos de la creatividad en el estudio de grabación. «Después de *Black Celebration* tuve una revelación por primera vez en cuatro o cinco años», dice Miller. «Comprendí que quería seguir dirigiendo el sello, y que estaba un poco desconectado... Nos iba muy bien. Teníamos a los Bad Seeds, estábamos a punto de contratar a Laibach y a Diamanda Galás, pero yo tenía la impresión de que estaban pasando cosas, quería salir al mundo y escuchar música y hacerme una idea de lo que estaba ocurriendo.»

Una de las primeras decisiones que tomó Miller fue trasladar Mute a un local más grande de Harrow Road, un edificio de cemento, casi brutalista, con un almacén en el sótano y una red de pasillos y oficinas. Mientras se hacía con la riendas de las operaciones del día a día de Mute, Miller comprendió que la empresa, a través del tercer grupo de Vince Clarke, Erasure, estaba a punto de conseguir otro disco de platino. El primer álbum de Erasure, *Wonderland*, publicado en 1986, había obtenido un éxito modesto, pero el single que le siguió, «Sometimes», publicado ese mismo año, llegó al número 2, iniciando un periodo de doce meses en el que Erasure ya no se moverían del Top 40. Para ser alguien que todavía no acababa de hacerse a la idea de que estaba dirigiendo una compañía discográfica, Miller experimentaba un éxito que a las *majors* les costaba meses de planificación y una considerable fortuna en marketing.

«Por mucho que le encantara jugar con los sintetizadores y estar en el estudio, creo que se dio cuenta de que no podía implicarse tanto», dice Jones. «La empresa creció mucho cuando se trasladaron a Harrow Road, muchísimo, y comenzaron a andar un poco despistados porque no tenían ninguna formación comercial. Daniel me contó que alguien le dijo en una ocasión que a Mute se le avecinaban problemas económicos, que había una hemorragia de dinero... que salía por todo el cuerpo de Mute. Ingresas un montón de dinero y quieres hacer un montón de cosas, y eres un visionario al frente de la empresa. Y no tienes tiempo de hacerlo todo, simplemente estás encima de una gran ola, montado en ella e intentando no caerte.»

De vuelta en los Estados Unidos, la gira de Depeche Mode para *Black Celebration* consistió en un desmadre de disipación que duró veintiocho conciertos. El impulso de la banda en Estados Unidos era imparable, y ahora lo compartían con New Order y los Bunnymen a medida que el país se convertía en una especie de mundo de fantasía para esa generación de grupos celebrados por la prensa musical. Si en su país New Order y los Bunnymen todavía conservaban una reputación de seriedad cuidadosamente alimentada, en Estados Unidos, lejos de las limitaciones que les imponía su imagen, daban rienda suelta a su apetito por uno de los productos más selectos que el país podía ofrecer a una banda británica que estaba de gira: el estilo de vida bañado en oro del rock 'n' roll.

«Todos preferían ir a Estados Unidos», dice Geiger. «En primer lugar, para todos ellos era un lugar más cojonudo: más divertido y con mejores drogas. Cuanta más gente conocían, mucho más fácil les resultaba ir de fiesta por Nueva York, y luego: 'Eh, estupendo, me voy de fiesta a San Francisco y la semana que viene hay un fiestón en Los Ángeles'.»

Geiger comenzó a combinar grupos de la estatura de New Order y los Bunnymen en un paquete. En lo que se conocía como «giras rurales», dos grupos británicos, al aparecer juntos en ciudades secundarias pero importantes como Saint Louis, donde Geiger se encargaba de que tocaran, tenían un impacto y atraían a un público mayor que la suma de sus partes.

«La cuestión era: ¿cómo podrías demostrar que esos artistas eran grandes en comparación con Def Leppard?», dice Geiger. «Si creas un mini acontecimiento, en el que colocas a un par de grupos que poseen una base de fans compartida, de repente tienes muchísimo más público, y eso fue lo que ocurrió, con lo que dimos con un formato. A los grupos les gustaba, porque después de pasarse ocho horas en el autobús, o cuando iban a tocar a Cleveland, estaban un poco aburridos, pero si estaban juntos ya no se aburrían tanto, de manera que cuando tenías a New Order y a los Bunnymen, por poner un ejemplo, juntos se lo pasaban estupendamente... y hoy en día todavía se acuerdan.»

Ante la mención de la gira de 1987 de los Bunnymen y New Order, Mike Pickering, en su papel de DJ y asesor espiritual del norte de Inglaterra, parece un veterano de guerra que recuerda una dura campaña en condiciones difíciles. «Si quieres que te diga la verdad, no sé cómo sobrevivimos a esa gira. Tardamos casi un año en recuperarnos.» El mánager americano de New Order, Tom Atencio, comenzaba a recibir llamadas de felicitación de fogueados profesionales de la industria que creían haberlo visto todo. Dice: «Los promotores hacían un negocio increíble. Uno de ellos me llama desde el concierto de Los Ángeles y me dice: 'No me quejo, porque las ventas de entradas son realmente buenas, pero quiero que sepas que tu cláusula sobre la cantidad de licor que hay que poner a disposición de los grupos solo se ve superada por la de los Rolling Stones, y estos tocan en estadios'. Te podría contar historias increíblemente truculentas, se castigaban mucho, te lo aseguro.»

Un grupo que no participó en estas giras fueron los Smiths, que desde el día de Año Nuevo de 1984 habían tocado en los Estados Unidos solo doce veces, y eran un producto muy codiciado, y por todo los Estados Unidos había un público frustrado e impaciente por verlos en directo.

«Contraté a los Smiths para su primera gira», dice Geiger, «y luego Ian Copeland, que había sido mi mentor en muchos aspectos, se los quedó. Le iba mejor relacionándose con Scott Piering y Mike Hinc. Creo que tenía que ver con Charlie [cocaína], aunque no conozco a nadie llamado Charlie... yo no soy una persona de Charlie... nunca lo fui... de todos modos... En aquella época había mucho Charlie.»

Geiger no era el único aliado del grupo frustrado ante la incapacidad de mantener una relación laboral con un mánager durante más de seis meses. En aquella época, 1986, los Smiths habían hecho su segunda y última gira por los Estados Unidos, y eran capaces de vender dos noches en el Universal Amphitheatre de Los Ángeles en cuestión de horas, lo que los situaba en la cima de la liga de los estadios, y tenían una desesperada necesidad de infraestructuras de apoyo que pudieran aprovechar su impulso, algo que, desde la retirada de Joe Moss, no habían conseguido. El resultado fue una serie de conciertos cancelados, incluyendo los cuatro últimos de la gira americana del 86, uno de los cuales era una prestigiosa cita en Nueva York para la que Stein y Sire habían preparado una fiesta de despedida de final de gira de las que solo Stein era capaz de organizar. Mientras que la situación era frustrante para una industria musical estadounidense perfectamente afinada para darse cuenta de cuándo se desaprovechaba claramente una oportunidad, en Inglaterra la relación del grupo con Rough Trade comenzaba a irse a pique.

Las primeras grietas habían comenzado a aparecer en el verano de 1985, cuando Morrissey insistió en que «That Joke Isn't Funny Anymore» se publicara como single de Meat Is Murder, cuando «How Soon Is Now?» y «Shakespeare's Sister», dos canciones que no aparecían en el LP, ya habían salido tras la aparición del LP; una curiosa decisión que iba contra la práctica de la industria y el sentido común.

«Le dije: 'No me parece una buena idea'», cuenta Travis. 'Es una mala idea, no es un single', pero él no lo aceptaba, y, siendo como soy, le dije: 'Muy bien, si quieres que salga, saldrá'. Salió y llegó al número

34. 'Rough Trade son unos inútiles.' Naturalmente que lo somos, eso lo demuestra. Ese fue el primer momento de fricción que recuerdo.»

El siguiente álbum de grupo, *The Queen Is Dead*, más o menos comenzó a grabarse en la época del lanzamiento de «That Joke Isn't Funny Anymore», y en circunstancias extraordinarias. Entre la gente cercana al grupo se rumoreaba que los Smiths pronto dejarían Rough Trade. En una maniobra realmente suicida de la que cualquier *major* habría estado orgullosa, Rough Trade solicitó medidas cautelares en un tribunal superior para impedir que el grupo grabara con ninguna otra compañía. El valor que los Smiths tenían para Rough Trade y la fragilidad de la relación laboral del grupo con ellos era ahora de dominio público.

Asegurarse de que Rough Trade fuera capaz de publicar otro disco de los Smiths llevando el asunto a los tribunales era una de las pocas opciones que le quedaban a Travis; la carrera de los Smiths estaba llegando al límite, y la comunicación interna sobre las finanzas del grupo había llegado a un punto muerto. En lugar de acordar una salida, Morrissey y Marr habían exteriorizado sus problemas, responsabilizando a la compañía discográfica.

«Las quejas llegaron cuando comenzaron a creerse que eran un grupo más importante de lo que eran», dice Travis. «Al final fue una absoluta locura, cancelaciones, lanzamientos aprobados y luego anulados, un caos.»

Las tensiones entre Travis y los Smiths se acentuaron por la proximidad de su relación. Aparte de las prolongadas e intensas llamadas telefónicas de Morrissey al supervisor gráfico de los Smiths, Jo Slee, era Travis el que tenía que tratar directamente con el grupo, una cuestión que, en ausencia de ningún tipo de mediador, era cada vez más difícil y personal.

Lo más extraordinario es que, en medio de ese caos, los Smiths publicaron su obra maestra, *The Queen Is Dead*. Aparte de «Frankly, Mr. Shankly», una carta abierta apenas disfrazada a Travis en la que Morrissey enumera un memorial de agravios, poco más había en el disco que revelara las penalidades que yacían en el fondo de su creación.

«Cada vez que había un problema, no había nadie en el entorno de los Smiths a quien pudieras acudir y decirle: 'Está pasando esto, ¿qué hacemos, qué hacéis?'», dice Richard Boon. «Todo era difuso. Aparte de Mike Hinc, en el que creo que el grupo tenía mucha fe, y los esporádicos intentos de Scott Piering de hacerles de mánager, acabamos pensando que la realidad era que Morrissey se iba a casa y lo hablaba con su madre. Y Johnny acababa contratando la furgoneta. Había discusiones entre ambos por el control del grupo; nunca iban a encontrar a un mánager que dejara satisfechos a ambos, y Ken Friedman es un ejemplo.»

Ken Friedman fue el último mánager escogido por los Smiths, un joven y brillante protegido de Bill Graham de la Costa Oeste. Tenía reputación de ser una especie de bon vivant, y gozaba de una situación perfecta para consolidar el perfil de la banda en los Estados Unidos y aportar ese hablar californiano claro y sin tapujos a los tratos de los Smiths con Rough Trade.[36]

Tras haber resuelto el punto muerto de las medidas cautelares acordando que la banda grabaría un álbum más para Rough Trade (el contrato estipulaba que habían de ser dos), Travis esperaba un último álbum de estudio de los Smiths después de *The Queen Is Dead*. A través de la oferta de compra de la *major* EMI, se le hizo saber que este era el sello que los Smiths preferían para publicar su inminente *Strangeways, Here We Come*. Un Travis cada vez más aislado no dio su brazo a torcer y rechazó la oferta de EMI. *Strangeways* saldría en Rough Trade le gustara al grupo o no. A todas las partes le resultaba evidente que la asombrosa trayectoria que habían compartido Travis y el grupo desde su llegada a Blenheim Crescent había tocado a su fin. «En aquella época yo trabajaba en Rough Trade, y estuve allí cada día durante un año y pico, que coincidió con el momento en que disfrutaron de su mayor éxito, y no recuerdo haber visto al grupo entrar nunca en la oficina», dice Cerne Canning.

Marr en concreto se había sentido frustrado por los limitados presupuestos de grabación de Rough Trade, algo que el sello no había conseguido priorizar. «Fue uno de los directores del sello», dice Boon, «Simon Harper, creo. Lo llevaban por Londres de paquete en una bicicleta de repartidor, e iba llamando a las puertas de los estudios

---

36. La reputación de bon vivant de Friedman estaba totalmente fundada. En el 2008 abrió el primer gastropub de Nueva York, el Spotted Pig. Uno de sus socios y banqueros en la empresa fue Jay-Z. [*N. del A.*]

preguntando si aceptarían que les pagara con tarjeta de crédito una sesión para los Smiths. Se había convertido en algo más que un chiste, y ya no resultaba divertido[37]. Siempre pensaban que no los cuidaban lo suficiente, y se ponían exigentes y se cabreaban.»

El comportamiento cada vez más impulsivo de los Smiths podía obedecer a un capricho o a la menor insinuación de un desaire, sobre todo por parte de Rough Trade. El último año de su carrera se convirtió en una serie de sesiones frustradas y apariciones canceladas, entre ellas el rechazo a aparecer en programas de máxima audiencia televisiva como *Wogan*, que le granjearon a la banda una reputación, sobre todo en Collier Street, de comportamiento distante típico de estrella del rock.

«Había rumores completamente infundados de que tenían un Rolls Royce», dice Canning. «Era como una de esas películas en las que la cámara seguía a una persona y luego cambiaba de punto de vista al cruzarse con otra. Cada día había rumores, muchos fragmentos de conversaciones y gente sacudiendo la cabeza.»

La realidad era que el grupo, sobre todo Marr, que intentaba no desatender los asuntos prácticos a la hora de organizar el día a día de la banda, estaba agotado. «Como éramos jóvenes e inmaduros, la precariedad de Rough Trade nos afectaba, y eso nos cabreaba», dice. «Ellos también estaban aprendiendo, no eran una compañía tan antigua.»

Ken Friedman, que había ayudado a Simple Minds a conseguir un público en los Estados Unidos como para llenar estadios, había previsto que una inyección de optimismo y ambición industrial en los Smiths contribuiría a facilitar una nueva y saludable relación entre el grupo y EMI mientras iniciaban una nueva fase en su carrera. Si Friedman había detectado una disposición a aceptar por fin las reglas del juego y a abandonar ese apuntarse tantos un poco al azar que se había convertido en el principal rasgo de la relación del grupo con Rough Trade, de momento era el único.

«Nunca acabamos de comprender por qué nunca quisieron hacer vídeos, porque en aquel momento lo más importante era el vídeo», dice Boon. «Querían pósters de 60 x 40 por todas partes, pero solo se

---

37. En inglés, en el original: «*It had gone beyond a joke – it really wasn't funny anymore*». [*N. del T.*]

hacía la promoción que ellos estaban dispuestos a hacer. Se presentaban y decían: "'Shakespeare's Sister" no fue un éxito porque no lo promocionasteis', pero no nos daban las herramientas para promocionar el producto.»[38]

En Collier Street se culpó directamente a Travis de la marcha de los Smiths. La distribución iba a perder al artista que más vendía de su catálogo, y la tensión entre el sello y la distribución había degenerado en una total falta de comunicación, mientras la política interna de Rough Trade se convertía en venal.

«El acuerdo de Rough Trade con su propia compañía de distribución era peor que el de cualquier sello independiente del mundo», dice Travis. «Estábamos en un 28% cuando Mute probablemente estaba en el 12%, por lo que solo puedo decir, gracias, distribución. Por cada disco de los Smiths que vendíamos, ellos ganaban una fortuna. Los rumores que corrían de que la distribución era la gallina de los huevos de oro y que la compañía estaba dirigida por un lunático que se gastaba todo el dinero eran completamente absurdas por lo que a mí se refiere.»

Marr había vivido de primera mano la división en camarillas que había dentro de Rough Trade cuando sus llamadas telefónicas iban pasando a través de diversos miembros de la plantilla en un intento de resolver el interminable galimatías de cabos sueltos y facturas impagadas del estudio.

«Lo último que te imaginas en cualquier negocio es que las cosas se vuelvan tan grandes que te resulte difícil manejarlas», dice Marr. «Nos convertimos en los cuatro motores de Rough Trade y llegamos a una zona de turbulencias. Se debía en gran parte a que en la empresa no había suficiente personal, y que dependían totalmente de un grupo.»

---

38. Mientras los Smiths mostraban una actitud ambigua acerca de los vídeos, el cortometraje que Derek Jarman hizo para el grupo, *The Queen Is Dead*, que incluía las canciones «There Is a Light That Never Goes Out», «Panic» y «The Queen Is Dead», es uno de los más evocadores e innovadores de la época. Vibra en la película una rabia sensual mientras los personajes, en callejones y zonas industriales vacías, clavan su incómoda mirada a la cámara y se intercalan imágenes del Parlamento y Buckingham Palace incendiándose. Toda la obra de Jarman es un retrato mucho más exacto de los ochenta que esos interminables clips de yuppies con tirantes rojos. [*N. del A.*]

La ironía de que la gestión intermedia de Rough Trade intentara racionalizar la empresa siguiendo las líneas del camino crítico para crear una estructura menos dependiente de los Smiths no se le pasaba por alto a Travis. «Creo que trajimos a gente que pensaba: 'Cuánto glamour tiene esto. Puedo ganar mucho dinero'», dice. «Crecimos demasiado y la cosa se descontroló, y no contábamos con la experiencia suficiente como para decir: '¿Sabes qué? Esto es demasiado grande, vamos un poco perdidos'. Supongo que el hecho de traer gente nueva significaba que andábamos un poco perdidos, pero por desgracia no trajimos a la gente adecuada. Tampoco teníamos experiencia suficiente como para saber cómo conseguir a la gente adecuada con la formación necesaria, y a lo mejor tampoco existían.»

Por doloroso que fuera el desenlace, el hecho inamovible fue que durante su vida como grupo, todo el canon de los Smiths se publicó en Rough Trade, y el grupo y el sello representaron la perfecta simbiosis de independencia. Los Smiths y Rough Trade crecieron juntos de manera desproporcionada, y fueron el centro de atención a lo largo de los ochenta. La banda arrastró con ellos a Rough Trade al éxito comercial. Y al mismo tiempo, solo un sello independiente habría permitido que titularan a su álbum *The Queen Is Dead*, y solo Travis habría comprendido el porqué del título de ese disco.

Desde los primeros roces de la banda con los medios de comunicación, en los que las letras y las traviesas opiniones contundentes de Morrissey activaron la polémica, hasta su final en forma de una falta de profesionalidad empecinada y caótica, esa trayectoria solo podrían haberla seguido con el espíritu conspirativo que se había creado entre Travis, Marr y Morrissey. Si Travis mantiene que el grupo se consideraba mas grande de lo que era, fue su ambición y seguridad en sí mismos, junto con su inimitable ADN, en cuanto que grupo y sociedad a la hora de componer, lo que los mantuvo en un lugar de privilegio entre sus contemporáneos.

«Creo que la manera más simple de expresarlo fue que así era más emocionante», dice Marr. «Trabajabas con gente con la que te gustaría sentarte a charlar, y podías hacerlo… por no hablar de que todo era una gran fiesta de pijamas y que siempre salíamos juntos, pero es que todos procedíamos de la misma cultura.»

«Es irónico, ¿no te parece?», dice Travis, «que intentes ofrecer una comunidad y un refugio, y creo que ellos lo apreciaron, solo que sus vidas son realmente inseguras, pues ser músico comporta una extraña dinámica.»

Casi treinta años después, Marr se muestra circunspecto. «Si ahora vuelves la vista atrás y analizas las cuatro o cinco grandes bandas influyentes que triunfaron de esa escena independiente, y colocas todas las portadas en el suelo, te das cuenta de quiénes permitieron que su trabajo se viera influido por los A&R, y se convirtieron en un producto y se fueron con la pasta, y los que no, y estos fueron los Smiths, New Order y Depeche Mode.»

10. STEREO SANCTITY[39]

Sonic Youth en escena en el Mean Fiddler, Londres, 12 de julio de 1987. Paul Smith está sentado en el centro con las piernas cruzadas, y Pat Naylor de pie justo detrás de él *(fotografía cortesía de James Finch)*

39. Tema de Sonic Youth incluido en el LP *Sister* (SST Records / Blast First, 1987) cuyo título se puede traducir como «Santidad en estéreo». [*N. del T.*]

Por motivos comprensibles, la desintegración de los Smiths dejó a Travis muy tocado. Pasaría algún tiempo antes de que el sello comenzara a contratar grupos que conectaran de nuevo con un público lector de la prensa musical más amplio, por no hablar de alcanzar el consenso generacional que habían ofrecido los Smiths. Uno de los grupos del sello de más éxito a finales de los ochenta, The Sundays, parecía un producto concebido para llenar el vacío dejado, y demostraron que Rough Trade todavía podía conseguir que sus grupos entraran en el Top 40. Aparte del drama de la disolución de los Smiths, Collier Street estaba cada vez más alborotado, y los causantes eran una sección del personal a los que les importaba un bledo el destino de Travis o de Rough Trade. Un grupo de personajes en general más interesantes aunque rebeldes habían comenzado a reunirse en el Malt & Hops a la hora de comer; pronto trabajarían con parte de la música más estimulante y poderosa que se había producido en los ochenta, y contrariamente a todo lo que antes se había empaquetado y enviado desde Rough Trade, la música era americana y estaba imbuida de la estética de la música rock: solos de guitarra, pelo largo, volumen y fuerza bruta.

«En Collier Street había una sensación muy rara», dice Liz Naylor, que con su hermana Pat estaba instalada en la primera planta de la oficina de prensa de Rough Trade. «Era Sonic Youth contra los Smiths. Pasábamos todo el tiempo posible en el Malt & Hops, y casi siempre, a la hora de comer, el que más hablaba era Paul Smith.»

«Era un grupo de gente generalmente del norte», dice Smith. «Richard Boon contaba las horas hasta que el pub abría a las once, y se quedaba allí doce horas, y te podías beber cuatro pintas mientras comías, cosa que yo hacía, al igual que Liz, Pat y todos los demás, y todos estábamos bastante alegres, y luego volvíamos a la oficina por la tarde y nos poníamos a trabajar en serio.»

«No sé qué nos hizo pensar que estábamos prosperando», dice Naylor, «como no fuera el ir al pub a la hora de comer, tomar grandes cantidades de speed y que se nos fuera la olla. Paul bajaba de Nottingham. No tenía dónde quedarse en Londres, y dormía en el suelo de nuestra cocina. Estaba loco y nunca tenía nada planeado. Era típico de Paul ir completamente a su bola. Recuerdo haber ido a su casa de Nottingham con Sonic Youth. Vivía en un complejo de viviendas tipo Shane Meadows, y todos dormían en el suelo rodeados de sus guitarras.»

Paul Smith, cuyos tupidos rizos y afición a los abalorios le daban un aire de radical de Berkeley transportado a un bar de las Midlands, trajo al Reino Unido y a Europa, sin ayuda de nadie, a la flor y nata de grupos americanos, en una incandescente trayectoria de cinco años en la que los grupos llevarían a cabo una política de tierra quemada, reconfigurando la música underground guitarrera británica de una manera que causó un fuerte impacto en sus contemporáneos de la C86 e inspiró a una nueva generación de grupos ingleses a explorar el ruido, la agresión y la distorsión.

«En las comidas del Malt & Hops fue donde aprendí casi todo acerca de todo», dice. «Pasé muchos ratos con Claude Bessy... por mucho que repita su nombre nunca es suficiente... Claude Bessy... un extraño conector... con un acento francés realmente de comedia... se tomaba su primer par de pintas y a continuación se ponía a buscar el gramo de speed que llevaba en uno de los bolsillos, pero no estaba seguro de cuál, y se metía sin parar. Tanto él como Richard Boon, un teórico fantástico que casi nunca salía y que siempre consiguió hacer lo que pudo o debería haber hecho, eran muy generosos a la hora de compartir lo que tenían o lo que sabían.»

La ruta de Smith al mundo de los almuerzos en el Malt & Hops había sido través de Cabaret Voltaire, con los que había fundado una compañía de vídeo, DoubleVision. Ahora la tecnología estaba relativamente al alcance de cualquiera, y Smith, Stephen Mallander y Richard Kirk de Voltaire habían intentado elaborar sus ideas acerca del mundo multimedia de fabricación casera, publicando videocasetes de larga duración de sus contemporáneos afines. Voltaire tomó la decisión de que DoubleVision no grabaría dos veces material del mismo artista, y de que se concentrarían en artistas como los Residents, Chris & Cosey y Clock DVA, que seguían una línea multidisciplinar antirockera parecida. Sin embargo, pronto comprendieron que para que DoubleVision pudiera seguir en el negocio, además de vídeos tenían que publicar discos. Uno de los primeros que publicaron fue *In Limbo*, de la reina de la confrontación del Lower East Side, Lydia Lunch, que ahora residía temporalmente en el Reino Unido y era un miembro plenamente integrado en la corte de los Bad Seeds, muchos de las cuales eran habituales del Malt & Hops.

«Lydia decía: 'Tengo estas grabaciones para las que no he puesto la voz'. Las cintas de dos pulgadas estaban debajo de su cama», dice Smith. «Decía: 'Supongo que no las querrás publicar, ¿no?'. Lydia se fue a Sheffield a grabar las partes vocales, aterrorizó la vida de Richard y Mal, y las publicamos casi inmediatamente.»

Las pistas de acompañamiento de *In Limbo* se habían grabado 1982, y entre los músicos figuraban Thurston Moore y Richard Edison, dos miembros de Sonic Youth, un grupo formado mientras la brutal energía de la No Wave se consumía y era reemplazada por una segunda oleada de bandas más conceptuales que tanto tocaban en locales del Lower East Side como en clubs del sur de Manhattan.

«Le dimos dinero suficiente para comprar un billete de ida a Nueva York», dice Smith. «Era evidente que no había estado allí más o menos desde el periodo de la No Wave, y se topó con Thurston y le dijo: 'He conocido a este tipo. Ha sido capaz de hacer esto por mí, a lo mejor deberías mandarle algo'. Y así fue como Thurston me mandó dos tercios de *Bad Moon Rising*.»

El segundo álbum de larga duración de Sonic Youth, *Bad Moon Rising*, tomaba el título de una canción de Creedence, que, junto con su portada del espantapájaros en llamas, señalaba que el grupo se alejaba de las raíces artísticas hacia una deconstrucción de la versión de John Carpenter o Stephen King de la América profunda primitiva y gótica. El disco dejaba la ciudad de Nueva York para pasearse por desoladas carreteras secundarias. El título de la canción «Ghost Bitch» era una referencia a la relación de los indios nativos americanos con los colonos. «I'm Insane» y «Society Is a Hole», ambas coloreadas por las texturas bruñidas y heridas de las guitarras del grupo, convertía el disco en una áspera meditación sobre la región del Corn Belt. La última canción del álbum, «Death Valley '69», un dúo con Lunch, se refería a los asesinatos de Manson. La secta de Charles Manson se convertiría en un tropo que se propagaría por el underground estadounidense de los ochenta, hasta el punto de que Guns N' Roses harían una versión de una de las canciones de Manson. En 1985, antes de que arraigara la Mansonfilia, «Death Valley '69» era un estremecedor recordatorio de los huéspedes no invitados que se habían presentado en aquella cena macrobiótica. La canción era un desafío a la generación del baby boom, que, de una manera atípica de su generación, comenzaba a mirarse el ombligo de su inocencia e ideales perdidos a través de películas de retroanálisis como *Reencuentro* o *Un lugar en ninguna parte*. Las cintas que Moore le envió a Smith poseían una profunda textura más afín al cine que a los ásperos sonidos de los espacios de performance de Manhattan.

«Yo, que era alguien que amaba la música y absorbía una gran cantidad, tenía claro que se trataba de una Velvet Underground real y viva», dice Smith. «Para mí supuso un golpe emocional muy fuerte.» Convencido de la necesidad de que el disco se publicara en Europa, y con un celo evangelizador que no lo abandonaría hasta el final de la década, Smith movilizó todos los contactos que tenía con la esperanza de encontrarle un hogar a *Bad Moon Rising*.

«Lo primero que hice fue llevarlo a DoubleVision», dice Smith. «Richard dijo: 'Bueno, son guitarras... es rock 'n' roll. Nosotros no nos dedicamos al rock 'n' roll'. De manera que me dirigí a otros sellos, prácticamente a todos los independientes de aquella época, incluyendo Mute, pero nadie estaba interesado.» Tras toparse con ese muro de indiferencia, Smith procuró encontrarse con el personal de Rough Trade a la menor oportunidad, convirtiendo los almuerzos en el Malt & Hops en sesiones de promoción de los méritos de Sonic Youth. Richard Thomas, otro cliente habitual del Malt & Hops («Era», dice, «lo más parecido que tuve a una oficina»), trabajó con Smith desde los comienzos de Blast First. En menos de cuatro años

Thomas y Smith organizaron conciertos en los que Sonic Youth pasó de tener un público de doscientas personas a más de cinco mil, pero esa trayectoria tan veloz al principio resultó bastante incierta. «Pete Walmsley, que estaba a cargo de la gestión del sello de Rough Trade, le ofreció un acuerdo de fabricación y distribución», dice Thomas, «más que nada para que se callara.»

«Peter Walmsley dijo: 'Consigue los derechos, yo fabricaré los discos, hablemos de otra cosa'», dice Smith. «Él siempre quería hablar de fútbol. A mí no me interesa el fútbol, pero le seguía la corriente. La gente que dirigía sellos discográficos eran todos deportistas fracasados, y la gente que se dedicaba a la distribución eran todos aficionados al deporte. Nosotros queríamos hablar de los números de catálogo y de las tomas descartadas de Can, y ellos solo querían hablar de lo que había hecho el Arsenal o de cualquier otra cosa.»

Las ambiciones de Smith consistían en poco más que conseguir que se publicara *Bad Moon Rising*. En sus negociaciones improvisadas, sin embargo, se estaba convirtiendo en el representante semioficial de Sonic Youth, en su mánager y agente de contrataciones, y ahora en su empresa discográfica de un solo hombre, una posición que sería cada vez más agotadora y problemática. «Walmsley dijo: '¿Cuál es el nombre del sello?', dice Smith, «y yo dije: '¿Qué sello?', y él: 'Tu sello'... De hecho no me lo había planteado hasta el punto de pensar un nombre para el sello. Siempre había sido un poco fan de Wyndham Lewis: 'Oh, Blast First, esto es bueno, son todos los vientos cálidos de Estados Unidos que procuran que Inglaterra no se enfríe demasiado... y aquí tenemos a Sonic Youth montando todo este ruido'... un poco de ironía inglesa. Pero tener un sello discográfico no era mi plan, bueno, si he de ser sincero, no tenía ningún plan.»

Como ejemplo de las oportunidades que Rough Trade todavía podía ofrecer a cualquiera con un poco de entusiasmo y una cinta de nueva música, el acuerdo de Smith con Walmsley fue el último que hizo Rough Trade con unos absolutos desconocidos. Simon Harper, que como mánager del sello sorteaba las complejidades cada vez más tortuosas de la estructura de la empresa, percibía que se estaba creando una oleada de entusiasmo alrededor de Smith y su habilidad para convertir las sesiones de cervezas de la hora de comer en reuniones estratégicas para una inminente revolución contracultural, a la

que la incandescencia de Blast First pondría la banda sonora; sería, tal
como Smith bautizó una compilación del sello publicada cuatro años
después, *Nothing Short of Total War* [Prácticamente la guerra total].

«Paul Smith era un hombre extraordinariamente sociable», dice
Harper, «y en aquella época existía esa cultura de diseminar ideas
en un entorno muy sociable, como el Malt & Hops.» Es posible que
las charlas de pub se convirtieran en un programa de lanzamientos
improvisado, pero a las tres publicaciones la relación de Blast First
con Rough Trade ya se tambaleaba. «La primera o segunda referencia de Blast First se publicó a través de Rough Trade», dice Smith, «y
luego nos echaron porque la portada de 'Flower' de Sonic Youth les
resultó ofensiva.»

La portada del 12" «Flower»/«Halloween» era una fotocopia en
un borroso blanco y negro de una modelo en topless mirando hacia
abajo. Junto a la imagen estaba la letra de la canción escrita en mayús-
culas: «Apoya el poder de la mujer / Utiliza el poder del hombre /
Apoya la flor de la mujer / Utiliza la palabra: / Follar / La palabra
es amor». En la esquina izquierda inferior de la portada hay una sola
palabra: «*Enticing*» [Atractivo]. La cubierta era una aproximación de
fotocopistería de las portadas que Raymond Pettibon creaba para el
sello SST de California: ilustraciones de personajes con los ojos en
blanco de las afueras del sur de California habitando unos espacios
vacíos, tanto física como mentalmente, que el consumismo y el sexo
no podían llenar a pesar de todos sus esfuerzos. Lo que tenía sentido
en el contexto del underground americano, donde esos signos formaban parte de los constantes comentarios de los grupos a su entorno,
poseía la misma resonancia con las relaciones de Sonic Youth con las
sensibilidades de la revista *Artforum* propias de las galerías de Nueva
York. En el contexto de Collier Street, aquello no tuvo mucho recorrido, y se rechazó o bien como la provocación de un sabelotodo
neoyorquino, o como una obra de arte misógina directamente explo-
tadora más propia de un álbum de heavy metal.

«Recuerdo que hubo grandes debates acerca del maxi de 'Flower'
de Sonic Youth», dice Cerne Canning. «Cosas como 'Yo no voy a trabajar en este puto disco'. He de admitir que había una gran parte que
me gustaba bastante, aunque otra parte era una pérdida de tiempo.
Pero había elementos que revelaban la pasión de la gente por las

cosas. Sin ponerme melodramático, ahora vivimos una época mas insulsa. Me gusta el hecho de que la gente se tome en serio las cosas y se sienta autorizada a montar una buena bronca.»

En Rough Trade las discusiones bastaron para que apareciera un artículo en el *NME* en el que se citaban unas palabras de Travis: «No es que el desnudo sea sexista en sí mismo, es que *parece* otra mierda sexista. No queremos formar parte de toda esta tontería».

Smith disfrutaba del aire de provocación que comenzaba a crearse alrededor de Blast First y del sonido agresivo de sus lanzamientos, y percibía que Travis, en ese acto de censura, se estaba quedando atrás. Sin embargo, tras recibir una cinta con el siguiente álbum de Sonic Youth, *Evol,* necesitaba encontrar rápidamente una manera de mantener la suficiente buena voluntad como para publicar el disco y aprovechar el impulso de Blast First. Con un presupuesto cero para todo lo que se pareciera a promoción o marketing, Smith sacó partido de incidentes como el altercado de «Flower»/«Halloween» para su provecho y el de Blast First. Al decidir trabajar con Liz Naylor y su hermana Pat, encontró el complemento perfecto para maximizar la reputación del sello para lo antipático y anticonvencional. A las Naylor no les convencía en absoluto la necesidad de respetar las ortodoxias de la prensa musical. También les desagradaban casi todos los periodistas con los que tenían que trabajar. Sin embargo Blast First recibía una excelente cobertura.

«La necesidad de publicar los discos era una cosa», dice Smith. «La oportunidad de que cualquiera de las hermanas Naylor estuviera implicada, debido a su odio hacia los jóvenes periodistas masculinos y su orientación sexual y todo lo demás, creaba una manera completamente distinta de actuar.»

Smith también construyó una zona de influencia entre los miembros más marginales del personal del almacén de Collier Street, que se encontraban muchísimo más a gusto con la ética de trabajo de Blast First a base de embriaguez, anfetaminas y estridente música agresiva que con la estructura dirigida por el camino crítico.

«Uno de los secretos del éxito de Blast First, y sin duda del éxito de Sonic Youth, fue el hecho de que yo invitaba a todos los que empaquetaban y desempaquetaban los discos», dice Smith. «Ellos eran los que se quedaban una hora extra para enviar tus discos a toda la gente que estaba en la lista de promo. Cuando Sonic Youth tocó en la University of London Union, con una capacidad para ochocientas personas, había una lista de invitados de doscientos setenta. Los del almacén no podían entrar en un puto concierto de los Woodentops ni por todo el oro del mundo, tampoco es que necesariamente quisieran ir, pero sin embargo...»

En cuanto Rough Trade se volvió más profesional, dentro del edificio se afianzó una cultura de nosotros-y-ellos, y Smith se convirtió en una especie de líder sindical para el personal de almacén. Acabaría siendo algo temporal. El profesionalismo contra el que despotricaba nunca arraigaría en Collier Street, pero en las oficinas acristaladas de Manhattan Smith se encontraría cara a cara con la realidad de la industria del ocio Norteamericana.

«Parece increíblemente simplón porque era increíblemente simplón», dice, «pero yo pensaba: 'Me importa un bledo si el tercer contable o lo que sea no puede entrar con sus seis faxes a ver a Sonic Youth', aunque más tarde aprendí la lección de que tampoco estaba de más tenerlos en tu lista de invitados.»

«Paul sabía manejar perfectamente su lista de invitados», dice Thomas, que fue promotor del concierto de la University of London Union. «Era muy bueno a la hora de hacer contactos, y la tienda de Rough Trade volvía a ser muy influyente. Gracias al boca a boca a menudo se vendían cosas.»

La tienda de Rough Trade de Portobello Road, que se sentía cada vez más aislada de su antiguo patrocinador y socio, el sello discográfico Rough Trade, comenzaba a encontrar su sitio y un nuevo público para el tipo de música que Blast First representaba en el Reino Unido. Pete Donne, Jude Crighton y Nigel House, tras haberles arrebatado la propiedad de la tienda a Travis y Scott cinco años antes, habían visto cómo esta volvía a centrarse en la música no convencional y se convertía en un espacio de compras alternativo que vendía discos que estaban tanto fuera del Top 40 como del amateurismo de la mitad inferior de las listas independientes del NME.

«Desde nuestro punto de vista, todo ese post-hardcore americano que estaba saliendo, el material de SST, era lo que realmente nos interesaba», dice Pete Donne. «Cerramos algunos grandes acuerdos comprando directamente a SST y Hüsker Dü. Era la música que nos gustaba a los tres. La verdad que nos gustaba mucho más ese rollo de la Costa Oeste que los Smiths; ninguno de nosotros era fan de los Smiths.»

«En Rough Trade casi todo el mundo tomaba speed», dice Smith. «Creo que una vez abrí la fotocopiadora por error y puse papel sin mirar, y de repente oí a unas veinte personas que exclamaban: 'Oh, Dios mío', y yo les digo: '¿Qué, qué? Oh, Lo siento, chicos'. Creo que salí a comprarles otro gramo. Así es como llevaban la empresa, abajo la gente tomaba drogas y alcohol, y arriba la gente tomaba manzanilla y creía estar haciendo algo importante.»

Mientras que el metabolismo de Smith estaba ya bastante estimulado sin necesidad de tomar otra cosa que no fuera alguna pinta («Dios sabe lo que era entonces ir a cualquier lado con americanos», dice. «Yo siempre iba dos manzanas por delante pensando: ¿dónde están? Estamos perdiendo un valioso tiempo en el que podríamos estar tomándonos una pinta.») Siempre improvisaba su paso siguiente sin más base ni estructura que cualquier silla o teléfono que pudiera ocupar rápidamente dentro de Collier Street, yendo de una oficina a otra, tirando de los hilos y solicitando favores cuando los que mandaban miraban hacia otro lado.

«Como no tenía oficina en Londres ni en ninguna otra parte, me infiltraba de ocupa, ya fuera en producción, donde estaba Richard Boon, o simplemente hacía unas cuantas llamadas telefónicas en el escritorio de Pat o Liz. La gente olvida que en esa época no te podías comunicar. El télex era un artilugio popular. La gente entraba y decía: 'Oh, mira, un teletipo'. En esas estaba cuando me pasaron el teléfono y me dijeron que Daniel Miller preguntaba por mí. Y yo pensaba: 'Ah, Daniel Miller, el hombre electrónico'.»

Después de abandonar la silla de productor de Depeche Mode, Miller estaba interesado en expandir las operaciones de Mute para incluir otros sellos. Además de Blast First, Miller incluiría Rhythm King y Product Inc. al portafolio de Mute. Intrigado por un single de Head of David que Smith había publicado, Miller le pidió que se acercara a las oficinas de Harrow Road que acababa de comprar con los ingresos de Depeche Mode y Yazoo, pero que dirigía con un presupuesto ajustado.

«Tenía que ir andando al puto oeste de Londres para verle», dice
Smith, «y conocía a las Bellezas de Mute, como las conocíamos en
esa época: todas esas chicas que trabajaban para él. No eran como las
chicas superelegantes de 4AD, eran chicas que trabajaban mucho, y
juerguistas que miraban el reloj a la espera de que Dan se marchara
para ir a pasárselo bien. Los escritorios eran puertas sobre caballetes,
lo contrario que en 4AD, donde evidentemente todo había sido diseñado por Ben Kelly y se habían gastado dinero en muebles.»

Miller tenía la impresión de que el enfoque obsesivo estilo Herzog que habían aplicado a *Black Celebration* lo había dejado un poco
a remolque de los tiempos. «Yo quería trabajar con gente que estuviera empezando a publicar discos que yo no acabara de comprender
del todo», dice, «no para recuperar nada, pues a Mute le iba bien,
sino más para trabajar con gente que me resultara enigmática, y con
música que inicialmente no acabara de entender.»

Tras su encontronazo con Rough Trade por «Flower»/«Halloween», Smith se pasó tres meses en prolongadas conversaciones con
Miller mientras luchaba por financiar la publicación de *Evol*. «Dan me
decía: 'Bueno, yo no puedo hacer de A&R para más gente, pero me
gustaría expandirme», dice Smith, «y quiero sellos que de ninguna
manera colisionen con lo que es Mute pero que al mismo tiempo los
dirija gente que crean saber lo que están haciendo'.»

Miller acordó dividir con Smith los beneficios al cincuenta por
ciento y cubrir los modestos costes de funcionamiento de Blast First,
y lo invitó a Harrow Road, donde le dieron a Blast First una pequeña
oficina. Smith le pidió a Liz Naylor que se uniera a él en lo que llamó
la «alacena» de Blast First, donde escribieron su calendario de lanzamientos en un entorno que encontraban cada vez más cómodo
comparado con la burocracia de Collier Street. «A medida que
Rough Trade se volvía más profesional, aquellos a los que todavía
nos quedaban piernas nos largamos corriendo», dice Naylor. «Estaban publicando a Shelleyan Orphan[40], que era algo realmente des-

---

40. Shelleyan Orphan era el ejemplo de lo que podría denominarse «indie Merchant Ivory». Su
álbum de debut (que Rough Trade se permitió grabar en Abbey Road) tenía el nombre de una
orquídea. Una notable interpretación del grupo en *The Tube* incluía una sección de cuerda que
tocaba suavemente mientras un pintor ejecutaba una pieza cubista detrás de ellos. [*N. del A.*]

agradable, y Richard estaba sentado en medio de todo aquello con
su expresión de siempre... de desconcierto. Regresé de una juerga
de drogas de seis meses y Paul ya estaba en Harrow Road. Alguien
acababa de empezar a trabajar en Rhythm King, al final del pasillo, y
habían pedido un taxi. Daniel aparece por la puerta y esa mujer dice:
'Ah, usted debe de ser el taxista'... por aquel entonces tenía pinta de
taxista. Daniel era muy simpático: no se dejaba intimidar por esos
aires de Cambridge de Geoff, y era 1986, en mitad de ese jangle pop
que yo detestaba.»

Miller, tras haber ofrecido una plataforma a tres nuevos sellos,
era perfectamente consciente de los riesgos que estaba asumiendo
al permitir que un grupo tan dispar del que formaban parte algunas
de las facciones que surgían en Harrow Road participara en sus operaciones, pues cada sello competía por apropiarse del espíritu de los
tiempos. Smith y Naylor, de manera poco sorprendente, eran muy
aficionados a mostrarse tercos y belicosos. «Blast First se convirtió en
el pelotón de los torpes de Mute», dice Miller. «De vez en cuando me
irritaba, pero lo soportaba. Desde luego había hedonismo por todas
partes, pero yo tenía la impresión de que tenía que ser el único que
conservara la cabeza fría.»

Ahora que Miller le daba manga ancha, Smith comenzaba a tener
la impresión de haber encontrado la estabilidad. «No nos interesaba
integrarnos con nadie en ese momento», dice. «Lo que queríamos
era gente con la que poder discutir de manera apasionada, en detalle,
idealmente en el pub, sobre lo que hacíamos y por qué lo hacíamos.»

El impulso del programa de lanzamientos del sello y su reputación
de no transigir con el volumen, la velocidad y la agresión, junto con
el hecho de que se trataba de una compañía británica especializada en
música norteamericana, le otorgó un prestigio y una imagen exterior
que lo convirtió casi de inmediato en icónico. John Peel, que contrató
a todos los grupos del sello para que tocaran en alguna sesión siempre que estuvieran en el Reino Unido, en un momento de efusividad
desenfrenada declaró que Blast First era el sello más importante de su
tiempo.

«Todo aquello era tan increíble que pasaba días sin dormir», dice
Smith. «Siempre había otro fax, otra llamada telefónica... Estaba
obsesionado, y de hecho no me di cuenta de lo obsesionado que

estaba hasta que paré. *Bad Moon* fue como el pistoletazo de salida, y yo estaba: 'Ua, joder, vale... somos lo más...'.»

Junto con Sonic Youth, Smith fichó a un puñado de grupos británicos, pero se concentró en grupos norteamericanos que pronto adquirieron la condición de dignatarios visitantes cuando hacían sus giras semirregulares en el Reino Unido. Además de Londres, Manchester y Glasgow, las bandas de Blast First tocaban en ciudades del «cinturón industrial» como Nottingham, Newport y Bradford, donde la música alcanzaba una mayor conexión con el público.

Los grupos contratados por Smith eran consecuencia de la intensiva interconexión provocada por Sonic Youth, quienes, tras haber firmado con SST de la Costa Oeste, se habían alejado de Nueva York y ahora compartían giras rurales con un grupo de bandas afines con un presupuesto cero. Thurston Moore, en concreto, poseía un inquisitivo entusiasmo que le convertía en una especie de portavoz o estadista, y de manera regular animaba e impulsaba a muchos de sus contemporáneos. Además de ser un líder carismático, era también uno de los mejores A&R de su generación, y Smith de inmediato fue consciente de su energía e instinto diplomático.

«Una de las primeras cosas que Thurston me dijo —de hecho creo que fue lo primero que me dijo cuando lo conocí en Heathrow— fue: 'Vaya, pero si eres igual que nosotros'», dice Smith. «Esperaban encontrarse con un hombre de negocios que se reunía con ellos porque había traído la lista de los veintidós grupos que había que contratar de inmediato. Thurston era del tipo: 'Tienes que sacar esto, tienes que sacar esto otro'... Cuando yo conocía a alguien que me caía bien, publicaba sus discos, y si no me caía bien, bueno, pues no los publicaba.»

La primera persona de la lista de Moore con la que Smith contactó fue Steve Albini, cuyo grupo Big Black reproducía el sonido de herramientas eléctricas. «Acabé en Chicago con Sonic Youth», dice Smith. «Estaban tocando en Metro, y había un póster fotocopiado de Steve en la taquilla que decía: 'No dejen entrar a este hombre bajo ninguna circunstancia', y recuerdo que pensé: 'Esto es gracioso y no sé por qué', y una hora más tarde estábamos recorriendo un par de manzanas rumbo a algún restaurante mexicano con Steve y Sonic Youth, y la gente que pasaba por el otro de la calle chillaba: 'Que te jodan, Albini, que te jodan', y yo me decía: 'Este tipo parece interesante, ¿qué tendrá?'.»

Big Black, un grupo que Albini había formado mientras todavía estaba en la universidad, utilizaba guitarras modificadas y una caja de ritmos para crear un primitivismo electrizante y brutal, el equivalente auditivo al tema de sus canciones: mataderos, asesinos en serie, alcoholismo y pedofilia, un tema ruidoso y agresivo tras otro que llevaba a quien lo escuchaba al corazón de un Midwest profundamente disfuncional. Albini, graduado en Periodismo, nunca sentía la necesidad de defender sus motivos, pero si le insistías te explicaba que estaba poniendo un espejo delante de la sociedad, utilizando un reflejo similar a la defensa/tesis que hacía Genesis P-Orridge del material de Throbbing Gristle. Además de la dinámica del puñetazo en la barriga del sonido y de las letras de Big Black, Albini disfrutaba dejando claras sus intenciones en las portadas de sus discos. El EP *Headache* se publicó dentro de una bolsa de plástico para cadáveres que ocultaba al desprevenido cliente de la tienda de discos la foto de la portada: la imagen forense de una cabeza partida en dos. La primera publicación del grupo, el EP *Lungs*, incluía desechos encontrados al azar como tejido manchado de sangre, fotos de revistas arrancadas y anticonceptivos usados.

Fue a través de P-Orridge que la existencia de Big Black llegó a oídos de Stevo, de Some Bizzare, con quien Albini estaba pensando en firmar cuando conoció a Smith en Chicago. Había llegado a organizar una reunión en Londres. «Iban a ver a Stevo», dice Smith, «y ya habían hecho algunos contactos cuando le dije: 'Oye, no voy a estar en mi piso. Te dejo las llaves y te quedas allí mientras esperas a firmar el contrato, y volví el mismo día que se marchaban y me dicen: 'No hemos firmado el contrato, pero te hemos dejado copias del disco, por si se te ocurre alguien más que pueda publicarlo'. Se fueron al aeropuerto, yo puse el disco y pensé: 'Yo podría publicarlo'. En eso consistía Blast First al principio, en esas felices coincidencias.»

En agosto de 1986, apenas dos semanas antes de la semana C86 en el ICA, Big Black hizo su debut en Inglaterra. La agresión del grupo al público británico, liberada por la máquina de ritmos, mientras Albini contorsionaba su frágil esqueleto y cantaba acerca de psicosis y sadismo, con el trío formado en hilera mientras tocaban las guitarras encolerizados, no podía ser más distinta de los conciertos del mes anterior en el ICA. Big Black tocaban a un volumen increíble, y la máquina de ritmos reverberaba en el pecho del público y le daba una dimensión física a su aire agresivo. Tal como Smith había observado en Chicago, incluso entre el mutualismo tan unido de la red independiente de los Estados Unidos, Albini era una figura polémica. O se le rechazaba como persona sensacionalista y carente de gusto o lo aceptabas como un personaje brutalmente leal con una nítida brújula moral absolutamente propia, pero nadie quedaba indiferente. Liz Naylor se encargaba de actuar de enlace con el grupo en ausencia de Smith, y se alineaba en el primer bando.

«Cuando vinieron los vi enérgicos y sudorosos, y me parecieron bastante impresionantes», dice, «pero luego, no sé por qué, y no es que sea una experta en feminismo ni nada parecido, pero Albini se me acercó y fuimos a tomar una copa, y era abstemio, y realmente era un friqui y un pervertido de cojones, y provocativo cuando no hacía falta. Era esa clase de friqui virgen.»

La reputación que tenía Albini de ser una persona intransigente y poco paciente con los idiotas se encontró con la rigurosa indignación de Naylor. Intuyendo que sería una persona de mal trato en el trabajo se negó a relacionarse con la banda. «Simplemente me pareció que era un idiota, y enseguida me dije: joder, no voy a hacer esto. Recuerdo que Paul y yo tuvimos una discusión. Recuerdo que provocó una disputa.»

Blast First publicó el álbum de debut de Big Black, el contundente y conciso *Atomizer*, junto con un disco de vinilo en directo semioficial, *Sound of Impact*, en 1986. Cuando Big Black regresó al año siguiente, tocó ante un público entregado.

«Si Big Black no se hubieran separado, habrían sido la banda más importante de Blast First», dice Smith. «Sin duda tenían esa ingenuidad capaz de llenar estadios y componer himnos, y en directo eran inmensos. No estoy diciendo que Steve no hubiera sido una persona muy, muy infeliz a consecuencia de ello, pero realmente habrían sido grandes.»

Después de *Atomizer* vino *Songs about Fucking*, justo seis meses después, en la primavera de 1987. Para ese disco, Pat Naylor, que había aceptado trabajar con la banda pero con sus propias condiciones, emitió un comunicado de prensa tremendamente personal. «Era un folio, tres cuartas partes del cual los dedicaba a contar que había tenido un fin de semana de mierda, porque el Derby County había perdido, y ella era una gran fan del Derby, y lo último que decía era: 'Y, ¡ah!, por cierto, en Blast First acaba de salir otro gran disco de Big Black'. Y así fue, y así mismo se reprodujo literalmente en el *NME*.»

Blast First se había convertido en una versión en forma de compañía discográfica de sus grupos: sus acalorados debates internos daban como resultado una serie de gestos humorísticos y hostiles, que los grupos del sello apreciaban enormemente. Al trabajar con grupos que poseían una ética del trabajo punk-rock endurecida en la carretera, el sello poseía un programa de lanzamientos reducido y centrado que proporcionaba una definición clara. En 1987 Smith publicó *Locust Abortion Technician*, de Butthole Surfers. Los Butthole habían tragado mucho polvo cruzando los Estados Unidos, operaban desde una decrépita furgoneta y ofrecían espectáculos que eran una forma de performance antiarte allí donde conseguían que los contrataran. Eran una versión pordiosera y reaganómica de los Merry Pranksters, y habían perfeccionado su actuación incluyendo horripilantes retroproyecciones de circuncisiones y pruebas químicas, sobre las cuales montaban un espectáculo de luces intensamente estroboscópico que daba como resultado una experiencia sensorial desorientadora. Delante de esta sobrecarga que te quemaba la retina, los dos baterías del grupo aporreaban un implacable ritmo sobre el cual el guitarrista Paul Leary lanzaba sus intensos riffs. En escena el grupo era un hatajo de alucinantes derviches medio desnudos. El resultado era un caos sombrío y psicodélico: una mala experiencia de ácido.

Smith había visto por primera vez al grupo en directo en un festival en Holanda en el que también habían tocado Sonic Youth. Al pie del escenario, Smith había tenido delante al vocalista de los Buttholes, Gibby Haynes, una imponente figura de metro ochenta que no paraba de menearse. «Lo primero que me dijo Gibby fue: '¿Qué hora es, tío?'», dice Smith. «Cinco minutos más tarde vuelve a preguntarme: '¿Qué hora es?'. Necesitaban saber cuándo tomarse el ácido, de manera que el efecto fuera máximo cuando estuvieran en escena.

Siempre estaban: 'Quién tiene la pintura, quien tiene los vendajes...'. Gibby se ponía pinzas en el pelo y luego se vendaba la cabeza minutos antes de salir a escena, y luego salía dando tumbos con ese aire pasota y ese... ese inmenso riff metálico, lo veías y pensabas: hostia puta, aquí tenemos otro de esos grupos...»

Desde mediados a finales de los ochenta, el circuito de festivales europeo estaba en pañales, y consistía en poco más de dos semanas a principio y final del verano. La primera era en junio, más o menos el día más largo del año, cuando Glastonbury y su equivalente danés, Roskilde, tenían lugar simultáneamente, y la segunda era a finales de agosto, coincidiendo con Reading, Pukkelpop en Bélgica, y el Pink Pop Festival de Holanda. La proximidad de los festivales les permitía a los grupos americanos hacer una visita relámpago al norte de Europa y regresar a su país generosamente recompensados. El catálogo de Blast First, después de años de tocar en clubs vacíos, ahora se encontraba ante un público ávido de experiencias estridentes.

«Los Buttholes comenzaron a escalar puestos en los carteles», dice Smith. «En el festival de Reading del 89 podías ver a la misma gente que saltaba alrededor de The Wonder Stuff o el grupo que fuera aterrorizados y preguntándose: '¿Qué coño es esto?'. Si ya Sonic Youth los superaba, ¿qué decir del espectáculo que montaban los Butthole Surfers?»

Smith había llegado en el momento oportuno. La generación de grupos que había contratado habían comenzado sus carreras con una secuencia de EP dispersos que funcionaban gracias al boca a boca, aparte de grabaciones en directo y lanzamientos de mini-LP, avanzando lentamente por los Estados Unidos a través de la red de fanzines y clubs punk informales que componían la infraestructura underground norteamericana. Cuando Smith comenzó a trabajar con los grupos, estaban en su mejor momento. Butthole Surfers encontraron por fin una manera de replicar la contundencia de su espectáculo en directo en un estudio y publicar su increíblemente heavy *Hairway to Steven* en 1988. Sonic Youth y Big Black también entregaban un álbum cada año. Los semanarios musicales estaban entusiasmados, pues habían encontrado una serie de personajes parlanchines de personalidades e historias complejas y contradictorias que se habían curtido en la carretera. En absoluto intimidados por la prensa británica, eran un excelente material.

«En aquel momento nadie se paró a pensarlo», dice Smith, «pero desde luego hundimos a una generación de bandas ocupa inglesas. Bogshed y todos esos tipos se hundieron muy rápidamente. Todavía me los encuentro y siguen un poco resentidos, cosa que entiendo; estaban en el paro y podían ir tirando, y de repente había una puta semana en la que tres revistas tenían que llenar sus páginas, y escribían sobre ellos. Pero si te enfrentas a las enormes extensiones de América y al amplio abismo que existe entre los diversos medios de comunicación, el resultado son ciertos personajes, Sonic Youth en concreto. Thurston siempre fue una persona muy extrovertida e interesada en los medios, y quería ver qué clase de música se estaba haciendo. Era un grupo variado cuyos caminos se cruzaban vagamente, que literalmente habían tocado delante de dos personas y un perro, y que después habían conducido casi mil kilómetros para hacer lo mismo. Aquí habrías ido a Escocia y vuelto. Aquello producía un directo que, para ser honestos, los británicos no podían producir en la época.»

Hubo un grupo con los que Smith al principio no tenía claro si quería trabajar y que se convirtió en la banda de Blast First que más sonó por la radio con auténticos himnos de disco indie. «Kim [Gordon] era quien movía los hilos detrás de *Bug*», dice Smith. «Yo pensé: 'Esto es horrible de cojones'. Era casi tan malo como Die Kreuzen, que era el grupo de su colega y que eran *realmente* malos, solo que ellos no se daban cuenta, porque consideraban que ese tío, como se llamara, Butch Vig, creo, era cojonudo. Puse *Bug* y me dije: 'No, esto no lo quiero', y luego me di cuenta de que estaba canturreando algunas de las melodías y me dije: vaya, si es ese puto disco que escuché ayer. Así que telefoneé a Kim y le dije: '¿Todavía tienes la cinta? ¿Puedo escucharla otra vez?'. Y ella me contestó: 'La tienes debajo del almohadón', y siempre me pareció una jugada muy inteligente por su parte. Había dejado el casete debajo de mi almohada y después de eso, ¡bang!, ya estaba metido en el disco.»

Dinosaur Jr habían publicado el hipermelódico *Bug* en 1988, el mismo año que salieron *Hairway to Steven* de Butthole Surfers y la obra maestra de Sonic Youth, *Daydream Nation*; mientras la mayoría de grupos independientes contemporáneos británicos todavía daba sus primeros pasos en el estudio, se trataba de un trío de álbumes tan impresionante como lo que cualquier sello británico había publicado en la época. Los tres discos estaban inmersos en un caos de electricidad caótica y distorsión, y por encima de todo señalaban un momento en el que los discos de rock de verdad permanecían mucho tiempo en lo alto de las listas independientes.[41]

Junto con los riffs de nivel armamentístico de Big Black, Sonic Youth, Butthole Surfers y Dinosaur Jr marcaron un regreso generalizado a la guitarra, un instrumento que en los últimos cinco años había sido primordialmente utilizado para el jangle pop, si es que se había utilizado.

Mantenerse en contacto con grupos que no tenían mánager y que pasaban la mayor parte del tiempo en la carretera resultaba complicado para Smith. La fuerza de las personalidades que trabajaban dentro de Blast First y de sus artistas complicaba aún más la situación. Teniendo en cuenta que en el sello solo trabajaban tres personas, navegaba en la cresta de una ola que amenazaba con desplomarse en cualquier momento.

«Paul era muy apasionado y brillante», dice Liz Naylor, «pero también lo recuerdo telefoneando desde Japón, y que yo había conseguido colocar a Sonic Youth como 'single de la semana' en el *NME* y el *Melody Maker*, pero no en el *Sounds*, y que me pegó la bronca por eso. Era completamente impredecible, y la gente constantemente se metía contigo. Lydia Lunch entraba en la oficina diciendo: 'Mira, no quiero hablar con ese culo de mono'. Todo esa gente ligeramente perturbada siempre estaba dispuesta a soltarte una coz.»

Smith comenzaba a tener reputación de ser una persona un tanto errática. La diferencia horaria entre el Reino Unido y los Estados Unidos implicaba una interminable serie de llamadas y negociaciones nocturnas. A ello había que añadir la personalidad de Haynes y Albini, para quienes discutir con alguien a menudo equivalía a intercambiar comentarios jocosos, cosa que complicaba la comunicación.

---

41. El vídeo de «Freak Scene» de Dinosaur Jr se filmó en Manchester, en el jardín trasero de la casa de John Robb, miembro de los Membranes, y demuestra que al menos algunos de los grupos británicos que Blast First desplazó no les guardaban ningún rencor. [*N. del A.*]

J Mascis tenía el problema opuesto, una mezcla de timidez e inco-
modidad. A veces la gente no acababa de saber si habían mantenido
con él una conversación o no. «Hablar con J era una pesadilla», dice
Smith. «Era imposible sacarle nada.» A finales de 1988 los grupos y
los empleados de Blast First estaban tan jodidos y a punto de explotar
como su música.

«Todos estábamos hechos polvo», dice Naylor, «aparte de Sonic
Youth. Para ellos era como un proyecto artístico, y yo no comprendía
que era un proyecto artístico. Creía que eran una banda de rock 'n'
roll.»

La relación de Smith con Sonic Youth se había intensificado con
cada publicación. Ahora era su mánager, su ingeniero de sonido, el
director del sello, quien les solucionaba todos los problemas y quien
tomaba tantas decisiones en su nombre fuera del Reino Unido y
Europa como en Inglaterra; era también una relación en la que el
amor por la música del grupo y Smith era el vínculo que los unía.
«Íbamos en coche por los Peninos y de repente Thurston me decía:
'Oye, Joy Division, ¿alguna vez viste actuar a Joy Division?'. Cuando
comprendieron la realidad de Manchester, se les pusieron los pelos
de punta. Tony Wilson vino a verlos, y Hannett apareció, y siempre
fue bastante raro. Le dije a Thurston: 'Oye, Hannett está aquí, ven a
conocerlo y dile hola'. Entre que fui a buscar las pintas y volví, Hannett había sacado la pistola y la había puesto sobre la mesa, y Thurston se había quedado blanco y temblaba. Le dije: 'Hannett, quita
esta pistola, hoy no la queremos para nada', y me contesta: 'Vaya, lo
siento, tío'. Si lo conocías, aunque fuera un poco, sabías que no iba
a dispararle a nadie. Era mucho más probable que se disparara en el
pie, de manera real y metafórica.»

Sin embargo, una leve fisura comenzó a abrirse entre Smith y
Sonic Youth. Después de haberse trasladado a Nueva York, Smith y
el grupo ahora se veían muchísimo más que antes. Aunque Smith se
consideraba mánager de facto, el grupo estaba cada vez más harto de
su manera de actuar. «Siempre me sorprendía que cuando yo estaba
en Nueva York, ellos no salieran. No tenían dinero para salir, no
bebían y no tomaban drogas», dice Smith. «Salían al cine, iban a ver
grupos, pero no 'salían', y una de las grietas culturales clave que surgieron era que yo salía: 'Muy bien, ya hemos hecho todo lo que tenía-

mos que hacer y son solo las diez, estamos en Nueva York... así que
voy a salir'. Era la época en que el Lower East Side era un poco peligroso y había prostitutas, y yo les decía: 'Pero hay un bar cojonudo al
final de la calle', porque yo venía de una cultura en la que salías y te lo
pasabas bien, y eso nunca lo entendieron. Kim, en concreto, se sentía
incómoda con ese estilo de vida.»

Sus aliados y colegas también observaban que Smith se mostraba
un tanto posesivo con el grupo. Cuando Sonic Youth tocaba en
directo, Smith estaba detrás de la mesa de mezclas o en el escenario,
con las piernas cruzadas detrás de un monitor. Smith, con cierta jus-
tificación, explicaba que dicha proximidad era producto de su intensidad y compromiso. Otros detectaron un atisbo de claustrofobia.

«Sonic Youth no tenían mánager. No tenían sello discográfico. No
tenían agente», dice Richard Thomas. «Solo tenían a Paul, al que
deberían haber despedido un poco antes.» Thomas también consideraba que Sonic Youth ejercía una influencia sobre su generación
al estilo de una Velvet Underground contemporánea, sobre todo en
Londres, donde Thomas observaba que algunos de los grupos de la
época de la C86 se estaban dejando crecer el pelo y compraban amplificadores más grandes. «El impacto de Sonic Youth y de los grupos de
Blast First fue casi instantáneo», dice. «De la noche a la mañana grupos que me había llevado de gira tenían el doble de efectos de pedal.»

La música estadounidense era ahora un activo que otros sellos
exploraban. Smith, que tres años antes no había conseguido interesar
a nadie, se consideraba ahora una presencia totémica en Londres,
alguien entre vidente y ejecutivo agresivo que había revitalizado el
sector.

«Ivo me telefoneó», dice Smith, «y me dijo: 'Acabo de contratar a un
grupo que suena como uno de los tuyos. He mirado todos los discos y
no dice quién los produce. Supongo que eres tú. ¿Te gustaría producir
este disco?'. Y como un estúpido le contesté: 'No, yo no produzco discos, se los producen ellos mismos'. Fui un auténtico estúpido, aunque
si hubiera producido a los Pixies, habría acabado con su carrera. Y
debo decir que adoro a Kim Deal, y que he pasado muy buenos ratos
con ella... Si tan solo hubiera sido capaz de cerrar la boca...»

La idea de juntar bandas y productores era algo que no se le había
ocurrido a Smith, el cual, a pesar de todas las acusaciones de ser un

maniático del control, se comportaba más como un catalizador que como un experto A&R. «No tenías por qué ir detrás de Sonic Youth diciéndoles: 'Chicos, creo que a lo mejor aquí podríamos hacer un poco de remezcla'», dice. «Cuando llegaban las cintas, las ponías, te sentabas y decías: 'Joder'. No te sentabas y decías: 'Mmm, creo que solo con que encontremos al productor adecuado...', ni nada parecido.»

Para Smith, estar en el ojo del huracán significaba ir a toda máquina en la pequeña unidad que había construido en Harrow Road. Pero la idea de unir al grupo insignia del underground americano —algo que ahora comenzaba a llamarse «indie rock» o «alternativo»— con la dinámica de trabajo de un presupuesto de estudio de nivel de *major* era algo que sonaba cada vez más en Estados Unidos. Un puñado de ejecutivos comenzaba a preguntarse qué ocurriría si eliminabas el «indie» de «indie rock» en el *mainstream*, por no hablar del mercado alternativo. Y de ahí, al nirvana.

II. GIGANTIC

Pixies, *Gigantic* BAD 805 (*Vaughan Oliver/4AD*)

AWatts-Russell cada vez le costaba más lidiar con el crecimiento de 4AD. Además de Vaughan Oliver y Colin Wallace, en 1987 trabajaban en la empresa unas seis personas, incluyendo a su socia, Deborah Edgely, y a Ray Conroy, que era el mánager de Colourbox. Sin haber perdido lo más mínimo su permanente atención al detalle, el creciente calendario de lanzamientos comenzaba a superarle. A pesar de contar con unos cuantos empleados, él seguía microgestionando todos los aspectos del sello para procurar que su reputación y estética permanecieran intactos; no daba abasto y cada vez más tenía que recurrir a sus reservas de energía, con lo que el estrés comenzaba a afectarle.

«Cuando estaba fuera de la oficina, siempre tenía prisa por volver y comprobar que todo estuviera en orden, y luego, cuando tuve gente que se encargaba de todo, más o menos perdí el hilo», dice. «Era cada día, sin descanso. Me pasaba el año sin poder salir, y luego en Navidad quería sol, así que me iba a sitios horribles, como las Maldivas. Ray Conroy siempre nos localizaba, aunque estuviéramos en el lugar más remoto, y llamaba para decir que Alex Ayuli, que posteriormente estuvo en A.R. Kane y que en ese momento trabajaba para esa compañía tan pequeña llamada Saatchi & Saatchi, nos había pedido utilizar «Song to the Siren» en un anuncio, y yo decía que no. Otro día me llamó para decirme que Alex había localizado a Louise Rutkowski, a la que yo conocía y con la que había trabajado en el segundo álbum de This Mortal Coil, y que ella iba a cantar en la versión de «Song to the Siren» para el anuncio. Creo que le insulté y le dije: 'Dile que no sea tan estúpida', pero no sirvió de nada, ella volvió a grabar «Song to the Siren» y de repente sonaba en ese ridículo anuncio de televisión. Cuando llegabas a conocer realmente a Rudy y a Alex, se te caía el alma a los pies.»

A.R. Kane sigue siendo uno de los grupos más venerados y menos conocidos de finales de los ochenta. Era un dúo formado por Ayuli y Rudy Tambala, que, después de trabajar con Watts-Russell, acabó publicando dos álbumes en Rough Trade. La música del grupo era un seductor híbrido de líneas de guitarra suavemente distorsionadas, voces con reverberación y cajas de ritmos; a Ayuli, que era redactor publicitario, se le atribuye haber inventado la expresión «*dream pop*», que define perfectamente su música. Las canciones de A.R. Kane sonaban como si hubieran sido grabadas en un tanque de flotación. Su primera referencia, «When You're Sad», parecía los Jesus and Mary Chain después de haber hecho régimen, y su aplastante pop con *feedback* producía una sensación de beatífica satisfacción. «When You're Sad» se había publicado en One Little Indian, un sello propiedad de Mayking Records, fabricantes del grueso de la industria independiente y dirigido por Derek Birkett.

«Yo ya tenía el EP de One Little Indian, que me gustaba mucho», dice Watts-Russell. «Alex vino a verme y me dijo: 'Nos gustaría grabar otro disco, pero One Little Indian no tiene dinero y nos da falsas esperanzas, así que queremos hacer un disco contigo'. Y antes de que me diera cuenta alguien llamó a recepción y dijo: 'Hay alguien de One Little Indian que quiere verte'. Derek estaba ahí fuera acompañado de Paul White, que se encargaba de la parte gráfica, y un tipo sonriente con la cabeza rapada que resultó ser Einar, de los Sugarcubes, que conocía de cuando vino a visitarme a Hogarth Road en 1981 con una idea sobre un colectivo de música islandesa. De todos modos, pronto quedó claro que lo que pretendía Derek era darme una hostia.»

Desde el edificio de One Little Indian hasta las oficinas de Alma Road no había más que un breve paseo, y Birkett había llegado muy nervioso y acompañado de unos gorilas, decidido a resolver la cuestión de que, tal y como él la veía, 4AD le había robado a uno de sus grupos. El hecho de que A.R. Kane no le hubieran dicho que habían mantenido conversaciones con Watts-Russell tampoco había ayudado. Al comprender lo que estaba sucediendo, Colin Wallace reunió a un equipo de reacción rápida en el almacén de 4AD, lo que dio lugar a un enfrentamiento entre los dos sellos. No era exactamente las luchas de poder de la mafia de Broadway ni los matones que poblaban los callejones de Denmark Street a finales de los sesenta, pero como las cosas amenazaban con pasar a las manos, One Little Indian y 4AD comenzaron a ponerse en guardia por una de las bandas más etéreas de todos los tiempos.

«Derek se me acercó», dice Wallace. «Todos los chavales del almacén estaban en recepción esperándolo, y yo creo que Derek se asustó un poco. Ladraba más que mordía. Después de eso Derek y yo nos hicimos muy amigos, pero era un poco: 'No vas a volver por aquí y causar más problemas, tío'.»

La conversación que siguió fue un animado debate entre Birkett y Watts-Russell, mientras el primero acusaba al segundo de haberle robado a A.R. Kane. «Derek estaba furioso», dice Watts-Russell. «'¡Eso no se hace, joder! ¡Me has robado a una de mis bandas, me cago en todo!'» Watts-Russell olvidó aquella desavenencia y firmó con el grupo para un lanzamiento aislado y el vago acuerdo de trabajar en otro. Lo primero que sacó A.R. Kane para 4AD fue el EP *Lolita*. La imagen que aparecía en la portada era la de una chica desnuda con un cuchillo a la espalda que captaba perfectamente la feliz amenaza de la música. También era una premonición de los acontecimientos que se avecinaban.

«Hicimos el EP *Lolita*», dice Watts-Russell. «Jürgen Teller hizo la portada. Decían que lo que les había decepcionado en One Little Indian era que les habían prometido que podrían trabajar con Adrian Sherwood, y no había sido así. Yo les dije: 'Trabajad con Martin Young de Colourbox, es mucho mejor'. Esa fue mi inocente sugerencia.»

El resultado de la colaboración entre A.R. Kane y Colourbox fue la única referencia de M/A/R/R/S, un grupo cuyo nombre consistía en la primera letra de cada uno de los nombres de pila de los miembros de A.R. Kane y Colourbox. Después de una sesión de grabación malhumorada, M/A/R/R/S consiguieron salir del estudio con solo dos canciones, «Pump Up the Volume» y «Anitina», junto con un prolongado resentimiento mutuo.

«Grabaron el disco», dice Watts-Russell, «y enseguida se odiaron a muerte. 'Pump Up the Volume' cuenta con una parte de guitarra de A.R. Kane, y en la cara B Steve programa la percusión, y ya está, esa fue su colaboración. A.R. Kane quedaron realmente contentos, y Colourbox y su mánager, por otro lado, fueron conscientes de que con aquello iba a pasar algo.»

«Pump Up the Volume», un collage de ritmos y samples ensartados sobre un ritmo todo lo moderno y propulsor que podía producir un estudio en 1987, era el disco que Colourbox siempre había amenazado con hacer. Tan duro y funky como lo que se oía en la radio pirata, tenía un ritmo fluido y contagioso; el uso de los samples era lo bastante futurista y visionario como para conseguir que sonara asombrosamente contemporáneo.

«Colourbox vinieron a verme y dijeron: 'No queremos "Anitina" en la cara B. La queremos fuera de M/A/R/R/S'», dice Watts-Russell, «y yo les dije: 'No'. Y la razón por la que les dije que no fue que los singles de Colourbox habían salido en el 86 y en el 87, y Martyn estuvo un año y medio en el estudio para terminarlos. Así que me dije: 'No, no la jodamos, tardará otro año y medio en hacer la cara B'. Total, que así es como empezó la guerra.»

Watts-Russell, que cada vez tenía más trabajo, se convirtió en un mediador cuya función primordial era decir que no a las facciones rivales. Atrapado entre dos bandos, Watts-Russell decidió que el single se publicara tal como se había planeado y se atribuyera a M/A/R/R/S, echando a perder con ello su relación de cuatro años con Colourbox.

«Acordamos que iba a ser un single conjunto», dice Watts-Russell. «Tuve una disputa con Colourbox y les dije a A.R. Kane que se fueran a la mierda, porque su comportamiento era simplemente espantoso; todo era horrible de cojones. Lo que ocurrió con 'Pump Up the Volume' fue que vi el impacto que la canción tuvo entre mis cinco o seis empleados: les encantó. Les encantaba el hecho de poder hablar por teléfono con sus coetáneos de la industria y que estos se sintieran de puta madre, entusiasmados, celosos o lo que fuera. Fue el primer número uno de la historia de Rough Trade, y yo estaba realmente orgulloso, pero también fue la vez que estuve más cerca de un colapso nervioso sin tomar drogas.»

Nada más publicarse, «Pump Up the Volume» conectó con el público; cuando apenas era una copia promocional, se convirtió en un llenapistas en los clubs y comenzó a sonar en la radio convencional. Cada vez había más demanda, y en 4AD, lo quisieran o no, estaban a punto de tener su primer single de éxito.

Los acontecimientos que siguieron dieron un giro drástico cuando Watts-Russell recibió un mandato judicial obligándole a interrumpir la producción del disco. El equipo de producción de Stock, Aitken & Waterman (SAW) había detectado un fragmento de su canción «Roadblock» en «Pump Up the Volume», e, imitando a los pequeños sellos de música de baile espabilados de los Estados Unidos, había decidido demandar a 4AD.

Si anteriormente a Watts-Russell le habían desagradado los métodos de la industria musical, ahora se encontraba en una confrontación abierta con ella, con una fecha para acudir los tribunales en su agenda para recordárselo. Y para empeorar más las cosas, lejos de 4AD su vida personal también añadía más presión.

«En mitad de esa demanda, se me murió el gato y luego mi padre», dice Watts-Russell. «Recuerdo que estaba en el coche con Deborah, que me decía algo, y que de repente le grité que se callara. Pensé que se me estaba yendo la olla, porque ella me hablaba y yo no podía oír lo que me decía.»

La luz que se veía en el horizonte era Simon Harper, el mánager del sello 4AD en Rough Trade, que se enfrentaba al reto de gestionar la agitada vida en las listas de «Pump Up the Volume» en compañía de Watts-Russell, y que prestó un inapreciable apoyo. «Simon estaba al otro lado del teléfono en Rough Trade diciendo: 'Tenemos que conseguir más música como esta', porque estaba siendo un bombazo. Nos estaban llegando más mandatos judiciales, pero cada día hablábamos por teléfono de cuántas copias quedaban en el almacén. Era un gran ejemplo de cómo un disco despega sin más: en esa fase no puedes hacer nada para impedirlo ni para intentar que tenga más éxito, simplemente adquiere su impulso natural, y ese era el caso de 'Pump Up the Volume'. Simplemente explotó.»

«Pump Up the Volume» se convirtió en un caso que sentó jurisprudencia sobre la legalidad del sampling, un aspecto hasta ese momento desconocido de la producción musical por lo que se refería a las leyes de la industria del espectáculo. El single constituyó uno de los primeros casos en los que la jurisdicción de utilizar o «robar» otra obra —en este caso, por haberla sampleado— pasó por los tribunales. Lo que convirtió el caso de «Pump Up the Volume»/4AD contra Stock, Aitken & Waterman en algo aún más laberíntico y opaco fue el hecho de que el fragmento musical cuya propiedad SAW reclamaba ya lo habían sampleado de otra fuente.

«¡SAW nos estaban demandando por samplear algo que ellos mismos habían sampleado!», dice Watts-Russell. «Tenía que ir a claustros de la City y sentarme con gente con peluca. De repente leyeron con su acento de clase alta unas palabras de Martyn Young en *Smash Hits* en las que decía algo como: 'Pusimos "Roadblock" por toda la canción, cogimos un fragmento'. El juez bajó la cabeza y miró por encima de sus gafas de media luna mientras repetía: '¡ROADBLOCK estaba OMNIPRESENTE en la canción!'. Aún hoy sigo convencido de que si los expertos te dicen algo con total certeza, puedes estar seguro de que no tiene por qué ser cierto. Nos reunimos con un musicólogo que habíamos contratado que confirmó que no existía infracción de los derechos de autor, y dos días más tarde escuchamos a un musicólogo de la otra parte explicar su versión. Así que dije: 'Joder, vamos a pasar ya de esto. Firmemos un acuerdo'. Pagamos 25.000 libras para obras de beneficencia, ese fue el acuerdo.»

SAW, una compañía muy distinta de 4AD, aunque un sello independiente de todos modos, había demostrado lo avispado que era a la hora de saber cuándo probar suerte en los tribunales. 4AD se había ido de rositas: «Pump Up the Volume» no era más que samples sin atribuir.

«Todo el mundo debería habernos demandado a muerte», dice Watts-Russell. «Era un disco brillante. Eric B y Rakim, a quienes samplearon muchísimo, nunca se quejaron. Vendimos los derechos para Norteamérica a Fourth and Broadway, pues ellos tenían un montón de material que habíamos sampleado y podían proporcionar material nuevo. Así que la versión que se publicó en Estados Unidos era totalmente diferente, con todos los nuevos samples para los que ahora teníamos permiso. No conseguimos un puto permiso para el original, así de raro era todo. Era algo que se hacía constantemente en la radio pirata de Nueva York, pero nadie se había atrevido a poner el sample en algo por lo que tenías que pagar. Todo eso era antes de De la Soul. Fue una cosa espeluznante.»

Mientras las energías de Watts-Russell se habían agotado con este caso, Rough Trade tuvo que cancelar el disco de su programa de lanzamientos para no ser acusados de desacato.

«Pump Up the Volume» se había extendido como un reguero de pólvora y ahora había que retirarlo del mercado. El resultado fue que en cuanto «Pump Up the Volume» consiguió la autorización para volver a venderse, era tal la demanda acumulada que el single se convirtió en el primer número 1 de 4AD y Rough Trade. «M/A/R/R/S vendió, no sé, un millón de discos», dice Watts-Russell, que seguía supervisando en solitario el programa de producción de 4AD, «más que cualquier otro disco que yo haya tocado físicamente, y no teníamos excedente. Mientras yo estuve a cargo de la producción no tuvimos stock de portadas, por no hablar del producto acabado.»

En Rough Trade, Richard Scott estaba impaciente por celebrar el primer número uno conseguido por Rough Trade Distribution y The Cartel. Siempre taciturno, también reconoció que «Pump Up the Volume» había abierto la caja de Pandora para ambas compañías. «Fue nuestro primer número uno», dice, «y fue más o menos un suicidio para 4AD. Habíamos preparado una fiesta en Alma Road, en el pub que había junto a sus oficinas. Telefoneé al propietario para preguntarle cuál era la botella de champán más grande que podíamos comprar, y se quedó un poco desconcertado, así que telefoneé a Harrods y me mandaron una botella enorme y luego no podíamos descorcharla. Al final tuvimos que cortar el tapón y empujar el resto dentro.»

La timidez de Watts-Russell se veía exacerbada por la tensión de la debacle de «Pump Up the Volume», aunque consiguió arrastrarse por la calle hasta el pub de Alma Road, donde se quedó en una esquina, casi ausente de su propia fiesta, mirándose los zapatos mientras el personal de Rough Trade se esforzaba por brindar por su éxito mutuo.

«Vinieron todos los del almacén de Rough Trade, y alguien abrió esa botella alta, grande y negra, y debieron de creer que yo era la persona que tenía que agitarla. Me habían demandado, así que estuve allí unos cinco minutos. Soy incapaz de hablar delante de más de tres personas, con lo que estoy seguro de que no le di las gracias a nadie, y desde luego no bebí champán.»

En el edificio de al lado, Martin Mills seguía atentamente el inesperado y desdichado encontronazo de 4AD con las listas de éxitos, y actuaba de consejero y hombre de confianza de Watts-Russell, el cual, había observado, estaba sometido a una constante presión. «El hecho de que 'Pump Up the Volume' fuera un disco independiente que había llegado al número uno a través de Rough Trade/Cartel provocó una sensación distinta», dice, «y fue un número uno muy explosivo, que vino acompañado de una demanda. Aquello provocó muchísima tensión por muchos motivos distintos: en primer lugar, 4AD hacía algo que nunca había pretendido, que era tener un single en el número uno; en segundo lugar estaba la demanda de Pete Waterman, y en tercero acabó surgiendo una riña por culpa del dinero entre los componentes de M/A/R/R/S. Creo que todo ello condujo a que Ivo acabara desilusionándose del negocio musical. Mientras tanto las *majors* lo agasajaban.»

«Martin fue una roca durante todo el proceso», dice Watts-Russell. «Yo ya estaba perdiendo el hilo y la industria musical me cortejaba.»

«Ivo probablemente solo asistió a dos cenas», dice Mills. «Me sorprendió que aceptara asistir a alguna, pero los odiaba tanto como iba a odiarlos siempre.»

Watts-Russell había tenido una amarga experiencia. No deseaba que pensaran que se oponía al éxito —una acusación que las *majors* dirigían de manera regular a los sellos independientes—; había querido que sus grupos y su sello prosperaran, pero en sus propios términos. «Yo siempre decía que si un disco existía, eso ya era un éxito», afirma, «pero todo había cambiado.»

Por lo que se refería a Watts-Russell, la manera en que 4AD había alcanzado un número uno era indigna y sórdida: el hecho de tener que lidiar con jueces a fin de publicar un disco, aunque llegara a lo alto de las listas, de ningún modo había valido la pena el esfuerzo ni las preocupaciones. Los sustanciales ingresos que 4AD había generado gracias al single le parecían dinero sucio.

«Creo que el primer sabor del éxito, y todo lo que eso conlleva, los asuntos comerciales, las chorradas, los temas contables, acaban siendo un dolor de cabeza», dice Simon Harper, «y sin duda a Ivo le dejó muy mal sabor de boca. Eso lo sé.»

«En 1987 se produjo un giro con la publicación de M/A/R/R/S», dice Watts-Russell «y justo después de eso, lo de los Pixies fue una locura.» En 1986 Watts-Russell había firmado con su primer grupo americano, Throwing Muses, un cuarteto de adolescentes de Rhode Island, y con ellos Watts-Russell probó por primera vez lo que era trabajar con un mánager americano, Ken Goes, que le entregó una maqueta de un grupo de Boston llamados los Pixies que era apócrifamente conocida como *The Purple Tape*. Watts-Russell se sumergió en la música de los Pixies, poniendo la cinta una y otra vez en su Walkman mientras se paseaba por Nueva York, dudando entre firmar con los Pixies y rechazarlos por ser contrarios a los valores de 4AD. Sin embargo, no podía parar de escuchar la cinta, al igual que Deborah Edgeley en Londres.

«Más o menos consideraba que 4AD se había vuelto un sello abstracto», dice Watts-Russell. «Además, después de haber trabajado con Throwing Muses y Ken, que desde luego no era el mánager ideal, y el hecho de que los Pixies fueran también uno de sus grupos... Hasta que Deborah dijo: 'No seas estúpido, fíchalos'. Llamé a Charles [Black Francis] y le dije: 'Vamos, Pilgrim —Billie Pilgrim de *Matadero cinco*—, saquemos el disco, y quiero que se llame *Come on Pilgrim* [Vamos, Pilgrim]'.»

Come on Pilgrim constaba de canciones extraídas de *The Purple Tape*, y nada más publicarse fue aclamado en el Reino Unido, a la estela de Throwing Muses, cuyo debut, una tupida trama de cambios de compás y del mundo doméstico alucinatorio de las letras de Kristin Hersh y Tanya Donnelly, les había granjeado muchos elogios por parte de la crítica.

«Inglaterra se tomó muy en serio a Throwing Muses... el primer disco obtuvo unas críticas increíbles», dice Watts-Russell. «Volvieron a grabar las maquetas y los contratamos para un álbum. Mientras grababa el LP, Kristin estaba muy embarazada del que luego sería Dylan. Tenía diecisiete años, era bipolar y se autolesionaba, y era una persona maravillosa y tan inteligente que daba miedo. Todos eran unas personas fabulosas.»

Seymour Stein, al ver la reacción que provocaba el grupo, les redactó un contrato para todo el mundo fuera del Reino Unido, y les organizó una gira con los Pixies de teloneros. Cuando la aparición de *Come on Pilgrim* comenzó a tener una acogida mayor, el orden de aparición en los conciertos se reconfiguró rápidamente y los Pixies se convirtieron en cabezas de cartel. Mientras seguía el éxito de los Pixies en Europa, Watts-Russell se dio cuenta de que Throwing Muses, ahora con Sire y Warner en Europa, estaban perdiendo terreno.

«Throwing Muses y los Pixies tocaron en el Town & Country y luego se fueron de gira por Europa, y en este momento los Pixies pasaron a ser cabezas de cartel», dice Watts-Russell. «Los Pixies estaban en 4AD, un diminuto sello del Reino Unido, y su primer disco fue una locura. Throwing Muses aparecieron en las oficinas de Warner de algún país del continente y la gente de la empresa se preguntaba cuándo iba a llegar el cantante. Entonces telefoneé a Seymor y le dije: 'Venga, soluciona este asunto y haz algo por este puto grupo'.»

En cuanto acabó la gira, los Pixies ya estaban preparados para grabar su segundo álbum. Una idea que se lo ocurrió a Colin Wallace provocó que Watts-Russell llamara a Paul Smith de Blast First y le pidiera el número de Steve Albini. «Wallace subió del almacén y me dijo: 'Creo que sé quién debería encargarse de los Pixies: Albini'.»

Throwing Muses y los Pixies procedían de un medio distinto de los grupos de Blast First. Ninguno de los dos grupos había pasado los rigores del circuito punk de SST, y gracias a 4AD habían conseguido contratos con sellos afiliados a las *majors* de los Estados Unidos al principio de su carrera. En su país se les incluía en el mismo molde universitario que R.E.M., y comenzarían a adquirir un impulso moderado en las redes de radio universitarias del *College Media Journal*. En el Reino Unido eran la siguiente generación lógica y más accesible de estadounidenses guitarreros de visita.

La idea de Wallace de emparejar un grupo tan directo y melódico como los Pixies con Albini, un productor capaz de dar realce a los cambios de dinámica del grupo y poner de relieve la crudeza del sonido al mismo tiempo, era inspirada. Wallace formaba parte del grupo más amplio que se congregaba en torno a Paul Smith y Richard Thomas, que se reunían hasta altas horas de la noche en el piso de Thomas de King's Cross[42], mientras diversos epicúreos como

---

42. Richard Thomas siempre guardaba una llave del piso de Shane MacGowan, que vivía en el mismo edificio de King's Cross, por si este perdía la suya. Tampoco eran infrecuentes las visitas de la policía. [*N. del A.*]

Shane MacGowan y Nick Kent contaban historias cada vez más exageradas de su vida en el mundo del rock 'n' roll. Wallace había sido un habitual en los conciertos de Blast First. «La música indie británica era más o menos The Wedding Present y cosas así», dice Wallace, «y no muy interesante. Me hice bastante amigo de Paul Smith. Yo y los Cocteau Twins fuimos a ver a los Butthole Surfers a la University of London Union. La película que proyectaban detrás de ellos era de una castración, y Elizabeth vomitó... tuvo que salir.»

Mientras tanto, Watts-Russell no tenía tiempo para la vida social. Su desilusión con la industria posterior a «Pump Up the Volume» comenzaba a pasarle factura por culpa del éxito de los Pixies. El mánager de Throwing Muses y los Pixies, Ken Goes, procedía de la tradición estadounidense de litigios y plena explotación de los derechos, un mundo que le resultaba ajeno a Watts-Russell y le repelía. Además, ahora tenía que pasar cada vez más tiempo renegociando y discutiendo las cláusulas del contrato de los Pixies.

«Posteriormente Ken se negó a volar», dice Watts-Russell, «pero eso fue al principio, luego se puso hasta arriba de medicación y fue capaz de tomar el avión con los Muses y los Pixies. Pero en el aeropuerto se puso de malhumor porque Kim en concreto se negaba a firmar su contrato con él porque quería que antes le diera el visto bueno alguien de su confianza. Deborah había ido a recibirlos, y Ken se bajó del avión tan puesto de Valium que cuando Deborah le preguntó: '¿Dónde están los grupos?', Ken le contestó: 'No sé, por ahí detrás'. Es un indicativo del tipo de mánager con el que teníamos que lidiar.»

El éxito de los Pixies y el hecho de que 4AD hubiera contratado al grupo significaba que la manera trasatlántica de hacer negocios sería una característica permanente en la vida de Watts-Russell, le gustara o no. Era otro detalle más que simplemente conseguía incrementar su sensación de que, cuanto más éxito tuviera el sello, menos control tendría sobre una empresa que había creado con tanto mimo.

«Adoro a Ken, pero era una pesadilla», dice Wallace. «Es una generalización exagerada, pero los mánagers americanos son realmente brutales, y solo les interesa el dinero, y eso es probablemente lo que no le gustaba a Ivo.»

A medida que los nervios de Watts-Russell se iban crispando, su genio comenzaba a notarse en la oficina, un entorno que le parecía cada vez más claustrofóbico. Era un consumado A&R que donde más feliz se sentía era en el estudio o repasando los detalles más insignificantes del programa de producción, pero no le interesaba dirigir la oficina. «Cuando tuve más gente trabajando en la empresa», dice, «me molestaba muchísimo que me hicieran comportarme como maestro de escuela o un jefe.»

«Ivo estaba sometido a muchísima presión en aquella época», dice Wallace. «El ascenso de los Pixies fue meteórico, y no solo en el Reino Unido. La verdad es que no llegó a los Estados Unidos, pero sí a todos los demás sitios. Deberías haber visto la cantidad de discos que vendíamos, aquello estaba casi fuera de control.»

Aunque seguía siendo víctima de los arrebatos más incendiarios de Watts-Russell, Vaughan Oliver creaba fundas para los grupos americanos con sus habituales e ingeniosas yuxtaposiciones. Para el single de debut de los Pixies, «Gigantic», utilizó una fotografía de un bebé chillando, una imagen que a Oliver se le ocurrió al ver cantar en escena a Black Francis. «Eso fue cuando vi a Charles por primera vez», dice, «la cabeza calva, la figura rotunda, el grito primigenio.» Simon Harper, a quien Watts-Russell había reclutado en un intento de delegar la dirección de la oficina en otra persona y de mantenerse al día con la evolución del sello en el extranjero, observaba cómo las relaciones entre Watts-Russell y Oliver a veces parecían salirse de madre. «No hay duda de que Vaughan es un hombre en extremo carismático, muy divertido y amable en muchos aspectos», dice Harper, «pero a veces le entra un poco de sed, y él y Ivo a menudo tenían una relación muy muy exaltada, cosa que, francamente, tampoco me sorprende.»

Oliver también sentía la presión de tener una nueva capa de control. Tras haber gozado de la libertad de ser un diseñador en plantilla que había desarrollado para la empresa un estilo reconocible y notable, ahora tenía que adaptar sus ideas a la interpretación de Goes de lo que podía funcionar en el mercado. «Lo más bonito de cuando empezamos era que los grupos no tenían mánager», dice Oliver. «Aquello era fundamental en términos de la creatividad del aspecto gráfico. No había mánager y tampoco había ningún encargado de marketing, solo estaba Ivo. E Ivo decía a veces: 'No sé lo que estás haciendo, tío', y luego, seis meses... quizá cuatro años después...

tenía la elegancia de decir: 'Fantástico', con lo que confiaba en mí lo bastante como para dejarme trabajar. Nadie más metía cuchara. Era cojonudo.»

Muchos de los que trabajaban en 4AD se servían de algo más que de su ética de trabajo y del rumor del éxito para pasar el día. Después de que «Pump Up the Volume» hubiera cruzado la barrera del Top 10, la empresa alcanzó un nuevo escalón en la industria musical: tuvo su propio camello. «Todos tomábamos demasiadas drogas, incluido yo», dice Wallace. «El cuarto oscuro de Vaughan probablemente todavía tiene un montón de marcas de hoja de afeitar, en aquella época todos esnifábamos.»

«Mi cuarto oscuro era la sala de reuniones», dice Oliver. «Todo el mundo tomaba rayas de coca encima de mi fotocopiadora. Eran días hedonistas para todos.»

Las ventas del sello estaban sobrepasando todas las expectativas de Watts-Russell: el disco de los Pixies posterior a *Surfer Rosa, Doolittle*, entró en las listas nacionales en el número 8; el impulso que había detrás del grupo era enormemente diferente a todo lo que había experimentado con los Cocteau Twins, y contrariamente al éxito de M/A/R/R/S, era un grupo con el que había firmado a largo plazo para todo el mundo. A pesar de las injerencias de Goes, la banda y el sello disfrutaban de una relación laboral saludable y de respeto mutuo.

«Nunca más he vuelto a experimentar ese nivel de éxito crítico y comercial que tuvimos con los Pixies en todas partes», dice Harper. «Siempre te preguntas cuándo la cosa va a empezar a decaer, y con los Pixies la verdad es que tardó muchísimo. En algunos aspectos fue algo que ocurrió sin ningún esfuerzo.»

Al firmar con bandas internacionales a largo plazo, Watts-Russell abandonaba la intimidad de 4AD y se convertía en alguien que jugaba en las grandes ligas, asumiendo un papel para el que no estaba preparado, al tiempo que se plegaba a las ortodoxias de la industria.

«Cuando comenzabas a firmar contratos con opciones, asumías una responsabilidad, te hacías cargo de la vida de un grupo», dice Watts-Russell. «De manera que tu obligación y tu deber era hacer todo lo posible para que su música llegara a la gente. A menudo he deseado haber sido más déspota y haber dicho que no, que no íbamos a sacar un single de un álbum y que no, que no íbamos a grabar un vídeo porque es tirar el dinero. He lamentado muchísimo casi todos los vídeos que hicimos. Podríamos haberle dado el dinero a alguien que pasara por la calle y sacar más provecho, artísticamente y como herramienta promocional.»

Watts-Russell, que era alguien que siempre se había sentido a gusto en el estudio y con el mundo sonoro que los grupos habían imaginado y creado concienzudamente, a menudo con su ayuda, dio un paso que cogió a sus colegas por sorpresa. Intuyendo que necesitaba añadir algo más a su programa de lanzamientos, Watts-Russell hizo algo muy poco propio de él. Se fue a un concierto en el Camden Falcon y contrató a los dos grupos que había en el programa: Lush y Pale Saints. No solo era la primera vez que Watts-Russell ofrecía un contrato a un grupo tras haberlo visto tan solo en directo, sino que ambos grupos estaban muy influidos por 4AD. En comparación con la dirección que había tomado al firmar con los Pixies, Lush y Pale Saints eran una pareja más ortodoxa dentro de su catálogo.

«Tenías que andarte con mucho ojo, porque había mucho material que no era muy bueno, y estaba claro que se habían imbuido de lo que nosotros estábamos haciendo», dice Watts-Russell, que había encontrado un benéfico cambio radical en la vida nocturna indie después de la austera atmósfera de las noches de 4AD en el Venue de New Cross. «Recuerdo que estaba en el Camden Falcon y que la gente se me acercaba y me decía: 'Ooooooh', y me frotaban y me decían: 'Te queremos mucho, Ivo'... era algo que comenzaba ocurrir. No especialmente conmigo, sino con Vaughan. Lo veías cada día, pasaba muchísimo.»

Además de la cocaína, la lenta aparición del éxtasis también había comenzado a manifestarse en Alma Road, y Oliver había descubierto que la droga le ayudaba a llevar su fantasía mucho más lejos. En plena efervescencia, y en su elemento cuando en su estudio de diseño se presentaba alguna banda para repasar las pruebas, regularmente hacía de anfitrión de una manera que sus clientes nunca olvidarían.

«Había un grupo llamado Spirea X», dice Oliver. «Teníamos un tejado de cristal sobre el estudio que bajaba dos plantas en pendiente, y a mitad de la presentación dije: 'Dadles conversación'. Toda la mandanga estaba encima del escritorio, y mientras subía me quité la ropa.

Estaba completamente desnudo y me dejé resbalar por el tejado con todo el escroto aplastado contra cristal, y la banda levantó la mirada, horrorizados. Supongo que me había tomado un par de éxtasis. Siempre tomábamos para trabajar, y desde luego éramos muy productivos.»

Aunque en la industria 4AD no tenía reputación de salir mucho de fiesta, de puertas para adentro en Alma Road las drogas se convirtieron en parte habitual de la rutina diaria. «A Ivo no le importaba lo que hicieras siempre y cuando trabajaras», dice Wallace. «Porque yo crecí con una fuerte ética del trabajo protestante, y estaba aquí cada día. Tanto daba el estado en que me encontrara, estaba en la oficina y hacía mi trabajo, y lo mismo puedo decir de Ivo. Todos aparecíamos, aunque era un poco una locura, no tanto como en Creation... no hacíamos juergas desenfrenadas como los sonados de Creation.»

12. WE LOVE YOU[43]

Loop con Jeff Barrett en Croydon, 1988. De izquierda a derecha: Robert
Hampson, Jeff Barrett, Neil Mackay, James Endicott *(fotografía de James Finch
utilizada con permiso del fotógrafo)*

43. Versión de los Rolling Stones en clave dance de J.B.C., alias de Jazz Butcher Conpiracy, publicado en forma de maxi de 12" por Creation en 1990. [*N. del T.*]

La reputación de Creation de haberse convertido en auténticos animales de fiesta —en oposición a la gente esclava de la idea de *ser* animales de fiesta— se consiguió a base de eufóricos desmadres de color y carnalidad, gracias a la sistemática adopción de una nueva droga por parte de McGee. Debido a sus vínculos con Factory, mientras que sus contemporáneos en el mundo de la música guitarrera de Londres todavía se contentaban con unas rayas de speed acompañadas de un poco de sidra, McGee se sumergió en el mundo del éxtasis. A pesar de su hedonismo, la precariedad de Creation seguía siendo una cuestión que le rondaba constantemente por la cabeza mientras procuraba mantener un equilibrio entre sus ambiciones y las realidades de las facturas sin pagar y un programa de lanzamientos un poco agotado. Casi nadie, ni siquiera los propios grupos, estaban demasiado entusiasmados con los próximos álbumes de Razorcuts y The Jasmine Minks. McGee, necesitado de savia nueva, pero demasiado apático para motivarse, estaba considerando seriamente abandonar Creation.

«Tuve una conversación con Tony Wilson y estuve a punto de tirar la toalla. A nadie parecía importarle un bledo Creation», dice McGee, «y él me dijo: 'No abandones, sé independiente, a la mierda las *majors*'. Eso debía de ser a finales del 87: habíamos fracasado con Primal Scream, habíamos fracasado con los Weather Prophets, los Mary Chain me habían echado y Tony me soltó una charla motivacional de noventa minutos. Yo pensaba: bueno, no me ha ido mal. He tenido cuatro años buenos. No tengo un trabajo de verdad, pero qué más da. Y luego de repente teníamos a House of Love, My Bloody Valentine, Ride y a los Boo Radleys... en esa época sacamos un montón de discos buenos de verdad.»

The House of Love fue el primer nuevo fichaje de Creation después de la debacle de Elevation. El cantante y compositor del grupo era Guy Chadwick, un hombre de treinta y pocos años un tanto angustiado pero de aspecto resoluto. Mayores, más experimentados, y sobre todo fuera del clan familiar de Creation, The House of Love firmaron un álbum de debut que sería un éxito y consiguieron el primer disco de oro del sello. Después de una serie de oportunidades perdidas con diversas *majors* y compañías discográficas, Chadwick había acumulado experiencia en diferentes grupos antes de dar con el sonido de dos guitarras con efectos de The House of Love. El grupo llegó completamente formado con una impresionante variedad de cambios de acorde, un gran dominio musical y letras enigmáticas, y en directo formaban una unidad perfectamente engrasada que nada tenía que ver con el amateurismo de sus contemporáneos del circuito de conciertos indie de Londres. Con la ambición de que sus canciones fueran más allá de las listas de ventas independientes, Chadwick también le pidió a McGee que les hiciera de mánager; tanto él como el grupo estaban seguros de que las lecciones aprendidas del desastre de Elevation podrían serles de utilidad, y Chadwick le dio instrucciones a McGee de que consiguiera el mejor contrato posible con una *major*.

El éxito de la banda en Creation y una elogiosa recepción sin reservas por parte de la prensa en 1988 les proporcionó, además de unas buenas ventas, prestigio. No obstante, entre el círculo más íntimo de McGee estaba claro que, contrariamente a la corte de soñadores y la gente que rondaba la escena de la prensa musical que generalmente componían el catálogo Creation, The House of Love, y sobre todo Chadwick, querían hacer carrera en serio. Si en sus vidas anteriores Chadwick había fracasado con el pop-rock y las canciones de sintetizador estilo Bowie, había dado con una mina de oro con The House of Love en la prensa musical y con John Peel; las *majors* salivaban ante la perspectiva de aceptar el reto de desarrollar las ambiciones profesionales del grupo y convertirlos en la primera banda indie del mundo capaz de llenar un estadio.

Por primera vez desde «Upside Down», el catálogo de The House of Love le dio a la oficina de Creation de Clerkenwell Road una inyección de efectivo muy necesaria gracias al material que el sello había publicado, y no gracias a las comisiones, ya fuera de Elevation o de uno de los trabajos como mánager de McGee. Por primera vez Creation comenzaba a funcionar según el patrón de una compañía discográfica, y McGee y Green estaban ahora en disposición de contratar a otra persona a tiempo completo. El escogido fue James Kyllo, expupilo de Cherry Red, con experiencia en la parte más técnica de dirigir un sello.

«Eran tan solo Alan, su mujer Yvonne, que se estaba retirando del negocio pues habían iniciado los trámites del divorcio, y Dick y Jeff Barrett y su ayudante Emma Anderson: imposible encontrar un grupo mejor de gente con el que trabajar», dice Kyllo. «Ed Ball siempre estaba por ahí, pero creo que en aquella época Joe Foster ya se había ido. Yo fui el primero que entró a trabajar que no era un amigo. El álbum de The House of Love ya había salido. La banda todavía no había firmado con Fontana, pero las negociaciones ya estaban en marcha. Alan les hacía de mánager, y él y Dick querían que alguien convirtiera Creation en una compañía discográfica de verdad.»

Una de las primeras cosas que le pidieron a Kyllo fue que buscara una nueva oficina para Creation. Encontró un emplazamiento y un local que no podía estar más lejos, desde un punto de vista filosófico y geográfico, del centro neurálgico independiente de Collier Street: un edificio en decadencia que había sido un almacén de mayoristas en Westgate Steet, una calle lateral cubierta por los arcos del ferrocarril y rebosante de esa atmósfera de callejón sin salida de Hackney, que en 1988 era una zona completamente ajena a la regeneración y a la industria musical.

«Creo que sobre todo querían apartarse de Rough Trade», dice Kyllo. «Era en gran medida una especie de acuerdo de fabricación y distribución, y todo estaba financiado por Collier Street. Casi no eran más que un A&R que formaba parte de Rough Trade.»

El local, una madriguera de habitaciones hermosas y alfombras repisadas y que pedía a gritos una nueva instalación eléctrica, destacaba por el olor a cartón insonorizador. Oculta ahora detrás de la vía principal de Hackney de Mare Street, para una compañía discográfica que tanto dependía de los medios de comunicación y tan extrovertida como Creation, exiliarse del resto de la industria era toda una declaración de principios. McGee, aparte de ubicarse a una distancia tan complicada del West End, alejaba el sello del ajetreo de los pubs y locales de conciertos del centro que formaban la vida nocturna indie. Ahora Creation iba a sumergirse en los bajos fondos más pintorescos y canallas del East London.

«Antes había sido una peletería, pero había un montón de espacio vacío», dice Kyllo. «Aquello había sido una fábrica ilegal, una nave industrial. Era muy fácil sacarle provecho, y era realmente barato. La habitación que nosotros cogimos tenía una escalera en espiral que subía hasta una especie de invernadero cubierto de cristal, y llevé allí a Alan; subió las escaleras, vio la habitación acristalada y dijo: 'Vale, nos lo quedamos'… le gustaba la idea de tener su garita allí arriba. Aunque pronto quedó claro que no resultaba práctico trabajar allí arriba: cuando salía el sol hacía demasiado calor.»

Aunque era sofocante durante las horas de oficina, cada vez más gente se iba a ver cómo el sol salía lentamente sobre Hackney desde el invernadero de la azotea, a medida que la distinción entre trabajo y placer se iba desdibujando en la mente McGee. «Era un edificio increíble», dice McGee. «James me lo enseñó y pensé: aquí vamos a hacer unas fiestas alucinantes.»

La afición a la fiesta de McGee había aumentado desde su descubrimiento del éxtasis. Aunque no tenía muy claro si le gustaban las primeras canciones de acid house que estaba escuchando, al igual que otros muchos iniciados era muy evangélico con las propiedades de la droga. McGee se quedaba dormido allí donde le pillaba, y pasaba tanto tiempo en el piso que había sobre la fábrica de Factory, el de Alan Erasmus de Palatine Road, en Manchester, como en las nuevas oficinas de Hackney. Las drogas y el aguante de llevar un sello independiente unieron a Wilson y McGee, y entre su grupo de iguales este tenía a Factory y a Wilson en alta estima. A su vez, Creation era popular en la Haçienda, un lugar que, aparte de los clubs de Glasgow, era uno de los pocos locales donde se tomaban en serio a los grupos menos importantes. En concreto, New Order habían acogido con entusiasmo a Primal Scream, invitándolos a hacer de teloneros en el Wembley Arena en diciembre de 1987, una cita en la que Gillespie estaba tan colocado que tuvieron que aguantarlo delante del micro hasta que finalmente se derrumbó y cantó el último tema boca arriba. No era la primera vez que Gillespie compartía escenario con New Order: durante una fugaz época había formado parte de los Wake, una banda de Glasgow que había firmado con Factory y a la que Rob Gretton había invitado a ir de gira con New Order. El concierto de Wembley, sin embargo, fue la primera vez en la que Gillespie vomitó en escena delante de diez mil personas. Esas desenfrenadas muestras de la audacia del rock 'n' roll le granjearon a Primal Scream el cariño de New Order y Wilson. El resultado fue que McGee, Gillespie, Innes y su séquito fueron recibidos con los brazos abiertos en el círculo más íntimo de Factory. «A Bobby siempre le gustó New Order, y creo que luego nos cogieron cariño a Creation y a mí», dice McGee. «Yo salía mucho con Bernard en Manchester, íbamos a fiestas hasta las seis de la mañana y hablábamos. Eran encantadores.» Después de dos intensivos años de giras internacionales, New Order acabó 1987 con una espectacular fiesta en Manchester. Entre los invitados figuraban el último fichaje de Factory, los Happy Mondays. McGee, impaciente por intentar algo nuevo, reunió a su pequeño corrillo en torno a los Mondays mientras estos vendían rápidamente algunas cápsulas de MDMA que habían traído de Ámsterdam. McGee, al tomar éxtasis lejos de las presiones de Londres, a altas horas de la noche en el patio de recreo de Factory, que era el sótano de la Haçienda, con algunos de sus amigos y aliados más íntimos, sintió una trascendental sensación de empatía. «Comencé a tomar éxtasis antes que los demás. La única persona que tomaba antes que yo era Jeff Barrett», dice McGee. «Los dos nos metimos hasta el fondo. A mí me gustaban las drogas, a él le gustaba las drogas y la música, y en cierto momento yo también me metí en la música. Me llevó seis meses, pero al final también me metí.»

Barrett y McGee se habían conocido gracias a la capacidad del primero para combinar el entusiasmo, la organización y el hedonismo; fueron estas cualidades las que condujeron a McGee a pedirle a Barrett que se uniera al departamento de promociones —que llevaría él en solitario— en 1985, cosa que le convirtió en el primer empleado de Creation. Barrett, que destacaba entre los demás habituales de la oficina de Creation, tanto visual como filosóficamente, por sus rizos a la altura de los hombros y su profundo conocimiento de la música negra, había conocido a McGee en la época en la que el speed y la agresión eran su código de comportamiento.

«Cuando conocí a Alan este era un punk escocés expatriado que vivía en Londres», dice Barrett, «y era un punk de verdad, no solo una fantasía de King's Road. Era el chaval indie por antonomasia, le encantaba el underground, y él mismo se lo iba inventando.» Mientras repasaba los folletos promocionales de nuevos lanzamientos en Revolver Records, la tienda de Bristol donde trabajaba, a Barrett le llamaron la atención las furiosas proclamas que acompañaban los singles de Creation.

«Era el antifolleto promocional», dice Barrett. «Esos folletos supuestamente tenían que decir: 'Cómprame', pero lo que estos decían era 'Ódiame'. Y me encantó. Me pareció elegante de cojones.» Decidido a investigar un poco más, Barrett telefoneó al piso de los McGee en Tottenham, donde se encontró al otro lado de la línea a un McGee en un estado de máxima disipación. «Le dije: 'Hola, soy Jeff Barrett, y llamo de Revolver Records de Bristol... Es la compañía de distribución que se encarga de tus discos para The Cartel... Me traslado a Plymouth y quiero organizar algunos conciertos. Me preguntaba...'», dice Barrett. «Entonces me interrumpe una voz: 'Tío, te estás cachondeando'... '¿Qué?' 'Te estás cachondeando.' Le seguí la corriente, luego se calmó y me dijo: 'Tío, ¿sabes de qué puto grupo hablas...? Vivo en Londres, ¿sabes?... Cuando tocan en Tottenham Court Road nadie viene a verlos... y tú me llamas desde más de trescientos kilómetros... y esperas que la gente vaya a verlos... debes de estar tomándome el pelo'. Y se cortó la comunicación.»

Una vez reubicado en Plymouth, Barrett demostró una gran habilidad a la hora de promocionar grupos underground, ofreciendo conciertos de los June Brides, Big Flame y de gran parte del catálogo de Creation para sus compromisos de la costa suroeste. «Llevábamos a los Scream, constantemente», dice Barrett, «sin parar ni una puta vez, y luego me uní a Creation en un trabajo que no tenía descripción. McGee me puso en un plan para que los parados montaran una empresa que había ideado Margaret Thatcher: me ingresó doscientas libras en la cuenta bancaria, yo me tenía que dar de alta, sacó las doscientas libras y cada semana me daba veinticinco según ese plan, que evidentemente no me bastaba para vivir. Así que seguí trayendo grupos. McGee y yo acabamos llevando esas vidas paralelas. Creo que él quería que yo fuera puro McGee y no lo fui. Pero Alan era cojonudo. El tío era un entusiasta, y estaba motivado, de una manera diferente a mí y probablemente de manera diferente a casi todo el mundo.»

Barrett ejerció una influencia inmediata en la música en directo londinense. Además de asumir la promoción del Bay 63 después de Cerne Canning, inauguró una sucesión de noches en el norte de Londres, y el breve trayecto entre el Black Horse y el Falcon de Camden Town se convirtió en un camino muy conocido para un pequeño sector de la comunidad que iba a conciertos cada semana. En cada local se empapaban del ambiente de un sudoroso público que disfrutaba de la música estruendosa en pubs venidos a menos, dirigidos por soeces propietarios irlandeses que no se podían creer la suerte que habían tenido de que sus locales, situados en calles laterales donde no pasaba nadie, ahora estuvieran abarrotados de un público que bebía mucho, aunque era un tanto alborotador. «Yo entraba y decía: 'Me gustaría montar aquí un bolo, si le va bien, amigo'», dice Barrett. «El propietario me contestaba: 'No tenemos licencia para música en directo'. 'No, no, no me ha entendido, *me gustaría montar un bolo aquí.*' Me encantan las cosas clandestinas. Son mucho más emocionantes.»

La emoción del Black Horse y el Falcon se convertiría en experiencia habitual para gran parte de la prensa londinense que todavía estaba interesada en las listas indies. «Todo el mundo acababa chocando con Jeff», dice Dave Harper, «porque Jeff era siempre uno de los buenos, montaba los conciertos, hablaba como una locomotora y era un genuino entusiasta. Se había creado una escena alrededor de Jeff, mucho más que alrededor de Alan.» Barrett comenzó a contratar a la siguiente generación de bandas que sucedieron a los artistas de la C86 cuyos conciertos había organizado en Plymouth. La gente, más escandalosa, disonante y segura de sí misma, salía de las trastiendas de Camden después de haber pasado una buena noche. «Además de haber apostado por los Happy Mondays cuando todos los demás promotores los odiaban, los grupos que me gustaba programar en aquella época eran cosas como los Sperm Wails, el tipo de banda que era una porquería pero al mismo tiempo cojonuda… Silverfish, cosas que acabaron siendo la Marcha de Camden.» Al igual que casi todos, si no todos, los ambientes musicales patrocinados por la prensa, la Marcha de Camden no fue más que el producto de la imaginación de los periodistas. Compuesta de gente que quería estar a la última y miembros de otros grupos, las noches del Black Horse y el Falcon fueron la primera vez desde The Living Room en que la capital contó con una próspera vida nocturna underground y guitarrera, aun cuando el entorno estuviera lejos de ser glamoroso. «El Black Horse era un cuartucho de mierda sin escenario», dice Barrett, «y en la repisa de la chimenea había una garza disecada. Pero tocabas allí y estaba muy bien. Era un lugar creado por un tipo que estaba en todo, y los carteles y los *flyers* tenían una gran atención al detalle. Al primer club yo lo llamaba La Puerta Trasera a Babilonia, en homenaje al capítulo de la novela de Richard Brautigan "La puerta principal a Babilona" [de su novela *Dreaming of Babylon*]. Era una cosa bohemia. Yo me quedaba en la puerta y me emborrachaba. Era divertido.»

El amor que sentía Barrett por los arquetipos americanos como Brautigan avivaría su interés por el mítico Oeste de autopistas de cocaína y revelación mística de las áreas de descanso tal como aparecía en libros como *STP* de Robert Greenfield y *Rythm Oil* de Stanley Booth, llenos de historias de rock 'n' roll y que acabarían siendo de lectura obligatoria en Creation al mismo tiempo que Big Star y Gram Parsons se convertían en figuras icónicas que habían dilapidado su vida con elegancia. Barrett llamó a sus siguientes conciertos «The Phil Kaufman Club», en homenaje al legendario mánager de Parsons que lo sacaba de todos los líos, aunque no todos los grupos que tocaban allí eran tan refinados como el nombre y los valores del club. «Hubo una noche, un bolo de Inspiral Carpets en el Falcon, en el que Richard Norris, que acababa de hacer [el recopilatorio] *Jack the Tab*, se me acercó a la puerta y me dijo: 'Vente luego a Clink Street, hay acid house y tienes que estar'.»

Lo más diferente que podemos imaginarnos de un bolo de Inspiral Carpets en el Camden Falcon, Clink Street, cerca de London Bridge, era la dirección de una sala de fitness que albergaba el Shoom, el primer club de acid house de Londres, organizado por Danny Rampling y su mujer, que vibraba con la música importada de Italia y Chicago. Dos de los habituales del Shoom eran Richard Norris y David

Ball, que ahora se hacían llamar The Grid, y que junto con Genesis P-Orridge habían grabado *Jack the Tab*, un álbum influido por la idea, más que por la experiencia, del acid house. *Jack the Tab* era un disco de sonido espacial con muchas capas —el primer corte se llamaba «King Tubby»—, y era fruto de una dilatada experimentación en el estudio salpicada de películas sobre drogas de los sesenta. El disco sonaba como el acompañamiento de un viaje de Timothy Leary reimaginado para la aparición de la cultura del acid house.

«Richard acababa de terminarlo, y yo me uní a la fiesta seis meses más tarde», dice Barrett. «Yo no tenía nada que ver con esa fiesta que estaba empezando, ni yo ni McGee, nosotros solo tomábamos pastillas. Pero Alan decía: 'Barrett, tío, es increíble, tienes que tomar esto, tienes que tomar esto otro, y me llevaba al pastillódromo, pero Richard fue el primero que dijo: 'Tienes que venir y probar esto'.»

Durante el día, Creation se encontraba con un mercado que había cambiado. Dave Harper era ahora el jefe de prensa de RCA, cosa que, como le encantaba decir a cualquiera, le convertía en el relaciones públicas de Elvis. Gracias a su historial con Factory y Rough Trade, Harper había sido contratado por Korda Marshall, un A&R de la *major* que consideraba que los antecedentes de Harper le serían de mucha utilidad a la hora de abrirse paso entre las complejidades de la prensa semanal y conseguir que apoyaran a sus dos nuevos fichajes: Pop Will Eat Itself y The Wedding Present, graduados de la escuela de la *C86*, que ahora competían con otros artistas de RCA como Rick Astley para alcanzar lo más alto de las listas y tener éxito comercial.

Las probabilidades de que cualquiera de los dos grupos tuviera éxito en el mundo del pop convencional eran remotas. La prensa semanal, aunque no hacía ascos a los ingresos publicitarios de los artistas que habían firmado por las *majors*, casi siempre consideraba que cuando uno de los grupos que anteriormente habían defendido firmaba por una *major*, había llegado el momento de tumbarlos en cuanto consolidaban su prestigio. Sin sonar por la radio, los Wedding Present y Pop Will Eat Itself encaraban el incierto futuro de entrar en lo más bajo del Top 40 a partir de su aparición en el *Top of the Pops* y la ilusión del impulso de construir una carrera. Pop Will Eat Itself era otro grupo de amigos y excompañeros de bandas que habían sorteado sus problemas casi ideológicos firmando directamente con una *major*, y ahora estaban cosechando los beneficios. Los Wonder Stuff eran, según a quién preguntaras, un grupo animado de pop forajido o un grupo de arriesgados músicos callejeros que habían tenido suerte. Su álbum de debut, que llevaba por espantoso título *The Eight Legged Groove Machine*, había entrado en las listas en el número 13, y el grupo estaba demostrando igualmente su profesionalidad a la hora de aparecer en los programas infantiles televisivos del sábado por la mañana y en la portada del *NME*; un hecho que no había pasado por alto a sus coetáneos, que, en lugar del éxito en las listas, se habían quedado sorteando profundas cuestiones acerca de su motivación y acusaciones de haberse vendido.

«Había mucho odio y celos entre esa gente», dice Harper. «Pop Will Eat Itself odiaban a los Mighty Lemon Pips,[44] como ellos los llamaban, y acabaron riñendo de manera espectacular con los Wonder Stuff en esa intensa rivalidad. Era un ciclo repetitivo de fracaso, cocaína y odio alimentado por el alcohol.»

Exactamente el tipo de ciclo que McGee y Chadwick querían ahorrarles a The House of Love. Conscientes del pozo que solía aguardar a un grupo cuando hacía la transición entre una independiente y una *major*, se hallaban en una posición singular y envidiable; The House of Love se veían asediados por una melé de *majors*. No había necesidad de conversaciones sobre la evolución o el cambio; The House of Love eran ahora una pieza codiciada. McGee, siguiendo las órdenes de Chadwick, iba a firmar con quien pujara más fuerte. Dave Bates, director de A&R en Phonogram, un personaje carismático y seguro de sí mismo, presentó una oferta de casi medio millón. McGee y The House of Love firmaron sin pensárselo demasiado.

«Cuando trabajaba en Phonogram como director de producto», dice Cally Calloman, «decían: 'Bueno, como estás empezando te puedes quedar con todos nuestros chalados: Elton John, Bob Geldof, Marc Almond, Julian Cope, David Essex, todo el catálogo de Some Bizzare'. Decían: 'Bueno, que no salga de esa sala', y era una chaladura total, pero el sujeto más sensato y fascinante de todos era Julian Cope, porque Julian es un tipo interesante.»

---

44. En realidad el grupo se llamaba The Mighty Lemon Drops. «*Pips*» son «semilas» o «pepitas» en inglés. [*N. del T.*]

En las *majors* había poca gente como Cally Calloman. Tenía una mente musical de veinticuatro quilates, había dirigido el sello psicodé-lico Bam Caruso y editado *Strange Things*, una publicación psicodélica con Richard Norris, lo que le había granjeado la codiciada condición de friqui de la empresa. Calloman también era un experto a la hora de manejar las reuniones con la empresa que gestionaba a Elton John, lo que le proporcionaba una singular perspectiva de trescientos sesenta grados sobre la política interna de una multinacional como Phono-gram. Su superior, David Bates, era un autoproclamado inconformista en el mundo de los juegos de poder de las *majors,* pero igualmente capaz de hablar largo y tendido de campañas de marketing y de caras B de Deram. Tal era su éxito en Phonogram, donde había planificado las carreras de Wet Wet Wet y Def Leppard, que le habían regalado su propia compañía, el resucitado sello Fontana. Era para Fontana, el sello hecho a su medida, que había fichado a The House of Love. Desde el primer día Calloman se dio cuenta de que un sello selecto dentro de la estructura de una *major* era siempre una buena idea, aunque era improbable que tuviera éxito dentro de la estructura de Phonogram. Contrariamente a Geoff Travis, que afilaba continuamente su instinto de A&R en Rough Trade al tiempo que era capaz de utilizar el sistema Warner/Blanco y Negro, Bates operaba como un creador de tenden-cias residente sin ninguna influencia externa. Bates admiraba en silen-cio al sector independiente, pero consideraba vacuo cualquier debate entre *majors* e indies. Por lo que a él se refería, Bates había creado su propio sello para adoptar los refinamiento de un Tony Wilson o un Ivo Watts-Russell, pero con los recursos que PolyGram podía ofrecerle.

«Dave Bates no consideraba a Geoff Travis un competidor. Para él era un modelo», dice Calloman. «Dave veía a Chris Blackwell y Island, y pensaba: eso es lo que quiero ser. Yo me llevaba realmente bien con Dave, y discutía con él y le decía: 'No, no, para empezar, Chris Blackwell y Island han publicado los singles de Ernest Ranglin durante quince años. Tienes que hacer todo eso. Necesitas a unos Spooky Tooth y a unos Traffic. Necesitas una buena cantidad de música que no tenga éxito en cuanto a ventas, pero que te dé credibi-lidad, para poder decir: 'Ahora va a pasar algo con Bob Marley'.»

Los valores de Rough Trade o Island, para quienes la música era lo primero y cuya supervivencia era precaria, eran admirados por Bates, aunque los consideraba irrelevantes desde su propia situación. En Fontana contaba con lo mejor de ambos mundos: control total para llevar a cabo sus ideas de A&R sin interferencias ni inseguridades económicas. Si The House of Love iban en serio en su intención de triunfar, ahora disponían de los recursos para ello. Bates estaba ensayando un argumento que resonaría en todas las salas de reuniones de las *majors* mientras los ejecutivos intentaban cuadrar el círculo de grupos independientes antaño considerados estelares que ahora veían cómo sus carreras se desintegraban rápidamente dentro de la ignominia de una *major*.

«Lo que Dave no comprendía es que necesitas esforzarte y rehipotecar varias casas para poder llegar ahí», dice Calloman. «Nosotros éramos ejecutivos muy bien pagados y solo teníamos que decir: 'Contrataremos a Tom Verlaine y a Pere Ubu... eso es credibilidad instantánea'. Yo decía: 'Tom Verlaine y Pere Ubu ya está en decadencia, a quien deberías haber contratado es a Television'. Pero Bates decía: 'No, no, simplemente lo estoy comprando', y comenzamos a traer grupos para probar y a hacer discos que sonaban como grandes discos, de manera que al final The House of Love sonaban como Television. Es como la grandeza por poderes, una grandeza a distancia.»

El análisis de Calloman de la situación de The House of Love en Phonogram es atinado y astuto.

Por mucho que las *majors* pagaran para comprar el talento, las diferencias culturales que existían entre las independientes y las *majors*, aunque discutibles y absurdas, todavía eran un factor subyacente en la percepción de la relación del público con el grupo. Un CD single o un *picture disc* de más podía conseguir tanto que el público que compraba discos le diera la espalda como mandarlo al Top 40.

En cuanto el acuerdo con The House of Love llegó a la fase contractual, trabajar con Phonogram resultó para McGee un curso acelerado de negociaciones legales prolongadas. Con las *majors* dispuestas a invertir casi medio millón de libras en un grupo que había estado en Creation, McGee y Green comprendieron que, fueran cuales fueran las prioridades del sello, sus relaciones con los grupos tenían que tener una base más profesional.

«Prácticamente no había contratos», dice Kyllo, «simplemente apretones de manos para repartir los beneficios. Creo que quizá fueron My Bloody Valentine los primeros que realmente firmaron algo, por vago que fuera, y a partir de ahí hicimos contratos.»

McGee había conocido a My Bloody Valentine gracias al sello Lazy, cuyas oficinas estaban cerca de las de Creation en Clerkenwell. Aunque no los tachaban de ilusos ni de fracasados, McGee y Green no los veían como una amenaza para Biff Bang Pow! cuando les concedieron un puesto de teloneros en uno de sus infrecuentes conciertos en un club de Canterbury. Pero los hombres de Creation se quedaron boquiabiertos cuando la banda, recientemente reformada, exhibió una combinación de volumen e intensidad propios de un grupo de Blast First con una instantánea salva de pop art.

«Algunos grupos necesitaban ayuda», dice McGee, que, además de disfrutar de manera entusiasta trabajando con las bandas, también estaba redescubriendo la emoción del aspecto práctico de ser un A&R. «Los Scream, al principio de su metamorfosis, necesitaron ayuda. Ride y The Boo Radleys necesitaron un poco de ayuda, pero Kevin [Shields] nunca necesito ninguna ayuda, aparte de que yo eligiera 'You Made Me Realise' como single, pues él consideraba que era una cara B.»

Kevin Shields y sus compañeros de grupo Bilinda Butcher, Colm O'Ciosoig y Debbie Googe llegaron e Creation en un momento perfecto tanto para el grupo como para el sello. Tras haber insinuado una dirección que iba más allá de ese pop de guitarras afiladas con referencias a los sesenta de sus publicaciones en Lazy, grabaron su álbum debut para Creation, *Isn't Anything*, en dos semanas, anticipando su publicación con dos singles extraordinarios: «You Made Me Realise» y «Feed Me with Your Kiss».

Agresivo aunque femenino, el sonido del grupo no se parecía a ningún otro; el canto arrastrado y lánguido de las voces de Shields y Butcher iba acompañado de la hueca dulzura de sus guitarras y una sección de ritmo que exploraba las notas bajas con ferocidad. Uno de los rasgos definitorios de *Isn't Anything* era su uso del registro más grave. O'Ciosoig utilizaba a tope su kit, aporreando los toms en contrapunto con la línea de bajo que fluía con la misma precisión. Para un sello que, si tenía un sonido marca de fábrica era el del siseo y la reverberación, *Isn't Anything* introdujo a Creation en todo el espectro del sonido. Era la vez que el sello publicaba un disco de un grupo que sonaba como el futuro, en lugar de una reelaboración sobre una plantilla del pasado, por caótica o elegante que fuera.

«Yo lo llamaba la cosa rara», dice McGee. «Le dije a Kevin: 'Dame un poco más de esta cosa rara'. Las reseñas fueron increíbles, y creo que se vendieron cincuenta o sesenta mil copias en Inglaterra, bastante para ser un álbum raro. Kevin sabía lo que estaba haciendo desde el primer día. Crear ese primer álbum probablemente le costó siete de los grandes, pero el sonido es increíble.»

Isn't Anything fue con mucho el álbum más conseguido y desconcertante publicado por una banda guitarrera británica en 1988, y fue digno de incluirse en las listas de mejores discos del año junto a *Bug* de Dinosaur Jr y *Daydream Nation* de Sonic Youth, los dos grupos que claramente habían influido en Shields en su salto hacia la abstracción pop. Aquel año, junto con My Bloody Valentine, hubo varios grupos que también experimentaron con el volumen; aunque, a la hora de dejarse crecer el pelo y darle al pedal wah-wah de buenas a primeras, había pocos que fueran más transparentes en sus influencias. Dos grupos en concreto, Loop y Spacemen 3, se unieron a My Bloody Valentine en una vanguardia de bandas decididas a meter caña. Ambos grupos habían nacido con la ayuda de un hombre para el cual McGee sentía un creciente afecto: Dave Barker de Glass Records, uno de esos héroes olvidados de la música independiente y de vez en cuando su peor enemigo. El sello, gestionado con cuatro perras desde una habitación situada en lo alto de una tienda en Kilburn High Road, se había ido formando de manera furtiva en la época posterior a la *C86*, convirtiéndose en un sello un tanto excéntrico pero popular. Había publicado cosas tan curiosas como el LP *Corky's Debt to His Father*, del cantante y compositor Mayo Thompson, junto con una serie ininterrumpida de álbumes de los Jazz Butcher, lo que le había granjeado a Barker una reputación de hombre con oído que sabía lo que se hacía. Su campechana cordialidad y su entusiasmo musical las veinticuatro horas del día había abierto la puerta a los Pastels, que se habían unido a Glass para grabar su disco seminal de garaje-anorak, *Truck Train Tractor*.

McGee estaba atento a las recientes relaciones de Barker con la gente guapa de Glasgow, y Glass se convirtió en una especie de terreno de pruebas para Creation. McGee invitó a uno de los primeros artistas de Barker, The Jazz Butcher, a firmar en la línea de puntos.

Los Jazz Butcher era un grupo fuera de cualquier moda basado en la figura de Pat Fish, que cantaba canciones al estilo de Jonathan Richman, melódicas y basadas en la observación irónica de las cosas, y cuya visión del mundo se enmarcaba en la zona de Northamptonshire en lugar de Nueva Inglaterra. Había sido en un pub de moteros de Rugby donde Fish había visto por primera vez a una banda de adolescentes, Spacemen 3, que tocaban versiones recargadas de los Stooges ante un público fascinado de Ángeles del Infierno.

«Escuché la cinta», dice Barker, «y me dije: esto está bien, pero es un poco trillado... pero en fin, ¿qué no lo es? Tenían una canción... creo que era el último corte del disco, 'O.D. Catastrophe', que era igual que 'TV Eye', nota a nota, era 'TV Eye' con otra letra. Cuando los vi supe que tenían algo. Tocaban en el mismo concierto que los Butcher, no sé dónde, y te dabas cuenta de que... estaban sentados... qué está pasando... hay dos tipos sentados, el bajista está de pie, y, sabes, pasaban diez minutos entre canción y canción mientras afinaban, y tenían todas esas luces psicodélicas encendidas y cosas así, cosas retro, pero que nadie más hacía.»

El primer álbum de Spacemen 3, *Sound of Confusion,* era una primitiva fusión de garaje de la Velvet y los Stooges. El disco no tuvo la menor repercusión en la prensa musical, y ni siquiera John Peel, que le había concedido tres sesiones a Loop, se mostró interesado. *The Perfect Prescription,* el segundo álbum de Spacemen 3, fue una obra mucho más mesurada. La canción «Ecstasy Symphony» daba buena cuenta de la perspectiva orientada por las drogas del grupo. También sonaba más exploratoria que trillada; y sus ideas, al menos en algunas canciones, aunque realzadas por los fármacos, no se quedaban tan solo en reproducir sus colecciones de discos.

«A nadie le importaron una mierda», dice Barker. «Ni siquiera recuerdo que saliera una puta reseña. Creo que salió un buen artículo en *Sounds* cuando se editó *The Perfect Prescription,* en el que Sonic Boom hablaba todo el rato de la heroína, cosa que les jodió cualquier oportunidad de tocar en los Estados Unidos.»

Alguien que comenzaba a mostrar interés por Spacemen 3 era McGee, que, como era habitual en él, decidió hacer de mánager del grupo de la noche mañana, entrando en un periodo de disipación permanente. «Me gustaba hablar de drogas con Sonic. Éramos dos cocainómanos de cuidado», dice. «'Si tienes algo bueno para esta noche'... y ya estabas metido... ¿sabes a qué me refiero?»

A pesar de que Loop consiguió que el *Melody Maker* les dedicara un artículo de portada —en el que aparecían permanentemente peleados con Spacemen 3—, los dos grupos seguían siendo minoritarios. No obstante, estaba comenzando un nuevo underground, lejos de grupos como Pop Will Eat Itself y los Wedding Present, que Marshall había contratado para RCA. Y si el público en su país era escaso, la versión distorsionada de Spacemen 3 del arquetipo del inglés comedor de opio halló eco en el extranjero.

«Admiraba que vivieran en su propio mundo», dice Barker, «y estaban comprometidos al cien por cien. Me fui a Los Ángeles —eso fue en 1987—, y había una tienda de discos en Melrose y veo una tarjeta en la pared que pone: 'Se necesita batería para un grupo, deben gustarle los Spacemen 3'. No les dedicaban ni una reseña en el puto *Melody Maker* ni en el *NME,* y sin embargo en Los Ángeles, en el 87, justo cuando salió el segundo disco, había unos chavales que querían formar una banda como los Spacemen 3.»

Barrett, los Spacemen y todas las demás bandas y gente que rondaba por Creation fueron invitados a Hackney, donde la diferencia entre el día y la noche comenzaba a disolverse a medida que el éxtasis se afianzaba.

McGee utilizaba cualquier excusa inverosímil para justificar una juerga de éxtasis de tres días. En su celo evangélico, de vez en cuando llegaba a extremos exagerados. A principios del verano de 1989, cuando se alargaban los días, para montar el lanzamiento de sus discos McGee sintió la necesidad de montar una bacanal épica que rivalizara con las que ofrecían Ahmet Ertegun o Seymour Stein con toda su pompa de Broadway. McGee, decidido a utilizar el invernadero y el tejado de Westgate Street, estudió el calendario de lanzamientos y se dio cuenta de que tenía un problema: Creation no tenía nada que publicar más que una compilación de The Loft programada para septiembre. Tenían un álbum de Primal Scream ya preparado, pero el grupo aún no tenía muy claro si quería hacer música acid house; sin duda la fiesta iba a ser de rock 'n' roll, pero no a la manera en que McGee, ahora saturado de éxtasis, estaba proclamando. Para no negarse la oportunidad de un poco de hedonismo de fin de semana,

McGee decidió publicar inmediatamente una compilación de «Grandes éxitos» de las canciones de Biff Bang Pow! Era poco más que un resumen de su mejor material, aunque poco conocido, de los cuatro o cinco años anteriores; sin embargo, McGee escogió un título que pensó que resumía la esencia de su grupo y el de Green: *The Acid House Album*. Encargó cinco mil portadas blancas de cartón sin nada escrito y un poco de pintura fluorescente, y modernizó el primitivo espíritu de Clerkenwell de doblar fundas de papel dentro de bolsas de plástico tras una ingesta de speed. Después de tres días pintando con spray las fundas de cartón clavadas en la pared, la fiesta de lanzamiento de *The Acid House Album* se convirtió en una orgía de extática privación. La pintura y los pintores comenzaron a fusionarse en un caos de camisetas blancas de manga larga y flecos mientras *tracks* de acid house y canciones de los Stones de los setenta competían por la supremacía en el estéreo. McGee dibuja una sonrisa mientras recuerda con nostalgia el que probablemente fue el punto álgido de disipación de Westgate Street. «Hubo unos cuantos que se colocaron con la pintura», dice, «y esos se quedaron colocados bastante tiempo.»

«Me invitaban a esas fiestas de acid house», dice Nick Currie, el cual, aparte de no tomar drogas y ser el artista más autosuficiente de Creation, no se había visto expuesto a la acometida del hedonismo en las oficinas del sello. «El lanzamiento de *The Acid House Album* de Biff Bang Pow! fue una increíble fiesta de éxtasis en la oficina de Hackney. Creo que yo era la única persona del lugar que no había tomado éxtasis, lo cual probablemente era de lo más extraordinario, porque presenciaba estas pesadísimas oleadas de empatía en las que todo el mundo serpenteaba por encima de todo el mundo. Los House of Love estaban todos allí en un enorme amasijo humano de brazos y piernas, y yo me fui con una chica que se encargaba de la parte gráfica de Rough Trade y que acabó casándose con Bill Drummond. Tenías todos esos rolletes de éxtasis con gente, y casi no importaba quién eras ni qué aspecto tenías, porque las drogas hacían el trabajo por ti.»

En cuanto comenzó el proceso de limpieza, en algún momento del lunes por la mañana, McGee, resplandecía de orgullo, pues Creation ahora tenía un espacio para fiestas decorado para ese propósito. «Ahora teníamos otra trastienda», dice Kyllo. «Esa enorme zona vacía rociada con pintura fluorescente, que quedaba un poco apartada. A partir de este momento comenzó una verdadera locura.»

Esas fiestas de afirmación de la vida a base de éxtasis iban acompañadas de los tremendos y desestabilizadores bajones de mitad de semana, un ciclo que no todo el mundo en Creation estaba lo bastante preparado para gestionar. «Iniciamos a mucha gente en el éxtasis», dice McGee. «Muchos le cogieron la onda, lo dejaron y nunca volvieron.»

The House of Love todavía formaban parte del círculo íntimo de Creation y se les invitaba a las fiestas de Hackney, aunque cada vez les costaba más manejarse en el sello Fontana, pues la presión del gran adelanto que habían recibido creaba una sensación artificial de lo que podían lograr. Terry Bickers, el icónico guitarrista del grupo, descubrió que la expectativa que se había creado alrededor de la banda era difícil de soportar y sufrió un colapso nervioso, que se vio acelerado por el consumo de drogas. A medida que las sesiones de grabación de The House of Love comenzaban a estancarse, su inestabilidad se ocultaba a la prensa, pero dentro de Westgate Street su comportamiento ponía en evidencia sus problemas. «Terry Bickers se encontraba fatal, y entró en las oficinas con una pistola», dice Kyllo. «Tampoco es que apuntara a nadie. No era en plan: 'Voy a mataros a todos'. No creo que estuviera cargada, pero tardamos mucho rato en convencerle de que dejara de esgrimirla.»

Bickers con el tiempo se recuperó y dejó el grupo; su fragilidad fue un ejemplo insólito pero muy real del envés de las fiestas de Creation. McGee se había arrojado de cabeza al hedonismo del acid house y comenzaba a moverse en un medio distinto, más propio de los alrededores de su oficina de Hackney que de los clubs indies.

«Yo bailaba, si es que eso se puede llamar bailar», dice McGee. «Era más bien brincar sobre una pierna, pero yo brincaba sobre una pierna y hablaba con alguna chica que me estaba metiendo la lengua por la garganta mientras me decía que aquello era cojonudo, y entonces su novio me soltaba un gran beso y yo lo decía: '¿A qué te dedicas?', y ella me contestaba: 'Trabajo en un banco', y luego le preguntaba al novio: '¿A qué te dedicas?', y me contestaba: 'Robo bancos'. En otra cultura eso es un chiste; en la del acid house, en el Gardening Club de Covent

Garden de 1990, eso no era un chiste. Sabías que era un puto ladrón de bancos, sabías que el mensaje era: '¿Cuánto hay en el banco?'.»

En el caso de McGee, el siguiente paso lógico era abrazar completamente la cultura y comenzar a publicar discos de acid house de 12" mientras sus oficinas se llenaban de un creciente séquito de traficantes y buscavidas, todos dispuestos a dar su consejo sobre el estado de la cultura.

El hecho de que McGee y el resto de Creation hubieran abrazado el acid house estaba escrito en letra impresa en el programa de lanzamientos del sello de 1990. También fue un éxito. Love Corporation, el alias acid house de Ed Ball, publicó el épico 12" «Palatial», que impresionó lo suficiente a Danny Rampling como para remezclarlo. Rampling hizo lo mismo con otra publicación de Creation, «Dream Beam» de Hypnotone, que junto con los discos de Sheer Taft y Fluke sonaba por las noches en el Milk Bar.

Al año siguiente, Creation público *Keeping the Faith*, una compilación de sus publicaciones de acid house. Presentado en el interior de una funda blanca, y con un logo de Creation fluorescente recién diseñado y de vida efímera, el álbum exhibía todas las características de un sello de baile. Para el aficionado era una aceptable colección de un género cambiante; para los chavales indies que se encontraban con canciones como «Nena de Ibiza» de Crazy Eddie & Q.Q. Freestyle, era una introducción un tanto desconcertante al mundo al que McGee, que ahora era mánager de The Grid y Fluke, había dedicado los últimos doce meses.

«Todo el mundo reclamaba la autoría de la recopilación, pero fue Grant Fleming quien la hizo. De hecho éramos bastante buenos con el acid house, pero más que nadie, fue Grant el responsable. Era el que te encontrabas por ahí un sábado por la tarde con *white labels*.»

Grant Fleming, un adolescente hincha del West Ham, era un personaje que nada tenía que ver con los editores de fanzines, que de vez en cuando desafiaban el sistema de transportes para visitar Creation. McGee, en un intento de reavivar sus relaciones con The House of Love, que ahora le aburrían muchísimo, le sugirió a Fleming que se uniera a él y al grupo mientras estaban de gira.

«Lo puse al frente del merchandising en una gran gira de The House of Love cuando yo todavía les hacía de mánager», dice

McGee. «Nunca viajaba con el grupo, porque me parecían demasiado aburridos, y Grant y yo íbamos y veníamos muy espitosos por la carretera, y utilizo la palabra 'espitosos' en su contexto adecuado. Acabábamos de tener tres semanas de disipación. Después de esa gira yo ya estaba hasta las narices de los House of Love. Éramos más fiesteros que el grupo: ellos se iban a la cama a la una de la noche después de haber tomado sus ocho pintas de cerveza, y nosotros salíamos y volvíamos a las siete, y luego al siguiente bolo colocados hasta las cejas, y así estuvimos tres o cuatro semanas. Al final le dije a Grant: '¿Quieres un empleo?', y él me contestó: '¿Qué?', y yo le dije: 'Quiero fundar un sello de baile', y él me dijo: '¿Y cómo vas a llamarlo?'. 'Creation.'»

En el programa de publicaciones de Creation para 1990 encontrabas a Crazy Eddie & Q.Q. Freestyle compartiendo espacio con tres EP y un LP que salió en noviembre de unos nuevos artistas que había fichado McGee, un cuarteto de estudiantes de arte de Oxford llamado Ride. Habían sacado el nombre de una canción de Nick Drake, y tenían un aspecto tan juvenil como el cantante de folk, y ese mismo aroma de juventud arcádica. Eran grandes fans de My Bloody Valentine y de The House of Love, y habían encontrado un sonido que exploraba el ADN de los dos grupos: una poderosa batería, armonías susurradas y diferentes efectos de pedal para cada cambio de acorde. Las letras de las canciones eran opacas y oníricas, y las cantaban con una vacilación conmovedora y un tanto afectada.

El EP homónimo de debut de Ride se publicó la tercera semana de 1990, y al instante se pronosticó que iba a ser uno de los grupos de la nueva década. Ride había sintonizado con el público. En ausencia de nuevo material de The House of Love o My Bloody Valentine, llenaron el hueco que los viejos grupos habían dejado y comenzaron a tener un público a su imagen, veinteañeros fans de la música de guitarra que leían la prensa musical y que todavía estaban interesados en el acid house. Había muchos más fans de Ride que de Hypnotone o Sheer Taft, y el EP *Ride* significó para Creation el primer single que entró en las listas, en el número 72, y el nuevo grupo supuso un golpe de suerte en el momento oportuno.

La maqueta de Ride le había llegado a McGee a través de Cally Calloman, que había pasado de Phonogram a Warner. «En aquella época yo trabajaba de A&R», dice, «y el cazatalentos Ben Wardle vino a verme con una casete que tan solo tenía la palabra 'Ride' escrita con Letraset de cuerpo grande. Los busqué y los vi ensayar, y al momento me dije: este es el grupo perfecto. Me dije que no había discusión… pero no conseguí que en la compañía discográfica nadie se interesara, y Ride seguían diciendo que eran grandes fans de My Bloody Valentine, y yo les contestaba: 'Pero vosotros sois mucho mejores'.»

McGee se enteró de que circulaba por Warner una cinta grabada por un cuarteto de jóvenes fans de Creation, y enseguida comenzó a perseguir a la banda. «Alan me telefoneó en plan: 'A tu novia no le gustas mucho… ¿te importa si salgo con ella?'», dice Calloman. «Fue muy amable, me dijo: 'Es la clase de grupo que necesito para reconstruir Creation, y quiero hacer esto y lo otro', y me dije, bueno, no consigo que nadie se interese por ellos, así que buena suerte.»

Ride tuvo una carrera fenomenal en 1990, y acabó un año vertiginoso de giras con un álbum, *Nowhere*, que entró en las listas en el número 11, manteniendo una codiciada presencia para Creation en los semanarios musicales mientras «El Presidente» seguía de fiesta. Enamorado de cada lanzamiento, McGee ponía por las nubes a cada uno de sus artistas, ya fuera una banda guitarrera del Valle del Támesis o un oportunista del East End con un sampler, elevándolos a la categoría de «genios» y del «mejor grupo del mundo». Al final sería Primal Scream, que publicó *Loaded* en marzo de 1990, quien uniría las dos culturas de Creation: el acid house y la música de guitarras.

A pesar del éxito en las listas de Ride, Creation estaba permanentemente al borde de la bancarrota. «Las prioridades de Alan acerca de en qué gastar el dinero no eran precisamente las que aconsejaría un contable», dice Kyllo. «La cosa era completamente precaria. Siempre nos estábamos planteando qué podíamos permitirnos hacer. Cada vez teníamos más éxito, y, por cómo funciona el flujo de caja, generalmente pagas las facturas antes de que te llegue el dinero, de manera que cuando creces tan rápidamente surgen problemas aún mayores de flujo de caja.»

McGee, aunque nunca perdió de vista la necesidad de insistir en que las cesiones de derechos para los Estados Unidos revirtieran en Creation, estaba distraído por el éxtasis. A finales de 1989 se había quedado sobrecogido por dos grupos que habían aparecido en el *Top of the Pops* la misma noche. Dos años después de que Barrett hubiera empezado a promocionarlos en Londres cuando nadie quería saber nada de ellos, los Happy Mondays estaban ahora en las listas junto a sus vecinos de Manchester, los Stone Roses. Había sido un extraño viaje desde La Puerta Trasera a Babilonia hasta el *Top of the Pops*.

«En Clerkenwell Road teníamos un contestador», dice Dave Harper. «Uno de los mensajes más espectaculares que dejaron nunca fue de Nathan McGough. Comía mientras hablaba, y decía: 'Harper, soy Nathan, ahora les hago de mánager a los putos Mondays, así que espabílate de una puta vez, ¿me oyes, cabrón?'.»

13. GETTING AWAY WITH IT[45]

Electronic, «Getting Away with It», Fac 257 (*Peter Saville/Factory*)

45. Saliéndose con la suya. [*N. del T.*]

Después del éxito internacional de *Substance* y de periodos concentrados de giras por los Estados Unidos, New Order habían decidido que la grabación de su próximo álbum debía ser algo más relajada. Los cuatro miembros del grupo habían acordado comenzar a trabajar en proyectos en solitario una vez hubieran completado el álbum, dándole a las sesiones un ambiente más tranquilo. Tan calmado era su estado de ánimo que New Order habían insistido en encontrar un estudio de grabación con piscina y acceso a la playa. El único estudio residencial que encajaba con ese criterio estaba en Ibiza. Con una sincronización perfecta, el grupo llegó a la isla de éxtasis hasta las orejas, y con el cálido latido de los balearic beats flotando en la brisa.

«Fueron unas vacaciones de puta madre», dice Stephen Morris. «Fue un poco como la primera vez que fuimos a Nueva York y vimos los lofts. La única razón por la que fuimos a Ibiza fue porque el estudio tenía piscina. El lugar era propiedad del batería de Judas Priest, y era una mierda de estudio. Estábamos allí leyendo el *NME* y ¿esto es el rollo balearic? Es aquí, ¿no? Justo empezaba. Lo habíamos visto un poco en el Heaven, pero no era lo mismo.»

En Ibiza, New Order experimentó las relajadas energías del acid house en su forma balearic, al aire libre y bailando bajo las estrellas. Tampoco avanzaron mucho en la grabación de su álbum, y volvieron a casa con apenas una pista de batería en la cinta. Transfirieron las sesiones de grabación a los recién abiertos Real World Studios, propiedad de Peter Gabriel, situados en el campo, en Box, Wilt-shire, cerca de Bath. New Order fueron los primeros clientes de Real World, y a finales de 1988, durante un fin de semana casi intermina-ble, el estudio se transformó en una versión del sudoeste de Inglate-rra de las Hot Nights de la Haçienda.

«Acabamos el disco y Rob decidió que debíamos dar una fiesta», dice Morris. «Algunos todavía la comentan.»

Dave Harper fue convocado al estudio para lo que él creía que iba a ser un playback del álbum, *Technique*, y una discusión informal de los planes de lanzamiento. En su lugar se encontró con escenas de locura desenfrenada. «Me apeé del tren», dice, «y había un montón de guardias de seguridad de Showsec en mitad de Wiltshire, autobuses y coches llenos procedentes de Manchester, con los Happy Mondays y su séquito. Entré y no recuerdo gran cosa. Pero desde aquel día Mike Pickering me llama 'perro loco', porque al parecer arranqué un urinario de la pared... con un hacha, evidentemente.» «Eso fue solo el principio», dice Morris. «'Dave, Dave, ¿qué estás haciendo?... No, Dave, deja el hacha'. Estaba cieguísimo.»

Mike Pickering había llegado a Box con el convoy de autobuses y coches que venían de Manchester para celebrar la finalización del álbum. Al ser habituales de la Haçienda y miembros de la vasta familia de Factory, habían llegado través de estrechas carreteras rurales, y los efectos de las pastillas que se habían tragado antes de ir habían comenzado a hacer efecto. «Había autocares de dos plantas y todo el mundo estaba un poco de subidón», dice. «Era evidente que ya se habían tomado algo, porque todos estaban en plan: '¿Dónde coño está ese sitio?'. Alguien gritó: '¡Luces!'. Todos llevábamos silbatos, y todo el mundo se puso a silbar y bailar en el autobús. Entonces dijimos: 'No son más que luces, es una casa, pro-bablemente es la granja de algún pobre cabrón'. Es un milagro que sobreviviéramos, porque habíamos tomado éxtasis muy fuertes, ¡uau!»

«El hedonismo era descontrolado», dice Harper. «Cuando el éxta-sis te subía, era una locura. La fiesta de Real World fue una bacanal sin límites. He vuelto docenas de veces a lo largo de los años y nunca he reconocido el sitio. Fue el fin del mundo. La gente tardó días en recuperarse.»

Pickering estaba pinchando discos cuando llegó otro de los momentos culminantes. Mientras rebuscaba en su caja de vinilos, su concentración se interrumpió con la llegada de Graeme Park, su colega en las Hot Nights. «Me dijo: '¿Quieres que te sustituya?'», dice Pickering. «Y yo le contesté: 'No me jodas, tío, si acabo de llegar'. Y de verdad que me lo creía. Y él me dice: 'Mike, llevas casi cinco horas pinchando'... 'Buf, me cago en la puta.' Fue realmente increíble. Y lo mejor de todo fue que Peter Gabriel nunca se enteró.»

El primer compromiso público de New Order para la promoción de *Technique* fue una aparición en el *Top of the Pops* para el single «Fine Time». El corte era la referencia más manifiesta del sonido balearic que encontraron en Ibiza. Otro punto de referencia era la portada dicromática del single: una foto de docenas de pastillas. La interpretación en el *Top of the Pops* fue otro momento destacado en la recurrente tentativa de la banda por romper con la fórmula del programa. Tras intentos anteriormente desastrosos de tocar en directo en el programa, New Order estuvieron de acuerdo en hacer playback. Mientras las cámaras grababan, Peter Hook permanecía inmóvil con las manos en los bolsillos y el bajo a la espalda como si fuera un fusil, mientras Bernard Sumner bailaba desenfrenadamente delante del micro. El estilo de baile Sumner comenzaba a resultar familiar al público televisivo, pues el personaje cuyos movimientos copiaba, Bez de los Happy Mondays, iba después de New Order en las listas. «A Bernard le encantaban los Mondays», dice Harper, «le encantaban. En el *Top of the Pops* Bernard lleva un mono y baila como un loco. Se les había ido la olla.»

«Fine Time» se publicó en noviembre de 1988, el mismo mes que Factory lanzó el segundo álbum de Happy Mondays, *Bummed*. El álbum fue recibido sin mucho entusiasmo. Tony Wilson consiguió que el grupo apareciera en su nuevo programa musical de televisión del canal Granada, *The Other Side of Midnight*, y el grupo seguía metiendo caña, aunque era poco conocido. Jeff Barrett, que ahora era el relaciones públicas del grupo, procuraba que el interés no decayera, pero la gente que compraba el disco, a pesar del cachet de una fiesta de lanzamiento en el Heaven y un puñado de magníficas críticas, seguía siendo escasa.

Bummed poseía una cualidad cavernosa, casi como un canto de ballena, que dejó a la mayoría de críticos perplejos; el hecho de que en el casete promocional la primera canción se llamara «Some Cunt from Preston» [«Un capullo de Preston»] (que posteriormente se rebautizaría como «Country Song») no hizo más que aumentar la sensación general de aprensión que rodeaba al grupo. A medida que aumentaba la proliferación de éxtasis, los sombrías energías de *Bummed* comenzaron a arraigar. Wilson había albergado la esperanza de que los Happy Mondays se convirtieran en el grupo de rock 'n' roll de la generación del éxtasis, y se demostraría que había acertado. Pero sería un largo proceso evolutivo antes de que fueran ungidos como los Rolling Stones del rave; y en cuanto el grupo consiguió esa corona, luchó por mantener esa posición.

«La teoría de Tony acerca de por qué los Mondays fracasaron fue que no había nadie de clase media en el grupo», dice Nathan McGough. «Decía que los grupos que sobrevivían probablemente tenían raíces de clase trabajadora entre ellos, pero que necesitabas a alguien de clase media, porque eran los que realmente comprendían el contexto del grupo y el lugar que ocupaba culturalmente dentro de la sociedad. Así que eso es lo que les faltaba a los Mondays. Supongo que la persona de clase media dentro de ese equipo era yo.»

Shaun Ryder le había pedido a McGough que hiciera de mánager del grupo, una decisión que había enfurecido a Wilson. «Tony me dijo que fuera a su casa», dice McGough, «y me dijo: 'No vas a hacer de mánager de este grupo', y éramos amigos hacía ocho años o así. 'No eres bienvenido en las oficinas de Factory. Molestas a todo el mundo...' En ese momento Mike Pickering intentó mediar, y Wilson le dijo: 'Vale, muy bien, quiero un contrato', y yo le contesté: 'Esta es la mejor noticia que he tenido de ti, porque al menos vas a tener que poner por escrito lo que vas a hacer por el grupo, y también te costará un poco de dinero'. Así que llegamos a un acuerdo, dios sabe por cuánto dinero, pero suficiente para poner la cosa en marcha.»

Los Happy Mondays habían llamado por primera vez la atención de Factory gracias a Pickering y a Rob Gretton, que había visto al grupo tocar en la Haçienda. Un afiliado de Factory, Phil Saxe, que posteriormente se convirtió en el A&R del sello, se encargó del desafío que suponía hacerles de mánager. El LP de debut del grupo, *Squirrel and G-Man Twenty Four Hour Party People Plastic Face Carnt Smile (White Out)*, se publicó en 1987 y obtuvo un puñado de buenas críticas, pero poco más.[46] Para todos los interesados, incluso para un puñado de seguidores, los Happy Mondays eran otro añadido a la lista B de Factory, pero Wilson siguió comprometido con la banda y convencido de su potencial: en los títulos de crédito de la portada de su single de 1986 «Freaky Dancin'» aparece destacado en letras modernistas: «EXECUTIVE — ANTHONY WILSON»[47], aunque por mucho que le gustara a Wilson la idea de que los Happy Mondays se convirtieran en una banda callejera dispuesta a asaltar las listas, se mostraba reacio a cualquier inversión seria en el grupo.

En cuanto que exinquilino de Wilson, y en cuanto que amigo y colaborador, McGough conocía de cerca el modus operandi de Factory. Insistía en que el enfoque tradicional de Factory por lo que se refería al marketing y a la relaciones públicas —una combinación de esnobismo *laissez-faire* del Norte y de diseño gráfico llamativo— se reevaluaría en el caso de los Happy Mondays. «Le dije a Wilson que quería hacer borrón y cuenta nueva y que hubiera gente centrada en el grupo», dice. «No iban a llevarlo al habitual y zigzagueante estilo Factory, sacándolo sin ninguna promoción.»

Al punto de vista de McGough contribuyó el hecho de que la parte gráfica del grupo la producía Central Station Design en lugar de Peter Saville. Dos de los miembros de Central Station, Matt y Pat Carroll, eran primos de Shaun y Paul Ryder, lo que ayudaba al estudio a desarrollar una comunicación instintiva con la música de la banda. Central Station utilizaba colores fluorescentes dibujados a mano y aplicados en gruesas capas en sus diseños para los Happy Mondays, que captaban la inmediatez y la energía alucinatoria de los discos, otorgándoles una viva presencia visual que los distinguía de la habitual estética fría de Factory.

---

46. En un típico acto de promoción, Dave Haslam, en su reseña en el *NME*, consideró el disco tan impresionante como *Marquee Moon*, que fue uno de los pocos discos que obtuvieron un 10/10 en el *NME*. En ese pedestal se le unió otro disco de Shaun Ryder publicado en 1995, *It's Great When You're Straight... Yeah*, de Black Grape. [*N. del A.*]

47. Escribieron mal el nombre de Wilson al no incluir la inicial H. de en medio, con lo que se convirtió en una muestra escrita singular de su nombre, y potencial candidata a un número Fac, aunque se desestimó la idea probablemente porque el disco ya tenía un número de catálogo. [*N. del A.*]

Todos los recelos de Wilson en relación a si McGough era la persona adecuada como mánager de los Happy Mondays quedaron confirmados por la elección del productor del segundo álbum del grupo: una de las personas con las que Wilson había reñido para siempre, el socio original y excomulgado de Factory, Martin Hannett. Pensara lo que pensara Wilson de la situación, McGough había tomado la decisión basándose en la nueva música del grupo alimentada por el éxtasis, más que por un deseo maquiavélico de controlar la política de Factory.

«Tony y yo chocamos en algunos aspectos», dice McGough. «Él estaba muy metido en el éxtasis, quería algo realmente nuevo, y yo me dije: bueno, estamos haciendo una especie de música rock inspirada por la droga, por lo que va a necesitar una especie de dimensión espacial más que una simple grabación literal. De manera que me junté con Erasmus, que telefoneó a Hannett y comentamos cómo lo queríamos hacer.»

Alan Erasmus, como era habitual, medió entre Wilson y McGough. Le dijeron a Wilson que si se podían dejar de lado las diferencias entre Factory y Hannett, y si el sello estaba dispuesto a demostrar que todavía confiaba en las habilidades del productor, quizá Hannett les entregara uno de esos discos que hacen época con los que se habían labrado la fama.

Aunque todavía no estaba convencido, Wilson permitió que McGough se encontrara con el productor en persona. Durante la ausencia de Hannett del día a día de Factory habían circulado algunos rumores sobre su persona, y se había sabido poco de él, aparte de un desastroso intento de grabar el álbum de debut de los Stone Roses. También se decía que había pasado de tomar heroína a ser adicto, y su aspecto físico sugería que no gozaba de muy buena salud, con los problemas habituales de los bebedores empedernidos.

«Cuando lo vi me quedé realmente impresionado», dice McGough. «Lo había conocido cuando yo tenía unos dieciséis años, y Martin era muy delgado y apuesto. Ahora pesaba más de ciento cincuenta kilos, llevaba una barba enorme, el pelo realmente largo y un abrigo inmenso, y unas uñas de cinco centímetros de largo, que utilizaba como sacacorchos. Wilson estaba como loco. De todos modos más o menos cedió y arregló sus diferencias con Martin.»

Para la grabación, Hannett había escogido un estudio en Driffield, una población de barracones que quedaba a casi a ciento cincuenta kilómetros de Manchester, y donde, supuestamente, los Happy Mondays introdujeron a algunos reclutas a los placeres del éxtasis. El grupo trabajó rápidamente y al cabo de un mes el disco estaba terminado. Si quedaba alguna sombra de resentimiento entre Hannett y Factory quedó en agua de borrajas en los experimentos del productor y el grupo, cada uno a un lado de la mesa de mezclas, que para alegría de Hannett incluían dosis de éxtasis las veinticuatro horas del día. Las relaciones entre el productor y el sector de fabricación y distribución de Factory se habían distendido, y aun cuando la conversación seguía siendo un poco espinosa, Wilson comenzó a visitar el estudio de manera regular. Mientras escuchaba las canciones se iba animando cada vez más por lo que oía; estaba convencido de que se trataba de la música del nuevo tipo de droga.

«Para Wilson y para mí la gran cuestión era cultural», dice McGough, «porque el disco estaba hecho a base de éxtasis. No es que se tragaran cuatro pastillas seguidas un lunes por la noche. Básicamente tomaban un cuarto o media y lo utilizaban como un estado mental terapéutico para concentrarse, al igual que Hannett, con lo que todo el mundo estaba implicado en conseguir que el disco tuviera el subidón del éxtasis.»

Wilson estaba familiarizado con el subidón del éxtasis. El grupo había sido fundamental a la hora de que la droga llegara a la Haçienda, y de ahí a Manchester, poniendo en marcha la transformación del club, que pasó de ser una mezcla de local de conciertos y un garito vacío a convertirse en el equivalente septentrional del Paradise Garage o el Danceteria que él y Gretton habían concebido inicialmente. «El grupo introdujo la droga a través de unos amigos traficantes de Ámsterdam», dice McGough, «amigos de la infancia. Básicamente les daban una bolsa con 15.000 pastillas y sus colegas decían: 'Muy bien, moved esto'. Fueron los primeros en venderlas, y más o menos las introdujeron en Manchester. Durante las Hot Nights, que eran los miércoles, se vio por primera vez a alguien bailando sobre una tarima con las manos al aire.»

La sucia psicodelia urbana de *Bummed* sin duda captó el desorientador vértigo de un colocón de éxtasis. También captó su animada euforia. En el estribillo de «Do It Better», haciendo acopio de todo el autocontrol que puede dadas las circunstancias, Shaun Ryder repite: «*Good, good, good, good, double, double, good, double, double, good*», mientras el grupo emprende un *groove* que tocan con una insaciabilidad vertiginosa. Aunque desde luego es un disco de éxtasis, y una de las mejores producciones de Hannett, poco había en *Bummed* que sugiriera que el público de las Hot Nights pronto estaría bailando sobre una tarima al son de los Happy Mondays.

A pesar de los dos singles y el vídeo para «Wrote for Luck», que consistía en un público preadolescente de club nocturno disfrutando de la canción bajo una bola de discoteca y las luces estroboscópicas del Legends del centro de Manchester, *Bummed* no consiguió encontrar su público. Wilson y McGough se quedaron frustrados y con la impresión de que el grupo se había estancado. Los Happy Mondays habían grabado uno de los primeros álbumes del éxtasis, y a juzgar por las colas que serpenteaban ante la puerta de la Haçienda, el mercado del éxtasis no paraba de crecer. Puede que los Happy Mondays sacaran beneficios de la demanda de droga mientras llevaban un lucrativo negocio paralelo en el Acid Corner del club, pero su música todavía tenía que convertirse en sinónimo de la droga.

«Para Tony y para mí el problema era que cuando llegamos a la Pascua de 1989, todo eso era la comidilla de las portadas de los tabloides», dice McGough, «pero el grupo, fundamental en todo esto, se había ido quedando atrás y fuera del cuadro porque esa era la versión rock 'n' roll. Así que decidimos que necesitábamos hacer una remezcla para el club de una de las canciones, y poner eso y esperar que pudiera convertirse en cabeza de puente.»

Un año después de la grabación de *Bummed*, Factory público un single de 12", «W.F.L.». Contenía dos mezclas de «Wrote for Luck», una de Paul Oakenfold y otra de Vince Clarke de Erasure. Se encargó otro vídeo, y de nuevo se rodó en un club nocturno, pero en esta ocasión presentaba al grupo y a sus amigos bailando bajo las luces en lo que parecía ser una guía de usuario a los Happy Mondays y a cuáles eran las condiciones adecuadas para experimentar su música.

Por todo Manchester y el norte se habían pegado carteles que mostraban la portada de *Bummed*, un primer plano ampliado de la cabeza de Shaun Ryder en tonos pastel estridentes. A finales de 1988, en un

ingenioso gesto warholiano, los muros de un edificio en desuso de
Charles Street se habían cubierto completamente con el cartel. Se
trataba del local recién comprado de las nuevas oficinas de Factory.
En una carrera que alternaba entre grandes gestos magnánimos y
temeridades a gran escala, la compra del edificio de Charles Street
por parte de Factory señaló el punto de máxima arrogancia del sello,
y sobre todo de Wilson.

Ahora que la mala salud de Rob Gretton afectaba su capacidad
laboral, Rebecca Boulton participaba más en la gestión de los asuntos
de New Order. En contraste con el plan de Factory de conseguir unas
nuevas oficinas, casi todo el día a día de los asuntos de New Order
tenía lugar en el salón de Gretton. «Factory pasaba por algunas dificultades, porque se habían marchado de Palatine Road y comprado
ese enorme edificio en Charles Street», dice Boulton. «Tony actuaba
con cierta precipitación, y en aquella época tenían muchos empleados. Tina se marchó antes de que se mudaran a Charles Street. Se
había presentado con proyecciones y cifras para demostrar que si
continuaban con el edificio de Charles Street entrarían en quiebra al
cabo de dos años.» Tina Simmons había comenzado a hartarse de la
falta de control financiero de Palatine Road.

Factory vendía discos a nivel internacional, pero las ambiciones de
la empresa eran cada vez más complejas y desmedidas. La Haçienda
por fin funcionaba a plena capacidad y prosperaba como avanzadilla
cultural tal como Wilson había previsto. Dichos éxitos le hicieron
concebir nuevas ideas para remodelar la empresa, aunque en gran
medida ignoraba los principios básicos de dirigir una compañía discográfica, como los derechos de autor, la contabilidad y las tediosas
cuestiones de hacer frente a las obligaciones fiscales. En su perspectiva y ambiciones, Wilson era cada vez más inflexible debido al consumo cada vez más acentuado de cocaína. En una ocasión en que
entregaron una caja de vino en Palatine Road, se quejó de que se
estaba malinterpretando la empresa: Factory era un sello de drogas,
insistió, no de alcohol. Sus amigos y socios también observaron que,
después de la hegemonía de New Order, Wilson por fin disfrutaba del
éxito de los Happy Mondays, una banda de la que se sentía más propietario y cómplice. El aire de licencioso hedonismo del grupo también le daba a Wilson la oportunidad de demostrar la diferencia entre

Factory y la música de baile indie del sur, suburbana, de clase media y más *shoegazing*.

Aunque la Haçienda se llenaba casi cada noche mucho más allá de su capacidad, y era el epicentro de un movimiento juvenil, seguían pesando todas las deudas que había ido acumulando hasta llegar a ese éxito. Haciendo caso omiso, Factory adquirió una nueva propiedad y lanzó una nueva empresa, Dry Bar, un espacio café/bar en Oldham Street diseñado por el arquitecto de Factory, Ben Kelly, y el primero de esa clase en lo que se convertiría en el emergente Barrio Norte de Manchester.

«Tony siempre se fijaba en los brunches de Nueva York y cosas como esas», dice Tina Simmons, «y su idea era la de un lugar al que ir cuando se acababa la noche. Era otra cosa completamente distinta de lo que había en Manchester en la época.»

Inaugurado en 1989, durante el cénit de lo que se denominó «Madchester», el Dry Bar recibió la bendición y el respaldo financiero de New Order, cuya compañía Gainwest había financiado la empresa formando sociedad con Factory. «La Haçienda por fin tenía éxito», dice Stephen Morris, «de manera que todo era cojonudo, y ahora querían hacer el Dry Bar, de manera que las cosas eran positivas y los discos iban estupendamente.»

En abril de 1990 los Happy Mondays conectaron de manera inequívoca con el público cuando su single «Step On» alcanzó el número 5 en el Top 40. «Incluso hoy en día el sonido de 'Step On' sigue siendo increíblemente acojonante», dice McGough, «y fue un bombazo. Cuando tienes un disco de éxito todo cambia.» Paul Oakenfold había producido la canción, añadiendo un acompañamiento improvisado de piano de estilo house italiano. Había añadido florituras parecidas en sus mezclas en el anterior EP, *Madchester Rave On*, que se había publicado a finales de 1989 y había hecho entrar al grupo en el *mainstream*. La ilustración del EP *Madchester* consistía en el título del disco con un tipo de letra propio de los dibujos animados de Hannah Barbera, acompañado del símbolo de la marca registrada, ®. McGough había convencido a Wilson de señalar el momento de máximo ascendiente de la Haçienda y darles a los medios de comunicación un nombre con el que celebrar e investigar ese impulso eufórico.

Con el álbum que siguió a «Step On», *Pills 'n' Thrills and Bellya-ches*, el grupo no perdió su ascendiente, y entró en las listas del Top 10. La popularidad del grupo era tal que decidieron ofrecer un concierto en el Wembley Arena. Fueran cuales fueran las ambiciones que McGough hubiera albergado para el grupo, la escala del éxito de los Happy Mondays excedía con mucho sus expectativas, las de la banda o las del sello.

«Creo que la primera semana despachamos 150.000 álbumes», dice. «Lo sabíamos un mes antes. Sientes el calor y la energía, sabes que va a aterrizar y crear una explosión de cojones. Sabíamos que pasaría con *Pills 'n' Thrills and Bellyaches*.»

Factory había llevado a los Happy Mondays al Top 10 y la banda había montado esa ola cultural que ellos habían contribuido a crear. «Lo que una *major* habría hecho es sacar un segundo y un tercer single, habría encargado los vídeos. Pero no se había planeado nada parecido. Y ahí se quedó la cosa. Aquel álbum supuso un bombazo, se vendió realmente bien, creo que 400.000 copias, pero si hubiéramos sido inteligentes podríamos haber vendido más.»

New Order se sumó al ambiente celebratorio de la ciudad publicando «World in Motion», la canción oficial del equipo de Inglaterra del Mundial de Italia. Incluso para el grupo y los criterios del sello, su génesis fue bastante insólita. Si las cosas hubieran salido de manera distinta, la melodía familiar de «World in Motion» se podría haber utilizado en un contexto completamente distinto. «Estábamos a punto de comenzar un proyecto con Michael Powell, el director de cine», dice Rebecca Boulton. «Él quería hacer un corto. Para el reparto tenía a Tilda Swinton, y quería que New Order se encargara de la música. Todos se habían reunido e iban a hacerlo.»

Mientras el grupo discutía las posibilidades de trabajar con uno de los autores más celebrados del cine británico, un dirigente de la Asociación de Fútbol habló con Tony Wilson. «Tony era amigo de alguien de la oficina de prensa de la AF», dice Boulton. «Creo que fueron a cenar y surgió la idea de que New Order se encargara de la canción del Mundial. Tony se lo planteó al grupo, y al principio no creo que estuvieran muy entusiasmados, pero Steve y Gillian habían estado trabajando en un tema instrumental para un programa de televisión llamado *Reportage*, y esa canción fue la base de 'World in Motion'.»

Aunque New Order perdió la oportunidad de trabajar con Powell, «World in Motion» sigue siendo un ejemplo único de una canción de fútbol digna de más de una escucha superficial. Italia 90 fue también uno de los mundiales de más éxito del equipo inglés, y eso contribuyó a las ventas del disco e intensificó la sensación de que, durante la primavera y el verano de 1990, Factory y Manchester estaban al frente del espíritu de los tiempos sin ningún esfuerzo.

En un auténtico estilo Factory, el gesto de crear la canción de Inglaterra para el Mundial tuvo más interés que la posible remuneración. Casi todos los beneficios del single fueron a parar a otra compañía discográfica. «'World in Motion' era una *joint venture* con MCA», dice Boulton, «porque de hecho los futbolistas habían firmado con MCA.»

«Alan Erasmus era un lince descubriendo propiedades y cosas así, y fue él quien encontró el edificio de la esquina de Charles Street. Prácticamente no tenía tejado», dice Simmons, «pero aparte de eso era un cascarón. Compramos la plena propiedad por 85.000 libras, y eso iba a ser la oficina. Nos estábamos expandiendo, y la verdad es que ya no cabíamos en el piso del pobre Alan.»

El deseo de tener unas oficinas era fruto de la necesidad. Parte del encanto de Factory, y el origen de su irreverencia general hacia el negocio musical, consistía en haber publicado una sucesión de álbumes de ventas millonarias desde el piso de Alan Erasmus. Pero ahora ya se había quedado pequeño. «*Substance, Technique, Bummed*, habíamos hecho una gran cantidad de cosas desde un piso», dice Simmons, «pero ahora estábamos creciendo demasiado, compramos el edificio y contratamos de nuevo a Ben Kelly para que lo proyectara.»

Más que mudarse a una oficina que ya funcionaba y construida para ese fin, y mantener el impulso de la compañía, Wilson insistió en que las oficinas de Factory siguieran la especificación y visión de la Haçienda. Los inmensos costes del intervalo de siete años entre la apertura de la Haçienda y su ulterior éxito fueron ignorados cuando se le dieron instrucciones a Kelly para que diseñara unos interiores a la última. Para complicar aún más las cosas, las sesiones de New Order para su álbum siguiente estaban estancadas, y *Pills 'n' Thrills and Bellyaches* de Happy Mondays había sido un disco más caro de producir que los anteriores.

«El edificio, junto con todas las demás cosas que estaban ocurriendo», dice Simmons, «incluyendo la ingesta de drogas y el hecho de que el álbum de New Order se estaba retrasando, significó que todas las previsiones que habíamos hecho sobre proyección de ventas y lo que estas iban a producir iban quedando cada vez más lejos, mientras que los costes de las nuevas oficinas aumentaban.»

Mientras que el éxito de la Haçienda la convirtió en una *cause célèbre* para los medios de comunicación, las noches en que se llenaba por encima de su capacidad representaban una falsa economía para sus propietarios. Los costes de funcionamiento adicionales eran enormes. Y peor aún, el que se convirtiera en un «fenómeno cultural» significó que la policía comenzó a interesarse en serio por sus operaciones. En cuanto la banda de Cheetham Hill comenzó a utilizar el club como lugar de venta de drogas, la subsiguientes guerras territoriales provocaron el cierre de la Haçienda, una decisión que Wilson tomó sin consultar a los demás socios del club, ni siquiera a Gretton.

Los acontecimientos comenzaron a acelerarse mientras la presión sobre las finanzas de Factory comenzaba a crecer. Aunque «Madchester» todavía estaba en pleno apogeo, sus pioneros se enfrentaban a una posible bancarrota.

New Order se enteraron de la situación mientras estaban en el estudio. El álbum se grabó en circunstancias muy tensas, y la intrusión de los problemas económicos de Factory en su lento proceso creativo solo consiguieron empeorar el ambiente. «Hubo montones y montones de reuniones», dice Boulton. «Recuerdo ir a Real World y que la gente de Ernst and Young siempre estaba allí. De manera que el grupo tenía que enfrentarse a esas reuniones y grabar un disco al mismo tiempo, y eso no estaba bien.»

New Order no eran los únicos artistas de Factory encerrados en un estudio luchando por acabar un álbum. Para grabar el disco posterior a *Pills 'n' Thrills and Bellyaches*, los Happy Mondays se habían ido a las Barbados, donde Shaun Ryder se había enganchado al crack. «Aquello estaba cantado», dice Morris. «Mandar a los Mondays a Barbados. Nosotros habíamos hecho lo mismo yendo a Ibiza, y habíamos vuelto de allí sin nada. ¿Qué te hace pensar que conseguirás hacer algo en Barbados?»

Con los dos grupos más importantes del sello en el estudio, Wilson estaba impaciente por trasladarse a las oficinas de Charles Street, con dos álbumes cuya edición era inminente, y el inicio de una nueva era de Factory que completaría la transición desde Palatine Road a las tres plantas de las oficinas corporativas. Para asegurarse de que el perfil de la empresa siguiera siendo inconfundible, Wilson incluso encargó un manual de estilo Factory a Peter Saville Associates.

«El ego de Tony se salió de madre», dice Simmons. «Llegó el primer informe del aparejador y solo las reformas iban a acostar más de 400.000 libras. Los agentes inmobiliarios dijeron que un edificio completamente funcional de ese tamaño como oficinas valdría unas 150.000 libras. Ahí fue cuando comenzaron a sonar las alarmas. Tony se había ido de viaje a Los Ángeles a visitar a Tom Atencio, de manera que Alan habló con Ben Kelly y le dijo: 'Mira, vas a tener que replantearte todas estas especificaciones. Todos estos materiales tienen que cambiar'. Cuando Tony volvió, se puso furioso con Alan y conmigo.»

El proyecto de Kelly, que incluía cosas tan características de principios de los noventa como el ladrillo visto y vigas de aluminio, sin duda era elegante. Utilizaba las tres plantas para crear un espacio de triple altura que formaba un atrio del suelo al techo y mostraba detalles como un tejado de pizarra completamente nuevo y una serie de canalones interiores que contenían guijarros tratados. Era un espacio que habría sido enormemente codiciado por cualquier empresa de publicidad o de comunicación, o por cualquier promotor inmobiliario ambicioso que deseara aparentar cierto nivel cultural. Fueran quienes fueran los ocupantes del edificio, sin duda tendrían que ser solventes y hacer frente a sus costes de funcionamiento. El precario flujo de caja de Factory no estaba garantizado ni siquiera para cubrir los costes de las puertas de acero lijado del edificio que en su diseño mostraban un cartel perforado con el nuevo logo corporativo del sello.

Los ingresos que generaba Factory seguían siendo impresionantes, pero los gastos consumían el dinero del sello nada más entrar. «El primer cheque de un millón de libras de Pinnacle llegó por Navidad», dice Simmons. «Creo que fue después de *Substance*. Y luego fue: 'Aquí tenéis otro', y luego otro. Íbamos recogiendo esos grandes cheques, pero todo seguía costando mucho dinero, y Tony nunca miraba el balance.»

En la cúspide de su soberbia, Tony también se mostraba cada vez más impulsivo. Uno de los últimos artistas contratados por Factory fue la excantante de Miaow y coeditora de *City Fun*, Cath Carroll. Desde la desbandada de Miaow, Carroll se había casado con el guitarrista de Big Black, Santiago Durango, y emigrado a São Paulo, donde habían explorado ritmos y composiciones brasileños. El álbum surgido, *England Made Me*, fue, junto con el debut de Electronic, uno de los pocos momentos memorables del último programa de lanzamientos de Factory. Sus costes de grabación fueron exorbitantes, e incluían estudios y músicos de sesión en Chicago, São Paulo, Sheffield y Londres, cuya participación habría sido aceptada por Wilson sin informar a sus socios.

«Una noche tuvimos una reunión con el mánager de Cath Carroll para discutir su futuro contrato», dice Simmons, «y Alan y yo nos quedamos un tanto sorprendidos al descubrir que de hecho ya se le había ofrecido un adelanto de 70.000 libras. No sabíamos nada. Dijimos: '¿De dónde sale este acuerdo?', y Tony nos suelta: 'Tomé una decisión ejecutiva mientras estaba en Glastonbury, en el aparcamiento, hablando con Cath Carroll'... y Alan se puso hecho una furia. Fue muy embarazoso, porque, como era habitual en Factory, tuvieron una bronca delante del mánager.»

Al final Simmons se hartó de discutir por las finanzas de Factory y decidió dimitir. Antes de su marcha había observado una posible cuerda de salvamento para el flujo de caja de la empresa. El acuerdo de Factory con su compañía distribución, Pinnacle, había caducado y se tenía que renegociar. «Comenté que el contrato con Pinnacle estaba a punto de vencer», dice. «Estábamos pagando unas cantidades exorbitantes de distribución, así que les dije: 'Podríais ahorrar mucho dinero renegociando el acuerdo', y al final del día les entregué mi renuncia, pero tuve que quedarme hasta que terminaron las negociaciones con Pinnacle. Rob estaba en el hospital, así que fui con Alan para decirle a Rob que me iba; Alan quería que Rob me dijera que me quedara. Rob dijo: 'No puedo pedirte que te quedes, y no creo que tengas que acabar enfermando tanto como yo', porque en ese momento estaba muy enfermo, fatal de salud.»

«Rob padecía un grave problema de tiroides», dice su socia Lesley Gilbert. «La medicación que tomaba influía mucho en la salud de

Rob, y probablemente las presiones que tuvo que soportar, sobre todo con la Haçienda, también le afectaron. Por dos veces estuvimos cerca de perder nuestra casa, muy cerca. Yo me lo tomaba con más filosofía que Rob, pero él lo llevaba peor. Y yo creo que es evidente que eso no fue bueno para su salud.»

Gretton había sufrido los altibajos y las complejas emociones que habían afectado las carreras de Joy Division, New Order y Factory, y estaba pagando un alto precio. También se daba cuenta de que Simmons, ahora que la habían hecho socia, se había visto arrastrada a la volatilidad de las finanzas de Factory, y le había aconsejado que no asumiera una posición tan insegura y peligrosa, que él siempre había intentado afrontar con no poco sentido común y tino. Tras una larga enfermedad, Gretton murió en 1999. Quizá debido a su despreocupación y timidez con los medios de comunicación, el papel de Gretton en Factory ha sido incomprendido y de vez en cuando minimizado, pero su aportación a la compañía y su fe en el proyecto de Factory, por no hablar de las energías y el dinero que invirtió, no se pueden exagerar. «A veces me llaman del Ayuntamiento de Manchester para preguntarme si asistiría a la inauguración de una calle con el nombre de Tony Wilson», dice Mike Pickering, «y yo siempre les contesto: 'Llamadme cuando inauguréis una con el nombre de Rob Gretton'.»

La renegociación de Factory del contrato con Pinnacle fue un desastre. El sello era una de las joyas de la corona del catálogo del distribuidor. Además de disfrutar de ventas Top 10, Factory favorecía la reputación de Pinnacle, aportando a una empresa bastante prosaica parte de su icónica aureola de Manchester. Después de haber mantenido los términos de sus acuerdos durante varios años, Factory negociaba desde una posición de fuerza, y el jefe de la empresa, Steve Mason, ya veía que tendría que hacer una oferta imposible de rechazar para seguir siendo el distribuidor; pero Wilson y su equipo salieron de Pinnacle tras haber aceptado un porcentaje solo ligeramente mejor que el anterior. Mientras que Wilson habría sido el primero en admitir que los números nunca fueron su punto fuerte, dejó pasar una oportunidad para impedir que la suerte del sello acabara de la peor manera posible.

«El 1 de enero posterior fui al MIDEM», dice Simmons. «Me topé con alguien de Pinnacle que me dijo: 'Steve Mason se estuvo riendo todo el camino hasta el banco. Podríais haber conseguido un porcentaje de distribución de un 10 o un 12 por ciento'. Creo que al final cerraron por un 16, o algo ridículo. Cuando trabajas con ese volumen de discos, eso es mucho dinero. Y el resto es historia; ese mismo año entraron en suspensión de pagos.»

En uno de los perdurables momentos de ignominia que han entrado en la mitología de Factory, los Happy Mondays posaron para una fotografía sobre una mesa de reuniones recién encargada, que al momento se hundió bajo el peso del grupo. La mesa estaba suspendida del techo por unos finos cables metálicos, y le habían dado un número de catálogo Fac con el título «Momentáneamente contemporáneo». Como metáfora de la locura de las oficinas de Charles Street es insuperable. También ilustra la falta de comunicación entre los socios, que fue fatal en el final de la compañía. La construcción de la mesa había costado unas dos mil libras, pero Wilson les había dado a entender a Erasmus y Gretton que la cifra se acercaba más a los 18.000. «Momentáneamente contemporáneo» se podría haber fabricado por 16.000 libras menos, pero todos los demás muebles y objetos artísticos del edificio se habían salido brutalmente del presupuesto, y Wilson había ocultado sus excesos en el precio de la mesa. «Esa maldita mesa», dice Gilbert. «Dios, Rob se puso furioso por el dinero, muy furioso.»

Mike Pickering, junto con Erasmus, Gretton y New Order, se había mostrado muy optimista acerca de la necesidad de las nuevas oficinas, aunque, al igual que sus colegas, se había quedado consternado por la escala y grandilocuencia del edificio. «Nunca quisimos unas oficinas ostentosas», dice. «En Palatine Road siempre teníamos a Lesley sentada en medio de un montón de cajas de cartón. Rob *era* Factory, él hacía funcionar la empresa. Era muy listo, Rob, era la fuerza propulsora, e incluso cuando se puso enfermo ayudó a mucha gente, todo el mundo le quería.»

El voluminoso espacio de Charles Street exigía un número mayor de personal para llenar su diseño de espacio abierto. Además de contratar una serie de contables, por primera vez en su historia Factory contaba con un departamento de A&R. Muchos de los nuevos artistas contratados desconcertaban a los socios que llevaban mucho tiempo en Factory. A menudo los habían acusado de estrechos de miras y esotéricos, pero los Adventure Babies, Northside y los Wendys solo se podían calificar de pedestres. «En mi opinión, lo que acabó siendo el último clavo del ataúd para Factory», dice Morris, «fue que, en cuanto se trasladaron a esa maldita oficina de Charles Street y comenzaron a contratar contables, e iniciaron una especie de departamento de A&R y ficharon nuevos grupos, pensé: 'Un poco tarde para eso, ¿no?'.»

Para New Order, la situación era cada vez más difícil. Después de cancelar las desastrosas sesiones de grabación de los Happy Mondays en las Barbados, resultaba evidente que *Republic*, el inminente álbum de New Order, era el único activo serio de Factory. En un intento de aliviar la presión del flujo de caja de la compañía, el grupo vendió los derechos internacionales a London Records. El sello posteriormente comenzó a discutir si le vendían a London una participación mayoritaria en Factory, una idea que antaño habría resultado inconcebible. Por mucho que Factory se hubiera trasladado a una nueva sede corporativa, aparte de New Order carecía de una economía corporativa. «¿Sois una compañía independiente que finge ser una *major*?», dice Morris. «¿O una *major* que finge ser independiente? Todo era: 'El acuerdo con London, el acuerdo con London nos salvará a todos'.»

En Los Ángeles, Tom Atencio no podía hacer nada. Él era mánager de New Order solo para los Estados Unidos, donde su habilidad y experiencia en la industria le había permitido al grupo alcanzar la cúspide de su éxito crítico y comercial, pero era incapaz de influir en las decisiones que se tomaban en Charles Street. «Cuando las cosas comenzaron a torcerse, quedó claro que había habido falta de profesionalismo y de astucia financiera», dice. «Fue una desilusión porque eran mis amigos, y me dolió.»

Sin tener muy claro si disponían o no de compañía discográfica para publicar su próximo álbum, New Order acudieron de nuevo en ayuda de Factory. Los beneficios de las giras y grabaciones del grupo siempre habían financiado una suspensión de ejecución de la sentencia de la Haçienda, y ese era ahora el caso con el sello. «Deberíamos haberlos dejado sin más, marcharnos y decir: 'Bueno, no vamos a acabar este disco hasta que no solucionéis vuestros problemas'», dice Morris. «Porque ¿cómo puedes grabar un disco cuando simplemente lo grabas para financiar el edificio de tu propia desgracia? Nadie era feliz. No nos lo podíamos sacar de la cabeza y éramos desgraciados.» En cuanto London hubo hecho una auditoría a Factory y emprendido las debidas diligencias sobre la propuesta de comprar el sello, lo que todo el mundo sabía de la empresa —que sin New Order era insolvente— pasó a convertirse en una cuestión contable. Más que comprar una compañía discográfica en bancarrota, London compró los derechos del inminente álbum de New Order, *Republic*, y de los futuros discos.

«Lo que iba a salvar Factory era el acuerdo con London», dice Morris. «La cosas se iban alargando. Gillian y yo nunca habíamos tenido vacaciones, y nos fuimos a las Seychelles para huir de todo aquello. Nos fuimos a la playa, volvimos, y nos encontramos con un montón de faxes.»

Tras grabar el disco en circunstancias difíciles, la única opción del grupo era publicarlo en London, una jugada que Gretton en particular lamentó. «Rob no soportaba a Roger Ames ni a London», dice Morris.

En ese punto, New Order estaban firmando con una *major* cuyo nombre representaba todo lo que Gretton y Factory habían ridiculizado del negocio musical. «Al final tuvieron que firmar con London», dice Boulton. «Por primera vez se encontraban atados de pies y manos.»

A pesar de la relaciones cada vez más tensas y difíciles, sobre todo entre los miembros de New Order y Wilson, el cierre de Factory se consideró algo inevitable. Mucha gente fuera del sello había asumido que, con su amor por los grandes proyectos y teniendo en cuenta el carácter intelectualmente caprichoso de Wilson, desde el primer día Factory había seguido una trayectoria que solo podía conducir a la bancarrota, olvidando la diversión, la aventura y la música singular que el sello había creado explorando las ideas de Wilson acerca del «arte del patio de recreo».

«La cosa era que nos lo estábamos pasando en grande», dice Stephen Morris. «Nadie se quedó llorando a mares. Éramos muy felices. Nos lo estábamos pasando en grande, de verdad, hacíamos lo que nos daba la gana. Ahora soy incapaz de volver la vista atrás y decir que fue culpa suya, o que fue culpa suya que todos estuviéramos allí, todos podríamos haberla cagado en cualquier momento. Y no lo hicimos.»

Pocas personas creativas tienen la suerte de ver realizada sus ideas. Que Wilson consiguiera ver tantas de las suyas convertirse en realidad da fe de su entusiasmo, inteligencia e infatigable seguridad en sí mismo. Factory tuvo mucha importancia en la vida de Wilson, pero él fue quizá, por encima de todo, un hombre de Granada, uno de los hijos más orgullosos del Manchester, alguien que tenía ideas muy concretas acerca de la vida cultural de la ciudad, en la que tuvo un papel importante. A pesar del resultado de sus fantasías, Wilson insistía en que la ciudad que él amaba estuvo siempre de su lado, aun cuando eso significara descuidar u olvidar los aspectos mundanos de una empresa como Factory: sus cuentas, sus documentos legales y escrituras.

«¿Quién quiere tener una responsabilidad económica seria?», dice Tom Atencio, que observaba el proyecto de Factory desde la perspectiva de los Estados Unidos. «Es algo que mata a la musa. El hecho de que durara tanto es un milagro. Estoy seguro de que se despilfarraron millones que ni siquiera se recogieron. Te das cuenta de la cantidad de contables que hacen falta para hacer un trabajo competente en un sello moderno, y ellos probablemente tenían un tipo en la trastienda con un ábaco.»

Wilson, Gretton y el orgullo cívico de Factory es indiscutible. Los funcionarios de Manchester, los promotores inmobiliarios y la nueva clase creativa se alinean sin dudarlo con el relato oficial de Factory, que coloca la música y la cultura en el centro de la regeneración de la ciudad. Otras personas más íntimamente relacionadas con el sello todavía lamentan lo que perciben como su contabilidad de aficionados. Rebecca Boulton ha sido mánager de New Order desde la muerte de Rob Gretton y supervisado el permanente y canónico interés por Joy Division, un proyecto que ocasionalmente se ha visto obstaculizado por el legado de dejadez administrativa de Factory. «Hay personas que participaron y que creo que quedaron un poco marcadas, y tengo la impresión de que se consideran perjudicadas por toda la experiencia de Factory», dice. «Sin embargo, incluso ahora me encuentro con cabos sueltos que son un problema para New Order y Joy Division, y resulta difícil atarlos porque no había nada escrito.»

14. TRANCENTRAL LOST IN MY MIND[48]

Imagen promocional del single de The KLF «Justified & Ancient»
(fotografía de Kevin Westerberg utilizada con el permiso del fotógrafo)

---

48. Título de un *track* del primer elepé de The KLF que podría traducirse como «Trancentral perdido en mi mente». [*N. del T.*]

Durante las vacaciones de Navidad de 1986, seis meses después de publicar su álbum en solitario, *The Man*, y nueve meses después de dejar la industria, Bill Drummond estaba dando un paseo por el campo. Al repasar el año que estaba acabando, el recuerdo de la visita de uno de esos personajes desmesurados a su oficina de Warner ocupó gran parte de sus reflexiones.

«Un día Pete Waterman entra en mi oficina», dice Drummond. «No sabía quién cojones era. Me dice: 'Soy productor, ¿tienes algún artista que pueda producir?'. Le contesto: 'Bueno, tengo unos que actúan esta noche en el club Wag'. Así que vino y me dijo: 'Echa al grupo, grabaremos la canción con el cantante'. Le expliqué: 'Bueno, no puedo echar al grupo porque es la banda del guitarrista, Jimmy Cauty, él es quien hace que funcione'. Así que me dijo: 'Muy bien, echaremos el resto, nos quedaremos con el guitarrista y el bajista, siempre y cuando comprendan que no van a tocar en los discos'.»

La empresa de producción y composición de canciones de Pete Waterman, Stock, Aitken & Waterman, estaba en la época de euforia de sus primeros éxitos. Tras varios falsos arranques, el año anterior habían alcanzado su primer número uno con el single «You Spin Me Round» de Dead or Alive. El cantante de Dead or Alive, Peter Burns, era un veterano de la escena del club Zoo de Liverpool, y le había mencionado de pasada a Waterman que un antiguo colega suyo era ahora A&R de Warner. Waterman siempre estaba al tanto de cualquier oportunidad. Las finanzas de SAW estaban en el filo de la navaja, y Waterman seguía cualquier pista que pudiera animar el negocio. Su idea de SAW como empresa de producción puramente pop había dado algunos giros inesperados; su primer proyecto de composición y producción había sido la canción chipriota que había participado en Eurovisión en 1984. Waterman, encantado de tener ahora un contacto dentro de Warner, anotó el contacto de Drummond en su Filofax y le solicitó una reunión. «Entró y lo primero que me dijo fue que había creado 'You Spin Me Round' con Pete Burns», dice Drummond, «y yo pensé: ¿quién cojones es este chalado?»

La bravuconería y la imparable cháchara de Waterman fascinaron a Drummond y despertaron su interés, y aceptó una invitación para visitar los estudios de SAW recientemente construidos en Borough, que Waterman había bautizado como la Fábrica de Éxitos [Hit Factory], la sede, como harían constar en la portada de sus singles, «del sonido de la joven Inglaterra».

«Pete me invitó a conocer a Mike [Stock] y a Matt [Aitken] en su estudio», dice Drummond. «Estaba allí el director del banco. Pete me presentó como un magnate de la grabación, e hizo venir a toda la banda solo para impresionar al director del banco, al que evidentemente le estaba pidiendo un préstamo. Y no había estudio propiamente dicho, eran solo samplers, pero Jimmy y yo aprendimos a correr riesgos, a correr riesgos de verdad, gracias a Pete Waterman.»

El grupo que Drummond le había llevado a Waterman era Brilliant, el trío que formaba la cantante June Montana, Jimmy Cauty y Youth, el exbajista de Killing Joke, cuyo mánager era el antiguo teclista de The Teardrop Explodes y exsocio de Drummond en Zoo, Dave Balfe, que había firmado un contrato con Drummond. La llegada de SAW, y su concepto de una línea de producción estilo Motown, de pop comercial, era una idea demasiado simple aunque ambiciosa para que Balfe y Drummond la ignoraran, a pesar de su desconfianza hacia las ortodoxias de las compañías discográficas y las carreras multi-álbum de los grupos que promovían. Brilliant abandonaron los estudios para maquetas de Warner y comenzaron a grabar su álbum de debut en los estudios de SAW, con, al menos en la mente de sus socios, el mejor equipo de producción del Reino Unido. «Para Pete aquello eran los valores de la Motown», dice Drummond, «o un estilo de producción tipo Jam & Lewis, pero para un público britá-

nico. Creo que consideraba que estaban haciendo discos estilo Jam &
Lewis muy profesionales, aunque era más bien una versión un tanto
low cost.»

SAW desnudaba el proceso de grabación hasta dejarlo en un sampler último modelo, cajas de ritmo programadas y voces. No solo
prescindían de las convenciones de un grupo tocando en directo en el
estudio, sino que en la Fábrica de Éxitos no había ningún lugar en que
el grupo pudiera tocar en directo.

El método de línea de producción funcionaba perfectamente para
singles aislados, y SAW emprendió una carrera de éxitos en las listas
que culminaron en 1989 con siete singles en el número 1, todos ellos
distribuidos por Pinnacle, el archicompetidor de Rough Trade en la
distribución de música independiente. Gracias a los tecnicismos de la
lista de éxitos indie, cualquier disco distribuido de manera independiente podía entrar en ella, por lo que las publicaciones de SAW eran
número uno tanto en la lista indie como en el Top 40. Brilliant era, al
menos en teoría, un grupo más que una cantante que trabajaba con
la empresa de producción, y el proceso de grabación del álbum se
volvió, según los criterios de SAW, más prolongado y en general más
enrevesado. Cauty y Youth tenían una formación rockera y seguían
la dinámica de grupo de álbumes y giras, en la que la interpretación y la integridad eran piedras de toque de la creatividad musical.
Waterman, sin andarse por las ramas, les había dicho desde el primer
día que lo último que le preocupaba era que un guitarrista considerara que un solo le había quedado muy bien; además, si iba a haber
solos de guitarra en el álbum de Brilliant, los interpretaría un miembro del equipo de SAW. «Me presenté en el estudio con la guitarra»,
dice Cauty, «y me dijeron: 'Bueno, ya pusimos la guitarra ayer por la
noche'.» En lugar de salir hecho una furia con el ego herido, Cauty y
Youth se sintieron intrigados por los métodos de trabajo de SAW, y
se quedaron en la parte de atrás del estudio para observar las proezas
tecnológicas de Stock, Aitken & Waterman en la Fábrica de Éxitos.

«Y ahí nos quedamos, patidifusos, escuchando a Pete, porque más
o menos estaba rodeado de admiradores», dice Cauty. «Soltaba un
discursito al principio de la jornada, y tú te quedabas ahí sentado
escuchando, y estábamos de acuerdo con él, porque él sabía lo que
quería, de manera que confiábamos en él. Youth y yo permanecimos

sentados durante un año mirando cómo hacían esos discos, descubriendo cómo hacían las mezclas y lo demás. Era brillante, aprendimos muchísimo. Sampleaban como locos, todo: sonidos de batería,
sonidos de bajo, y la verdad es que nadie sabía que lo hacían, lo llevaban con discreción.»

A medida que el álbum de Brilliant comenzaba a tomar cuerpo,
Warner iba perdiendo la pista del progreso de la banda. Después
de haber firmado con ellos unos meses como grupo prioritario de
dance/pop/rock para un público variado al estilo de Prince and the
Revolution, el sello ignoraba completamente lo que estaba ocurriendo en Borough. «Nos anunciaban como el próximo bombazo»,
dice Cauty. «En WEA todo el mundo decía: 'Vais a ser la hostia, seguid
así. Vais a ser grandes'. Y no lo fuimos. Y eso también es interesante.»

Al final, frustrados por la falta de progresos y por el hecho de que
Drummond hubiera dejado la compañía, Warner decidió intervenir. La reacción de Balfe fue la clásica comedia contraria al sentido
común típica del negocio musical. «Dave Balfe demandó a Warner»,
dice Cauty. «Tuvo la genial idea de que los lleváramos a los tribunales
para poder librarnos del contrato discográfico, por alguna extravagante razón que se le ocurrió, así que, naturalmente, fuimos al tribunal superior y estábamos en la corte diciendo: 'Ah, sí, los odiamos', y
ellos estaban ahí sentados diciendo: 'Odiamos a ese grupo', y luego
perdimos el caso, y luego nos separamos y eso fue todo, ese fue final
del episodio.»

Drummond estaba meditando qué hacer ahora. Después de
haber publicado en Creation su disco casi autobiográfico *The Man*,
se encontró releyendo libros que le habían influido en su juventud,
entre ellos *The Illuminatus! Trilogy*, de Robert Shea y Robert Anton
Wilson, una obra de ciencia ficción que presentaba una intrincada
teoría de la conspiración, para la cual había diseñado el decorado en
la producción de la Liverpool School of Pun una década antes. Más
que despertarle una sensación de nostalgia por los días bohemios de
Mathew Street, *The Illuminatus!* lo que hizo fue poner al día su pensamiento.

«Releer la obra activó algo en mi cabeza, algo relacionado con
hacer un disco de hip hop», dice. «Estaba aburridísimo de las aspiraciones de la música moderna y el hecho de que siempre pareciera

buscar la integridad o algo del pasado que hiciera que las bandas parecieran auténticas. A la mierda. Así que cuando empezó el hip hop... creo que en concreto fue el álbum de Schoolly D. Había algo en la manera en que lo mandaba todo al cuerno, aunque utilizara viejos álbumes. Un par de platos, una caja de ritmos, alguien al micrófono y podías hacerlo en la calle y en cualquier parte.»

Inspirado por la esquemática y práctica inmediatez de Schoolly D y recordando el enfoque igualmente funcional de SAW a la hora de hacer música, Drummond se puso en contacto con Cauty. «Bill me telefoneó sin venir a cuento. No esperaba ninguna llamada suya», dice Cauty, «y me dijo que tenía una idea para un disco, y si estaba interesado. Robamos un montón de material, evidentemente, de *Illuminatus!*, que más o menos nos ayudó.» Cauty, en uno de esos momentos de serendipia que Drummond, con su amor por el mito y la casualidad, tanto valoraba, había visto la producción de *The Illuminatus!* cuando la habían representado en el National Theatre.

La idea de Drummond para el disco consistía en combinar la indiferencia futurista hacia el pasado de Schoolly D con la caótica travesura de viajar en el tiempo de *The Illuminatus!* y la inmediatez de la caja de ritmos y el sampler. El nombre del grupo, los JAMs, «sampleado» de Shea y Wilson, era un acrónimo de Justified Ancients of Mu Mu, que en la trilogía aparecen como los Mummu y propagan mensajes contrafácticos de conspiración y desinformación que los dirigentes illuminati conocen como «discordianos». Durante los cinco años siguientes Drummond y Cauty actuarían como discordianos, dándole una lección a la industria musical y a los medios de comunicación al tiempo que vendían millones de discos.

«Muchas veces, cuando no sabíamos qué hacer, nos decíamos: '¿Qué haría The KLF en una situación como esta?'», dice Cauty, «Con lo que éramos capaces de ver las cosas desde fuera del grupo —los JAMs, The Timelords, The KLF— y decir: 'Bueno, mira, aquí está The KLF, y esto es lo que suelen hacer, ¿qué harían ahora?'. Era casi como si fuéramos sus mánagers, y éramos capaces de decir: 'Bueno, si haces esto, eso es lo que ocurrirá'. Con lo que era muy útil. Nunca habríamos podido hacerlo con una compañía discográfica, porque de todo lo que hacíamos una compañía discográfica habría dicho: 'Esto no lo hagas nunca'.»

Los JAMs acordaron una serie de criterios: Drummond sería conocido como King Boy D, un rapero que pronunciaba sus rimas con
acento de Glasgow, y Cauty, que conservaba su afición por el pelo
largo y las chaquetas de cuero, se haría llamar Rock Man Rock. Los
susodichos JAMs existirían solo durante un año, a lo largo del cual
samplearían sus colecciones de discos, remontando la historia canó-
nica de la música para presentar la versión de los JAMs. El primer
single, «All You Need Is Love», ensamblaba la canción original de
los Beatles con «Touch Me (I Want Your Body)» de Samantha Fox, e
investigaba la reacción de los medios de comunicación al sida.

El álbum *1987 (What the Fuck's Going On?)* se presentó mediante
una acción de autopromoción de los JAMs en forma de enorme grafiti de «1987» pintado de blanco en un bloque de apartamentos. La
prensa, inicialmente intrigada, apoyaba las intervenciones de los
JAMs, y el LP tuvo críticas positivas, algo que Mick Houghton, como
portavoz ante la prensa de los JAMs, encontraba desconcertante.
«Hubo un periodo de más o menos un año, supongo, en el que casi
no vimos a Bill», dice. «Se presentaba y me ponía música de los JAMs
y a mí me parecía una auténtica basura... no me la podía tomar en
serio, porque era un timo. Era Bill Drummond haciéndose pasar por
una especie de estibador de Glasgow sobre un montón de samples de
ABBA, y a mí me parecía una absoluta chorrada, de verdad, eso era lo
que pensaba, y puede que llegara a decírselo, o puede que no.»

Drummond y Cauty habían publicado los discos de JAMs en forma
de *white labels* y sin comunicado de prensa, ni información biográfica
ni fotos publicitarias. El dúo reconocía que unas cuantas reseñas a
pequeña escala generarían el suficiente interés para lograr algunas
ventas. «Era más o menos al nivel de, bueno, aquí tenéis una caja,
podéis ir enviando los discos a la prensa», dice Houghton, «de una
manera que lo único que podía explotar —y de verdad que pensaba
que la música era espantosa— era la reputación que tenía Bill. A
pesar de esa chorrada de que fuera King Boy D, no creo haber negado
el hecho de que se trataba de Bill Drummond, y los periodistas le
adoraban, los periodistas adoraban a Bill Drummond, de manera
que, ante mi sorpresa, se tragaron ese rollo.»

Drummond y Cauty querían que el anonimato de los alias actuara
como un muro entre sus vidas anteriores y la comunicación instantá-

nea de los JAMs. La audacia del proyecto —el sampleado sistemático de los Beatles y ABBA, junto con la palabrería lírica un tanto teatral de Drummond— se vendió enseguida como algo divertido, y el dúo se encontró de repente en la portada de *Sounds*. «Al principio decidimos fingir que no éramos más que dos escoceses de los que nadie sabía nada», dice Cauty, «porque creíamos que si alguien conocía nuestra historia —que yo había estado en esa banda de pop espantosa y que Bill era un A&R—, eso destruiría todo el concepto de que éramos dos raperos escoceses salidos de los bloques de protección oficial.»

Bajo la amenaza de un requerimiento judicial por parte de los mánagers de ABBA, *1987 (What the Fuck's Going On?)* fue retirado del mercado y las copias que quedaban se destruyeron. Los JAMs convirtieron esa demanda en un circo mediático a pequeña escala, y viajaron a Suecia con un periodista y un fotógrafo para intentar explicar sus motivos, cuando no a negociar, con la empresa de management de ABBA. En un artículo se contaban historias de que se habían arrojado copias del disco por la borda de un barco al mar del Norte, y de la primera y única actuación en vivo de los JAMs: se apoderaron la megafonía del ferry y como Rock Man Rock y King Boy D se pusieron a rapear para diversión de los conductores de camiones pesados escandinavos.

En menos de un año, los JAMs se habían ganado una reputación de grupo que asumía mucho riesgos y tenía un enfoque irreverente hacia la música y las ortodoxias y tecnicismos legales de los derechos de autor y el sampleado. En la cobertura mediática se destacaban los elementos de riesgo y su desprecio hacia el profesionalismo de la industria musical. El dúo se convirtió en sinónimo de broma pesada, una acusación que les perseguiría durante los cinco años siguientes, para su irritación y frustración.

«Tengo un ego de artista, pero lo que no tengo es un ego de líder», dice Drummond. «Ya no tenía veintiuno ni veintidós años… porque lo que ocurre cuando tienes veintiuno o veintidós es que quieres que te tomen en serio. Yo sabía que era serio, joder. Jimmy y yo ya habíamos cumplido los treinta. No admirábamos a nadie, no intentábamos ser como David Bowie ni Jim Morrison. Eso no pasaba, así que la gente no sabía cómo tomarnos.»

Los JAMs duraron un año, tal y como habían previsto, hasta el final de 1987. *Who Killed the JAMs?*, un segundo álbum póstumo que el grupo rápidamente rechazó, se publicó a principios de 1988. La portada del disco contenía dos rasgos distintivos de JAMs/KLF: en la contracubierta, una fotografía en la que se veían ardiendo simbólicamente copias del elepé *1987*, y, como estrella de portada, el coche de policía Ford Galaxie de Cauty, donde habían pintado con spray el logo de JAMs/KLF en las portezuelas. El logo era una caja de ritmos superpuesta a una pirámide, donde normalmente habría un tercer ojo. Captaba perfectamente la inconfundible fusión de tecnología musical inmediata y barata y secretos del universo característica de The KLF.

«En teoría, comenzamos el 1 de enero de 1987, y teníamos que terminar el 31 de diciembre de ese año», dice Cauty, «con lo que serían doce meses. Al volver la vista atrás me doy cuenta de que hay algo recurrente, porque siempre que pienso en los grupos me digo que duran demasiado. Deberías hacer lo que tienes que hacer y luego pasar a otra cosa.»

Al final de ese año Cauty y Drummond comprendieron que habían encontrado un método de trabajo intuitivo que poseía su propia lógica interna. «Nos llevábamos increíblemente bien», dice Cauty, «y creativamente encajábamos a la perfección». La relación entre Drummond y Cauty también desafiaba lo que Drummond consideraba un reparto demasiado ortodoxo de papeles: «No era ese rollo de uno hace la letra y el otro música», dice, «así es como a los periodistas musicales les gustan las cosas. Era algo bastante más sutil.»

Sin salirse de sus propias referencias y experiencias —una indefinible combinación de *The Illuminatus!*, el funcionamiento interno de la industria musical, las técnicas de estudio de Stock, Aitken & Waterman y sus personalidades diferenciadas—, el dúo estableció una comunicación casi telepática. «Siempre fuimos así desde el principio», dice Cauty. «Nunca tuvimos que discutir nada porque ya sabíamos que nos gustaba exactamente lo mismo. Nunca hubo ningún desacuerdo musical ni nada parecido. La verdad es que era bastante raro, porque he trabajado con unas cuantas personas desde entonces y nunca me ha vuelto a ocurrir. Estábamos en la misma longitud de onda, al menos durante todo ese periodo, el 87, 88, 89. Creo que todavía estábamos en una pequeña burbuja propia.»

Después de prescindir de los JAMs, Drummond y Cauty volvieron al estudio y comenzaron a experimentar con un sample del tema de la serie de televisión *Doctor Who*. Tan carismática como cualquier pieza que hubiera producido la BBC para el público británico, el tema de *Doctor Who* era un extraño riff inmediatamente reconocible, que establecía con el público una conexión emocional que oscilaba entre cerrar los ojos de miedo y la euforia de viajar en el tiempo. «Justo después del segundo álbum de JAMs creo que simplemente queríamos hacer un disco en el que apareciera la melodía de *Doctor Who*», dice Cauty, «pero nunca creímos que acabaría siendo un hit. Hasta que no llevábamos un par de días trabajando en el tema no comprendimos lo espantoso que era. No iba a ser más que un disco único, y supuestamente tenía que ser de baile, pero no conseguimos encajarle el cuatro por cuatro, de manera que acabamos con un ritmo a lo Glitter Band, cosa que nunca fue la intención, pero tuvimos que amoldarnos. Fue como un camión fuera de control, simplemente intentas controlarlo, pero ese *track* adquirió vida propia, e hizo lo que quiso. Nosotros nos limitamos a mirar.»

Publicado finalmente con el título de «Doctorin' the Tardis» por el nuevo alias de Drummond y Cauty, The Timelords, el disco fue un primer ejemplo de pop bastardo. La banda mezclaba el ritmo tribal de la Glitter Band con la melodía de *Doctor Who*, explotando la memoria colectiva de todo aquel que había sido niño en los setenta y mandando el disco al número 1.

Después del single el dúo publicó un libro, *The Manual—How to Have a Number One the Easy Way* [*El manual: Cómo conseguir un número 1 de manera fácil*], una guía divertida e incisiva en la que se podían leer intuiciones como: «Primero tienes que estar sin blanca y en el paro... estar en el paro te da una perspectiva de cómo está gobernada nuestra sociedad». La narrativa de *The Manual* difiere enormemente del relato que hace Cauty de la génesis del disco, pero concuerda con la interpretación de Drummond de qué motivaba a The Timelords. «Con el disco de Timelords lo único que pretendimos fue socavar toda esa ridícula tradición británica de la cancioncilla graciosa», dice Drummond, «sabiendo que solo íbamos a hacer un disco como ese, y que tenía que llegar al Top 10, si no al número 1.»

Por primera vez el grupo contaba con una estructura para lanzar el disco. Rough Trade distribuyó a The Timelords y se encontró, por primera vez desde «Pump Up the Volume», en lo alto de las listas. «Fue bastante chocante, ser independiente y estar en el número 1», dice Drummond. «No teníamos oficina, no teníamos nada. Rough Trade hizo un gran trabajo simplemente publicando ese disco, porque no sabíamos cómo podrían hacerlo. Todo el mundo lo apoyó, todo el mundo que trabajaba en Rough Trade deseaba que fuera un éxito, y lo fue, ya lo creo.»

El single alcanzó el número 1 el 12 de junio, y se vendió muy bien en Australia y Nueva Zelanda, donde la BBC había vendido los derechos de emisión de *Doctor Who*.

El hecho de alcanzar lo alto de las listas permitió a The Timelords, junto con el coche de policía de Cauty, ahora conocido como Ford Timelord, salir unas cuantas veces en el *Top of the Pops*, con unas actuaciones herederas de la mejor época del programa, cuando creaba estrellas en los setenta. «Doctorin' the Tardis» también se apuntó a la tradición de la cancioncilla graciosa que llega a un amplio público alcanzando unas ventas espectaculares de más de un millón de copias, con lo que ahora Drummond y Cauty poseían los medios para financiar lo que les diera la gana.

«Por encima de todo, lo que provocó la afluencia de tanto dinero fueron los temidos Timelords», dice Houghton. «Ese disco es un buen ejemplo de lo que podían conseguir. Recuerdo haber entrado en las oficinas del *NME* y sentarme allí y oír cómo me decían: 'Esto será número 1. Lo vamos a sacar en la revista la semana que viene, en portada'. Al final no lo pusieron en portada, fue una noticia en las páginas interiores: 'Este es el peor disco que has escuchado, será número 1', algo así.»

Con tantos recursos económicos y sin mas gastos generales que los costes del estudio, Drummond y Cauty, por primera vez, se vieron superados. Su impulso se estancó a medida que un exceso de ideas iba empachando las diversas fases de producción. Después de trabajar con las rigurosas limitaciones que se habían impuesto cuando eran los JAMs y The Timelords, Drummond y Cauty ahora intentaban abarcar demasiado.

«Después de 'Doctorin' the Tardis' vino The KLF», dice Cauty. «Fue un tanto complicado y pasamos por muchas fases diversas. Con el dinero que ganamos con 'Doctorin' the Tardis' creímos estúpidamente que podíamos hacer una road movie, sin guion, sin historia, sin nada. Pensamos: bueno, nos iremos a España en el coche, filmaremos lo que ocurre, y naturalmente nos fuimos a España y no ocurrió nada, simplemente llovió.»

La road movie, titulada *The White Room*, fue filmada por Bill Butt, un antiguo colega teatral de Drummond de cuando estaba en Liverpool que también había filmado los vídeos del club Zoo. Consistía en poco más que en imágenes del dúo conduciendo por España en el Ford Galaxie, y fue una experiencia deprimente. «Regresamos con centenares de horas de imágenes realmente aburridas», dice Cauty. «Bill y yo conduciendo por aquí, luego por allá, por una colina, luego bajando la colina, algo tedioso, una película terriblemente desastrosa. Pero aprendimos la lección. Si haces una película, tienes que tener talento. No te va a salir por las buenas, como ocurre con otras cosas. No habíamos planificado nada. De manera que teníamos un montón de imágenes filmadas que luego utilizaríamos en muchos contextos distintos, pero intentamos acabarla y ponerle banda sonora unas tres veces, y siempre era increíblemente aburrida.»

Ni la película ni la banda sonora llegaron a comercializarse. Drummond y Cauty volvieron de España un tanto desanimados, y con el tiempo comenzaron a revisar el material. Cauty vivía en una enorme casa ocupada georgiana de cinco plantas en Stockwell, y en uno de los laterales había pintado el logo de JAMs / KLF, además de vaciar la primera planta para crear un atrio cavernoso. En el sótano el dúo había construido su propia versión de la Fábrica de Éxitos, un pequeño estudio con samplers y secuenciadores de última tecnología, que ellos denominaban Trancentral. En el sótano, y en las numerosas fiestas celebradas en la casa ocupada, resonaba el sonido del acid house, los *bleeps* y las frecuencias más graves que el dúo mezclaba con el material de la abortada *White Room*. De la posible banda sonora surgieron dos posibles lanzamientos: «What Time Is Love?» y «3 a.m. Eternal». En ambos cortes palpitaban las frecuencias sumergidas y los cambios de intensidad dinámica, y se publicaron con el nuevo nombre del dúo: The KLF, un acrónimo carente de significado —en la medida en que cualquier actividad de Drummond y Cauty se podía considerar carente de significado—, escogido, en sintonía con el emergente espíritu del acid house, por su anonimato y énfasis primero en los temas y luego en la personalidad. Era un espíritu con el que el dúo disfrutaba enormemente.

«Íbamos a muchos clubs», dice Cauty, «y a raves. La verdad es que yo casi nunca había ido a clubs, pero cuando empezó el acid house me metí de verdad, y eso más o menos influyó en los discos que hacíamos. Queríamos grabar discos que se pudieran poner en esos clubs y en estas fiestas.» En The KLF Drummond y Cauty habían encontrado la dirección a seguir, pero como habían gastado los beneficios de The Timelords en celuloide y en un equipo de producción, no tenían fondos. Para intentar conseguir algo de capital, publicaron un single pop extraído de las sesiones de *White Room*: «Kylie Said to Jason», no una cancioncilla graciosa pero tampoco un instrumental acid KLF. Resultó un desastre.

«En ese momento teníamos un descubierto de 110.000 libras en el banco», dice Drummond, «y nada como garantía. Pero entonces decidimos hacer una serie de singles de 12". Queríamos hacer un material minimalista, sin batería siquiera, solo pulsos y sonidos electrónicos. Hicimos todas las portadas… creo que era una serie de cinco fundas. Y habíamos impreso mil de cada uno, teníamos los títulos y todo antes de grabar. E hicimos el primer disco, el instrumental «What Time Is Love?», lo sacamos y comenzó a despegar en los clubs de Italia. Los DJ ingleses creyeron que era un disco italiano y también comenzaron a ponerlo. KLF no significa nada: las portadas no tenían ningún punto de referencia, todo era realmente minimalista, y la música también. No había nada a lo que los periodistas pudieran hincar el diente. Solo funcionaba en la pista de baile.»

Cauty en concreto pasaba cada vez más tiempo en la pista de baile, o, en el caso del Heaven, en el pionero chill-out de las noches Land of Oz de Paul Oakenfold. Junto con Alex Patterson, un antiguo colega de Youth en Killing Joke, Cauty inició un proyecto paralelo llamado The Orb. Cauty y Patterson ponían música de Steve Hillage y Steve Reich sobre dubs de Black Ark de los setenta mientras los asistentes se hundían en sus pufs para recargar pilas entre las beatíficas texturas de los sonidos y las películas que The Orb proyectaba. Patterson utilizó las sesiones de Land of Oz como plantilla par comenzar a grabar como The Orb mientras Cauty publicada el álbum *Space* en

KLF Communications, una obra maestra de música ambiental que reubicaría el minimalismo pastoral, soñador y casi geológico de las *Ambient Series* de Brian Eno en el amanecer del estruendoso despertar londinense. The Orb y *Space* habían creado un nuevo género en Land of Oz, el ambient house, un género del que KLF participaría con su primer álbum, *Chill Out*. «*Chill Out* es un viaje imaginario por los Estados Unidos», dice Cauty, al que el disco provoca sentimientos encontrados. «En su mayor parte no es más que una lista de lugares. Fue otro desastre, la verdad.»

El dúo resucitó brevemente el nombre de JAMs para la canción «It's Grim Up North», un corte más duro que consistía en Drummond recitando nombres de lugares de la mitad norte del país sobre un ritmo potente, o, tal como lo expresaba el texto de acompañamiento de KLF Communications: «Entre el chaparrón y el rugido del diesel, Rock Man Rock y King Boy D son capaces de percibir el regular ruido sordo del diesel». El lanzamiento iba acompañado de otro grafiti, el título de la canción, esta vez ubicado en un túnel de la M1 cerca de Watford Gap.

Además de otro single en la serie Pure Trance, «Last Train to Trancentral», *Chill Out* contribuyó a que The KLF se ganara una reputación underground en la nebulosa red que comenzaba a convertirse en una industria de acid house, y comenzaron a invitar al grupo a tocar en raves, organizadas de manera tan azarosa que incluso ponían a prueba la destreza logística de Drummond y Cauty. «Siempre era una pesadilla», dice Cauty. «No recuerdo cuántas veces lo hicimos, unas cinco o seis, y siempre salíamos con la mejor disposición, lo teníamos todo preparado con los samplers y secuenciadores a punto para ir y tocar o al menos hacer la mezcla en directo, pero, o estábamos demasiado colocados para conseguir ver nada, o el equipo siempre se rompía, de manera que lo que generalmente hacía era simplemente poner el DAT, que de todos modos siempre sonaba mucho mejor. Y todo el mundo estaba tan colocado que a nadie le importaba. Lo importante no era el grupo, sino la música, de manera que más o menos salíamos adelante, pero era un caos total. La mitad de las veces no había escenario. Simplemente te decían: 'Ah, mira, ve allí, al lado de Adamski, y te colocas en el suelo'. Estaba tan mal organizado.»

Por muy descuidada y poco práctica que fuese, la cultura rave fue la que Drummond y Cauty abrazaron completamente y disfrutaron, para alegría de Mick Houghton, que, aunque capaz de emprender odiseas psicodélicas, todavía tenía que experimentar el acid house en su forma más pura y comunal.

«Una de las cosas absurdas que a veces me venía a la cabeza era que Bill y Jimmy formaban parte de ese mundo», dice Houghton. «Bill estaba casado y vivía en Aylesbury, donde tenía mujer y dos hijos, pero nadie cuestionaba lo que hacían, por muchos fallos que pudiera tener, porque era algo increíble. El envés de todo ello era que la prensa musical no estaba orientada hacia la cultura acid. Era algo tan opuesto a la música indie que The KLF casi les abrió la puerta de entrada, y eso también les hizo mucha gracia a The KLF.»

Una de las primeras muestras públicas del espíritu travieso de The KLF tuvo lugar en la rave Helter Skelter de Chipping Norton, en Oxfordshire, a mediados de verano de 1989. Fue también uno de los primeros gestos del grupo por lo que se refiere a su complicada relación con el dinero. La actuación de The KLF consistía en Drummond y Cauty subidos en mitad de una estructura de iluminación con un teclado de plástico al lado que Drummond, con una lata de cerveza en la mano, fingía tocar mientras Cauty ponía un DAT. Un KLF de ojos saltones, que había pedido cobrar por adelantado, vaciaba una bolsa de basura llena de libras escocesas —había más o menos mil libras— sobre la cabeza de la multitud.

«Tenían una máquina de viento que soplaba el dinero hacia el público», dice Houghton. «Utilizaron libras escocesas básicamente porque eran los únicos billetes de una libra que podías conseguir; si no hubieran tenido que utilizar billetes de cinco. Creo que siempre tuvieron esa obsesión con el dinero, y creo que ya habían hablado antes de quemarlo. Al igual que muchas de sus ideas recurrentes, la fueron adaptando, e iban subiendo la apuesta inicial a medida que tenían más éxito.»

«Fue solo ese verano, y al final todo había acabado», dice Cauty. «Entrar en una rave que la policía estaba intentando cerrar al principio era bastante divertido, y muy emocionante. La mitad de las veces ni siquiera podías entrar la furgoneta, por no hablar de entrar tú. Evidentemente fue una época bastante loca.»

Al final de 1989 The KLF estaban inmersos en la cultura rave y comenzaban a plantearse reelaborar los singles de Pure Trance, coger el espacio y el pulso de las canciones y darles un sonido pop más pronunciado y eufórico. «Cuando comenzamos a convertirnos en The KLF nos volvimos un poco más organizados; intentábamos elaborar un poco una estrategia a largo plazo», dice Cauty. «Simplemente improvisábamos de un día para otro, pero podíamos ver un poco el futuro y más o menos planear las cosas, y como éramos pequeños podíamos movernos deprisa y reaccionar ante lo que nos rodeaba. Estábamos en la oficina de un promotor de raves que nos estaba consiguiendo algunas actuaciones; también había hecho de promotor de Guru Josh, que era una especie de personaje rave al nivel más básico, y había tenido un éxito enorme con un single, y esas personas, que no me gustaban especialmente, decían: '¿Por qué no haces lo que sabes hacer y grabamos un single de éxito?'.»

En 1990, cada vez más singles de acid house entraban en las listas de ventas. «Infinity» de Guru Josh quedó entre los cinco más vendidos del Reino Unido y fue un gran éxito en toda Europa. Consistía en poco más que en un riff de saxofón estilo «Baker Street» y un tempo adecuado sobre el cual Guru Josh entonaba que había llegado «1990, el tiempo del Guru».

«Me dije: a esto hemos llegado», dice Cauty. «Competíamos con Guru Josh, y recuerdo que le dije a Bill: 'Venga, hagamos un hit, porque sabemos hacerlo. Tampoco nos hemos esforzado mucho'. Así que nos pusimos a mezclar 'What Time Is Love?' con la clara intención de hacer un hit, y afortunadamente funcionó.»

La reelaborada «What Time Is Love?», en cuya producción se sumó al dúo el ingeniero Mark «Spike» Stent, incluía todos los anzuelos, trucos de producción y sonido de teclado pomposo que cabían en un single de 45 revoluciones. El grupo añadió un rap y una serie de insistentes sonidos electrónicos que parecían una sirena que atacaba al oyente con una excitante ráfaga pop. En la producción también había un abundante ruido de gente, una línea de bajo retumbante y un ritmo house propulsivo, de manera que, durante tres minutos y medio, el oyente se veía transportado y sumergido en la desorientadora euforia de una rave en pleno apogeo.

«No parecía que fuera a funcionar. Lo sacamos y no sonaba mucho por la radio», dice Cauty. «La gente no acababa de engancharse. Tardo muchísimo en ir escalando las listas, y al final llegó al número cinco, y ya está... lo habíamos conseguido.»

«What Time Is Love?» se público en agosto de 1990, y fue el primer disco de lo que luego se conoció como The KLF's Stadium House Trilogy. Parte del éxito del disco hay que atribuirlo a Scott Pierieng, que junto con Houghton formó parte del círculo íntimo del grupo. Después de dejar Rough Trade, Piering se había establecido como uno de los principales publicistas del país. Era un hombre reflexivo que devoraba música, y la antítesis del publicista gracioso de personalidad apabullante que se ponía la chaqueta de la gira.

«Scott Piering ejerció una enorme influencia en cómo el disco acabado se editó y se compuso», dice Cauty. «Scott decía: 'No, chicos, tenéis que poner esto, tenéis que poner lo otro, tenéis que...'. Tuvimos muchas reuniones con Scott y muchas con Mick. Scott era brillante porque te decía cosas como: 'Si quieres que pongan tu disco en la radio, tienes que comenzar la canción con el estribillo', cosa que no sabíamos. De manera que siempre hacíamos lo que él decía. Era realmente brillante y Mick era fabuloso. Había reuniones de estrategia, y dejábamos que fuera Mick quien hablara con la prensa en nuestro nombre para poder encargarnos de todo lo demás.»

Después de «What Time Is Love?», cinco meses más tarde, en enero de 1991, vino «3 a.m. Eternal». El single llegó al número 1, y al igual que «What Time Is Love?» fue un éxito internacional. El álbum *The White Room* apareció en marzo. Era una reelaboración del material inicial de *White Room*; también llegó al número 1.

«El primer número 1 nos produjo una gran euforia», dice Cauty. «Fue algo totalmente repentino con 'Doctorin' the Tardis', y pareció una especie de sueño, aunque solo duró una semana y luego se acabó. Y lo más increíble es que más o menos se desvaneció ante nuestros ojos. Así que con The KLF fue algo mucho más a largo plazo. Teníamos una estrategia, un cierto plan, y seguía siendo emocionante, aunque evidentemente, cuantas más veces ocurre menos emocionante se vuelve, y al final acaba siendo normal.»

A lo largo de su exploración de lo que era ser estrellas del pop, The KLF procuraron en todo momento conservar el aire de anonimato y mística que les rodeaba, como capa protectora que los mantuviera alejados de la prensa y también para seguir interpretando su permanente papel de discordianos. «Cuanto más éxito tienes, más llamadas recibes de gente que quiere que hagas cosas», dice Cauty. «Ya al principio de esta serie de éxitos, decidimos no conceder más entrevistas ni tener nada que ver con el mundo exterior. Nos aislamos por completo y no dijimos nada a nadie sobre nada, y eso en cierto modo nos favoreció, porque consiguió que la gente se interesara más por lo que hacíamos. Cogíamos a todos los periodistas que querían hacer algo, los reuníamos en un grupo, y esa era nuestra manera de interactuar con la prensa.»

La presión sobre el dúo se incrementó a medida que Houghton iba recibiendo peticiones para entrevistas presenciales con The KLF, no solo en el Reino Unido sino también en el extranjero. A medida que la prensa mundial comenzaba a indagar acerca de los cerebros y el plan maestro que había detrás de sus lanzamientos, la solución de Drummond y Cauty fue extraordinariamente teatral. Houghton, en una de sus jugadas maestras, invitó a más de cien periodistas internacionales a reunirse en el aeropuerto de Heathrow el 21 de junio, fecha del solsticio.

«The KLF fletó un avión, y básicamente invitó a un representante de la prensa de cada país. La única persona del Reino Unido fue Sheryl Garratt, que lo cubrió para la revista *i-D*, y volaron a Jura, la isla donde finalmente quemaron el millón de libras. No le dijeron a nadie adónde iban, solo que llevaran el pasaporte. Jura es evidentemente una isla británica, pero el aeropuerto es muy pequeño, y cuando bajaron del avión tuvieron que pasar un control de pasaportes, que en realidad era Bill vestido con un uniforme parecido al de los de aduanas, y en el pasaporte de todos los asistentes estampó el logo de la pirámide con el enorme radiocasete estilo gueto. Ni siquiera entonces la gente sabía qué aspecto tenían y nadie se dio cuenta de que era Bill.»

Mientras los confusos representantes de la prensa mundial desembarcaban en una remota isla en el día más largo del verano, se les entregaban unas túnicas y se les indicaba que siguieran a una figura con cuernos hacia la luz del sol. La procesión de gente con túnica cruzó la isla lentamente en silencio hasta que alcanzó su destino, un gigantesco hombre de mimbre.

«Los hicimos desfilar a través de la isla hasta esa pequeña península donde habíamos construido ese enorme hombre de mimbre», dice Cauty. «Hicimos todo esa especie de falsa ceremonia pagana y teníamos un potente sistema de megafonía escondido, que sonaba realmente fuerte, y yo tenía un pequeño micro de radio conectado a Bill y manejaba la mezcla. Él estaba sobre una especie de tarima delante del hombre de mimbre, vestido con los cuernos, y soltó un discurso en un idioma extranjero que se acababa de inventar. Fue realmente increíble, de verdad, todo el mundo estaba patidifuso, porque no sabían dónde iban ni qué estaba pasando. Y luego los volvimos a subir a todos al avión y los llevamos a Liverpool e hicimos esa performance en el teatro de Liverpool la noche en que utilizamos por primera vez la furgoneta del helado. Evidentemente estábamos en racha, y lo que más miedo te da en una situación como esa es sacar un disco y que nadie lo compre o que no guste, pero nos habíamos vuelto tan populares que prácticamente todo lo que hacíamos se convertía en un éxito.»

El sentido teatral del grupo iba aumentando con las ventas del disco. Para su primera aparición en el *Top of the Pops*, el dúo se presentó con unas camisetas de The KLF, se encorvó de manera anónima detrás de unos teclados mientras un rapero y bailarín actuaba en el escenario. Cuando promocionaron «Last Train to Trancentral» en el programa, The KLF convirtió el estudio del *Top of the Pops* en una versión saturada de rave de la producción escénica de *The Illuminatus!*, mientras unas figuras encapuchadas surgían en formación de pirámide y Drummond y Cauty tocaban el sitar con los pies sobre los monitores. «Creo que llegaron a un punto en que creían que podían hacer casi cualquier cosa, y que la gente simplemente diría: 'Uau'», dice Houghton. «Lo que me encanta de The KLF es que, a pesar de la fanfarronada que era todo y el grado al que lo llevaban, siempre había un elemento de humor estilo comedia Ealing, un toque de *Whisky a go-go* o *Pasaporte a Pimlico*.»

Numeritos como el de llevar en avión a unos periodistas a Jura y filmarlo todo para emitirlo por Channel 4 daban fe de la manera de pensar a lo grande de Drummond y Cauty, y de su capacidad de producir escenificaciones tan imponentes. Para un grupo que vendía millones de discos, lo más asombroso era que su actividad seguía siendo obra de seis o siete personas. Aparte de la red internacional de distribuidores, The KLF no tenían oficina ni compañía de discos ni de gestión. «Estaba Bill y estaba Jimmy», dice Houghton. «Estaba Cress, que se convertiría en la mujer de Jimmy, y Sally Fellows, que también había trabajado para Rough Trade y posteriormente se convertiría en pareja de Bill durante un tiempo, y estábamos Scott Piering y yo, y eso era todo. Eso era todo, y aunque yo solo hacía lo que hacía, que en realidad no se limitaba solo a la prensa... era extraordinario que un grupo de gente tan reducido, que en cierto sentido no tenía una orientación ni remotamente empresarial, consiguiera que todo funcionara.»

En Estados Unidos The KLF fueron cortejados por Clive Davis de Arista y con el tiempo firmaron con él. Davis era un venerado magnate que estaba fascinado y aprobaba completamente la manera en que el grupo gestionaba el hecho de ser estrellas del pop. «Lo interesante de los Estados Unidos», dice Cauty, «era que los sellos siempre dicen: 'Bueno, si no vienes aquí y haces una gira, no te vas a comer un rosco', y siempre le dicen lo mismo a los grupos, y lo cierto es que nosotros no fuimos ni estuvimos de gira, pero tuvimos un éxito inmenso, de manera que no sé a qué viene decir eso. Te cuentan que te tienes que ir de gira, hacer lo que hacen todos los grupos, y te paseas por todas las emisoras de radio, das todos tus conciertos, haces todas las entrevistas, esto y lo otro, y al final resulta que es una completa basura. Las compañías discográficas tan solo les dicen eso a los grupos para conseguir que salgan un poco y hagan algo, porque de lo contrario se quedarían en casa mano sobre mano.»

Todo ese éxito y las proezas olímpicas de planificación que llevaba aparejadas comenzaban a pasar factura a The KLF, que cada día tenían más trabajo. Justo después de su éxito en Estados Unidos, Drummond y Cauty decidieron realizar una serie de vídeos muy sofisticados con una producción a gran escala para el mercado MTV, para lo cual comenzaron a contratar semanas en los Pinewood Studios utilizando los platós generalmente reservados para las películas de James Bond.

«Cuando llegamos al número 1, recuerdo que estaba ayudando a descargar la furgoneta», dice Drummond. «Jamás dejé de descargar furgonetas. Desde que Jimmy y yo comenzamos a trabajar juntos, en enero de 1987 hasta la actuación en los Brit Awards, en 1992, aunque tuviéramos un número 1 en dieciocho países, seguíamos descargando las furgonetas de discos.»

La inflexible ética de trabajo de Drummond, y su determinación a no dejarse clasificar, implicaba que su impulso se estaba volviendo casi obsesivo. El haber logrado un auténtico éxito internacional suponía una reivindicación de sus ideas sobre las convenciones y el consenso de cómo se comportaba la industria musical, sobre todo el acomodado mundo de las independientes, que tanto bombo se daba, con su permanente presencia en los semanarios musicales.

«Para mí era importante que The KLF tuviera éxito en todo el mundo porque detestaba a los grupos que se consideraban grandes cuando en realidad solo eran grandes en ese falso mundo del *NME* o el *Melody Maker*», dice Drummond. «Tenían un grupo de seguidores que podía llevarlos al Top 20, pero yo pensaba: esto no es un auténtico disco del Top 20, no son más que tus seguidores que lo compran todo en una semana, y eso no me interesa. Yo quiero saber que los discos que hacemos llegan a una gran cantidad de gente, y eso —y eso es lo que es la música pop— es conectar con algo que tiene un gran alcance y a la gente no le importa quién coño son esas personas: ese disco me hace sentir de una determinada manera, lo quiero y quiero sentirme así. Y eso era para mí increíblemente importante.»

Mientras que Drummond era más teórico y directo en sus ideas de lo que debía ser el éxito, Cauty se veía igualmente motivado por su visión de lo que podía alcanzar The KLF. «Creo que es la única vez que trabajé con dos individuos y ninguno era más importante que el otro», dice Houghton. «Creo que siempre veían a Bill como el líder... y Bill ya tenía cierta reputación, mientras que Jimmy, por su carácter, era muy callado y tímido, pero era uno de esos matrimonios celestiales. Se complementaban perfectamente. Casi todo lo que hacían lo pensaban en la mesa de la cocina. De verdad creo que al final pensaron que podíamos hacer cualquier cosa y la gente lo aceptaría, y por tanto, ya no tenía sentido seguir adelante. Es como si... pudiéramos hacer la cosa más ridícula y que la gente nos dijera: 'Vaya genios'.»

«La gente siempre iba un poco por detrás de nosotros», dice Cauty. «Y siempre decían: 'Bueno, tenéis este tipo de chiste privado que nadie pilla'. Era evidente que Scott, Mick, Cressida y Sally sí lo pilla-

ban, pero en realidad solo éramos Bill y yo quienes teníamos la adecuada perspectiva general de todo.»

La Stadium House Trilogy se completó en enero de 1992 con «Last
Train to Tracentral». Un single posterior, «Justified & Ancient», en el
que cantaba Tammy Wynette, llegó directamente al número 1. En
poco más de un año, The KLF había vendido dos millones y medio de
singles; en 1991 eran los músicos que más singles habían vendido en
el Reino Unido.

En el vídeo de «Last Train to Trancentral», una reproducción del
Ford Galaxie conduce por el borde de un paso elevado sin acabar
y acaba aerotransportado. Para sus más íntimos, parecía que un
coche volando fuera de control era la metáfora más apropiada para
el estado de ánimo del grupo. Cally Calloman, que había conocido a
los dos miembros de The KLF, y los miembros del círculo íntimo del
grupo, junto con el resto de la industria, contemplaron asombrados el
ascenso de The KLF. En un rincón de su mente, Calloman comprendió que la escala de su éxito probablemente tendría repercusiones.

«KLF era algo muy condensado y muy loco. Todo el mundo de
Island decía: 'Cally, tú conoces a Bill Drummond, ¿crees que podrías
conseguir que hiciera un remix de este o de aquel single?'. Su ascenso
a partir de The Timelords fue meteórico… Fue algo fantástico, pero
era prácticamente imposible contactar con ellos, solo con Mick, que
me caía muy bien. Mick era el miembro del planeta KLF con los pies
en la tierra. Era un círculo muy reducido. Si decías: 'Creo que la voz
de Tammy Wynette sería estupenda en esta canción', conseguías
a Tammy Wynette, y fueron a ver a Clive Davis para poder tener a
Tammy Wynette… y Clive es más o menos de la misma escuela, un
tío que va y te contesta: 'Vale, os presto a Tammy Wynette'… y no
'Estáis locos, no es para este público'… Bill ni siquiera tenía que explicarlo.».

«Justified & Ancient» era una reelaboración de una canción de *1987
(What the Fuck's Going On)*, otro ejemplo de cómo al dúo le gustaba
jugar con los mismos temas e ideas, o por decirlo de otra manera,
eran capaces de reelaborar el mismo material dentro del aspecto elevado de The KLF. Drummond y Cauty sin duda escarbaron profusa-
mente en sus discos en busca de material… parte de la *pedal steel guitar* de *Chill Out* se remonta al LP en solitario de Drummond *The Man*.

«Los discos de la Stadium House Trilogy son clásicos», dice Houghton, «pero habían reciclado 'What Time Is Love?' tres veces, y les había ido bien. No es que rebosaran exactamente de ideas, pero no importaba, ellos decían: 'Bueno, vamos a hacer una versión rock, 'America What Time Is Love?', y la gente lo compraba. Lo que tenían Bill y Jimmy era un increíble instinto de lo que podía ser comercial.»

«America What Time Is Love?» fue el último single de The KLF, y en él aparecía el antiguo cantante de Deep Purple, Glenn Hughes, que cantaba una frenética versión rock-house-arena del corte. Los avezados observadores de The KLF intuyeron que la canción era un intento meticulosamente construido, aunque descarado, de «petarlo en Estados Unidos». «Muchos a lo mejor pensaban que teníamos un plan preconcebido», dice Cauty, «pero no era así. Simplemente íbamos improvisando. No estoy seguro de hasta qué punto lo parecía desde el exterior.»

Las ideas eran cada vez más espectaculares. El vídeo para «America What Time Is Love?» mostraba un bote soltado en alta mar bajo la intensa lluvia del estudio submarino de Pinewood, mientras Drummond y Cauty, vestidos de caballeros y tocando unas Gibson Flying V, instaban a la tripulación del bote y a los pasajeros a que remaran cada vez más deprisa y más fuerte. La canción sampleaba «Ace of Spades» de Motörhead, y la velocidad de trabajo del dúo continuaba a un ritmo igualmente frenético que se estaba volviendo insostenible mientras algunos de los más próximos sugerían que The KLF quizás se estaba convirtiendo en algo casi monstruoso.

«Cuando llegamos al final, a 'America What Time Is Love?', todo era yo un poco raro», dice Cauty. «Parecía tan fácil conseguir un éxito, a pesar de que lo estábamos poniendo todo en esos discos. 'America What Time Is Love?' tiene muchas cosas. Tuvimos que conseguir dos 48 pistas en el estudio, funcionando al mismo tiempo, solo para lograr lo que queríamos. Era ridículo, era como un disco de Meatloaf. Creo que dijimos todo lo que se puede decir en un disco. La cosa había llegado a lo más alto, y la verdad es que no se podía ir más lejos.»

El dúo comenzó a trabajar en un nuevo proyecto, *The Black Room*, un título representativo de su estado mental y su decisión, tras haber sampleado a Motörhead, de seguir explorando la música metal y thrash. Solicitaron la ayuda de Extreme Noise Terror de Ipswich en el estudio, y comenzaron a grabar pistas de ritmos agresivos y voces duras, pero las sesiones comenzaron a estancarse.

«El riesgo consistía en ser aún más valientes», dice Calloman. «El botón de la autodestrucción pasó a ser un ogro. Eran cada vez más grandes y más grandes porque podían decir: 'Algún día destruiremos todo esto', y uno de ellos le decía al otro: '¡Ah, estupendo, la destrucción, eso es fantástico!'.»

Los elementos característicos de The KLF: hombres con cuernos, capas, puesta en escena aparatosa, el Ford Galaxie 500, los «números» de baile coreografiados del dúo eran ahora facetas de esa mitología creada con tanto cariño. Aunque los medios de comunicación seguían tomándoselos en serio, la sensación de que el papel más importante que jugaban Drummond y Cauty era el de bromistas o situacionistas es una acusación que todavía les duele.

«Aun cuando no faltaba el humor», dice Cauty, «nos lo tomábamos muy en serio, y la verdad es que nada de eso era una broma. Creo que esa es una de las razones por las que funcionó tan bien, porque cuando la gente oye algo sabe si va en serio. Es como cualquier tipo de arte: tienes que poner toda la carne en el asador, de lo contrario la gente se da cuenta.»

Para Drummond, que no ha dejado de resistirse a cualquier intento de los medios de comunicación de definir sus preocupaciones concretas en cada momento, la idea de que The KLF era un proyecto o un timo siempre le ha obsesionado. «Yo sentía todas las notas que tocaba, todo lo que publicamos», dice. «Cada momento lo sentimos de verdad.»

El desmesurado éxito comercial de The KLF significó que fueron debidamente honrados por la Industria Fonográfica Británica en los Brit Awards de 1992. El grupo fue nominado en las categorías de Mejor Artista y Mejor Single, y se les invitó a tocar en la ceremonia.

«Hacia el final, debido a la escala del éxito y la ciega aceptación de todo lo que hacíamos, creo que consideraron que lo que estaban haciendo era absurdo», dice Houghton. «Diría que estaban bastante cerca de sufrir un colapso nervioso. Creo que se podían haber hecho mucho daño en ese momento, cuando aparecieron en los Brit Awards. Había partes de su actuación que eran completamente de comedia Ealing, como cuando enviaron un mensajero en moto a recoger los premios. El mensajero llega allí, lo recoge, se marcha andando y luego vuelve y hace que le firmen el recibo.»

Drummond y Cauty habían planeado dejar huella en los Brits con una serie de gestos en la televisión en directo que resultaran un ataque inolvidable a la sensibilidad de un público entre el que se contaba lo más granado de una industria de cuyas convenciones, protocolo y criterios, además de despertarles recelos, se habían burlado desde su primera publicación como JAMs.

«Recuerdo que aquel día me los encontré a eso de las seis de la mañana, y que llevaban una oveja muerta en la parte de atrás de la furgoneta», dice Houghton. «Típico de ellos. Y lo hacían todo ellos mismos. Aquella mañana Bill había conducido hasta algún lugar de Northampton, había recogido aquella oveja muerta y realmente tenían intención de arrojar la sangre sobre el público, y yo les dije: 'No podéis hacer eso, de verdad que no lo podéis hacer', y lo publiqué en el *Mirror* o en el *Sun*, y aquella mañana todo el mundo pudo leer: 'The KLF van a arrojar cubos de sangre por todas partes', y les impidieron hacerlo.»

Aunque sus planes de cubrir a la industria musical con sangre de oveja se vieron frustrados por Houghton, The KLF puso en escena una actuación como colofón a su carrera que superó a todos los demás colofones conocidos. Un Drummond de aspecto desquiciado, con los ojos como platos, caminando con muletas y vestido con una falda escocesa, apareció tambaleándose en escena junto con los miembros de Extreme Noise Terror y Cauty, que, vestido con una prenda que se cerraba con una cremallera, tenía aspecto de gasolinero. Drummond anunció su llegada al grito de «ENT contra The KLF. Esto… es Freedom Television». Cuando los dos grupos emprendieron una versión hardcore thrash de «3 a.m. Eternal», el público de corbata negra de la industria fonográfica se quedó horrorizado, pues ENT tocaron en el escenario del Hammersmith Odeon igual que si fuera el tipo de local en el que estaban acostumbrados a tocar, lanzándose sobre los fans del hardcore thrash. El espectáculo concluyó con Drummond masticando un puro y disparando a su alrededor balas de fogueo con una ametralladora con la que apuntaba a todos los rincones del público.

Sin embargo, en medio del caos de la actuación, la gente se perdió un detalle importantísimo. «Siempre había tenido esa fantasía de estrella del rock, desde que era joven, la de hacer un larguísimo solo de guitarra», dice Cauty. «Había estado ensayando sin parar. Había llegado el momento. Es el Hammersmith Odeon, por fin voy a hacer mi solo de guitarra, y luego ya está. Así que naturalmente me coloqué en la parte delantera del escenario y empecé 'rrraaaam', y se me sale el cable de la guitarra. Solo tuve unos veinte segundos para mí solo y me pasé el resto del tiempo intentando encontrar el extremo del cable para volver a conectarlo, y eso fue todo, eso fue lo último que hice en la industria musical. Trágico, pero no pasa nada, aunque en ese momento fue una oportunidad perdida porque era un solo brillante.»

Cuando el grupo bajó del escenario, la voz de Scott Piering tronó por megafonía: «Señoras y señores, The KLF han abandonado la industria musical».

La actuación dejó al público aterrado y agredido, pues, por primera vez en la historia, la actuación en la ceremonia de los Brit Awards de un grupo que había vendido millones era acogida con un absoluto silencio.

«La gente se quedó absolutamente acojonada», dice Houghton. «Sir George Solti había acudido a recoger el premio a toda su carrera, y estaba en primera fila, y en cuanto empezaron a tocar, salió corriendo del edificio, perseguido de cerca por personas con sujetapapeles. 'No puede irse, tiene que aceptar el premio.' Hubo cosas en las que la gente ni se fijó, fue fantástico.»

The KLF acabó su carrera en directo en televisión en medio de una lluvia de metal hardcore y fuego de ametralladora, un acto de agresión visceral que indicaba el frágil estado mental de Drummond y Cauty. «Los dos estábamos agotados», dice Cauty. «Ocurrió de la noche a la mañana. Nadie sabía lo que iba a pasar. Simplemente dijimos: 'Ya está, estamos eliminando todos los archivos, nos vamos, adiós'.»

Debiendo todavía la factura del estudio y los honorarios de Extreme Noise Terror (al final lo pagaron todo), The KLF dejó de existir en cuanto abandonaron el escenario del Hammersmith Odeon. Drummond y Cauty eliminaron todo el catálogo de The KLF que pudieron.

«De verdad creo que Bill estaba para cortarse una mano o quién sabe», dice Houghton. «En aquella época estaban tan desquiciados que nada me hubiera sorprendido. Creo que en ese momento era una especie de espiral fuera de control.»

«Estábamos muy alicaídos, y literalmente nos despertamos una mañana y dijimos: 'Bueno, ya está, esto se ha terminado'», dice Cauty. «Tan solo recuerdo que fue un gran alivio. Fue tan emocionante, sabes. Pusimos un anuncio a toda página en el *NME* y fue estupendo, por fin algo nuevo.»

The KLF tenían tal reputación de faroleros que la prensa desconfió del anuncio del dúo y supuso que estaban llevando a cabo otro de sus numeritos. La verdad era que la actitud siempre esquiva y el éxito enorme de The KLF habían puesto a prueba los límites de sus dos miembros. «Yo no podía continuar», dice Drummond. «Por entonces tenía unos treinta y nueve y tenía que parar. Aquello había acabado ocupando todas las parcelas de mi vida. Había muchas otras cosas que quería hacer. No estoy diciendo que tuviera un colapso nervioso en un sentido clásico, pero a mí me lo parecía. Mi matrimonio se había acabado.»

Houghton había participado en el viaje desde el principio, aunque no tan directamente, y había presenciado cómo su éxito meteórico y su autoimpuesto aislamiento del mundo exterior se combinaban para afectar su salud. «Podrían haber acabado haciendo algo que les perjudicara», dice. «Ahí era donde más o menos se encaminaban, o quizá a hacer algo dentro de la más pura ilegalidad que los metiera en un serio apuro.»

El éxito y el legado de la banda y las aventuras de la K Foundation que siguieron son algo que Drummond y Cauty todavía están procesando. «Nunca lo hicimos por dinero», dice Cauty. «De todos modos, no le recomendaría a nadie que se metiera a trabajar en The KLF.»

15. LEAVE THE PLANET⁴⁹

Portada de la publicación comercial interna de Rough Trade
The Catalogue, octubre-noviembre de 1989 *(archivo del autor)*.

49. Tema del LP de Galaxie 500 *On Fire*. [*N. del T.*]

Cuando Rough Trade Limited fue intervenida por la administración en 1991, la noticia fue recibida con una mezcla de incredulidad y resignación. Mientras los observadores más curtidos del negocio tenían ya perfectamente asumido que solo era cuestión de tiempo que le ocurriera lo inevitable a una empresa dirigida por aficionados, la facturación de Rough Trade a finales de los ochenta había crecido sin parar. En 1989 el sector de distribución independiente —Rough Trade y su rival Pinnacle, más ortodoxa y de más éxito, además de un puñado de empresas especializadas— abarcaba más del 30% del mercado musical. Sobre el papel, Rough Trade disfrutaba de su periodo más rentable; después de los números uno de «Pump Up the Volume» y «Doctorin' the Tardis», junto con una serie de singles de baile que habían llegado al Top 10 y que ellos distribuían, la compañía se había mostrado capaz de competir en el mercado con uñas y dientes.

Dentro de Collier Street, a pesar del constante flujo de dinero procedente de los lanzamientos que llegaban a las listas, cada vez estaba más claro que había problemas económicos. Las fiestas de Navidad de la oficina de 1989 se cancelaron, y Richard Powell dimitió, dejando el camino crítico en manos de una nueva dirección. Si la oficina de Londres a menudo era inestable, las raíces de la defunción de la empresa estaban bastante más lejos, en Nueva York. Robin Hurley dirigía Rough Trade Inc., la división americana de Rough Trade. En cuanto que exmiembro de The Cartel, comprendía perfectamente los valores de la empresa y los métodos de trabajo que había intentado recrear en los Estados Unidos.

«Cuando me trasladé a los Estados Unidos en 1987, la empresa estaba en San Francisco», dice Hurley. «En realidad era una tienda y un mayorista. La dirigían un puñado de hippies y anarquistas, y en realidad vivía ajena a lo que estaba ocurriendo en Inglaterra. Rough Trade había tenido éxito en Alemania, y en la parcela de distribución tenía esa idea, hay que reconocer que cándida, de que si íbamos a fichar grupos como los Smiths, deberíamos tener los derechos para todo el mundo y para los Estados Unidos, que en ese momento representaba la mitad de las ventas mundiales. San Francisco tenía la mejor hierba, era la ciudad más bonita de los Estados Unidos para vivir, cosa que creían algunas personas de Rough Trade, y todos pensaban que era el sitio donde había que estar. Pero cuando llegué allí comprendí que, por bonito que fuera, musicalmente y en términos industriales estaba un tanto atrasado. Para que nosotros pudiéramos crecer en los Estados Unidos necesitábamos una oficina en Nueva York o en Los Ángeles. Nueva York estaba más cerca de Inglaterra, musicalmente pasaban más cosas y ya teníamos una oficina en la Costa Oeste. Así que en ese momento Nueva York era donde el sello tenía a los A&R y a la gente de la radio, y San Francisco era donde guardábamos y distribuíamos el stock.»

Aunque Rough Trade subestimó el tamaño del mercado estadounidense, que a menudo precisaba de distribuidores distintos para mover el stock de una costa a otra y poseía unos medios de comunicación igualmente fragmentados, consiguió contratar algunos artistas americanos que constituyeron un importante porcentaje de los lanzamientos del sello en sus últimos años. Travis iba regularmente a Nueva York, y sus vínculos con el centro de la ciudad seguían siendo fuertes. En 1987, ante una indiferencia casi absoluta, publicó *World of Echo*, un meditativo poema tonal para cello, voz, ruido y espacio filtrado, uno de los primeros discos que abordaron el sida.[50] El calendario de publicaciones de Rough Trade presentaba lanzamientos de grupos de la Costa Este que habían firmado para un solo disco, como

---

50. Tan poco fue el interés que despertó *World of Echo* que Cerne Canning, que en aquella época estaba en la plantilla de Rough Trade, recuerda que en el almacén utilizaban el disco de frisbee. [*N. del A.*]

los Feelies y They Might Be Giants; Travis también había fichado a Galaxie 500 de Boston para publicar un disco junto con Opal de San Francisco y el grupo que surgió después de su defunción, Mazzy Star. «Geoff era la fuerza impulsora», dice Hurley, que supervisó la carrera nacional de los grupos en los Estados Unidos. «Galaxie, Mazzy Star, junto con Camper Van Beethoven y Lucinda Williams, firmaron todos en los Estados Unidos. Y procurábamos que la distribución en América fuera creciendo. Yo estaba en contacto con Ivo y conseguimos los derechos para publicar los dos primeros discos de los Pixies, el primer disco de Breeders y el álbum de Wolfgang Press para Rough Trade USA.»

Los grupos que Travis contrató en los Estados Unidos demostraron que, si bien la política y las discusiones internas desestabilizaban el negocio en Collier Street, su radar como A&R seguía de lo más afinado. El sello alcanzó una gran aprobación crítica y unas buenas ventas con *Today* de Galaxie 500 y *She Hangs Brightly*, el debut de Mazzy Star, que gozaron de una calurosísima acogida en 1990.

A pesar de los éxitos del sello, Travis era cada vez más consciente de que los problemas permanentes de la compañía iban empeorando, aunque ignoraba hasta qué punto, y también que existía una absoluta falta de liderazgo dentro de la parcela de distribución a la hora de abordar el problema. «Desde mi punto de vista, yo estaba dirigiendo el sello», dice Travis. «Aunque teníamos un departamento de distribución como dios manda, a mí me dejaban bastante marginado, porque los de distribución tenían un problema con la compañía discográfica. Estaban celosos porque creo que consideraban que la compañía discográfica tenía más glamour, y que yo era una persona más conocida por la razón que fuera.»

Rough Trade había subestimado gravemente los costes de funcionamiento de una distribución y una compañía discográfica en ambas costas de Estados Unidos. Hurley contemplaba la hemorragia de dinero de Rough Trade y continuamente tenía que telefonear a Londres para que le mandaran más y más fondos con los que procurar que la división americana de Rough Trade no se fuera al garete.

«Éramos el agujero más grande en el momento en que Rough Trade intentaba crecer en Estados Unidos», dice Hurley, «e intentábamos alcanzar un cierto punto en el que las ventas fueran solas. El año que cerramos quebró un distribuidor que nos debía un millón de dólares. Por lo general, en Inglaterra la gente pagaba sus facturas, y en Alemania la ley les obliga a pagarlas. Yo cogía el teléfono para llamar a Londres y decía: 'Creo que hemos tenido el mejor mes de la historia. Acabamos de mandar tantos miles de discos', sin comprender que a lo mejor tardaríamos meses en cobrar. A medida que el negocio crecía, el flujo de caja se iba paralizando.»

En Londres encontraron una solución. La empresa de distribución de Rough Trade de más éxito, Rough Trade Deutschland, canalizaría sus pagos a los Estados Unidos a través de la oficina principal de Londres. Lo que parecía una buena idea en la sala de reuniones de Rough Trade, ahora permanentemente ocupada, era de hecho ilegal, e ilustraba la falta de competencia técnica de la junta directiva de Rough Trade Distribution.

«Llegaba mucho dinero de Rough Trade Deutschland», dice Hurley, «pero el gobierno alemán lo veía de otra manera. De repente Rough Trade Distribution tuvo que enfrentarse a una fuerte multa fiscal, de manera que se le abrieron tres frentes a la vez. Pero Rough Trade America fue el factor individual más importante.»

Fueran cuales fueran las estructuras que se habían creado y la adhesión o no al camino crítico, la incompetencia en la gestión de la junta directiva condujo a la empresa a un final inevitable. El pánico comenzó a apoderarse de Collier Street, pero la empresa, a corto plazo, en un acto típico de interiorización de Rough Trade, procuraba no revelar sus problemas.

«Cada cuatro meses cruzaba el Atlántico y participaba en unas reuniones cada vez más deprimentes», dice Hurley. «Aquello era inexorable. Existía la cándida creencia de que podríamos salir adelante, y perdimos meses con la esperanza de que algo ocurriría. Warner Brothers mostró interés: querían el 51%, y se rechazó. Arrogancia no es la palabra exacta. Nunca fui arrogante. No fue nunca una cuestión de arrogancia, pero era una empresa orgullosa que creía que teníamos mejor música que las demás compañías, y la cultura filosófica era mejor. Supuestamente tenías que tomarte un año sabático después de cinco años, y como la empresa iba creciendo y se hacía más grande, eso era cada vez más difícil. Todas esas ideas se iban quedando por el camino.»

Muchas de esas ideas procedían de Richard Scott, que se había marchado en 1988, desanimado porque la idea de proporcionar una estructura alternativa al mercado convencional, que funcionara en torno a ideas como la descentralización y la mutualidad, había cedido hacía tiempo ante la competencia y la cuota de mercado. The Cartel, su perdurable legado, se disolvió en el verano de 1990. Dos de sus miembros, Red Rhino de Leeds y Fast Forward de Escocia, ya habían dejado de operar. «Creo que me sentía condenado», dice Scott. «Tenía la impresión de que, en cierto modo, me había llegado la fecha de caducidad. No me sentía especialmente cómodo con la evolución de la estructura empresarial, y por eso decidí marcharme.»

La creciente crisis fiscal de Rough Trade comenzó a llegar a oídos de todo el mundo fuera de Collier Street. Se interrumpieron los calendarios de producción y lanzamiento de los sellos más pequeños que la compañía distribuía. Los clientes más importantes de Rough Trade —Mute, KLF, 4AD, Beggars, Rythm King y el sello Big Life de Jazz Summers, estos últimos dos sellos de pop de baile que tenían singles permanentemente en la radio y en las listas— comenzaron a comprender la gravedad de la situación: Rough Trade había iniciado el larguísimo camino de la quiebra.

John Dyer era un joven ejecutivo de marketing de Mute que manejaba gran parte del diálogo diario del sello con Rough Trade, y se convirtió en los ojos y oídos de Daniel Miller cuando la situación de Collier Street comenzó a conocerse. «Fuimos los últimos en enterarnos, y de una manera extraña», dice. «Había una cortesía indie. A todos esos sellos más pequeños no se les pagaba, y nuestra frustración fue que a nosotros *sí* nos estaban pagando. De haber sabido un poco antes los problemas que se acumulaban, a lo mejor hubiéramos participado y controlado más la empresa. Pero es fácil hablar a toro pasado. No creo que nadie se hubiera ido a una *major*. Había un sistema, y ese era el único sistema: estaban Pinnacle y Rough Trade, y Pinnacle era un marco mental muy diferente para nuestro pequeño grupo de sellos.»

Las interminables reuniones en Rough Trade —durante mucho tiempo una ácida caracterización de la empresa— ya no estaban pobladas por miembros del personal mediando en las dificultades internas de los demás. Los clientes más importantes de Rough Trade crearon un comité de emergencia al darse cuenta de que eran los acreedores más importantes de la empresa. La cara que presidía este reuniones ya no era la de Geoff Travis ni la de Richard Powell, que hacía poco que se había marchado, sino lo de George Kimpton-Howe, que anteriormente había trabajado en Pinnacle y era un hombre al que habían ascendido un cargo por encima de sus posibilidades, o al menos eso consideraba el personal de Rough Trade. A medida que los sucesos comenzaron a encadenarse, quedó claro que no era un hombre preparado para manejar una crisis.

«De repente se nos presentó un momento catastrófico que no pudimos manejar», dice Dyer. «De pronto Mute se enfrentó a pérdidas de millones de libras, al igual que The KLF, Beggars o Rhythm King. Y en Rough Trade lo único que encontrábamos era una estrategia comercial que solo se podía calificar de pura mierda. Había un tipo llamado George Kimpton-Howe que por algún motivo sentía la necesidad de ir al trabajo en un BMW, y la gente había confiado en él porque había llevado la filosofía Pinnacle a un puñado de chavales indies y ahora no sabía lo que se hacía.»

Para empeorar aún más las cosas, Rough Trade se estaba trasladando. Habían conseguido una gran oficina de planta abierta y un almacén que se extendía a largo de cinco plantas en Seven Sisters Road, en Finsbury Park. En comparación con las instalaciones de Collier Street financiadas por el gobierno municipal del Gran Londres, las de Finsbury Park eran un paso atrás. El edificio estaba destartalado y deteriorado. En cuanto los trabajadores se trasladaron a Seven Sisters Road, mientras seguía vigente el alquiler de Collier Street, la primera tarea que Kimpton-Howe tuvo que afrontar fue despedirlos.

Travis, aunque estaba presente en las reuniones del comité de emergencia, se mantenía alejado de los procesos de liquidación de Rough Trade Distribution, cada vez más tensos. El sello todavía tenía un calendario de lanzamientos que mantener, y aunque había despedido a parte del personal de la compañía discográfica, también había contratado a un nuevo director del sello, Andy Childs, un ex A&R que había fichado a Wire para Harvest, subsidiaria de EMI, un hombre muy versado en la *realpolitik* de la industria musical. «Cuando me uní a la empresa, estaban despidiendo a un montón de trabajadores», dice. «Geoff dejaba que todo el mundo se fuera, pero al mismo tiempo ya planificaba la dirección que consideraba que sería la siguiente fase del sello. La primera semana que estuve allí no me dejé ver mucho, porque era una situación realmente incómoda. Todo el mundo se trasladaba a un sitio bastante grande en Finsbury Park, algo solo temporal, mientras que toda la parte de la distribución entraba en concurso de acreedores.»

Ahora Rough Trade tenía que hacer frente a los gastos de mantenimiento de los almacenes, el de Collier Street y el de Seven Sisters Road. Y lo más extraordinario fue que se tomó la decisión de abrir un tercer almacén en Camley Street, en Islington, para almacenar todos los vinilos no vendidos que se venían acumulando a lo largo de la historia comercial de Rough Trade.

«Hay una cosa que detestan todos los propietarios de un sello musical», dice Dyer, «que es tener que destruir el stock... 'Tío, a lo mejor lo vendemos el año que viene... a lo mejor alguien en Rusia lo acaba comprando.' Una absoluta bobada. Al final acabas arrastrando todo el stock allí donde vas. Así que Rough Trade comenzó a pagar por un almacén multiuso, en el que guardaron toda la mierda que eran demasiado lloricas para destruir, porque es un sacrilegio destruir un vinilo. Así que de repente pasaron de tener un almacén a tener tres, y aquello comenzó a pasarles factura.»

Como metáfora de los fracasos y candidez del sector independiente, un almacén alquilado tan solo para albergar el stock no vendido y no muy querido (al menos por el mundo exterior) resulta de lo más pertinente. Los montones de discos acumulados por los empleados que trabajaban a cambio de cobrar en efectivo y figurar en las listas de invitados dan fe de la pasión, locura y eterno optimismo de una obsesión musical que intenta nadar en medio de la piscina de tiburones de la industria del ocio.

«Kimpton-Howe no se dio cuenta de que allí había que poner orden», dice Dyer. «Todo era: 'Que la cosa siga adelante', en lugar de pensar: 'Librémonos de este almacén y hagamos una purga'. Todo lo que resultaría de sentido común para un niño de doce años allí no se veía por ninguna parte.»

Andy Childs también comprendía que estaba entrando en una empresa que daba sus últimos coletazos y que había sido muy mal gestionada. Para alguien que había sido testigo de los calendarios de fabricación y la capacidad de producción tremendamente controlada de una *major*, el desbordamiento incesante de vinilos de Rough Trade era algo alarmante. «Quien se encargara del control del stock vivía en otro planeta. Aquel almacén estaba lleno de discos sin vender que nadie quería, era increíble. Tenías ese enorme espacio cavernoso y discos que iban llegando sin parar. Allí no había ningún negocio. Todo estaba paralizado. Entrabas en esa enorme caverna subterránea con discos amontonados, y de repente doblabas una esquina y había gente en la oscuridad repasando los discos. Era realmente extraño, miles y miles de discos, un stock inútil que se desperdigaba por todas partes.»

Pero el golpe mortal y definitivo asestado a Rough Trade tuvo lugar cuando se instaló un sistema informático. Para una empresa de distribución internacional que todavía utilizaba los pedidos escritos a mano y las notas de entrega, poco fiables y a menudo ilegibles, la instalación de un sistema informático sin duda era una buena idea. Por desgracia, el sistema que Kimpton-Howe instaló a un coste de más de medio millón de libras funcionó mal desde el principio. El paso a los pedidos informatizados provocó que los minoristas se quedaron sin nuevas entregas durante varias semanas, y su flujo de caja entró en crisis; la desaparición de la tienda de discos independiente se vio acelerada por un intento de Rough Trade de mejorar la calidad de su servicio.

El consejo de administración de Rough Trade, cuyo número exacto e identidad todavía se discute, decidió convocar a los administradores y designó a la firma de contabilidad KPMG Peat Marwick para que llevara a cabo una auditoría y ejerciera cierto control financiero sobre la empresa. Por primera vez en su historia, por las oficinas de Rough Trade pululaban hombres trajeados. Travis ahora compartía su espacio con el tipo de gente a quien había intentado evitar toda su vida. Todo el personal administrativo intermedio de Rough Trade se había dispersado, y ahora formaba parte del comité de gestión de emergencia de Mute, KLF, Beggars y los demás sellos para alcanzar un acuerdo con los auditores.

«Creció demasiado. Otras personas tenían un ego demasiado grande, eran demasiado inexpertas», dice Travis. «La verdad es que no sabían llevar ese negocio, y no supieron abandonar a tiempo y decir: 'Ya no sabemos lo que estamos haciendo, todo esto nos supera', y ese fue el fallo, aparte de que cometieron errores garrafales. Y luego todos se marcharon y me dejaron con el muerto para que me enfrentara con esos horrorosos administradores de la City, algo espantoso.»

De todos los acreedores, Mute era a quien le debían más dinero, y Daniel Miller, Dyer y su director financiero, Duncan Cameron, emprendieron unas prolongadas negociaciones con los auditores en nombre del comité de emergencia. «Rough Trade Distribution era una empresa muy lucrativa», dice Miller. «The KLF era enorme, acabábamos de publicar *Violator*, uno de nuestros álbumes de más éxito, Erasure era la hostia. En teoría las cosas deberían haber ido bien. Y en ese punto todo fue mal, una cosa tras otra, el clásico rollo de la Seguridad Social. Gastaron una fortuna en un sistema informático que no funcionaba, todo se iba a la porra. Había gente que estaba muy enfadada con Rough Trade Distribution. Y teníamos que intentar rescatar a la puta compañía, en parte por los valores de la empresa y en parte porque Rough Trade debía una fortuna a un montón de sellos.»

«Queríamos recuperar el máximo dinero posible», dice Dyer. «Creo que era más de un par de millones. Todo ello se fue revelando entre momentos de pánico. A KLF les debían un millón, y el tipo que trabajaba para KPMG intentó decirle a todo el mundo lo que tenía que hacer. Pero era una situación muy fluida, una empresa en concurso de acreedores más que en liquidación: confiaron en nuestra cooperación, necesitaban toda nuestra cooperación para seguir adelante.»

Mientras la tortuosa auditoría de Rough Trade intentaba diferenciar entre los activos y los pasivos de la compañía, uno de sus principales acreedores, KLF Communications, que no era más que un artista con una publicación, The KLF, intentaba acabar de grabar su próximo single. En una extraordinaria demostración de polifacetismo, Bill Drummond dividía su tiempo entre asistir al comité de emergencia y acabar sus planes para «Justified & Ancient». Jimmy Cauty estaba en el estudio colaborando con Drummond por vía telefónica. «Bill y Sally intentaban calcular cuánto dinero nos debían mientras yo me quedaba en el estudio para acabar la grabación», dice Cauty, «y procuraba no pensar en la factura del estudio.»

«Todos teníamos discos por publicar», dice Dyer, «de manera que en mitad de la reunión decíamos: '¿Estás de acuerdo con eso, Bill? KLF representa el 13% de la deuda, ¿no?'. Y él contestaba: 'Sí, espera un momento', y le oíamos decir por teléfono: 'Sí, un poco más grandilocuente, Jimmy, un poco más grandilocuente', porque tenía que hacer la mezcla con Jimmy Cauty, que estaba al otro lado del teléfono, en el estudio. A continuación telefoneaba a Pinewood y se gastaba cien mil en el vídeo. Contrataba el plató diciendo: 'No, hoy no necesitamos el plató submarino'. Un comportamiento increíble, visionario.»

Además de a Mute y KLF, también se le debía bastante dinero a Beggars Group, sobre todo a 4AD. A mitad de las negociaciones, Big Life y Rhythm King decidieron cortar por lo sano y se retiraron de la discusión, dejando a un núcleo de incondicionales del sector independiente que habían comenzado simultáneamente con Rough Trade. Ivo Watts-Russell había asistido a unas cuantas reuniones, pero su reserva natural le hacía ser poco comunicativo. «Me quedaba allí sentado», dice, «y no decía gran cosa. De hecho, no recuerdo haber dicho nada, así que al final quien iba era Martin Mills, que resultó de una gran ayuda. Era una roca, de verdad.»

«Fue un periodo muy doloroso, desde luego», dice Mills. «La crisis nos pilló de lleno. Creo que acababa de publicarse un álbum de Cocteau Twins y no nos habían pagado. Además, el primer álbum de los Charlatans, que estaba en Situation Two y el número uno en la lista de álbumes, también acababa de salir sin que nos lo hubieran pagado. Fue una gran sorpresa para todos. La verdad es que ni habíamos contemplado esa posibilidad. Para ser honesto, de haber estado más atentos quizás nos habríamos dado cuenta de dónde estaba el problema.»

Mientras que Mute, 4AD, The KLF y unos cuantos sellos más pequeños como Fire estaban en posición de negociar con KPMG, los sellos más pequeños restantes, los que se habían creado y prosperado gracias a los acuerdos de producción y fabricación de Rough Trade, se vieron obligados a cerrar junto con Rough Trade. Muchos de ellos carecían de oficina y tenían muy pocos gastos generales, y no eran más que varios centenares de singles amontonados en los estantes del abarrotado almacén de Camley Street, pero el sueño de fundar un sello sin más razón que publicar algo de música que pudiera llamar la atención de John Peel y su público había terminado.

«La existencia de Mute no se vio amenazada, porque no teníamos ningún lanzamiento importante y además nos iba muy bien en el extranjero», dice Miller. «Pero sin embargo fue un duro golpe, y amenazó la existencia de muchos sellos. Duncan Cameron luchó por la supervivencia de los sellos e hizo un trabajo increíble. Algunos tenían una especie de seguro, otros no, y al final hubo quien se hundió o decidió parar.»

Andy Childs había pasado unas cuantas semanas incómodas al empezar a trabajar para Rough Trade. El teléfono no paraba de sonar, pues los sellos más pequeños que no tenían representación en el comité de emergencia, y una lista interminable de tiendas, proveedores, empresas de mensajería y casas de reproducción —toda la cadena de suministros de las extensas redes de Rough Trade—, intentaban obtener una respuesta a lo que estaba ocurriendo en Seven Sisters Road. Su único acceso a la situación era lo que contaban los semanarios musicales, que hablaban del número de despidos y publicaban cualquier declaración tranquilizadora pero absurda pronunciada por cualquiera que hubiera en la oficina y tuviera ánimo para responder al teléfono.

«Rough Trade Distribution era increíblemente importante para muchos sellos, y fueron muchos los que tuvieron que cerrar», dice Childs. «Mucha gente perdió dinero, y solo los más grandes consiguieron sobrevivir de verdad, Beggars, Mute y gente así. Había un flujo general de gente que entraba y salía sin parar. La gente se iba sin que te dieras cuenta. Un día entrabas y te encontrabas con otras personas, que generalmente iban de traje y no hacían más que negar con la cabeza mientras miraban las cifras.»

En cuanto KPMG Peat Marwick (cuya tarifa era de diez mil libras por semana) hubieron hecho las debidas diligencias, se acordó que el único activo que Rough Trade tenía para vender era el catálogo de los Smiths. Travis tenía muy poco que decir acerca de qué le iba a ocurrir a la joya de su sello. Las grabaciones de los Smiths no eran propiedad de Rough Trade Records, sino de Rough Trade Distribution; al ser la primera banda que había firmado con Rough Trade un acuerdo a largo plazo, Travis había tenido que pedirle a Distribution los recursos para poder presentarles una oferta seria. «Los Smiths habían firmado con Rough Trade Distribution», dice Childs, «una de las razones por las que el sello tenía problemas, porque no eran propietarios de los Smiths. Cuando Geoff había querido contratarles, probablemente no le bastó con el dinero de la cuenta del sello, así que había acudido a Distribution y había conseguido que firmaran con ellos, y Distribution necesitaba el dinero de los ingresos de los Smiths para tapar los otros agujeros que iban saliendo. Así que al final vendieron los Smiths a Warner. Resulta difícil decir qué fue lo que no funcionó. No puedes tener a un gran grupo como ese y perder dinero fácilmente: tienes que haber hecho las cosas realmente mal.»

Warner, que a través de Seymour Stein y Sire tenía los derechos de los Smiths para los Estados Unidos, era quien estaba en mejor situación para comprender el valor a largo plazo de los Smiths y hacer una fuerte puja por los derechos. Aunque el catálogo de Rough Trade quedó seriamente disminuido sin los Smiths, en un momento de gran dignidad, Travis añadió el resto de los másters de Rough Trade a los activos, muchos de los cuales posteriormente fueron subastados por KPMG. En el caso de un puñado de artistas de Rough Trade, sobre todo Galaxie 500, las cintas volvieron a manos del propio grupo. «Cuando todo fue mal, Geoff tuvo la suficiente estatura para decir: 'Yo encajaré el golpe'», dice Mills, «y añadió Rough Trade Records al lote, cosa que no tenía por qué hacer. Por entonces ya se había distanciado bastante del funcionamiento de la distribución.»

Mute, Beggars y un puñado de acreedores menos importantes decidieron fundar una nueva empresa de distribución que reemplazara a Rough Trade a una escala mucho menor, una escala más racional. Con un porcentaje de los ingresos de las tarifas de distribución, iniciarían el largo proceso de compensar las deudas de Rough Trade. «Lo que ocurrió fue que contratamos a los mejores hombres de Rough Trade que pudimos», dice Miller, «e iniciamos una nueva empresa llamada RTM. Todavía creo en el sector independiente, ahí es donde se crea lo mejor, y tienes que tener una manera de ocuparte de ese sector en la medida de tus posibilidades.»

La ignominia del final de Rough Trade tuvo como consecuencia un legado decepcionante. En todas sus diferentes configuraciones, ya fueran cándidas o exitosas, había abierto una puerta a través de la cual se animaba a la gente a entrar y unirse al experimento. Lo que había comenzado como un proyecto idealista acabó en las realidades del frío mercado del concurso de acreedores, la insolvencia y la visita de los auditores; también dejó en la estacada a muchas de las microorganizaciones, bandas, sellos y proyectos que había apoyado de manera incondicional.

Al comienzo de la nueva década, más de quince años después de haber abierto como tienda, mucha gente en las *majors* y en los sellos independientes vio el cierre de Rough Trade como el definitivo final de una época y de un experimento. «El hundimiento de Rough Trade se percibió como una especie de rito de paso», dice John Dyer. «Ya nunca conseguirías que una banda tuviera suficiente confianza como para firmar sin cobrar un adelanto. Recuerdo que un día Tony Wilson me dijo que los únicos que le habían estafado eran los distribuidores indies de todo el mundo. 'Así que no me vengas con que los indies son buenos y las *majors* son malas', y hasta el día de hoy repito este estribillo; me dijo: 'en las *majors* hay personas estupendas y en las indies gilipollas', y es cierto, totalmente cierto.»

Pasarían años antes de que Travis volviera a resurgir con fuerza en la industria musical. Solo unos pocos de sus coetáneos de Collier Street, y menos aún de Kensington Park Road, seguirían su rumbo. Es indicativo de su pasión por la música y por descubrir nuevas ideas —el requisito indispensable de un A&R realmente grande— que sobreviviera al terrible hundimiento de Rough Trade, donde todos se echaban la culpa, para emerger una vez más como un magnate enormemente venerado.

«Todavía recuerdo que el día que cerró fue espantoso», dice Robin Hurley. «Geoff estaba en Nueva York para ver a Dinosaur Jr el día que descubrimos que la compañía del Reino Unido era insolvente. De todos modos, íbamos tirando como podíamos. En los Estados Unidos existe una ley que dice que si la compañía matriz es insolvente tienes que dejar de operar, así que cerramos la tienda y despedimos a todo el mundo.»

Los años siguientes no fueron fáciles para Travis, el cual, aunque decidido a seguir adelante, tendría que reagruparse en una nueva serie de circunstancias y en un entorno musical en el que los valores de Rough Trade de dejar hacer y concederle el protagonismo al artista ya no eran sostenibles. «Fue una época oscura, muy oscura», dice. «Una época realmente oscura en la que casi tuve un colapso nervioso.»

Richard Scott, su antiguo socio, conspirador, adversario, idealista y soñador en el proyecto de Rough Trade, hizo una última visita a la empresa mientras se tramitaban los anuncios de liquidación y un personal mínimo supervisaba el cierre definitivo. «Cuando Rough Trade se fue a pique, cogí el coche, me fui al edificio de Seven Sisters y aparqué en el almacén. Salí y dije: 'He venido a llevarme los altavoces', y nadie sabía quién era yo. Eran un par de monitores de estudio que procedían de la trastienda de Kensington Park Road. Los mismos que habíamos utilizado en el primer sistema de sonido de la tienda. Los metí en el coche y me fui.»

TERCERA PARTE

ERES EL ÚLTIMO CONTENDIENTE, ERES EL QUE HAY QUE RECORDAR[51]

51. Versos de «Darts of Pleasure» de Franz Ferdinand. En inglés, *«You are the latest contender / You are the one to remember»*. [*N. del T.*]

16. TURNAROUND[52]

Dave Barker dando un paseo por el Lower East Side, Nueva York, 1990.
(archivo de David E. Barker).

---

52. Título de la versión que hizo Nirvana de la canción de Devo «Turn Around» que puede traducirse por «Cambio de rumbo». [*N. del T.*]

Uno de los sellos más pequeños que padecieron la desintegración de Rough Trade fue Fire Records, discográfica de música guitarrera con un potente programa de lanzamientos al que David Barker, que ahora trabajaba allí de A&R, había incorporado a Spacemen 3 y a los Pastels. «En la pared de la oficina de Fire», dice Barker, «había un grafiti que decía: 'Todo irá bien cuando salga el álbum de Spacemen'. Tardó tanto en salir que *Recurring* [Recurrente] fue un título brillante para el álbum.»

Barker se había esforzado en establecer contactos con el underground americano, y Clive Solomon, propietario de Fire, le había dado su propio sello. Los lanzamientos de Paperhouse solían ser elegantes o esotéricos (o las dos cosas), e incluían una serie de enloquecidos discos de Half Japanese, muchos de los cuales los había producido uno de los hombres que más trabajaban del underground, Kramer, y en los que participaba un amigo de Sonic Youth, Don Fleming, que tocaba tanto la guitarra, el bajo como los teclados. «Me hice amigo de Don Fleming porque B.A.L.L., el grupo de Kramer, fue al Reino Unido y allí Russell Warby los contrató para actuar», recuerda Barker. «El día que conocí a Russell dormí en el suelo de su piso de Nottingham con B.A.L.L. y los Walking Seeds, de manera que aquella escena estaba empezando y de repente se convirtió en eso. Nirvana también habían dormido en el suelo de su piso. No hay duda de que Russell fue uno de los instigadores de esa escena.»

Russell Warby era uno de los pocos promotores del Reino Unido a quienes las bandas americanas que venían de visita llamaban para organizar una gira; siendo aún un veinteañero, había comenzado organizando conciertos en su Nottingham natal con resultados desiguales. «Perdí un año de universidad», dice. «Luego, cuando comencé a organizar conciertos, descubrí que era un promotor espantoso, y lo único que conseguía era perder dinero apoyando a grupos que me gustaban de verdad y nadie más apoyaba. Luego me presentaron a unos holandeses que habían hecho de mánagers de algunos grupos de Sub Pop y decidí comenzar a llamarme agente.»

Los grupos que Warby se llevaba de gira, que grababan para Sub Pop, K Records y Shimmy Disc, y con muchísimos otros sellos americanos, eran la generación que se había formado a la estela de Black Flag, Sonic Youth, Big Black y Butthole Surfers, y se habían inspirado en las redes de cooperación y en la independencia de esos grupos. Muchos habían tenido la ventaja de debutar en directo haciendo de teloneros de Sonic Youth. La siguiente etapa en la carrera de Sonic Youth, que muchos presagiaban que consistiría en abandonar el sistema independiente, era la principal preocupación de Paul Smith. Smith también intentaba montar una base americana para Blast First y aclarar su posición con su banda insignia. Pese a todo, pocos de los que hacían de teloneros de Sonic Youth le causaban una gran impresión. «La verdad es que yo no tenía mucho que ver con Russell», dice Smith. «Recuerdo que me llamaba para decirme que estaba trabajando con ese grupo, Nirvana, y que los había visto tocar en algún lugar de los Estados Unidos con Sonic Youth, y todo lo que recuerdo es que ni se levantaban del sofá para hacer la prueba de sonido.»

Warby organizó una serie de giras de Sub Pop por el Reino Unido y Europa en las que participaron Mudhoney, Tad y Nirvana, donde su tremenda falta de profesionalidad iba en proporción al volumen al que tocaban, y, en el caso de Nirvana, con un áspero sonido pop. «Los primeros conciertos fueron muy excitantes, y el grupo era fantástico. La verdad es que eran mucho mejores que cualquier otro», dice Warby. «Después Nirvana volvió al Reino Unido e hicieron su segunda sesión con John Peel, que fue de versiones, y salió tremenda, y sabías —en esa época ya habían grabado las maquetas de *Never-*

mind— que estaba ocurriendo algo muy excitante. Cuando volvieron de ese viaje estaban sin blanca. Todos esos sellos los habían llevado a cenar, pero no tenían dinero.»

Nirvana era una de las muchas bandas del underground americano cortejada por las *majors*, pero ellos se consideraban un grupo que estaba cimentando lentamente su reputación en fenomenales conciertos en directo y una sensibilidad melódica de la que carecían muchos de sus colegas. El contacto del grupo con la industria discográfica era poco más que una relación informal con su sello y dos o tres amigos semiprofesionales como Warby, que podía conseguirles conciertos de manera regular en su país y en el extranjero. «Intenté conseguirles un mánager cuando estaban en el Reino Unido», dice Warby, «pero ellos querían conocer al mánager de los Pixies, así que concertamos un encuentro con Ken Goes. Le telefoneé y le dije: 'Ya has oído las maquetas de *Nevermind*, ya has oído la sesión de Peel, ¿qué te parecen?', y me dijo algo así como: 'No veo qué diferencia hay entre este grupo y los otros cien mil que hay en América'.»

En Estados Unidos a los Pixies los editaba Elektra, una división de Warner que, según los enterados, quería fichar a Sonic Youth. «Era yo quien hablaba con las *majors*», dice Paul Smith. «El grupo no hablaba con las *majors*, yo lo hacía por ellos. Más o menos por la época de *Evol* les dije: 'Firmaréis con una *major*', y ellos se pusieron a reír como locos y dijeron: 'Paul, eres cojonudo, estás tan chalado, ¿de verdad crees que eso puede ocurrir?'.»

El último álbum de Sonic Youth para Blast First había sido *Daydream Nation*; el lanzamiento no estuvo exento de dificultades. El sello americano del grupo, SST, había tenido problemas de liquidez, y Sonic Youth le había pedido a Smith que supervisara la publicación americana de *Daydream*. Para Smith, gestionar *Daydream Nation* en los Estados Unidos fue un primer paso crucial a la hora de montar una estructura para Blast First al otro lado del océano. «Con la publicación de *Daydream* en Blast First en los Estados Unidos tampoco es que hiciéramos un trabajo increíble, pero era algo que había que hacer, y recuerdo que nos gastamos el dinero de publicidad, sesenta mil dólares, creo recordar, nada del otro jueves, pero exactamente sesenta mil dólares más de lo que se habría gastado SST. Íbamos a las emisoras de radio, hacíamos todo lo que había que hacer. Y llegó el día en que sonó el teléfono de mi apartamento y era Ahmet Ertegun, y va y me dice: 'Siempre me ha encantado este grupo'.»

Daydream Nation había sido distribuido en parte por Enigma, una compañía financiada por una *major*, MCA. Aunque Sonic Youth no había firmado realmente con una *major*, habían abandonado el underground por la vía intermedia de la distribución de una *major*. El grupo, que ahora estaba en un compás de espera, se daba cuenta de que el siguiente paso sería fichar por una *major*. Su relación con Smith era apreciada por todos los implicados, pero seguía siendo un tanto confusa, pues carecía de ningún vínculo legal o formal a la hora de hacerles de mánager y de llegar a algún acuerdo con una compañía discográfica. Como Sonic Youth era el grupo que más vendía de Blast First, después del éxito de *Daydream Nation* estaban en una posición más fuerte que su sello discográfico. Mientras Smith lidiaba con llamadas telefónicas de magnates como Ertegun, la comunicación entre el grupo y Smith era cada vez más errática y tensa, ahora que ambas partes comenzaban a sopesar sus opciones.

«Lo que yo quería era conseguir que Blast First siguiera el modelo de Some Bizzare», dice Smith, «de manera que pudiéramos engancharnos a la gran maquinaria y proteger al grupo. Es evidente que no funcionó así, de manera que acabamos cenando con Ahmet.»

La agenda de Sonic Youth comenzó a llenarse de reuniones y citas con *majors*. En cuanto corrió la voz de que el grupo estaba dispuesto a firmar, no les faltaron novias. Muchas de las *majors* tenían en plantilla, en sus departamentos de A&R y medios, a muchos fans del grupo desde sus comienzos, y se daban cuenta de que el valor de firmar con los icónicos Sonic Youth iba más allá de simplemente publicar la música del grupo. Si había una banda que pudiera sobrevivir al abandonar la red indie, con todos sus códigos morales no escritos y sus tics de comportamiento, era Sonic Youth. La meditada carrera de la banda, su inteligencia y, por encima de todo, sus infinitas conexiones con el underground, si eran acogidas y protegidas por la compañía adecuada, constituirían un ejemplo a seguir de cómo se podía avanzar para los grupos de su onda. Cualquier *major* que pudiera crear una relación laboral con el grupo guitarrero de más éxito de Estados Unidos pronto se granjearía una codiciada reputación.

Al entablar negociaciones con las *majors*, Sonic Youth tuvo que soportar la tensa y ridícula política de poder de la industria corporativa del ocio. El grupo fue muy bien recibido en las suites forradas de cristal de Manhattan, donde pudieron presenciar la dinámica de la sala de juntas en todo su esplendor. Smith seguía actuando como representante semioficial del grupo y asistía a las reuniones, al igual que un abogado de la industria del ocio, como prueba de que el grupo iba en serio. «La Torre Negra de CBS está delante de Grubman, Indursky & Schindler», dice Smith, «que eran el segundo bufete más grande de medios de comunicación de los Estados Unidos, y Allen Grubman asistió a la reunión que mantuvimos con CBS. Fue la reunión más ridícula a la que he asistido. El grupo estaba allí embobado sin nada que decirle a nadie. Todo ese rollo que se montó Tommy Mottola... Tommy estaba en la tercera planta... fue totalmente absurdo. Apareció con su traje a cuadros blancos y negros, su melenita, y entró en la sala, se sentó tras el escritorio, se dio la vuelta en su silla con ruedas y dijo: 'Debajo de este escritorio hay un botón que, si lo aprieto, os convertirá en superestrellas, y yo, Tommy Mottola, lo estoy apretando en este momento'.»

Tommy Mottola era el prototipo de ejecutivo musical corporativo americano de finales de los ochenta. Era un protegido de Walter Yetnikoff, el hombre que había supervisado el éxito de *Thriller* de Michael Jackson y contribuido a que la industria musical amenazara a Hollywood como el centro creativo más extendido y lucrativo de los Estados Unidos. Mottola se había hecho un nombre gestionando la carrera de Hall & Oates y aprovechando oportunidades como la de producir la primera gira mundial patrocinada por una marca comercial, una asociación de sus artistas con la marca de chicle Beech Nut. Ahora intentaba hablar en serio con Sonic Youth, un grupo que acababa de compartir gira con una banda llamada Rapeman [Violador]. «Sonic Youth estaban sentados en un sofá, con cara de '¿De qué vas?'», dice Smith. «Yo estaba sentado en una butaca mirando a Mottola, que dijo: '¿Alguna pregunta?'. Siguió ese increíble silencio que solo los músicos pueden crear, y yo contesté: 'Bueno, para el grupo sé que es muy importante tener el control artístico'. Y añadí: 'Conozco a Bill Nelson, un amigo, un artista que respeto, y estuvo en CBS, y CBS le remezcló un álbum sin su permiso y lo publicó, y eso es algo que no quiero que les pase a ellos'. Parecía un episodio de *El ala oeste de la Casa Blanca.* Mottola dijo: 'Esto... debió de ser antes de mi llegada', y los ejecutivos se pasaron todos el muerto uno a otro y salimos de allí desencantados.»

Acabada la reunión, Grubman llamó a su colega Richard Grabel mientras volvía a la oficina. Grabel, excorresponsal en Nueva York del *NME* que se había pasado a la abogacía, comenzaba a ganar clientes basándose en su profundo conocimiento de los sellos independientes, y estaba decidido a manejar la cuenta de Sonic Youth en Grubman, Indursky & Schindler. Según Smith, al menos, fue decisión de Sonic Youth contratar a un equipo legal profesional y que Smith dejara de estar implicado en su carrera. «Allen Grubman fue a ver a Grabel: '¿Quién coño era ese inglés que ha avergonzado a mi amigo delante de mí?'», dice Smith. «'Líbrate de ese capullo', y a los pocos días yo ya estaba fuera.»

Sonic Youth rechazaron las propuestas de Mottola, pero firmaron con Geffen, una de las *majors* más pequeñas, en un acuerdo negociado por Grabel que contenía la codiciadísima cláusula de «pleno control creativo».

«Cualquiera que haya trabajado con un grupo sabrá que si una banda no tiene ambición no le resulta de mucha utilidad a una compañía discográfica», dice Smith. «Los que no tienen ambición... tanto da lo cojonudos que sean, probablemente nunca triunfarán, así que ellos querían ambición, y Sonic Youth siempre representó una cierta ambición, y vieron su oportunidad y la aprovecharon.»

En la gira de *Goo,* el primer álbum de Sonic Youth para Geffen, el grupo se aferró con fuerza a sus raíces y escogieron personalmente a sus teloneros. Para la gira en el Reino Unido eligieron a una banda de Glasgow, Teenage Fanclub, que acababa de publicar su álbum de debut, *A Catholic Education,* en Paperhouse.

«Estaba hablando con Stephen Pastel», dice Barker, «y me dice: 'Mi colega Norman tiene un nuevo grupo. Iban a llamarse Supedrug, pero ahora se llaman Teenage Fanclub y son de puta madre', y todo ese rollo. Stephen, bendito sea por siempre, es realmente magnánimo. Casi todos los miembros de los grupos van de 'Oh, nadie es tan cojonudo como yo'. Pero él nunca ha sido así y nunca lo será.»

Teenage Fanclub incluía entre sus miembros a Norman Blake y Raymond McGinley, que habían estado en The Boy Hairdressers y

eran veteranos del club Splash One. Blake había tocado brevemente
en los Pastels y los Vaselines. Más que estar influidos por My Bloody
Valentine, como casi todos sus contemporáneos, Teenage Fanclub
tenía un sonido melódico y relajado que no temía ser roquero, y, contrariamente a los *shoegazers*, en escena tenían encanto y confianza.

«Me llegó una cinta, y luego Norman me telefoneó para decirme
que tocaban en directo», dice Barker. «Pero cuando los vi fue pura
magia. Vi algo de verdad. El público eran quince personas. Subieron
al escenario. Norman dijo: 'Hola, somos Teenage Fanclub, y, por
cierto, somos los mejores cantantes de Glasgow'. Se gastaron dos mil
libras en la grabación del primer disco, y yo dije: 'Bueno, os las devol-
vemos, para empezar'. Y Clive dijo: '¿Qué quieres decir con eso?'.
Porque era un acuerdo para un solo disco, no eran cinco álbumes,
pero esa era su actitud.»

El colega de A&R de Barker en Fire era Dave Bedford, que en
aquel momento estaba ultimando la publicación de *Separations* de
Pulp. La banda de Sheffield ya había dejado Fire, para volver a firmar con el sello tras una serie de complicadas acciones legales que
decían muchísimo de la manera en que Clive Solomon dirigía la
compañía.

«Mucha gente te dirá que Clive es un ladrón», dice Bedford. «Yo
debo decir que no lo es, simplemente hacía lo que decían los contratos, pero los contratos que firmaban los grupos eran horribles.»

De la distribución de Fire se encargaba Pinnacle, del que George
Kimpton-Howe había dicho que era un sello que sabía lo que se
hacía. Cuando Kimpton-Howe accedió al puesto de director gerente
en Rough Trade, estaba decidido a llevarse Fire con él. Le hizo una
oferta a Solomon ofreciéndole un espacio para su oficina gratis en
Seven Sisters Road con el incentivo añadido de un gran anticipo y el
uso del almacén; al cabo de pocos meses, Rough Trade estaba en concurso de acreedores.

«A Clive le gustó porque era una gran oferta con un almacén y
una oficina por los que no tenía que pagar alquiler», dice Bedford.
«De hecho, fue su peor jugada. Yo no veía ninguna razón para tras-
ladarnos, pero era dinero por adelantado. Fue un acuerdo estúpido
a través del nuevo Rough Trade, y no me extraña que acabaran en la
bancarrota.»

Para enorme irritación de Solomon, Teenage Fanclub se habían hecho mayores y decidieron firmar con Fire para un álbum, y solo para el Reino Unido y Europa; cualquier sello americano que estuviera dispuesto a hacerles una oferta sería bienvenido. A sugerencia de Thurston Moore, el A&R de Geffen, Gary Gersh, sumó su interés al creciente número de sellos deseosos de asegurarse los derechos de Teenage Fanclub en Estados Unidos.

«Entonces vinieron a verlos», dice Barker. «Gary Gersh de Geffen cogió un avión para verlos tocar en Windsor, en el Old Trout. En cuanto Clive se enteró de que las *majors* estaban interesadas, empezó a llamarles por teléfono, intentando obtener algún tipo de porcentaje de Geffen, cosa que el grupo, naturalmente, averiguó. Lo jodieron a fondo, y con razón.»

Teenage Fanclub se sumó a la reciente lista de artistas contratados por Gersh, entre los que se incluía otro nombre a sugerencia de Moore: Nirvana. Moore también le había hablado de Nirvana a John Silva, de Gold Mountain Entertainment, la compañía que ahora llevaba a Sonic Youth. El director general de Gold Mountain era Danny Goldberg, un veterano de la industria que había participado en la carrera americana de Led Zeppelin, y que, a pesar de lo bien que le había ido la Reaganomía a la industria musical, también participaba activamente en el Partido Demócrata.

Para Paul Smith, a quien Sonic Youth le habían pedido que se reuniera con ellos en un acto de reconciliación antes de su próximo concierto en Londres, el nuevo equipo de profesionales de la industria musical americana que se congregaban en torno al grupo era un permanente recordatorio de la diferencia existente entre la apasionante época del Malt & Hops y el hacer carrera en una *major*. «Todo acababa siendo muy difícil», dice. «Me invitaron a ir con ellos a un concierto, y cuando doblé la esquina, John Silva dijo: 'Ah, Paul Smith, el hombre que hizo todo el trabajo para que yo pudiera quedarme con el dinero'.»

El divorcio entre Smith y Sonic Youth había sido doloroso. También había coincidido con que la mayor parte de grupos del catálogo de Blast First o bien se habían separado o habían firmado con otros sellos más grandes. Los cinco años que Smith había pasado construyendo la carrera de los grupos en la prensa musical y con John Peel ahora quedaban satisfactoriamente consolidados gracias a la parte más corporativa del negocio musical.

«Toda esa mierda tuvo lugar en un periodo de tiempo muy breve, unas seis semanas en total», dice Smith. «Gibby Haynes fue el que acabó tomando un avión, se presentó en mi casa y me dijo: 'Nos van a joder por todos lados', y durante dos semanas nos jodieron. Guardo algunos recuerdos fabulosos: aparecí en el estreno de una obra de Robert Williams en el East Village, y en una diminuta habitación estaban Sonic Youth. No habíamos hablado, y Gibby, que no es precisamente un hombre menudo, se presentó allí como un basilisco y empezó a gritarles en la cara: 'Compradle un puto BMW', y yo le gritaba: 'No quiero un BMW, no sé conducir'. Y él: 'Cállate...', y los Sonic Youth no sabían dónde meterse.»

Butthole Surfers, después de un lanzamiento en Rough Trade que no tuvo ningún éxito y que coincidió con el cierre de la empresa, cambiaron las interminables penalidades de sus giras por un contrato con Capitol. «Nunca ocultaron que en cualquier momento se irían con cualquiera que les ofreciera una pasta», dice Smith, que le había ofrecido al grupo un contrato a través de Enigma, para irritación del sello americano de la banda, que era Touch & Go.

«Esa fue una de mis primeras desavenencias con Steve Albini», dice Smith, «porque Steve creía estar participando en una especie de revolución, de manera que se trajo a Cory Rusk de Touch & Go para que se reuniera conmigo en Chicago, y cuando llegué a Los Ángeles estaba sonando el teléfono de mi habitación y era Steve, que se puso a gritarme, y eso fue el principio. A Cory le daba igual lo que hicieran los Buttholes, pero cualquiera que los conociera se daba cuenta de que solo les interesaba ganar pasta. De nuevo me decepcionó no haber participado, pero sobre todo en esa época en concreto, cuando las *majors* daban el paso, las cosas ocurrían al instante.»

A fin de comercializar a la nueva generación de grupos que habían fichado, las *majors* crearon un nuevo género, el «rock alternativo». Un año después del lanzamiento de *Goo* de Sonic Youth, la siguiente publicación alternativa de Geffen fue *Nevermind* de Nirvana.

«Todo el mundo esperaba que pudieran igualar el éxito de Sonic Youth», dice Warby. «A lo mejor ser tan grandes como los Pixies era un sueño, pero era lo que todo el mundo esperaba.»

Tras su lanzamiento, el éxito mundial de *Nevermind*, que acabaría vendiendo más de treinta millones de copias, fue imprevisible. Fueran cuales fueran sus ambiciones —y Nirvana sin duda querían vender discos más allá de las capacidades de Sub Pop—, el grupo seguía psicológicamente vinculado al mundo de los conciertos en clubs, los singles de 7" y el intercambio de cintas, que había sido su entorno hasta la fecha. Con *Goo*, el paso de Sonic Youth a una *major* había salido razonablemente bien: la reputación del grupo había quedado intacta, pero las cifras de ventas del disco sugerían que el rock alternativo sería un mercado de lento crecimiento. Por mucho entusiasmo y celebración que despertaran los conciertos de Nirvana, estos seguían sintiéndose parte del clan familiar de Sub Pop, y sus esperanzas eran realistas.

Nirvana pusieron de manifiesto su interés en la melodía, aparte de en sus raíces geográficas, en su segunda sesión con John Peel, donde tocaron una serie de versiones que revelaban las influencias de *Nevermind*: dos cortes de aire amenazante a ritmo de nana, «Molly's Lips» y «Son of a Gun» de los Vaselines; una canción de Devo, «Turnaround»; y una versión de «D-7» de los Wipers, uno de los primeros grupos punk del Noroeste del Pacífico. La inclusión de los Vaselines, cuyo álbum apenas se había distribuido en el Reino Unido, por no hablar de en los Estados Unidos, indicaba la rigurosa colección de discos y lo mucho que el grupo se tomaba en serio su faceta de fans.

«Steve Turner de Mudhoney era el fan de la escena Sub Pop», dice Warby. «Él era el ideólogo. Kurt más o menos conoció a los Vaselines gracias a él.» Eugene Kelly de los Vaselines se unió a Nirvana en escena para interpretar una versión de «Molly's Lips» en la impresionante actuación del grupo en el festival de Reading de 1991.

«Fue un concierto un tanto caótico, pero fabuloso», dice Warby. «Eran como las tres de la tarde, y lo petaron del todo. Kurt se hizo un esguince en el brazo cuando se lanzó sobre la batería. El *NME*, que todavía no estaba muy al corriente de lo que ocurría, publicó una reseña que decía: 'La semana que viene seréis el grupo más grande del mundo', y fue una de las primeras veces que dijeron eso, aunque hoy en día lo dicen demasiado.»

Nevermind se publicó dos semanas después del festival de Reading y tuvo unas críticas apabullantes; fue tal la demanda que la primera edición se agotó en un día. «Habían sacado treinta mil copias», dice Warby. «Realmente subestimaron la demanda, y luego fue una locura. La tienda de Rough Trade estuvo sin copias durante dos semanas.»

Para un grupo que contaba con el apoyo de la prensa musical y sus lectores, el éxito de *Nevermind* resultó abrumador. Por primera vez, un grupo apoyado por la prensa musical, con una reputación impecable y muy por encima de los niveles aceptables de integridad, se encontraba entre los más rentables del mundo, un hecho que no pasó por alto a los lectores de la prensa musical que intentaban formar su propio grupo.

«Durante aquel año todo fue muy excitante», dice Warby. «A partir de ahí comenzaron los problemas y las tribulaciones. Fue un subidón de adrenalina y excitación, y había que digerir muchas cosas, y no fue fácil para la gente frágil. Estaban tocando una versión de 'Baba O'Riley', y en lugar de cantar 'un páramo adolescente' cambiaron la letra y dijeron 'el hundimiento de una *major*'.»

Paul Smith, que prácticamente en solitario había iniciado el interés por la música americana guitarrera y estridente cinco años antes, se quedaba mirando cómo álbumes de grupos que había publicado en el pasado ahora entraban en el Top 20. Cuando salió *Nevermind*, en 1991, ya no trabajaba ni con Sonic Youth ni con Big Black ni con Butthole Surfers ni con Dinosaur Jr.

«La cantidad de conciertos de Sonic Youth que vi entre bastidores es un recuerdo que no se me va de la cabeza», dice Smith, que tuvo que hacer una pausa a fin de frenar el coche a toda velocidad en que se había convertido Blast First a finales de los ochenta. «A veces tenía que preguntarme si todo aquello había ocurrido en realidad. Durante una época me sentí dolido, porque había muchísimas cosas en las que no quise meterme y que habrían resultado muy provechosas.»

Smith siguió con éxito en Blast First, pero quiso señalar el final de la primera —y posiblemente mejor— época del sello. «Hice que me construyeran una lápida para Blast First, y la colocamos en la portada de *The Catalogue*, porque Richard Boon era el editor y me dejaba poner esas chorradas. En aquella época la gente se me acercaba y me decía: 'Así que esto es la muerte del indie', o lo que fuera. Menuda chorrada. Desde luego, no tenía ninguna pretensión. Intentaba llevar a Sonic Youth a una *major*. Creía que deberían haber fichado con una *major* desde el principio; Grateful Dead lo habían hecho, y no se habían muerto.»

Mientras se adaptaba al paisaje cambiante, Smith comprendió que todavía se lo podía pasar bien con los grupos que había hecho triunfar. «Como un estúpido, llevé a Steve Albini a entrevistar a Hunter S. Thompson en Aspen. Yo estaba allí con *Snub TV*[53]: les pagaba para que filmaran a Sonic Youth, pero acabaron filmando a los Pixies. Me vi con Hunter un par de veces, y Steve siempre estaba con el rollo de que había ido a la facultad de Periodismo. Me había olvidado de que Steve, por supuesto, está totalmente contra las drogas, y es evidente que Hunter no, así que la primera cosa que le dijo Steve fue: 'Es evidente que está usted drogado, señor Thompson', y Hunter se lo quedó mirando y le contestó: '¿Drogado? ¿De verdad quieres verme drogado?'. Salió de su casa y regresó veinte minutos más tarde, y entonces sí que estaba drogado.»

Un viaje periodístico diferente tuvo lugar cuando los medios de comunicación británicos visitaron Aspen unos meses antes. Los miembros de Dinosaur Jr fueron fotografiados en las pistas de esquí para un artículo en ocasión de su nuevo single «The Wagon». Sin embargo, cuando salió el artículo el grupo se había separado. Ante la generalizada confusión, se anunció que un nuevo álbum de Dinosaur Jr, *Green Mind*, se publicaría en el sello Blanco y Negro de Geoff Travis. «Me enteré de que el grupo se había separado», dice Smith, «no por las llamadas telefónicas de J, sino porque de repente no existían para nadie, por lo que no iba a haber ningún disco, y entonces va y me llama Daniel Miller para decirme que tenía a Geoff al teléfono y que este le había preguntado: '¿Te importa si hago el disco de Dinosaur Jr?'.»

El único miembro de Dinosaur Jr que había dejado el grupo de manera definitiva era Lou Barlow. Barlow estaba quemado por tantos años de permanente fricción y harto de las carreras recién aceleradas en las que se habían embarcado casi todos sus contemporáneos. En el tiempo que le dejaba libre Dinosaur Jr, Barlow había grabado

---

53. Programa de televisión de cultura alternativa que se emitió entre 1987 y 1989. [*N. del T.*]

una serie de experimentos confesionales directamente en casete y que posteriormente había publicado como álbum, *Weed Forestin'*, con el nombre de Sebadoh. Para el siguiente lanzamiento de Sebadoh, Eric Gaffney, un amigo que tenía una concepción aún más libre de lo que era una grabación, se unió a Barlow. Le pasaron a Laurence Bell una cinta con las siguientes canciones de Barlow, que eran más directas y mordaces que los cortes un tanto fumados y confusos que Sebadoh había grabado hasta la fecha. Bell, que tenía veintidós años y procedía de la escena hardcore británica de los Stupids y Leatherface, había entrado a formar parte del departamento de A&R de Fire con Barker y Bedford. «Cuando estaba en Fire saqué un disco de Anastasia Screamed, y su agente de contrataciones también llevaba a Sebadoh», recuerda. «Me dijo: 'Tienes que escuchar el nuevo material de Lou, es increíble', y me mandó una cinta con cinco canciones, entre ellas 'Soul and Fire'.»

Como era el más joven en el departamento de A&R, Bell estaba en su primer trabajo en la industria musical, y evaluaba los puntos fuertes y débiles del sello. «Fire era un sello muy interesante cuando llegué. Estaban Spacemen 3, evidentemente, y luego aparecieron Teenage Fanclub, y volvieron a fichar a Pulp. Había una clara rivalidad con Creation que siempre flotaba en el aire, pero siempre oías historias del tipo: 'McGee los seduce con drogas, y los grupos están encantados con él', y creo que ahí Fire no podía competir... porque ellos no hacían esas cosas.»

La política de A&R de Alan McGee, basada en el hedonismo a toda costa acompañado de visiones de dominación mundial y discos clásicos, seguía resultando tan seductora para los grupos como siempre. «Entraba Creation y McGee decía: 'Al grano, vamos a medias, aquí tienes un par de rayas y un poco de éxtasis'», dice Bell, «y esta es una manera mucho más fácil de hacer negocios con un joven.»

Tanto Fire como Creation comenzaban a comprender que el éxito de Sonic Youth y Nirvana en Geffen significaba que toda una nueva generación de bandas americanas, muchas de las cuales conocían o con las que habían trabajado, recibían ofertas de las *majors* que antes se reservaban para Whitesnake o Ratt. «Había mucho dinero flotando por ahí», dice Bell. «Lo que estaba ocurriendo en Estados Unidos era una locura. La gente a la que contrataban... Danny Goldberg de Atlantic fichó a Daniel Johnston y a los Melvins. Era algo que estaba ocurriendo muy muy deprisa, así que yo intentaba encontrar algo nuevo y original.»[54]

Con la cinta del nuevo material de Sebadoh en su escritorio, la primera idea de Bell fue contratar al grupo para Fire. Pero la persistente sensación de que la compañía se inclinaba injustamente en favor de los intereses del propietario en lugar de los del grupo no dejaba de rondar por la mente de Bell. «La gente empezó a decir: 'Tienes razón, Laurence, firmaría contigo... pero este sello no me acaba de convencer. Todo el mundo dice que Fire no es muy de fiar.' Se suponía que tenía que contratar a Sebadoh para Fire, y me di cuenta de que podía intentar hacerlo yo mismo, de manera que cuando estaba a punto de negociarse el acuerdo con Fire, me despedí y monté Domino.»

Barker no tardó en marcharse también; hacía poco había recibido una llamada telefónica de Ed Ball de Creation. «Ed me llama y dice: '¿Cómo te va por aquí?'», dice Barker. «'Alan quiere saber si estás bien donde estás.' '¿A qué te refieres?', le pregunté. 'Bueno, nos gustaría hablar contigo porque a lo mejor podríamos hacer algo.' Y yo contesto: '¡Sí! Naturalmente que estoy interesado.' Y entro en la recepción y McGee me dice: 'Dave Barker, te voy a convertir en millonario'. Ese es Alan. No lo consiguió... pero lo decía en serio.»

---

54. Como ejemplo de hasta qué punto en esa época las *majors* estaban dispuestas a invertir en el underground, la oferta de Def American de Rick Rubin al diminuto sello londinense Too Pure resulta difícil de superar. [*N. del A.*]

17. ALCOHOLIDAY[55]

Teenage Fanclub delante de la sala de ensayos de Motherwell, donde compusieron *Bandwagonesque*, 1991 *(fotografía de Sharon Fitzgerald utilizada con permiso de la fotógrafa)*

55. Tema de Teenage Fanclub incuido en su LP de 1991 *Bandwagonesque*. [*N. del T.*]

Creation había evitado verse afectada por el hundimiento de Rough Trade cambiando la distribución a Pinnacle. McGee había estado esperando la oportunidad de dejar Rough Trade desde *Upside Down*. Cuando Kimpton-Howe tomó las riendas de Collier Steet, McGee y Kyllo fueron a ver al antiguo jefe de Kimpton-Howe, Steve Mason de Pinnacle, para informarle de que Creation pronto estaría en situación de moverse y estaría dispuesta a escuchar la oferta de Pinnacle. Las finanzas de Creation no estaban más saneadas que las de Rough Trade cuando los auditores se presentaron en Seven Sisters Road en la primavera de 1991; Creation se hallaba a pocas semanas de la bancarrota. Todas las esperanzas de McGee se basaban en dos discos que iba a publicar en otoño: el muy aplazado y todavía sin título álbum de My Bloody Valentine y *Screamadelica* de Primal Scream.

La génesis de *Screamadelica* se remontaba a la conjunción del grupo con los experimentos librepensadores del acid house, pues McGee y Jeff Barrett habían seguido manteniendo contactos con los principales evangelistas de la escena y los DJ. «Parecía que todo era posible», dice Barrett. «La fusión de culturas musicales aparentemente distintas. Para mí, en cuanto que personaje indie, me resultaba realmente excitante ir a clubs de acid house, conocer a gente nueva e intercambiar ideas. Recuerdo que había mucho optimismo en el ambiente, por así decir.»

Barrett había dejado Creation y se había asociado con un amigo, Martin Kelly, para formar un sello nuevo, Heavenly. Los primeros tres lanzamientos del sello daban fe de las posibilidades que se abrían a comienzos de la nueva década: una canción de club de acid house de Sly and Lovechild, una versión de Neil Young de Saint Etienne, y «Motown Junk», un tema moralista que reflejaba la indignación de los valles de Gales firmada por Manic Street Preachers. «Los Manic eran el grupo más crítico que teníamos bajo contrato», dice Kelly. «Recuerdo que eran muy vehementes, pero que me encantaban. De vez en cuando recibía alguna llamada de McGee, que me decía: 'Los putos Manics, tío. ¿Qué has hecho? Has fichado a un puto grupo chungo punk. Ahora todo es acid house'.»

Kelly había ido a trabajar a Creation durante unos meses, y servía de puente entre Barrett, McGee y Primal Scream a medida que se grababa *Screamadelica*. «Se nos veía como el epicentro de algo», dice Barrett. «Éramos los que habían trabajado para Factory y Creation que también tomaban pastillas con los de *Boy's Own*. Teníamos un pie en cada sitio. Nosotros éramos esto y lo otro. Todo el mundo decía: '¿Por qué cojones han contratado a un puto grupo de punk rock?'.» Tras su segundo single en Heavenly, los Manics firmaron con Columbia, de CBS, y en un acto de insólita generosidad, le devolvieron a Heavenly los gastos en que habían incurrido. «Dijeron: 'Vale, el acuerdo está firmado y vamos a devolveros el dinero'», dice Barrett, «'y además os vamos a dar un 1% del disco'. Yo no tenía ni idea de lo que eso significaba hasta que llegó un cheque de diez de los grandes, que jamás se comentó ni nada. James Bradfield es una persona muy generosa, y fue algo conmovedor y emocionante, pues yo tenía que tratar con Alan, para empezar, que decía que todos los de la industria eran unos hijos de puta, de manera que cuando ocurría algo alejado de la hijoputez generalizada, era muy agradable.»

El mayor fan, si no el único, de los Manics dentro del círculo más amplio de Creation era Andrew Weatherall, a quien Barrett había conocido pinchando en la sala de arriba del Shoom y en el Future, donde Weatherall mezclaba lo que le apetecía en ese momento, sin filtros. «Andrew y yo conectamos enseguida», dice Barrett. «Simplemente salíamos mucho y una cosa llevó a la otra. Llevé a los Primal Scream al Future... El Future era un buen club. A Andrew Innes le gustaba, y todos conocieron a Weatherall y ya estuvo montada.»

Una noche de finales de 1990, Kelly, Mcgee y Bobby Gillespie fueron a ver tocar a Saint Etienne y a los Manic Street Preachers en Birmingham. Cuando estaban en el *backstage*, les presentaron al promotor del concierto, Tim Abbott. Abbott era un hombre de ingenio vivo, sociable y un gran narrador de historias, y a Bob Stanley de Saint Etienne le recordaba a David Essex[56], y el grupo de Creation/Heavenly aceptó una invitación para ir a casa de Abbott de fiesta post-concierto. «Martin Kelly y Jeff vinieron a mi casa de Birmingham», dice Abbott. «Hice un pacto con Bobby Gillespie: 'Bebamos sangre de cabra', y Alan y Bobby empezaron a mirar mi colección de discos. Alan y yo tuvimos una conversación prolongada y profunda sobre música blanca y negra, *grooves* de baile lineales en comparación con las estrofas y los estribillos estructurados, y él dijo: 'Bueno, ¿a qué te dedicas?', y le contesté: 'Soy consultor de marketing. Trabajo para empresas de prestigio. Soy promotor de un club de house. Soy un vividor', y él me contesta: 'Cojonudo, tío, ¿qué es un consultor?'. Y yo le contesté: 'Oh, ya sabes, no soy más que un mercenario, entro en una empresa y...'. Y como habíamos tomado éxtasis, me dijo: 'Bueno, relájate'.»

Fueran cuales fueran los niveles de embriaguez o estimulación de McGee, también estaba metido en su papel de magnate del rock 'n' roll. Creation dependía por completo de convencer a las *majors* americanas de que le pagaran adelantos por los derechos en Estados Unidos de futuros lanzamientos; aunque su acento de Glasgow a veces resultaba incomprensible por culpa del jet lag y las drogas, la gesticulación de su lenguaje corporal significaba que los sellos americanos comenzaban a tomarse en serio a McGee, pues reconocían a uno de los suyos en su su avidez de éxitos y premios. Mientras se promocionaba y negociaba en Estados Unidos, McGee había aprendido a hablar el lenguaje de la industria. «Recuerdo aquella noche en Birmingham», dice Barrett, «allí sentados, colocados de éxtasis, y que me dice: 'Barrett, la cuota de mercado es muchísimo mejor que hace una semana'.»

Para Tim Abbott, que estaba muy versado en el lenguaje de la cuota de mercado propio de un director general, en lo que eran las

---

56. David Essex es un músico, actor y cantautor británico. [*N. del T.*]

habilidades expositivas y los objetivos, la identidad del efusivo compañero pelirrojo de Bobby Gillespie que miraba sus discos resultaba un misterio. «No tenía ni idea de quién era», dice. «Sabía quién era Bob por *Psychocandy*. Le dije: '¿A qué te dedicas?', y me contesta: 'Tengo una compañía discográfica', y le dije: 'Bueno, ¿y cuánto facturáis?'. 'Poco menos de un millón de libras', me contesta. Y yo le dije: 'Bueno, no está mal. Es cojonudo que hagáis lo que os gusta. ¿Cuántos empleados tenéis?', y me contesta: 'A veces a unos quince', y le digo: 'Eso es demasiado, pero de todos modos, cojonudo, vendré a veros', y me puse mi atuendo de día y fui a Westgate Street. Ese turco enorme, Oz, estaba en la puerta, y pensó que venía a por mandanga.»

Al entrar en una compañía discográfica que imaginaba gestionada como un pequeño negocio del sector servicios, Abbott se quedó atónito al ver aquel laberinto de oficinas poblado de un grupo indeterminado de empleados y parásitos. Abbott fue escoltado hasta el búnker, donde se encontró con Green y McGee instalados en su centro neurálgico, un espacio donde los nervios de Green, en concreto, habían sido puestos a prueba por la prolongada grabación y lanzamiento de *Loveless* de My Bloody Valentine. «Entré allí», dice Abbott, «y me encuentro a Alan en plan 'De puta madre, tío, de puta madre'. Fue como... ¡me cago en la puta!»

La gestación de *Loveless* había sido un proceso largo y doloroso de sesiones abortadas, una serie interminable de estudios de gama media y unas relaciones cada vez más enrarecidas entre el grupo y el sello, sobre todo entre Shields y McGee. Había sido un periodo desmoralizador en Westgate Street, sobre todo para una compañía que, en su penuria, estaba acostumbrada a ir a remolque de la alegre euforia de McGee. Green y James Kyllo habían supervisado el presupuesto creciente de grabación a medida que un reguero de facturas de sesiones abandonadas iba apareciendo sobre su escritorio. «Semana tres semana teníamos que encontrar un nuevo estudio en algún lugar que el grupo no hubiera rechazado, porque habían encontrado una frecuencia inaudible o algo semejante», dice Kyllo. «Se quedaban unos cuantos días en un nuevo estudio y no pasaba nada.»

Los mitos relacionados con *Loveless*: que Shields sufrió un colapso nervioso estilo Brian Wilson, que los costes de grabación del disco superaron el cuarto de millón de libras —cosa que que casi deja a Creation en la insolvencia—, eran un fabuloso material para la prensa. En el momento de su lanzamiento, el disco fue acertadamente anunciado como un logro extraordinario y rompedor, y el perfeccionismo contra viento y marea de Shields también añadió su granito de arena. La realidad era más prosaica. Aunque las facturas de los estudios de *Loveless* desde luego contribuyeron a acrecentar los problemas de Creation, el sello ya bordeaba la insolvencia, aunque el disco se vendió bastante bien. «Si comparas lo que gastamos con lo que se acabó vendiendo, probablemente al final obtuvimos beneficios», dice Kyllo, «aunque en términos de lo que teníamos y lo que éramos capaces de hacer, aquello fue agotador para todo el mundo.»

Aparte de la constante angustia por los costes de producción del disco y las interminables demoras, había un factor importante que contaba a favor de Shields. Sin embargo, por muchos rencores que existieran después de su publicación, y por muy exagerado que fuera el lenguaje utilizado para describir *Loveless*, cuando por fin se entregaron las cintas, en Westgate Street se los trató de manera reverencial. «Les dijimos que sí a todo lo que querían», dice Kyllo. «¿Qué otra cosa podíamos hacer? Sabíamos que necesitábamos el disco, y en aquella época creíamos, y desde luego Alan lo creía, que Kevin era un genio.»

Además de Ride, había otros grupos que habían firmado con Creation que compartían la idea de que Shields era el autor visionario e innovador de su generación. Tanto Slowdive como los Telescopes habían lanzado discos en el sello que en parte llenaban la demanda dejada por la ausencia de My Bloody Valentine. «No sé si las ventas de alguno de estos grupos cubrieron los gastos», dice Kyllo, «pero componían una segunda fila muy digna, y creíamos estar siguiendo el espíritu de los tiempos y publicando los mejores discos de la época.»

Por mucho que Creation creyera estar en el corazón de la cultura, sus finanzas seguían por los suelos. En el deprimente entorno de Hackney, y en medio de una recesión, al menos McGee se sentía en su salsa. «Habían robado muchas veces el banco de Mare Street», dice McGee. «Acababa de volver de una gira y tenía que ingresar dinero en el banco, así que me llevé a los Abbott como protección. Los tipos iban en un coche con las ventanillas bajadas y gritando: '¡No metáis vuestro puto dinero en el banco, lo vamos a robar el lunes!'. Y no estaban de coña: cada semana robaban el banco. Al final tuvieron que cerrarlo.»

Fue un milagro que Creation consiguiera escapar a ese destino. Una serie interminable de acreedores llamaban a las oficinas para conseguir un acuerdo de pago de facturas vencidas hacía mucho, o mandaban una confirmación escrita de que el asunto estaba ahora en manos de sus abogados. «Intentábamos mantener algunas cuentas solo para pagar un mínimo de lo que debíamos», dice Kyllo. Tim Abbott había llevado a cabo una evaluación de Creation en su inimitable estilo, que había incluido una auditoría directa de los diversos traficantes de drogas que visitaban Westgate Street para hacer un balance y una valoración. A medida que la amistad entre Abbott y McGee era cada vez más profunda y más drogota, Abbott estaba impresionado por la capacidad de McGee de centrarse en el día a día y mantener la compañía a flote, aunque todavía no había descubierto su estrategia a largo plazo. «Alan llevaba un ritmo de trabajo impresionante», dice Abbott, «pero por lo que se refería al futuro, era simplemente ir sacando discos y suponer que todo iría bien. No existía la menor planificación.»

En un intento de resituar Creation en un contexto más inclusivo dentro del resto de la industria, Abbott se concentró en desarrollar una relación con la compañía de distribución de Creation, Pinnacle. «En mi primera reunión con Alan le dije: 'Háblame de tu equipo de ventas', y él me contestó: 'Son unos gilipollas', a lo que le respondí: 'Vaya, eso será de mucha ayuda'.»

Creation había depositado muchas esperanzas en *Giant Steps*, el siguiente álbum de los Boo Radleys. El disco, una mezcla deliberada de experimentación del estudio como instrumento y habilidad para crear una canción pop, fue seguido de un single pegadizo, «Lazarus», que Creation veía capaz de entrar en el Top 40. Abbott ideó una campaña para *Giant Steps* que incluía el primer plan de marketing de Creation, consistente en vestir al grupo de traje y presentarlos en una prolongada serie de anuncios que sobrepasarían con mucho la fecha de publicación del disco. Se informó a Pinnacle de que *Giant Steps* era la prioridad del sello y que les iban a proporcionar todas las herramientas necesarias, incluyendo una reedición de «Lazarus», para asegurarse de que el disco fuera un éxito,

«Le dije a Alan: 'Te voy a llevar a Pinnacle'», dice Abbott. «'Te voy a poner presentable, vas estrechar la mano a todo el mundo, y yo voy a decir: "Aquí tienen a Alan McGee, el gran Dios de los discos indies", y van a conocerte y darse cuenta de que eres humano'. Y él me contestó: '¿Crees que esto funcionará?'. Y fue como si vendiéramos cepillos para el pelo, y él fuera el rey de las cerdas... y de este modo Alan comenzó a ver las cosas de otra manera.»

Hubo otro cambio importante en las oficinas de Creation: los subidones más potentes de la cocaína habían sustituido la euforia típica del éxtasis. Mientras que la droga le proporcionaba a McGee esa concentración de quien está entre la espada y la pared, también le causaba unos bruscos cambios de humor, ya amplificados por la permanente tensión de estar siempre al borde de la bancarrota. «Cuando se acabó la escena house, todo el mundo se pasó a la cocaína», dice Abbott. «Alan, que ya había tomado mucho éxtasis, se volvió mucho más obsesivo con la cocaína. Creo que perdió el mundo un poco de vista. Para él se convirtió en una manera de lidiar con su impaciencia.»

Como señal de que Creation al menos había decidido volverse un poco más profesional, Dave Barker había ocupado lo que antaño había sido la sala de juergas de éxtasis e instalado allí una oficina. Su tarea como A&R era ser él mismo, lo que a menudo consistía en poner discos excelentes mientras respondía a las llamadas de cualquiera de sus muchos amigos de Glasgow que aquella semana hubieran montado un grupo.

«Siempre había alguna fiesta», dice Barker, «pero a la gente no se le iba la pelota todo el día. Trabajaban duro de cojones. De vez en cuando se oía una voz por megafonía que decía: 'Todo el mundo al viejo búnker, vamos a montar una fiesta'. Y bajabas y Alan tenía un montón de botellas de champán, rayas de cocaína preparadas y éxtasis y toda la mierda que quisieras, y todo el mundo se metía de todo.»

Los vínculos de Barker con Teenage Fanclub y Eugenius le aseguraron a Creation un alto capital cultural en los Estados Unidos, donde pocas bandas británicas se consideraban parte de las tendencias musicales imperantes. Por su parte McGee había fichado a Sugar, el regreso perfectamente cronometrado de Bob Mould a la dinámica de guitarra, bajo y batería, lo que le proporcionó a Creation un gran caché —y unas buenas ventas— en el paisaje post-*Nevermind*. «El vínculo Fanclub/Nirvana con Sub Pop y todo eso significaba que en los Estados Unidos éramos lo más», dice Abbott. «Slowdive y gente así habían desaparecido, estaban muertos.»

McGee y Abbott pasaban la mayor parte del tiempo posible en Los Ángeles, donde se convirtieron en una fiesta permanente de dos. De manera regular montaban sesiones en las suites de su hotel que duraban toda la noche antes de salir a la calle a la hora de comer. En cuanto habían atendido los negocios del día, se trasladaban al Viper Room de Sunset y empezaban otra vez. Para uno de esos viajes a la Costa Oeste, McGee invitó a Green, al que rara vez se veía en un lugar que no fuera su escritorio, donde día sí y día también se enfrentaba con la realidad del flujo de caja de Creation.

«Los Fanclub tocaban en Los Ángeles, un bolo en el Fairfax High School», dice Barker. «Alan se había apuntado, y le dije: 'Bueno, Dick también debería venir'. Dick casi nunca iba a ninguna parte. Le dije: 'Dick, vamos, joder, vamos de fiesta'. Así que salimos para el fin de semana. Swervedriver tocaban la noche siguiente. Al final fue un fin de semana enloquecido: nos alojamos en el Chateau Marmont. Alan durmió en el suelo porque se le fue la pelota después de tomar un puto éxtasis o algo parecido. Pero fuimos a ver a los Fanclub y Kurt y Courtney estaban allí, y vinieron en el autobús de la gira. La noche siguiente fuimos a ver a Swervedriver, que tocaban con Soundgarden, y alguien había dicho que Slash de Guns N' Roses también estaba en el concierto. Yo estaba borracho, así que me fui a ver a la mánager de Soundgarden, porque la conocía, y le dije: '¿Es verdad que Slash ha venido al concierto?'. Y me dice: 'Sí, está aquí'. Y yo le digo: 'Mira, he venido con McGee y tal, va a ser la hostia... ¿puedo entrar y saludar a Slash? No me comportaré como un capullo'.»

Barker entró en el camerino de Soundgarden, donde se encontró a Slash vestido con pantalones de cuero y un sombrero de copa afinando para el bis, y se presentó con un rápido «Slash, soy Barker», y se puso a charlar con el amable guitarrista, al que le cayó en gracia el estilo paternal de Barker.

«Salí del camerino y le dije a McGee: 'Tío, acabo de conocer a Slash'», dice Barker. «Y McGee en plan: 'No me jodas'. Y cuando volvimos a Londres, no sé cómo, ¡pero él había estado conmigo cuando había conocido a Slash! 'Barker y yo, saliendo con Slash en Hollywood.' Así es Alan, ¿sabes? Es así, pero al mismo tiempo es buen tío. Es muy divertido. 'Sí, Barker y yo de fiesta con Slash, tío, iba desnudo hasta la cintura.' Se montaba él solito toda la historia.»

Teenage Fanclub estaban en Hollywood promocionando *Bandwagonesque*, su segundo a álbum, que había publicado Geffen en los Estados Unidos, y que, después de *Nevermind*, había superado todas las expectativas de venta. «Yo no tenía ni idea de *Bandwagonesque*», dice McGee, «ni puta idea. Creo que los habíamos fichado por veinte de los grandes o algo parecido, y creo que iba a medias con Gary Gersh. Costó cuarenta mil grabarlo con Don Fleming. Para ser honesto, creía que sería un disco indie que como mucho vendería entre 15 y 20.000 copias.»

El éxito comercial en Estados Unidos de *Bandwagonesque*, justo después de la recepción de *Screamadelica* y *Loveless*, disparó la reputación de McGee y su sello. La industria americana, que conocía perfectamente el estado de las finanzas de Creation, comenzó a interesarse seriamente por lo siguiente que McGee pudiera ofrecerles. Las reuniones en Los Ángeles para almorzar eran correspondidas en el entorno más prosaico de Hackney.

«Danny Goldberg y alguien más se presentaron a una reunión», dice Abbott. «Se alojaban en el Dorchester, y por algún motivo no cogieron un coche. Danny había estado en el *Wall Street Journal* literalmente unos cuantos días antes con su 'Nirvana ha vendido por valor de 100 millones de dólares: el rock 'n' roll ha vuelto'. Entraron en el metro y subían por Bethnal Green, que entonces era como el Bronx: gente fumando crack en pleno día, etc. Y cuando aparecen me dicen: 'Joder... tío... ¿dónde está este sitio? Nos han abordado cuatro veces'. Estábamos en el búnker con ese chaval, Tony, que nos hacía de carpintero y otras chapuzas, y de repente pone en marcha su sierra mientras estábamos en plena reunión... ñiiiiiiiiii, y McGee le dice: 'Joder, Tony, estamos en una puta reunión, tío'. Naturalmente, Danny y el otro estaban acostumbrados a sus salas de juntas que eran como una jaula dorada donde no veías la otra punta de la mesa, pero les encantó, y decían: 'Esto es música indie... están montando estanterías'.»

A McGee, que por el momento se mostraba reacio a entrar en negociaciones con ningún sello británico, le encantaba que lo agasajaran en la Costa Oeste, y celebró unas cuantas reuniones exploratorias con la flor y nata de Los Ángeles. Geffen, en aquella época, y para ser una *major*, se consideraba una de las compañías discográficas de más prestigio, y su propietario, David Geffen, asumía que él y Alan McGee eran unos rebeldes que acabarían encajando de manera natural.

«A comienzos del 92 me encontraba en el restaurante Ivy de Los Ángeles», dice McGee, «y David Geffen me dice: '¿Cuánto?'. Mi abogado, John Kennedy, siempre había dicho: 'Piensa una cifra y dóblala', así que le digo: 'Seis millones', y él me contesta: '¿Dólares o libras?', y yo le digo: 'Libras', y de repente comienzan a darle convulsiones, 'joder', me digo, 'hay gente que se ahoga con la comida y se muere... ¡joder, a ver si voy a matarlo!'. Al final medio escupió lo que se había tragado.Casi me cargo a David Geffen... ¡ese sí que habría sido un auténtico momento punk!»

Por mucho que McGee disfrutara con la comedia de almuerzos de negocios en Los Ángeles, su dieta de cocaína y Jack Daniel's significaba que cualquier negociación a menudo se desintegraba en una borrosa hostilidad. «Me importaba un huevo», dice McGee. «Siempre acababa diciendo: 'Métete tus millones por el culo, dámelos o no me los des, que te jodan'. El nivel de irrespetuosidad era muy alto en Creation. No es que esté orgulloso, porque a veces mandábamos a tomar por culo a gente cojonuda, pero en aquella época esa era la naturaleza de la bestia.»

De vuelta en sus oficinas, Green y Kyllo celebraron una serie de conversación, más relajadas pero igualmente necesarias, acerca de cuál era la mejor manera de gestionar el futuro de Creation. «Las presiones económicas eran cada vez más fuertes, y sabíamos que en algún momento habría que dar algún gran paso», dice Kyllo, «aunque no sabíamos cuál iba a ser.» Se les ocurrió la idea de unir fuerzas con Mute y Beggars Group, cuya cuota de mercado combinada podría proporcionarles una ventaja competitiva. Sire también estaba considerando un acuerdo a largo plazo para los derechos en Estados Unidos.

«Seymour era una de esas personas que, como Bill Drummond, aparecían de vez en cuando», dice Kyllo, «pero las reuniones eran siempre muy sociables.»[57]

McGee había tenido una leve desavenencia con Stein porque este le había presentado a Lou Reed sin que él se lo pidiera y la situación había sido un poco tensa. Cuando Stein comenzó a preguntar si los derechos americanos de My Bloody Valentine estaban disponibles, McGee no contestó a sus llamadas. En una muestra del poder de insistencia de Stein, este llamó a McGee más de cincuenta veces. McGee cogía el teléfono solo para informar a Stein de que rechazaba su oferta. Al final McGee aceptó una generosa oferta de Stein, después de que ambas partes hubieran demostrado que comprendían el juego de poder que define a un auténtico ejecutivo agresivo y hubieran conseguido impresionarse mutuamente.

Para Green y Kyllo, que dirigían la trastienda de Creation y confiaban permanentemente en la capacidad de McGee de regresar de los Estados Unidos con una inyección de efectivo de alguna *major*, los métodos de trabajo pasivo-agresivos del Presidente a menudo daban resultado. «Alan tenía la capacidad de que esos magnates se sintieran cómodos con lo que estaban haciendo, de una manera que no estaba al alcance de todo el mundo», dice Kyllo. «En parte se trata de un juego y en parte de mucha psicología, y yo no sé hasta qué punto Alan era consciente de su uso de la psicología, pero funcionaba.»

También había un elemento de psicología inversa en el comportamiento de McGee, pues su permanente amor al rock 'n' roll y que les den a las *majors* significaba que cualquier grupo que firmara con Creation lo hacía con ese espíritu evangélico de «nosotros contra el mundo». «La verdad es que nunca lo aprovechamos en nuestros acuerdos con los grupos», dice Kyllo. «Alan era muy impaciente. Decía: 'Vamos a ficharlos', y siempre acabábamos siendo muy generosos con los grupos.»

Fuera cual fuera el estado de McGee o el de las finanzas de Creation, comprendió que se encontraba a punto de cumplir su sueño:

57. Tim Abbott recuerda que, en aquella época, estaba en una noche techno que llevaba su hermano Chris, en el este de Londres, y que uno de los porteros le preguntó si había que dejar entrar a Stein, que creía que era un miembro de la brigada antinarcóticos que se hacía pasar por turista americano. [*N. del A.*]

dirigir un sello cuya producción se pudiera equiparar a la de Elektra y Atlantic a finales de los sesenta. En el espacio de dos meses Creation había publicado *Loveless, Screamadelica* y *Bandwagonesque*, que los situaba a un nivel tan alto como el de cualquier otro sello independiente, y eso era lo que iba a asegurar su supervivencia.

«Sabía, por muchas drogas que tomara en aquella época, sabía, en octubre de 1991, que era imposible que las cosas fueran mejor», dice McGee. «Acababa de publicar *Sreamadelica*, acabábamos de sacar *Bandwagonesque* y *Loveless*, y yo sabía que esos tres discos eran clásicos... y sabía que las cosas no podían mejorar... si estás hablando de un momento en el tiempo... sabía que ese era el momento... y nada lo estropeó.»

Aunque la potencia de las publicaciones de Creation era irrefutable, la incapacidad del sello por alcanzar las ventas que McGee consideraba que merecían sus grupos seguía siendo una preocupación. Las ventas internacionales de *Bandwagonesque* contrastaban vivamente con lo que Geffen había conseguido con el disco en los Estados Unidos. «Las posiciones en las listas de Teenage Fanclub y Primal Scream y la estructura que teníamos en las compañías indies eran una porquería», dice McGee. «Comencé a comprender que, en esa etapa del negocio musical, necesitabas la distribución de una *major*. Estábamos publicando esos discos que los chavales ahora denominan clásicos y no se estaban vendiendo.»

Para los artistas que no ocupaban directamente el pensamiento cotidiano de McGee, Creation se estaba convirtiendo en un lugar cada vez más ajeno, que operaba con algo parecido a una mentalidad de asedio a medida que los acreedores no dejaban de llamar y el círculo íntimo de bon vivants y animales de rock 'n' roll estaban de juerga en el búnker.

Nick Currie había publicado cuatro álbumes de Momus en Creation, y estaba acostumbrado a gestionar sus propios asuntos y a mantener una relación superficial con el sello a un nivel de A&R. Su sexto LP, *Voyager*, fue también uno de los más directos. «Alan me llamó una vez para que fuera al búnker. Le gustaba *Voyager*, pero le gusó demasiado tarde... Lo que quiero decir es que habían pasado literalmente meses desde que se publicara, y me llamó a su oficina para ponerme mi pro-

pio disco. Me invitó a entrar y me dijo: 'Nick, esto es realmente cojonudo'. Me hizo sentar, dejó caer la aguja sobre el disco y me puso toda
la primera cara, y yo me quedé allí pensando: '¿Qué está haciendo?
Conozco este disco, lo grabé hace un año'. Pero él lo acababa de
descubrir. Su entusiasmo podía reavivarse, posiblemente según el
estado propiciado por las sustancias químicas que hubiera ingerido.»

En medio del caos y la permanente fragilidad de las finanzas de
Creation, el sello siempre había conseguido más o menos pagar los
derechos a sus artistas, cosa que había engendrado una enorme lealtad entre los grupos y el sello. Para los grupos que figuraban en lo
más alto de la jerarquía de Creation, fomentaba esa sensación de
nosotros contra ellos de la que tanto disfrutaba McGee; para artistas
como Currie, le había permitido publicar discos y disfrutar de una
carrera ininterrumpida, aunque bastante frugal.

Currie se había acostumbrado casi desde el principio a tratar directamente con Dick Green a la hora de discutir el aspecto administrativo de su acuerdo de grabación, y observó que el sufrido socio más
joven parecía un poco más alegre de lo habitual. «Dick tenía sobre
su escritorio lo que parecían varios ejemplares de la Biblia, y que
resultó ser el acuerdo entre Creation y Sony, y me dijo: 'Esto va a
ser bueno para ti, Nick. Va a ser bueno para todos los del sello'. En
ese momento tuve el mal presentimiento de que aquello no iba a
ser bueno para mí, y que desde luego me impondrían todo tipo de
condiciones que no me ayudarían en lo que hacía, porque lo mío es
la transgresión, los dilemas y cosas así, y en ese punto las cosas eran
horriblemente burocráticas, pero al mismo tiempo completamente
alocadas, y Alan estaba permanentemente ausente.»

Cuando McGee estaba a punto de entrar en negociaciones con
Sony, los años de hedonismo comenzaron a pasarle factura. Además
de estar cada vez más ausente de la oficina, hizo algunos fichajes un
tanto sorprendentes. «Aquella fue una fase extraña», dice Barker.
«Tenían ese grupo, Medalark Eleven, que eran de Manchester. No
sé por qué los ficharon. La música *baggy* estaba muerta. Lo dijo él
mismo: 'He fichado a un puto grupo *baggy*, y no se por qué cojones lo
he hecho'.»

Más o menos seis meses después de que McGee estuviera deprimido por las cifras de ventas de *Screamadelica* y *Bandwagonesque*, Sony

compró un 49% de Creation por 2,5 millones de libras. A cambio Sony adquirió la mitad de un sello discográfico casi en la bancarrota y los derechos internacionales de algunos de sus artistas. En la mente de los ejecutivos de Sony, el principal activo que habían conseguido eran las habilidades de A&R de Alan McGee.

El presentimiento de Nick Currie acerca del acuerdo con Sony resultó ser profético, aunque no como había creído en un primer momento. Sus vínculos con el sello se cortaron por culpa de un incidente en el que se vio envuelta su pareja, Shazna, nacida en Bangladesh, a la que había salvado de un matrimonio forzado. «Fue algo que en la época resultó un poco demasiado fuerte para Creation. Después de que nos fugáramos juntos, el antiguo prometido de Shazna se presentó con sus hermanos en las oficinas de Creation exigiendo que le dieran mi dirección para poder recuperar a Shazna, que de ninguna manera quería que la recuperaran. Alan me telefoneó, y fue la última vez que lo hizo, y me dijo: 'Escucha, han venido unos tipos que acojonaban un huevo y han entrado en la oficina exigiendo que les diésemos tu dirección, y no se la hemos dado, pero estas cosas no pueden ocurrir, y hemos estado pensando seriamente en contratar a esos traficantes tan duros con los que trata Primal Scream para proteger la oficina y al personal. Lo siento, pero no vamos a volver a trabajar contigo'.»

Tim Abbott fue uno de los miembros del personal que intentaron suavizar lo que amenazaba con convertirse en un incidente internacional. «Esos tíos buscaban a Momus con machetes», dice Abbott, «preguntaron: '¿Duerme aquí?'. Y yo les dije: 'No, no duerme aquí'.»

Aunque una visita no deseada de unos airados extranjeros que blandían espadas era suficiente para conseguir llamar la atención de todo el mundo, el comportamiento en las oficinas de Creation estaba lejos de ajustarse al lo que era habitual en la industria. A pesar de la inyección de efectivo de Sony, el sello seguía operando en un caos casi permanente. «En aquella época las cosas se estaban desmadrando», dice Kyllo. «Alan se esforzaba para que no se fuera todo al garete, pero las cosas degeneraban.»

Fuera cual fuera el estado mental y físico de McGee, su siguiente jugada resultó ser la más lucrativa y de más largo alcance, y la que contribuyó a que la opinión pública todavía no le haya olvidado.

Mientras estaba una noche con su hermana en Glasgow, McGee ofreció un acuerdo para grabar un disco a un grupo que acababan de ver tocar por casualidad en ese mismo momento: Oasis. Durante los años de esplendor del britpop —la invitación a Downing Street, el Met Bar, el festival de Knebworth—, la historia de Oasis y Creation fue el relato crucial de los medios de comunicación sobre el esplendor de la época. Lejos de los relaciones públicas, los que formaron parte de la industria susurraban que puede que no todo fuera como parecía.

«Corren muchos mitos urbanos en torno a ellos», dice Abbott. «Lo que es cierto es que McGee los vio en King Tuts y que nos telefoneó a las 5 de la mañana para perorar largo y tendido sobre ellos por teléfono.» Para gran satisfacción de Sony, McGee había dado con el tipo de artista que se beneficiaba de su sistema. Oasis y Creation quedaron unidos en la primera visita del grupo al búnker, mientras que el mánager de la banda, Marcus Russell, había decidido evaluar la situación a su propio ritmo. En un acuerdo que todavía tiene diferentes interpretaciones según quién lo cuente, Oasis firmó con Creation para el Reino Unido y con Sony para el resto del mundo.

«Sony firmó el acuerdo con Creation por Primal Scream, no Oasis», dice Abbott. «Lo que Sony quería era *Screamadelica 2*... habían encontrado una mina de oro.»

«Sony estaban locos con Oasis», dice McGee. «Al parecer, los contratabas solo con cruzarte con ellos por la calle. Debo de haber conocido a veinticinco personas que han fichado a Oasis. Había un tío que trabajó para mí en 1987 durante tres meses, y luego se largó a Sony, y hace unos dos o tres años, cuando *Factor X* estaba en su momento de mayor éxito, fue uno de los jueces, una gran estrella en Australia. Y el tío decía que había sido el descubridor de Oasis. No creo que haya conocido a Liam en su vida.»

A medida que comenzaban a circular rumores en torno al último fichaje de Creation, en el grupo se palpaba la sensación de que eran invencibles. Contrariamente a Ride, The House of Love o muchos de los fichajes anteriores del sello que no eran de Glasgow, Oasis procedían de un entorno parecido al de McGee y Abbott. Noel Gallagher, en concreto, también había pasado por la experiencia compartida del éxtasis y las epifanías de club que habían unido por primera vez a McGee y Abbott. Abbott también estaba convencido de que Oasis iba a ser el grupo que reeducaría al público de la música de baile acerca de lo que era el rock 'n' roll.

«Fue una chiripa, una completa chiripa», dice McGee. «Oasis lo resumió el día que nos conocimos. Fue: 'Vamos a hacerlo, joder', cojonudo, esa era su onda y era mi onda, y en medio de todo eso tuve que desintoxicarme de las drogas.»

A medida que Oasis cobraba impulso a una velocidad que nadie en Creation, ni en el resto de la industria musical, había experimentado durante una generación, el agotamiento de McGee, provocado por tantos años de fiesta, finalmente pudo con él. En un viaje a Los Ángeles lo hospitalizaron, y comenzó un largo y doloroso proceso de recuperación.

Mientras McGee permanecía ausente de la oficina, Creation quedó en manos de Abbott y Green. Para su alivio comprendieron que Marcus Russell era un mánager sensato que evitaba el circo cada vez mayor que rodeaba a sus representados, y que pensaba a largo plazo.

«Con Oasis, la prensa y la radio lo invadieron todo», dice Kyllo, «y los mánagers del grupo fueron muy profesionales. Nos hicieron comprender que también teníamos que jugar nosotros en una liga profesional.» Otro factor aseguró que el volumen de trabajo que representaba Oasis fuera alto y de suficiente calidad. «Había un tipo llamado Mark Taylor», dice Kyllo. «Había trabajado para Sony y lo pusieron en nómina de Sony para proteger sus activos.»

Consciente de haber contratado al mejor grupo de toda su carrera, McGee, a pesar de su fragilidad mental, seguía llamando a la oficina. «Nos telefoneaba cuando quería intentar dirigir el negocio», dice Abbott. «Y yo le decía, de manera categórica: 'Alan, mira, no te encuentras muy bien, tío. No te preocupes, cuando estés preparado, vuelve.»

Abbott había conseguido que algunos de sus colegas de Westgate Street le hicieran el vacío, pero seguía formando parte del círculo de Oasis y Primal Scream. Por mucho que su figura provocara división en la oficina, Oasis le concedió el mérito de dirigir la campaña de *Definitely Maybe*, y se metió tan a fondo en el ojo de la tormenta que rodeaba el ascenso del grupo que acabó escribiendo un libro sobre sus experiencias y apareció en la portada del single «Cigarettes and Alcohol».

A James Kyllo, que no estaba tan involucrado con Oasis y muestra una actitud más estoica, le cuesta más cuantificar la contribución de Abbott. «La única actividad de marketing que le vi hacer a Tim Abbott», dice, «fue llevar a algunos jefes de compras a un club de strip-tease.»

Por mucho que se discuta quién fue el responsable del éxito de Oasis, un fenómeno casi incontrolable, la relación entre McGee y Abbott llegó a un abrupto y desdichado final. Durante las negociaciones del acuerdo con Sony, Abbott tuvo la impresión de que se le concederían acciones de Creation. La rapidez del éxito de Oasis y la simultánea retirada de McGee significó que el asunto quedó sin resolver.

Abbott sacó a colación el tema de las acciones en una llamada telefónica a McGee que ponía de relieve los ritmos distintos a los que los dos operaban ahora. «Telefoneó en mitad de todo aquel asunto y le dije: 'Tío, estoy intentando dirigir tu puta compañía'», dice Abbott. «'Tenemos este grupo que está que se sale, todo va a pedir de boca, tú estás mejor, y por cierto, ¿ya me has traspasado aquellas acciones de las que hablamos?'... Fin de la llamada... cuelga... al día siguiente voy a trabajar y Dick me dice: 'Tienes un problema. Alan me ha dicho que ya no puede trabajar contigo'.»

Oasis conservó a Abbott como asesor, y fue el responsable de devolver a Noel Gallagher al redil después de que dejara el grupo a consecuencia de uno de sus muchos altercados en los Estados Unidos. «Esos dos años fueron acojonantes», dice Abbott. «También fueron difíciles: hacer todo eso y que luego te estafaran.»

Mark Bowen era un viejo amigo de Martin Carr, de los Boo Radleys, que no tardaría en unirse al personal de Creation. Él y Carr, y al parecer el resto de la industria musical, formaban parte de la multitud que se hacinaba en el Water Rats de King's Cross para ver el primer concierto oficial de Oasis en Londres.

«Fui al Water Rats con Martin, y aquello estaba realmente atestado, y me dije: '¿Vale la pena que me moleste en acercarme al escenario?'. Y de repente le digo: 'Venga, vamos a sentarnos al bar y beber un poco más'. Cuando seis meses más tarde comencé a trabajar allí, sacaron el álbum de debut de mayor venta de la historia, y aquello comenzaba a ser una locura. Alan estuvo aquella noche, lo invité a un Jack Daniel's con Coca-Cola cuando volvió del autobús de Oasis, pero esa fue la última vez que lo vi antes de que desapareciera una temporada.»

18. MEDICINE BOTTLE[58]

Red House Painters, *Down Colorful Hill*, CAD 2014 *(Vaughan Oliver/4AD)*

58. Segundo corte del primer LP de Red House Painters, *Down Colorful Hill*. [*N. del T.*]

Alan McGee no era el único director ausente de la oficina. En 1993, Ivo Watts-Russell dividía su tiempo entre Estados Unidos y Gran Bretaña, permanentemente frustrado con la manera en que ahora se esperaba que dirigiera 4AD. Tras haber conseguido hacer las cosas a su manera con los Pixies, el sello ahora recibía presiones para que lograra resultados parecidos con el resto de artistas. «Me frustra no haberme mostrado más beligerante con los mánagers que me decían: '¿Por qué no tenemos ningún éxito?'», dice. «Y lo que me pregunto es: ¿por qué cojones habían firmado con nosotros?»

La expansión internacional del sello exigía una ampliación de la plantilla y la creación de una estructura que no encajaba con los métodos de Watts-Russell de editar los grupos cuya música le gustaba y dejar que los discos siguieran su camino. Para su pesar, 4AD ahora contaba con una sala solo para reuniones, en la que Watts-Russell procuraba pasar el menor tiempo posible. «La sensación era de echar carnaza», dice, «y no me hacía feliz la manera en que se echaba la carnaza ni el hecho de que no fuera más que carnaza.»

A pesar de la constante sensación de descontento, Watts-Russell realizó varios intentos de echar algo que no fuera carnaza. Cuando estaba en la oficina, seguía teniendo la costumbre de escuchar las maquetas, entre las que, a lo largo de los años, había descubierto nuevos artistas de manera regular. Oír las cintas ahora resultaba una distracción de la tensión de la política de oficina. Una de las maquetas tenía el título de una canción subrayado: «I Had Sex with God», que le llamó la atención. La canción se atribuía a His Name Is Alive, un grupo estadounidense que solo contaba con cintas de cuatro pistas de su compositor, Warren Defever. La grabación era primitiva, pero tenía un no sé qué atractivo. «Comencé a reunir más cintas de él», dice Watts-Russell. «Eran las mismas canciones, pero las deconstruía y solo dejaba el esqueleto. Me gustaba, pero dije: '¿Soy capaz de mezclarlo?'. Me fui al estudio con John Fryer y mezclamos *Livonia*, y conecté más con esa música que con cualquier otra que estuviéramos publicando, aparte de This Mortal Coil, por razones evidentes.» Watts-Russell había vuelto a encontrar consuelo en Blackwing, reelaborando una serie de cintas, inmerso en la creación de otro disco de música reflexiva y personal. El álbum resultante, *Livonia*, poseía una abstracción y una fragilidad que decía mucho del estado de ánimo de Watts-Russell; también se comparó con This Mortal Coil. Aunque en las canciones Karin Oliver hacía los coros, conservaban la aspereza de las maquetas y una cualidad estridente y fracturada. Uno de los temas se titulaba «How Ghosts Affect Relationships»: podría haber servido para describir lo que ahora pensaba Watts-Russell de 4AD.[59] Se había mudado a una nueva casa en Londres. En sus momentos cada vez más solitarios, compartía su nuevo entorno con *Livonia* y poco más.

«Acababa de mudarme a ese piso de Clapham», dice, «el primer lugar con techos altos en el que había vivido. De manera que estaba allí con un sofá tan grande que no cabía en ninguna otra parte y de repente me sentí inseguro de cómo llenar esa habitación sin más compañía que yo mismo. Mezclé las cintas y las escuché a un volumen muy bajo en esa habitación de techos altos, con un volumen tan bajo que el tic tac de mi despertador sonaba más fuerte que la música.»

Watts-Russell, que de niño había disfrutado escuchando la música que salía del transistor de su pequeño dormitorio a altas horas de la noche, había completado el círculo. Completamente absorto en los másters de *Livonia*, se aislaba de los tejemanejes de Alma Road. Aparte de luchar por seguir centrándose en la creatividad y en su labor de A&R, tenía dificultades con algunas de sus relaciones. Se

---

59. Cómo afectan los fantasmas a las relaciones. [*N. del T.*]

había separado de su pareja, Deborah Edgely, y por primera vez comenzaba a mantener discusiones tensas con algunos de sus artistas.

«Probablemente secuencié un 80% de los discos que publicamos», dice. «En el último disco de los Pixies, el último día en el estudio ya tenía decidido el orden de las canciones. Salimos a cenar y Charles [Black Francis] va y me dice: 'No, no me gusta el orden de las canciones; tiene que ser alfabético'. Acabé mal con Charles y Robin Guthrie, las dos únicas personas con las que he estado peleado mucho tiempo.»

Livonia había demostrado que el amor de Watts-Russell por la música no había disminuido, pero la pasión con la que era capaz de dedicarse a ella no era tan firme. Para sortear las expectativas y presiones de lanzar una nueva banda en 4AD, montó un subsello, Guernica, con la única motivación de editar los discos que le gustaban. En los Estados Unidos había descubierto una nueva generación de grupos, entre ellos Unrest y That Dog, que tenían material autopublicado al que, según Watts-Russell, podría beneficiar una distribución más amplia; también había oído en esos grupos el sonido de una generación de artistas más jóvenes que hacían música a su manera, lejos de las constricciones de la industria; un sonido que casi tenía olvidado. «Iba en coche hacia Big Sur», dice Watts-Russell, «escuchando a Unrest y con la sensación de que había conectado con algo. Guernica fue importante en el sentido de que me dije: a la mierda. Quiero sacar un disco solo porque creo que es bueno. El presupuesto será de cinco mil y ya está; no sacaremos singles y nunca publicaré dos álbumes del mismo artista.»

La idea de Guernica era muy sencilla, pero dentro del sistema de 4AD carecía de coherencia. El hecho de que Watts-Russell prácticamente se hubiera instalado en los Estados Unidos significaba que en la oficina de Londres no había nadie que impulsara el proyecto. Watts-Russell había concebido Guernica como una manera de reavivar su amor por publicar discos sin la presión de construir una carrera ni planificar a largo plazo, pero en lugar de eso había creado otra presión en la permanente serie de problemas de comunicación de 4AD.

«Guernica no funcionó porque Ivo, el tipo que dirigía la compañía, se había pirado a los Estados Unidos», dice Watts-Russell, «y había abandonado todo ese material en manos del sello y no estaba allí para guiarlo. No parecía funcionar para los artistas ni para la gente que trabajaba allí.» En ausencia de Watts-Russell, Simon Harper actuaba como director de facto del sello, y era uno de los pocos miembros del personal en quien confiaba. Mientras Watts-Russell se planteaba emigrar de manera permanente a los Estados Unidos, él y Harper comenzaron a prever cómo se dirigiría el sello cuando Watts-Russell estuviera fuera. La realidad era que 4AD, sin la singular visión y la voz inconfundible de su fundador, sería una compañía difícil de guiar.

«Era consciente de que Ivo, por infinidad de razones, no quería vivir en Inglaterra», dice Harper. «No tenía muy buenas relaciones con la industria, de manera que para mí no fue ninguna sorpresa que se trasladara a los Estados Unidos. Cuando se fue, las cosas se complicaron un poco más, sobre todo en el frente de A&R. En Londres teníamos un tipo de A&R muy capaz, Lewis Jameson, pero era evidente que los aspectos prácticos de la participación de Ivo iban a ser un asunto complicado.»

Watts-Russell, lejos del malestar de la industria y deprimido por la situación de 4AD, comenzaba a comprender que sus problemas personales comenzaban a ser difíciles de gestionar. En busca de iluminación, se fue a pasar las vacaciones de Navidad de 1992-1993 a Tailandia, donde, en lugar de huir de sus problemas, se vio enfrentado a su magnitud. «Me había ido a Tailandia solo», dice. «En Tailandia, como en muchos sitios, puedes comprar medicamentos sin receta en la farmacia. Volví con suficientes drogas como para abandonar este mundo para siempre. Cada vez estaba más claro que en algún momento tendría que enfrentarme a mi depresión.»

Robin Hurley había conocido a Watts-Russell a través de Rough Trade America, donde Hurley se había encargado de los Pixies y de algunos artistas de 4AD. A medida que Rough Trade comenzaba a desintegrarse, Watts-Russell le sugirió a Hurley que sería bienvenido en 4AD. Hurley trasladó la recién creada oficina de 4AD de Nueva York a la Costa Oeste, donde, en un ejemplo de que la industria se tomaba muy en serio las probabilidades de que 4AD tuviera más éxito, Warner Brothers estaba a punto de ofrecerle al sello un acuerdo a largo plazo, en lugar de limitarse a una selección de sus artistas.

«Robin te podrá contar que yo estaba por los suelos», dice Watts-Russell. «Acababa de volver de Tailandia y me dijo: '¿Por qué no vienes a pasar un mes aquí?', mientras abríamos la oficina. Me dije: ¿puedo hacerlo? Experimenté aquella antigua sensación de cuando había ido a los Estados Unidos por primera vez, años atrás, de que todo era posible. Me pareció que podía hacerlo. Alquilé un apartamento en Los Ángeles e intenté vivir en los dos sitios e ir y venir. Tardé un tiempo en asentarme en Los Ángeles y averiguar qué coño estaba haciendo, y luego ya estaba de vuelta en Inglaterra y me sentía engañado por haber vuelto porque no quería estar allí. Estaba agotado, y todo eso contribuyó a que se me fuera la olla.»

Para Vaughan Oliver, la emigración de Watts-Russell resultó un duro golpe. Mientras que su relación siempre había fluctuado según el estado de ánimo de ambos, Oliver había sido una presencia constante desde los primeros días de 4AD, y el diseñador se quedó horrorizado al tener que responder ahora ante una selección *ad hoc* de directores de sello en lugar de directamente ante Watts-Russell. «No lo vi venir», dice. «Me dijo: 'Ahí es donde voy, esto es lo que voy a hacer. Me vuelvo a Los Ángeles'. 'Vale, muy bien, lo siento…' No fue como si hubiéramos quedado para cenar y lo hubiéramos comentado. Simplemente ocurrió y tuve que aceptarlo. Y toda esa gente se repartía la compañía y la dirigía… con él en segundo plano.»

La reubicación de Watts-Russell conllevó otra implicación para Oliver. Durante mucho tiempo el diseñador había tenido la impresión de que su aportación al sello nunca había sido reconocida del todo. Unos años antes, en un mal momento, había sacado a colación el tema de convertirse en accionista o socio de 4AD, una sugerencia que había sorprendido a Watts-Russell. «En 1984 le sugerí que me hiciera socio», recuerda Oliver. «Ivo dijo algo parecido a 'vete a la mierda', que casi me hizo llorar. Dijo: 'Bueno, ¿cuánto dinero vas a invertir?'. No era más que una idea. Aquello duró tres minutos y volví a mi cubículo.»

Otros miembros del personal tenían la impresión de que Oliver todavía estaba resentido por aquello, lo que, combinado con su temperamento, hizo que su relación con Watts-Russell fuera cada vez más colérica. Oliver, cuyo trabajo estará siempre asociado con 4AD, sigue manteniendo que su aportación está infravalorada. «Cualquiera que hubiera observado la compañía desde fuera habría dicho que yo era socio», dice. «Cuando Ivo vendió la empresa, yo debería haber sacado algo de dinero, joder. Dedicas veinte años de tu vida a algo y...»

Durante todo sus años en el sello, Oliver había trabajado por cuenta propia recibiendo encargos, pero es reconocido sobre todo por su manera única de utilizar la tipografía, el color y la fotografía que aplicaba a las cubiertas de los discos de 4AD. Por muy difíciles que fueran las relaciones entre el propietario del sello y el diseñador gráfico, la sociedad que habían formado Oliver y Watts-Russell fue una de las más creativas que han sobrevivido a los altibajos del negocio musical. Los diseños de Oliver se identifican al instante y son sinónimos de 4AD; su atrevimiento y su voluntad experimental constituyen una representación individual y vívida de la música del sello.

«Hace unos años alguien me dijo: 'Has creado una marca, V23 es una marca, 4AD es una marca'», dice Oliver. «No es eso a lo que aspiras, simplemente intentas crear algo que sea verdadero... tiene que ver con la verdad, y eso es lo que todos intentábamos hacer.»

Durante las turbulencias provocadas por la emigración de Watts-Russell y los problemas de cómo reemplazarlo, este consiguió mantener su interés por la música. Por mucho que el sello contratara a alguien para hacer de A&R, Watts-Russell continuó escuchando las maquetas y cintas que le llegaban y mantuvo una estrecha relación de trabajo con la nueva generación de artistas que había fichado, casi todos ellos solistas. Con uno de sus últimos fichajes, sobre todo, trabajó igual que con los artistas que le habían procurado sus mayores éxitos. «Ultra Vivid Scene, His Name, Heidi Berry, Lisa Germano, me encantaban esos discos», dice Watts-Russell, «y Red House Painters en particular.»

Red House Painters era un grupo de la zona de la bahía de San Francisco formado por Mark Kozelek, cuya lúgubre manera de cantar y cambios de acordes atmosféricos aportaba una sutil intensidad a sus canciones. Mark Eitzel era uno de sus colegas de San Francisco que le había pasado una casete de 90 con canciones de Kozelek al periodista Martin Aston, alguien que desde el principio había apoyado a 4AD en la prensa, y que le envió la cinta a Watts-Russell.

«La primera vez que la escuché entera telefoneé a Mark Kozelek», dice Watts-Russell. «Estaba en el baño y oyó mi voz en el contestador. La colaboración entre ambos fue fantástica. Teníamos esa hora y media, seguida rápidamente de toneladas de cintas, canciones largas.

Así que le dije, igual que había hecho con *Come On Pilgrim*: 'Escoja-mos seis canciones y publiquémoslas tal como están, y hagamos otro disco y volvamos a grabar parte del material'.»

Watts-Russell y Kozelek escogieron las seis canciones que forma-rían *Down Colorful Hill* y Watts-Russell se fue con John Fryer al estu-dio, donde, durante una última sesión de grabación como director de 4AD, tiñó las canciones de Red House Painters de un leve halo de reverberación. El material publicado de Red House Painters conser-vaba aún un eco de lo que había sido 4AD antes de sus éxitos multi-platino y su desdichada conversión en carnaza.

La música de Red House Painters también reflejaba fielmente el estado de ánimo de Watts-Russell. *Down Colorful Hill* posee una cuali-dad vulnerable y directa con la que el cada vez mas frágil Watts-Rus-sell se podía identificar. El trabajar estrechamente con Kozelek le pro-porcionó la oportunidad de hacer aquello de lo que más disfrutaba: producir y compilar un disco con un artista en un proceso satisfacto-rio para ambos. «Era un sonido muy desolado», dice Watts-Russell, «muy melancólico.» Aunque resultó una bienvenida distracción de sus problemas, el disco no supuso más que un respiro temporal para él. «Supongo que para el tercer o cuarto disco que sacamos», dice, «ya no sabía muy bien lo que me hacía.»

En Estados Unidos el acuerdo de 4AD con Warner que Hurley había supervisado no había dado frutos rápidamente. *Perfect Teeth* de Unrest había sido un lanzamiento prioritario y se había promocio-nado bastante, aunque sin mucho éxito. Sin embargo, no todo estaba perdido, pues cuando Dead Can Dance publicó *Into the Labyrinth*, Warner por fin tuvo un disco que justificaba el acuerdo.

«Warner sacaba en un mes los mismos discos que nosotros hacía-mos en un año», dice Hurley. «*Into the Labyrinth* llegó al número 75 de las listas y acabó vendiendo medio millón de copias. Así que nos dijimos: 'Ah, por fin la luz al final del túnel. Empieza otra etapa', y al mismo tiempo a Belly le fue bastante bien —cuando ya estábamos con Warner—; Ivo se había implicado mucho en la grabación, y era una prueba elocuente de que nuestro trabajo de A&R estaba funcionando.»

Dead Can Dance, un dúo australiano formado por Lisa Gerrard y Brendan Perry, se habían trasladado a Londres, donde la prensa musical los había tratado con desdén, tildándolos de mera copia de

Cocteau Twins o de góticos que hacían world music. Fuera del Reino Unido resultaron una de las propuestas más comerciales de 4AD. «Recuerdo que Lisa me dijo que no sabía lo que era 4AD ni quiénes eran Cocteau Twins», dice Ivo. «Cuando tocaban, era en teatros de ópera. Eran con mucho el grupo más respetado que había estado en 4AD fuera del Reino Unido.» Hurley intuyó que en Warner tenían mejores sensaciones, y que creían que 4AD estaba a una grabación de dar con una mina de oro. Tan solo con el single adecuado un artista podía ponerse al frente del mercado alternativo, donde después de *Nevermind* grupos como Belly conseguían ventas multiplatino y eran habituales en la MTV.

«Estábamos a punto de ir más allá del éxito de crítica y de pasar del Roxy a algo mucho más grande», dice Hurley. «Cuando a Lush le ofrecieron ir al Festival Lollapallooza pensamos que con eso lo petarían. El LP vendió 125.000 copias, y eso en la época en que la radio de rock conseguía vender discos, y estuvimos a punto de lograrlo.»

Ni Lush ni Belly consiguieron conectar con un público más amplio de la manera que se esperaba. «Lo que siempre necesitas es suerte», dice Hurley. «Si de repente a alguien de la MTV le hubiera encantado Lush... ¿quién sabe lo que hubiera ocurrido?»

En ausencia de Watts-Russell, Martin Mills se había ido implicando en el funcionamiento de 4AD entre bastidores y participó en las negociaciones con Warner. El propio Mills había negociado con Warner diversos derechos de publicación de Beggars, y sabía que la empresa era un sello dirigido por un músico y que en las oficinas de Burbank se tomaban muy en serio la importancia que se concedía en la Costa Oeste al éxito crítico y comercial de los artistas. Sin embargo, muchos no acababan de tener muy claro cómo un sello británico independiente tan característico como 4AD podría integrarse dentro del sistema de Warner.

«Te podías hacer enormemente rico vendiendo los derechos de los artistas para Estados Unidos», dice Mills, «pero esos acuerdos acababan siendo una presión añadida, y al final tenías que dedicar dinero a darles las herramientas que necesitaban, y con Warner 4AD cayó de pleno en esa trampa.»

Para Watts-Russell, que en aquella época comenzaba a perder cualquier interés que había podido tener en el acuerdo con Warner, la realidad de tener que relacionarse con lo que él consideraba una mentalidad corporativa, por comprensiva que fuera con los artistas, era algo que ya conocía. Las frustraciones de, tal como lo veía, tener que jugar a ese juego, simplemente aceleraron sus ganas de dejarlo todo. «Una de las primeras reuniones con Warner Brothers en las que participé fue para hablar de The Wolfgang Press», dice. «La canción 'A Girl Like You' estaba a punto de hacer la transición a como ellos lo llamaran, radio rock moderna o lo que fuera. Y rechazaron todo lo que les dije. Y ahí estaba yo con las mismas malditas personas tomando las mismas estúpidas decisiones. Terrible.»

En sus visitas a Londres, Watts-Russell se sentía igualmente frustrado. Había creído que un acuerdo trasatlántico con la oficina de Londres le permitiría seguir supervisando el sello y quedarse en los Estados Unidos. Pero se encontró con que el control de calidad, del que había hecho bandera, estaba disminuyendo. Comenzó a granjearse una reputación de irascible y poco comunicativo cuando estaba en la oficina, y su reticencia natural se vio exacerbada por el hecho de que casi siempre padecía jet lag. Durante una de las visitas escuchó algunas de las nuevas grabaciones de Lush, y los resultados no le impresionaron. «Recuerdo haber tenido una insólita y acalorado bronca con Miki [Berenyi]», dice Watts-Russell. «Mike Hedges había producido el disco en Francia, en otro de esos estudios en cuya mesa supuestamente se grabó *Sgt. Pepper's*... ¿cuántos hay? Y era espantoso. Alguien había dicho: 'No te fijes solo en lo negativo'. Miki dijo: 'A la mierda, no es tu disco, joder, sino el nuestro'. Y lo que yo pensaba era: 'Sí, es vuestro disco y es mi sello, y estoy tan orgulloso de mi sello como vosotros lo estáis de vuestros discos'.»

De todas las relaciones de Watts-Russell con sus artistas, la más intensa era la que había mantenido con Cocteau Twins, e inicialmente la más satisfactoria. Las cosas habían empeorado después de *Victorialand*, un disco que Cocteau Twins habían grabado como dúo. La combinación de la timidez de todos los implicados, y la manera en que las drogas habían remplazado esa timidez por una lucha de poder pasivo-agresiva, había conducido a un diálogo constante y explosivo entre el grupo y Watts-Russell.

«Después de *Victorialand* ya no me involucré tanto», dice Watts-Russell. «Tomara o no una gran cantidad de drogas, Robin se volvió imposible. Ese tipo llamado Raymond Coffer comenzó a hacerles de mánager en *Blue Bell Knoll*, y era un auténtico inútil. Planificábamos lo que se debía y podía hacer, y Raymond desaparecía y no pasaba nada. No tenía ni ganas de hablar con Robin, pues estaba muy desagradable, y la cosa iba a peor.»

Watts-Russell estaba tan desilusionado con la situación que se dijo que no le quedaba más remedio que tomar una decisión que antaño habría parecido incomprensible: dejar que Cocteau Twins se fuera a otro discográfica. «No estaba dispuesto a ser el malo de la compañía discográfica al que odian», dijo, «ni a que hablaran mal de mí continuamente. Nos reunimos con los abogados. Hicimos venir también a Raymond, y una mañana a primera hora les dije a Cocteau Twins que eran libres de encontrar otro sello, y Raymond no pudo evitar que se le dibujara una sonrisa en la cara.»

Para Colin Wallace, que había dejado Grangemouth con Fraser y Guthrie y había seguido siendo su confidente durante toda su carrera, la decisión de Watts-Russell no fue ninguna sorpresa. «Lo peor fue la manera en que todo ocurrió», dice. «Recuerdo que Elizabeth comenzó a gritarse con Ivo por teléfono porque Robin se había echado a llorar después de la conversación que había mantenido con Ivo, y recuerdo que ella puso verde a Ivo, y me dije: joder, esto es algo que Elizabeth no había hecho nunca.»

El momento en que se produjo la ruptura de las relaciones fue muy significativo tanto para Cocteau Twins como para Watts-Russell; a pesar de sus agravios, y lo que Guthrie consideraba una falta de éxito comercial, el grupo acababa de publicar su álbum más comercial, *Heaven or Las Vegas*. Era uno de sus mejores discos. En las canciones se oían letras tiernas y descifrables de Fraser que celebraban el nacimiento del primer hijo que había tenido con Guthrie. La voz de Fraser se elevaba por encima de aquellos arreglos melódicos extáticos, aunque se hubiera grabado en un estado de ánimo de hostilidad y culpa.

A pesar de que ya no era bienvenido ni se implicó en el proceso de grabación ni en cualquier otro aspecto de la carrera de Cocteau Twins, *Heaven or Las Vegas* ocupa un lugar privilegiado en el corazón de Watts-Russell. «Creo que es el mejor disco que publicamos nunca», dice. «Todas esas personas a las que les encanta creer que soy un manipulador, que siempre meto cuchara en todo y lo controlo todo, deberían saber que es un disco en el que no participé, cero, y me encanta.»

Toda la conmoción que había zarandeado las relaciones entre Watts-Russell y el grupo acabó afectando a este cuando fue a ver el concierto de Cocteau Twins en el que tocaban en directo el nuevo disco. «Tocaban en el Town & Country», dice, «y unos cuantos fans —ya te puedes imaginar cómo eran los fans incondicionales de Cocteau Twins que los habían seguido desde el principio— me reconocieron y se acercaron corriendo y comenzaron a hacerme preguntas sobre Robin y Liz, cosas personales. Comprendí que no tenía ni idea de lo que les había ocurrido desde la última vez que los había visto. Me eché a llorar y me fui antes incluso de que salieran a tocar. Todo parecía falso.»

Aparte del rencor tóxico que afectó la relación entre Watts-Russell y Cocteau Twins, Wallace también era consciente de que, en ausencia de su fundador, los cambios que iban a tener lugar en la compañía tranformarían de manera permanente la naturaleza de 4AD.

«En primer lugar trajeron a ese tipo, Richard Hermitage, que había estado involucrado con los Pale Saints», dice Wallace. «Nos soltó todo ese rollo de reducir costes y al día siguiente se presenta en un coche de diecisiete mil libras. Ese fue el principio del fin. Ivo no dejaba de repetir: 'Esto es un gran error, un gran error'. Luego trajeron a Robin Hurley, y Robin tenía un trabajo muy, muy duro. Martin Mills afirmó que dirigir 4AD era como conducir un Rolls-Royce con el presupuesto de un Lada, y empezaron a despedir a gente a diestro y siniestro.»

A lo largo de la historia del sello, Watts-Russell siempre había sido un fiel seguidor del programa de John Peel. Una noche, el sonido visceral de una poderosa voz femenina en su programa le dejó prendado y lleno de energía, algo que no le ocurría hacía años. En lugar de escuchar algo que había encontrado en la solitaria pila de maquetas que había en su oficina, Watts-Russell había quedado seducido por el single de debut, «Dress», de PJ Harvey, una artista que se hallaba ya al principio de una frenética actividad que acabaría seis meses más tarde con la entrada de su debut en las listas en el número 11. Tanto el álbum como el single se habían grabado en un pequeñísimo sello londinense que acababa de arrancar, Too Pure, en cuyo club, Sausage Machine, PJ Harvey había debutado en Londres.

«Acababa de publicarse el single y Peel lo había puesto en su programa, y la gente había empezado a comentarlo», dice Watts-Russell. «El trío era tan excitante que me entraron ganas de trabajar con ellos. Comprendía que ella estaba en Too Pure, y que ese álbum se había grabado e iba a publicarse allí, pero quizá reaccionara a todo el interés que estaba despertando.»

Era una de las pocas veces en su carrera que Watts-Russell intentaba fichar a un grupo que había generado un importante interés en otras partes más *mainstream* de la industria, y sabía que pronto se encontraría en una guerra de pujas. «Durante dos o tres semanas apareció en tres programas, y al tercero todo el mundo estaba pendiente, y yo entre ellos. Fui yo quien sugirió que publicara las maquetas con el álbum, porque me parecían fantásticas. En todo momento intervine a través de Too Pure. Y de hecho acabé comprando la mitad de la compañía con la esperanza de que Polly se quedara con ellos.»

Watts-Russell pagó por una participación del 50% en Too Pure con la esperanza de que, al introducir el sello en el sistema de 4AD / Beggars, PJ Harvey siguiera con la compañía que la había descubierto. Pero al final el grupo firmó con una *major*, Island, donde disfrutaron de unas buenas ventas y un permanente reconocimiento crítico. Era la segunda vez que un artista rechazaba a Watts-Russell. «Mi primera experiencia a la hora de intentar contratar a alguien en el que estaban interesadas otras compañías —y el interés era enorme— fueron los Sundays», dice. «Había salido una reseña extraordinaria de su concierto en el Falcon, y en el siguiente bolo todo el mundo estaba allí. El hecho de pensar en las opiniones de los demás o preocuparme por lo que pensaban otros era un mundo nuevo para mí, distinto del que conocía. Los Sundays podrían haber estado tranquilamente en 4AD. Tomaron la decisión de irse con el sello de los Smiths, sabiendo que allí serían una prioridad.»

En ambos casos la sensación de rechazo aumentó la baja autoestima de Watts-Russell. «Me quedé asombrado de lo que sentí cuando Polly Harvey me rechazó», dice, «como un amante despechado o algo así. Sentí algo complejo, que la relaciones se deterioraban.»

La más compleja de todas las relaciones de Watts-Russell que se deterioraban era la que mantenía con su propio sello discográfico. Su decisión de trasladarse a los Estados Unidos debería haberle permitido huir de la burocracia y las presiones de dirigir un sello más orientado al negocio, pero no había alterado el hecho de que en última instancia las responsabilidades de 4AD recaían sobre sus hombros. La intensidad con la que había creado y dirigido el sello ahora se veía sustituida por una sensación igualmente intensa de desencanto. «Yo seguía dirigiéndolo todo, y todo pasaba por mí», dice, «solo que yo no tenía fuerzas para dirigir las cosas tal como debería haberlo hecho. Lo único que pensaba era: ¿qué cojones estamos haciendo que sea diferente a lo que hace cualquier otra *major*? Tenemos una inyección de dinero más fuerte de la que hemos tenido nunca gracias a los adelantos garantizados de Warner Brothers, pero ¿qué tenemos para compensar eso? Una oficina entera en Estados Unidos, otra en Inglaterra —una compañía de discos doble—, y pronto comprendí que esos adelantos eran todo el dinero que íbamos a ver, porque ninguno de esos discos vendía lo bastante como para recuperar el dinero.»

Bajo el sol de Los Ángeles, Hurley procuraba mantener a Warner interesada. En Burbank, los ejecutivos de Warner comenzaban a estar preocupados al ver que el activo más importante de 4AD —el fabuloso instinto de A&R de Watts-Russell— ya no era un componente importante del acuerdo. «Ivo lo intentó con Guernica», dice Hurley. «No le funcionó tan bien. La gente responsable de A&R en Inglaterra contrataba cosas como Sheer y GusGus, dos artistas que Ivo jamás habría fichado. Pero Ivo tenía razón cuando me acompañaba a las reuniones con Warner y, mientras les poníamos a Sheer, decía: 'Si este grupo y el otro han funcionado bien, ¿por qué este no puede funcionar igual de bien?'. Y en ese punto los de Warner ya se estaban rascando la cabeza.»

Para alguien de gustos tan refinados y personales como Watts-Russell, permitir que otros miembros del personal contrataran grupos para su sello era un gesto magnánimo. También indicaba el escaso interés que le despertaba su compañía. El personal de la oficina de Londres ignoraba cuál era la situación, si Watts-Russell seguía al frente de todo o si debían obedecer a cualquiera que hubieran nombrado como subdirector del sello.

«Cuando se fue a los Estados Unidos, mucha gente de la oficina no tenía muy claro hasta qué punto seguía involucrado, cosa que evidentemente provocó algunos problemas y confusión», dice Harper. «Creo que estaba escrito que Ivo no seguiría mucho tiempo en la empresa.»

Mientras que el personal de 4AD era consciente de que la emigración de Watts-Russell era el resultado de su deseo de un cambio de aires, muy pocos comprendían hasta qué punto se sentía infeliz y desencantado. Aparte de Hurley y Harper, solo Martin Mills, la persona que le había sugerido fundar un sello más de quince años antes, se daba cuenta de la decisión que Watts-Russell estaba contemplando: poner fin a su vínculo con 4AD. Su decisión final sería vendérselo a Mills, pero pasaría más de un año antes de que tomara una decisión.

«Teníamos un acuerdo contractual según el cual, si uno de los dos quería marcharse, primero tenía que ofrecerle la otra mitad al otro», dice Watts-Russell. «Yo tenía que contemplar diferentes opciones. Podría haberlo cerrado como sello y seguir de copropietario dirigiéndolo como un catálogo. Podría haber dicho: 'A la mierda, sin mí esto no funciona. Me vuelvo a Inglaterra', y yo quería seguir en los Estados Unidos.»

«Fue un proceso muy gradual», dice Mills, «y en gran medida había ocurrido mucho antes de que nadie se diera cuenta de lo que estaba pasando. Poco a poco se convirtió en algo inevitable. Durante el periodo en el que entregó el control de la compañía —nadie tenía que saberlo—, creo que esta se fue alejando de él. Quedó atrapada en el círculo de filmar vídeos caros y grabar discos que sonaran en la radio, cosas realmente impropias de un sello como 4AD.»

En 1997, cuando por fin se firmaron los papeles importantes, la predicción de Watts-Russell de que 4AD se estaba convirtiendo en un sello vulgar que, a costa de su identidad, estaba al servicio de las necesidades del mercado se había hecho realidad. La tensión, el agotamiento y la angustia que había conseguido combatir finalmente pudieron con él y entró en un periodo en el que ya no tuvo ninguna influencia. «Se me fue completamente la cabeza», dice, «y por mucho que lo intenté, entre el 94 y el 97 no conseguí encontrarla.»

Antes de tomar su decisión final de marcharse, le pidió a Hurley y Harper que fueran a verlo al desierto. En 29 Palms, cerca del Parque

Nacional Joshua Tree, en el ambiente único del aire del desierto, los tres comentaron la situación del sello: sus problemas, su futuro y, como quedó cada vez más claro a lo largo de su conversación, cómo el 4AD que tanto se habían esforzado en crear quizá ahora estaba llegando a su fin. «Hablamos largo y tendido sobre cómo hacerlo», dice Watts-Russell. «Tomé la decisión cuando nos fuimos los tres a Joshua Tree a pasar el fin de semana, Robin, Simon y yo. Y mi corazón ya no estaba en ese proyecto.»

Bajo las palmeras, en aquel calor seco, Watts-Russell expresó sus sentimientos, acordó que la oficina americana cerrara y comenzara el proceso de venderle el sello a Mills.

«La verdad es que Ivo estaba muy decepcionado», dice Harper. «En muchos aspectos fue una auténtica catarsis, como un soplo de aire fresco. Recuerdo estar sentado junto a la piscina y que fue un auténtico alivio oírselo decir.»

«Había que decirlo y lo dije», afirma Watts-Russell. «Decepcioné a mucha gente. La verdad es que simplemente desaparecí. Recuerdo que Martin estaba en Los Ángeles visitándonos a Robin y a mí. Fuimos a almorzar no sé dónde —en ese punto ya ni siquiera iba a la oficina—, y comenzaron a hablarme de algo y recuerdo que me puse a llorar. Y lo único que pude decir fue: 'Ojalá todo esto pudiera importarme'. Era incapaz de controlarme.»

19. COLD BLOODED
OLD TIMES[60]

Smog, *Cold Blooded Old Times,* un disco americano en el malestar post-brit-pop *(archivo de Matthew Cooper)*

---

60. Single de 1999 de Smog cuyo título puede traducirse como «Viejos tiempo de sangre fría». [*N. del T.*]

A mediados de la década de 1990, el impulso del sector independiente estaba casi en un punto muerto. Rough Trade y Factory habían dejado de operar, Creation y 4AD estaban en manos del personal de apoyo ahora que McGee y Watts-Russell, agotados y con una salud mermada, se habían retirado de la gestión del día a día de sus compañías. Daniel Miller se encontraba en la difícil situación de despedir y contratar nuevo personal a medida que las finanzas de Mute eran cada vez más volátiles. Con el final de Rough Trade Distribution llegó el fin de la ruta más accesible para la música grabada de manera independiente, un mercado que ahora comenzaba a entrar en una era profesional de CD singles en dos formatos, campañas publicitarias sofisticadas y álbumes de precio hinchado. La música a menudo asociada con la independencia o lo indie —cuartetos con guitarras con referencias a los sesenta— se había convertido en el *mainstream* y se había rebautizado con el nombre de britpop. Casi ninguno de los grupos relacionados con ese nombre firmaron con sellos independientes.

El sello independiente de éxito más creativo de la época no tenía nada que ver con la jovial vulgaridad del britpop. Warp Records, o Warp, como acabó conociéndose casi de manera instantánea, había comenzado como quien no quiere la cosa en la trastienda de una tienda de discos de Sheffield, y financió su primera publicación con una subvención del gobierno. «En aquella época no creíamos que aquello fuera necesariamente fundar un sello», dice Steve Beckett, uno

de los tres fundadores de Warp. «Era más en plan: 'Hagamos este 12"
y veamos qué pasa', como veíamos que estaban haciendo tipos como
808 State y Unique 3. Todo estaba más orientado a la pista de baile que
a la idea de montar un sello.»

Beckett y su amigo Rob Mitchell tenían veintipocos años, pero ya
eran veteranos del underground de Sheffield, cuyo núcleo eran los
estudios y tienda de discos FON. FON había sido un puente entre el
futurismo distópico del Sheffield de Cabaret Voltaire y Human League
y la siguiente generación de grupos de la ciudad, como Hula y Chakk.
Fue con el adelanto de una *major* a Chakk con que FON se construyó
como un estudio con todos los adelantos. El proyecto había sido un
éxito; entre los clientes de FON estaban David Bowie y Yazz. El material de Chakk lo grabó Robert Gordon, un productor local y habitual
de FON que había mezlcado singles de Erasure, Ten City y Joyce Sims
que habían entrado en el Top 40, y cuya reputación se basaba en su
destreza técnica detrás de la mesa de mezclas.

Gordon era un habitual de la escena de los clubs del norte, y había
empezado a grabar una música que encajaba con la atmósfera de las
raves de techno hardcore que eran típicas de la vida nocturna de Sheffield. Gordon grabó un corte con el nombre de Forgemasters, un
trío en el que participaron dos amigos suyos y, como él, lumbreras
de FON, Winston Hazel y Sean Maher. El nombre lo sacaron de unas
obras de ingeniería pesada de la zona que encajaban perfectamente
con la música de la cinta: una melodía espectral que flotaba sobre unos
ritmos cuidadosamente elaborados y programados con una fresca precisión industrial. La canción avanzaba sobre un pulso inquietante, un
sonido al que pronto se llamaría «bleep» y se convertiría en el rasgo
característico del techno hardcore del norte, y, durante los primeros
dos años, del sonido de Warp.

Prensado como *white label*, «Track with No Name» de Forgemasters
fue el lanzamiento de debut de Warp, una evocación de la energía nocturna de una ciudad industrial en declive, cuyos espacios industriales
vacíos estaban siendo convertidos en zonas de fiestas autónomas e
ilegales. «Desde el principio, todo era un delito», dice Beckett. «Era un
lugar ilegal donde se vendían drogas ilegales, y las bandas que había en
la puerta se llevaban dinero ilegal. Pero la gente se lo pasaba de miedo,
y yo no recuerdo ninguna pelea.»

Al principio Warp era una sociedad entre Beckett, Mitchell y Gordon. La primera decisión que tomó el trío fue transformar la tienda de FON en una nueva, también llamada Warp. El dinero para la reforma les llegó de una fuente inverosímil que da fe del conocimiento práctico del trío de cómo funcionaba la economía de mercado gris del hardcore. Warp vendía entradas para eventos en la Universidad de Sheffield, por entonces uno de los locales de más éxito del circuito indie. «Vendíamos entradas del sindicato de estudiantes por valor de miles de libras, que luego utilizábamos como líquido para nuestras empresas», dice Beckett. «Ellos decían: 'Necesitamos que nos paguéis las facturas'. Nosotros les íbamos dando largas hasta que teníamos el dinero, pero evidentemente, como eran estudiantes que no tenían ningún instinto comercial, creían que así era como funcionaban las cosas. 'Tenéis que pagarnos ya.'... 'Sí, pero no podemos.' 'Vaya, ¿qué pasa ahora?' 'Vuelve la semana que viene.'... 'Muy bien.'... 'Tranqui, tranqui.'»

Warp se especializó en importaciones de Chicago y Detroit, ciudades acereras que producían un techno preciso y elegante del que había mucha demanda por parte de los DJ locales, al igual que por parte de los enteradillos que compraban discos. «Los sábados la gente literalmente hacía cola en la calle esperando a que se abrieran las puertas», dice Beckett. «Todos los lanzamientos de Transmat, o cuales fueran los dos o tres temazos de la semana, se agotaban en una hora. El importador había traído todos los discos que había podido, y evidentemente no había acceso digital a la música, por lo que era una pura cuestión de oferta y demanda.»

La influencia de la música de Transmat, Metroplex, Trax y Underground Resistance se podría oír en la siguiente serie de publicaciones de Warp. Una serie de singles de 12" de Tricky Disco, LFO y Sweet Exorcist. Este último, una colaboración intergeneracional entre Richard H. Kirk de Cabaret Voltaire y DJ Parrot, combinaba el minimalismo americano con la intensidad del norte. Como era habitual, las antenas de John Peel detectaron la energía procedente del nuevo sello no metropolitano y comenzó a pinchar publicaciones de Warp como algo habitual. «En la tienda recibimos una llamada de Peel, que mostró interés por Sweet Exorcist», dice Beckett. «Nos dice: 'Me encanta este disco, esta noche lo pongo'. Uno de los tipos que trabajaban en la tienda subía las escaleras diciendo: '¡Esta es la tienda más enrollada del mundo, joder!'. En plan: '¡John Peel!'. Ya lo había conseguido todo en la vida.»

Warp no tardó en descubrir que sus lanzamientos tenían un mercado inesperadamente amplio. «Tricky Disco» de Tricky Disco alcanzó el número 14 del Top 20 en noviembre de 1990, y «LFO» de LFO ya estaba en las listas aquel mismo julio. El crudo anonimato de los discos, que llevaban el mismo título que el grupo, hacía hincapié de manera abierta en la funcionalidad de la música.

Tanto LFO como Tricky Disco eran productores caseros con acceso a un equipo de grabación capaz de producir los sonidos minimalistas y contundentes que funcionaban en un club sin la necesidad de visitar un estudio. En cuanto terminaban un *track*, lo mezclaban directamente en una casete de metal y se probaba en el sistema de megafonía de la rave. «En aquella época ni siquiera era una maqueta», dice Beckett. «La gente literalmente entraba en la cabina del DJ y preguntaba: '¿Qué es este disco?'. LFO ponían casetes en el club. Fuimos a verlos y les convencimos de que teníamos un sello y queríamos sacar un disco.»

Como ni LFO ni Warp conocían ni les importaban los detalles legales o técnicos de un acuerdo discográfico, decidieron que, en lugar de molestarse en firmar un contrato, se limitarían a estampar su firma en la funda de cartón interior de la maqueta en casete. Además de ser el medio en el que la música se ponía en los clubs, la casete era también su acuerdo vinculante con Warp. «No sabíamos lo que teníamos que hacer, pero ellos dijeron: 'Bueno, tenéis que firmarlas'. Y nosotros preguntamos: '¿Qué vamos a hacer? Firmémoslas, firmemos las cintas'. Y ese fue nuestro primer acuerdo.»

A pesar de introducir en el Top 20 el sonido del hardcore, Warp se enfrentó en su inicio a graves problemas; Robert Gordon abandonó la compañía de mala manera y dejó de ser socio. Y más importante aún, Warp había tomado una decisión que ahora comenzaban a lamentar. Después de su aparición como *white label*, «Track with No Name» se había vuelto a prensar y se había publicado de manera oficial. El disco iba dentro de la característica portada morada que se convertiría en marca de fábrica de Warp, pero en la galleta del vinilo había dos logos, el más pequeño de los cuales decía Warp y el más grande Outer Rhythm.

«Casi de inmediato comenzamos nuestra relación con Rhythm King», dice Beckett. «Cuando nos enviaron el disco prensado exclamamos: '¿Qué cojones es esto? ¿Qué coño es Outer Rhythm? ¿Dónde está nuestro logo?'. Esa fue nuestra introducción al negocio musical. Simplemente pensamos: 'Dios mío, ¿qué hemos hecho?'.»

Rhythm King había sido un sello de mucho éxito en los años inmediatamente anteriores a la formación de Warp. Era una sociedad de tres amigos procedentes del ambiente de los clubs de Londres de finales de los ochenta, Martin Heath, James Horrocks y Jay Strongman. Todos ellos habían sido clientes habituales del club Wag y habían observado la llegada y el efecto de los primeros lanzamientos de house de importación en la pista de baile. Los lanzamientos de Rhythm King fueron un fructífero intento de convertir la dinámica de la música de club en un formato más comercial y más apto para entrar en las listas. En 1988, durante seis meses, los lanzamientos del sello entraron de manera regular en el Top 10. «Rok Da House» de los Beatmasters llegó al número 5 en febrero, y ese mismo mes se le unió «Beat Dis» de Bomb the Bass en el número 2.

«De hecho, Rhythm King tuvo una vida bastante efímera», dice Horrocks. «Cuando hicimos 'Rok Da House' y 'Beat Dis', ya lo habíamos aprendido todo: cómo hacer un disco, cómo conseguir que tuviera éxito, etc., y eso iba de la mano con la proliferación del éxtasis y los clubs.» Tres meses después, el sello conquistaba su primer número 1, «Theme from S'Express», de S'Express, un disco que había financiado, junto con el resto del catálogo de Rhythm King, Daniel Miller de Mute.

El éxito de Rhythm King tuvo también sus problemas para Miller. La cultura de la música de baile se basaba en una rápida rotación de los artistas. A pesar de los sofisticados estudios y los vídeos caros, pocos de sus éxitos eran permanentes. Por el contrario, Miller siempre había dirigido Mute a su propio ritmo, un ritmo que solo obedecía a cuando sus artistas terminaban un álbum.

«Creo que económicamente abarqué demasiado», dice Miller. «Aun cuando al principio tuvo éxito, suponía una fuerte presión. Además, Rhythm King y Blast First no se tenían ninguna simpatía. Yo intentaba controlar a esos renegados, y creo que a los artistas también les costaba bastante tratar con ellos.» El hedonismo de la pista de baile se había visto amplificado por el éxito en las listas de Rhythm King, y la empresa estaba decidida a pegarse la gran vida. Como era de esperar, al final todo era ir de fiesta. «A menudo los artistas se me acercaban y me decían: '¿Qué podemos hacer?'», dice Miller, «porque la verdad es que eran incapaces de lidiar con la cultura de esa compañía.»

Uno de los cazatalentos de Rhythm King había descubierto «Track with No Name» cuando era un *white label*, y les había preguntado a Beckett y Mitchell si Warp podría estar interesada en trabajar con la compañía londinense. «Contactaron con nosotros para preguntarnos si queríamos llegar a un acuerdo con el sello, y creímos que habíamos hecho el negocio del siglo», dice Beckett. «Cedimos todos los derechos por diez mil libras, y salimos de Rhythm King pensando: '¡Sí, lo hemos conseguido!'.»

Warp firmó con una filial experimental de Rhythm King, Outer Rhythm, y observaron horrorizados cómo LFO y Tricky Disco escalaban las listas. «Es la historia de siempre», dice Beckett. «En tu estrecha mentalidad piensas: 'Unos putos idiotas nos han dado diez mil pavos por publicar nuestros discos', y no te das cuenta de que al cabo de un tiempo estás vendiendo cien mil discos y no ves un penique, y piensas: 'Un momento... Dios mío, ¿qué hemos hecho?'.»

Miller tenía más experiencia y no estaba tan metido en la cultura frenética y aún en evolución de la música de baile. Mientras contemplaba los acuerdos poco fiables y las difíciles relaciones entre las partes implicadas, comenzó a comprender que la relaciones entre Mute, Rhythm King y Warp ya no eran factibles. «Nos fue bien durante un periodo de dieciocho meses. Tuvimos singles en el número 1, pero hubo mucha presión», dice. «Una de las partes que más salieron perdiendo fue Warp, y desde luego lo lamento enormemente.»

Beckett y Mitchell le pidieron a Miller que interviniera para ayudarles a sacar a Warp de su acuerdo con Rhythm King. Miller, exhibiendo su capacidad para conservar la perspectiva en medio del caos y las recriminaciones provocadas por el dinero fácil y el éxito en las listas, acordó facilitar la salida de Warp. «Mantuvimos conversaciones secretas con Daniel, porque queríamos marcharnos», dice Beckett. «Nos reunimos en un café cercano y él simplemente dijo: 'Dios mío, otra vez lo mismo no'. Le teníamos mucho respeto. Fue quien nos metió en la cabeza que teníamos que expandirnos internacionalmente. Nos dijo: 'Mirad, todo los sellos tienen éxito durante una temporada, y luego, durante un año o dos la cosa va a menos. No os quedéis simplemente con el mercado nacional, sacad vuestro material al extranjero.'»

Rhythm King resultó ser una experiencia saludable para los socios de Warp. Habían alcanzado unas ventas increíbles exclusivamente con el boca a boca y por haber sonado por la noche en el programa de John Peel, pero esos beneficios no habían llegado a Sheffield. En cuanto Beckett y Mitchell recuperaron el control del sello, resistieron cualquier oferta posterior de otras partes interesadas e insistieron en seguir siendo independientes.

Siguiendo el consejo de Miller comenzaron a elaborar un catálogo que iba más allá de los singles hardcore que tenían éxito durante una semana. En una muestra de su instinto como A&R que se convertiría en uno de los rasgos característicos del sello, Warp público el primer álbum de unos artistas techno británicos, *Frequencies* de LFO, en 1991. «*Frequencies* fue el primer LP que hicimos», dice Beckett. «Nos sacó del agujero, pues al no cobrar derechos estábamos completamente pelados, y fue en ese momento cuando nos convertimos en un sello discográfico. Comprendimos que esa era la manera de alcanzar cierta longevidad y de que los artistas cimentaran su carrera.»

Frequencies poseía la importancia añadida de ser uno de los primeros lanzamientos de Warp cuya cubierta estaba diseñada por el estudio The Designers Republic, la empresa que había concebido el logo retro-futurista característico del sello y desarrollado la relación de Warp con el color morado. The Designers Republic era una empresa dirigida por Ian Anderson, que había conocido a Beckett y a Mitchell antes de que fundaran Warp, y era un compañero de correrías de la época de FON. The Designers Republic, o tDR, como llegó a ser conocido el estudio, se especializaba en apropiarse de manera irónica de símbolos del mundo de los conglomerados y las multinacionales. Subvertían el lenguaje gráfico de las marcas para ofrecer un comentario sobre el consumismo. Era una técnica que The Designers Republic utilizaron con gran eficacia en el caso de Warp, gracias a la cual las dos compañías creativas de Sheffield proyectaron una imagen de alcance global. «Teníamos un enorme logo corporativo que daba la impresión de que éramos una empresa de veinte plantas», dice Beckett, «mientras que en realidad operábamos desde una habitación e intentábamos utilizar nuestro diseño gráfico y nuestra imagen para fingir que éramos más grandes de lo que en realidad éramos.»

The Designers Republic era una referencia al apodo que se daba a Sheffield de The People's Republic of South Yorkshire (La República Popular de South Yorkshire), que, en un típico gesto de orgullo regional y hábil creación de marca, tDR rebautizó como SoYo. El ingenio y energía del estudio de diseño se adecuaba a los ritmos y texturas que publicaba la discográfica.

Warp se dedicaba sobre todo a la música instrumental, o, como la denominaban sus detractores de los semanarios musicales, «basura techno sin rostro». Era esa mismísima ausencia de rostro de los artistas lo que permitió a tDR desarrollar una relación con el sello tan rica como la que mantuvieron Oliver y Watts-Russell en 4AD y Saville y Wilson en Factory. La descripción que hace Beckett del trabajo de tDR para Warp se podría aplicar igualmente a los otros dos sellos. «No estás seguro del todo de lo que hay dentro de la portada», dice, «pero el diseño está hecho con tal seguridad que no necesita promocionar lo que hay dentro.»

El siguiente lanzamiento de Warp fue un producto de su entorno tanto como lo habían sido sus primeros singles: captaba la experiencia del bajón de las primeras horas de la mañana post-rave, en lugar del subidón hardcore y su desbordante energía en la pista de baile. Beckett y Mitchell decidieron compilar los *tracks* más turbios y lánguidos que se encontraban en las caras B de los 12" o los lanzamientos experimentales de los artistas techno y presentarlos como una experiencia de música contemplativa.

«Escuchábamos esos *tracks* cuando volvíamos a casa después de una noche de marcha», dice Beckett. «La gente ponía esas extrañas caras B, y mientras estabas colocado de ácido o éxtasis las oías y pensabas: 'Esta música es increíble de cojones', y luego te dabas cuenta de que eso no se vendía. Había algunos interesados, pero casi todo el mundo decía: 'Soy incapaz de poner esto'. Fue así como comprendimos que el problema no era la música, sino el formato en que estaba publicada.»

El formato que desarrolló Warp fue una serie denominada Artificial Intelligence. El primer lanzamiento de AI fue una compilación de los *tracks* que habían llamado la atención de Beckett y Mitchell. Al año siguiente los artistas de la compilación publicaron álbumes independientes en la misma serie, entre los que destacaron *Bytes* de Black Dog Productions y *Dimension Intrusion* de FUSE. La serie AI, con su característico diseño gráfico de The Designers Republic y su meditada lista de *tracks*, llevó a Warp a ocupar un lugar aparte entre sus contemporáneos del baile y las raves, convirtiéndolo en una referencia. Para un sello que hacía mucho hincapié en el futuro, Artificial Intelligence hacía guiños sorprendentemente evidentes al pasado. La cubierta desplegable de *Artificial Intelligence volume 1* presentaba a un androide tumbado que expulsaba unos aros de humo azules; en torno a los pies del viajero psicodélico acomodado en su butaca, había clásicos contrastados como *Autobahn* de Kraftwerk y *Atom Heart Mother* de Pink Floyd. La idea fue rechazada por la comunidad hardcore, que lo consideró un retroceso al rock progresivo, algo más propio de un obseso de los auriculares.

«La gente decía: 'No puedes hacer un puto álbum con esto', pero en cuanto se publicó la gente comenzó a ponerlo en las raves. Comprendí que era un auténtico punto de inflexión para el sello, porque era un momento en que tus discos y tus ventas estaban gobernados más por lo que decían los medios de comunicación, y tenías que llegar al público a través de los medios de comunicación, mientras que antes todo había sido muy directo: no tenía nada que ver con los medios, era simplemente lo que la gente escuchaba en los clubs, y salían e intentaban comprar lo que escucharían la semana siguiente.»

Warp se estaba forjando una reputación internacional y lanzando artistas de fuera del Reino Unido, aunque Sheffield seguía definiendo la empresa. La oficina estaba en una tienda del centro de la ciudad, y publicaba discos que eran la banda sonora de la vida nocturna de esa misma ciudad y de sus fantasías de primera hora de la mañana. Era una experiencia de la ciudad compartida por Pulp, una de las bandas más longevas de Sheffield, que habían firmado con Fire y ahora se encontraban con que sus lanzamientos estaban estancados. Mientras la relación con su compañía discográfica se iba al garete, el grupo había disfrutado del renacimiento de Sheffield como ciudad musical. Jarvis Cocker había dirigido el vídeo de «Testone» de Sweet Exorcist, y el grupo ensayaba y grababa en el complejo de FON donde Cocker había vivido antaño.

«Todos nos conocíamos de años antes de fundar el sello», dice Beckett, el cual, al igual que Mitchell, recibió la propuesta de publicar parte de la música de Pulp mientras estos negociaban con Fire.

En Fire, David Bedford había intentado reavivar la relación entre Pulp y el sello, aunque sin mucho resultado. Las complejidades ocultas del contrato del grupo habían provocado que Pulp se marcharan enfadados, solo para regresar con un nuevo álbum que llevaba la impronta de la noche de Sheffield. «Es un momento que todavía no puedo quitarme de la cabeza», dice Bedford. «Clive los dejó marchar. Publicamos un álbum. Grabamos otro álbum. Pulp habían descubierto las cajas de ritmos y la música de baile, y Clive no lo tenía muy claro. Yo intentaba sacar el disco y Clive los dejó marchar. Y dos años después regresaron sin pensárselo como si nada hubiera ocurrido, y Clive dijo: 'Vale, volvemos a contrataros'. Así que hicimos otro contrato.» El álbum resultante, *Separations*, se grabó en 1989, en el momento álgido del hardcore de Sheffield, pero no se publicó hasta 1991.

«En aquella época estábamos realmente frustrados», dice Bedford. «Era como cuando no sonábamos por la radio. Estábamos en esa fase, los de la radio nos miraban como si estuviéramos locos. Teníamos la prensa y nada más.»

Pulp se encontraban ahora en la ingrata y extenuante posición de tener dos lanzamientos frenados por Fire. A través de una serie de malabarismos legales ficharon por Island Records en un acuerdo que, según los criterios de Fire, les proporcionaría unos buenos ingresos; no obstante, había un coste oculto. Clive Salomon había negociando para él un porcentaje de las ganancias futuras de Pulp a cambio de liberarlos de su contrato anterior. «Se fueron pegando un portazo y firmaron el contrato, pero pagaron un precio», dice Bedford. «Clive se quedaba con una parte de todos los grandes discos... por no hacer nada. Para mí, la marcha de Pulp fue la gota que colmó el vaso. Habíamos perdido a los Lemonheads, los Blue Aeroplanes, Teenage Fanclub, Spacemen 3 y Spiritualized.»

Entre negociación y negociación, Pulp publicaron dos singles y parte de la música más innovadora de su carrera en Gift, un sello que Beckett y Mitchell montaron dentro de Warp para ayudar a Pulp. «Ahora hubiéramos podido hacerlo en el mismo sello», dice Beckett, «pero en aquel momento era imposible porque era tan distinto musicalmente que la gente se hubiera puesto en plan: '¿Qué demonios estáis haciendo?'. Aún se ponen así, pero en aquella época no hubieran podido comprender que lo hicieras en el mismo sello.»

El material que Pulp grabó para Gift se cuenta entre su obra más potente. La canción «Sheffield Sex City», el diario de un viaje erótico que evoca de manera realista la bohemia de los que vivían del paro en su ciudad natal, era la más destacada. Con su fusión de secuenciadores, nombres de lugares de Sheffield y desorientación, la canción es un acompañante diurno de las primeras publicaciones de Warp: un viaje en autobús por la ciudad con la banda sonora de los pulsos y *bleeps* de una nave industrial reconvertida en pista de baile que todavía resuenan en los oídos.

Pulp no eran los únicos veteranos del sector independiente que había que incluir en el britpop. The Auteurs contaban con el liderazgo de Luke Haines, cuyo grupo anterior, The Servants, también había grabado en Fire, donde Dave Barker les había hecho de mánager. «El batería de los Servants había estado antes en los Housemartins: lo habían detenido por atacar con un hacha a su vecino», dice Barker, «Era un poco excéntrico. No bromeo. Tenía quince cepillos de dientes, en su habitación... ¿entiendes?, tenía todos esos cepillos de dientes en la habitación. '¿Para qué los tienes?'... 'Bueno, me gusta elegir.'»

The Auteurs fueron uno de los primeros artistas que firmaron con Hut Recordings, un nuevo sello de Virgin, una empresa que en 1992 era totalmente subsidiaria de EMI. Al final de la década las *majors* lanzaron nuevos sellos, ya fueran sellos de prestigio dentro de la empresa, con un personal reducido y presupuesto para contratar nuevos talentos, o sellos concebidos para que los grupos recién contratados conservaran su individualidad. Todos, al menos inicialmente, contaban con una distribución independiente, generalmente RTM: Rough Trade Marketing, la nueva empresa que había surgido de las cenizas de Rough Trade. RTM era una organización más eficaz y que sintonizaba mejor con el mercado que aquella de la que derivaba su nombre. RTM distribuía los lanzamientos de las *majors,* y con ello confería a los artistas una pátina protectora de integridad y, más importante aún, presencia en los primeros puestos de las listas indie. A cambio, las *majors* proporcionaban a RTM un muy necesario flujo de ingresos. «Era muy moderno. Comercialmente funcionaba mucho mejor», dice Mark Mitchell, unas de las nuevas incorporaciones al personal de RTM. «Había oído hablar de la antigua Rough Trade, y aquella era una empresa completamente distinta. Había unas líneas divisorias perfectamente nítidas. De toda la vieja guardia de Rough Trade apenas quedaban unos cuantos.»

Dentro de la industria, a marcas como Hut —subsellos financiados por *majors* creados a imagen y semejanza de Creation o Fire— se les daba el apodo no muy afortunado de «*mandies*».[61] A principios de los noventa, su concepción del marketing consistía en consolidarse llenando el vacío que Rough Trade había dejado en el mercado. Distinguir la diferencia entre un lanzamiento independiente y un nuevo artista de Hut tenía poco interés para el lector medio de la prensa musical; cada vez era más difícil, pues sellos como Hut y Dedicated contrataban grupos que perfectamente habrían encajado en Rough Trade o Creation.

Para los veteranos de las independientes como Barker había un factor fundamental que separaba las *mandies* de las indies: el dinero. «Había algunos sellos con abundante presupuesto», dice. «Los primeros lanzamientos de Hut ocupaban como media página del *NME*, y eso no lo podía hacer ningún sello independiente. Así fue el lanzamiento de Revolver o uno de esos grupos, con un anuncio de media página. Lo podías atribuir a la desaparición de Rough Trade: realmente ese fue un gran momento.»

El director de Hut era Dave Boyd, que había sido director de sello en Rough Trade y que consiguió replicar con éxito el aspecto exterior de una indie dentro del contexto de una *major*. «Arrancaban dando la impresión de que eran un sello indie», dice Barker. «Se instalaban en alguna zona poco convencional, como Portobello Road, alquilaban una zona para oficinas, pero tenían un montón de gente muy bien pagada en el West End que se encargaba de las radios, otro que trataba con la prensa, y todo ese rollo.»

Hut pronto acabó dentro del complejo de Virgin, pero en la puerta apareció una pegatina que decía: «El rock corporativo es una mierda», que indicaba que la palabra «indie» cada vez significaba menos. El rock corporativo era una mierda, incluso dentro de la corporación.

«La verdad es que creo que pocas de las *majors* que montaron esas *mandies* sabían por qué lo hacían», dice Mitchell. «Solo sabían que los A&R y los grupos lo querían así, de manera que firmaron el contrato

---

61. Término de argot para referirse al éxtasis. [*N. del T.*]

y lo intentaron. Creo que el jefe típico de esas *majors* estaba ahí pero-
rando: '¿Cómo es posible que cuando contratamos a un nuevo artista
nadie se lo tome en serio, y en cambio todos esos indies de los cojones,
que no tienen ni presupuesto para marketing, salgan por la cara en el
NME?'. Si eres una *major*, ¿qué puedes perder? Ninguno de esos discos
iba a vender mucho, y aunque lo hiciera, casi todos tenían un contrato
según el cual, después de las primeras ventas, todo iría para la compañía.»

Pulp firmó con Island, un sello que había conocido las dificultades de seguir siendo independiente más que ningún otro. Después de
treinta años de intentar mantenerse a flote, mientras reunía un catálogo de música sin parangón, Chris Blackwell finalmente vendió Island
al grupo Polygram en 1989. Cally Calloman formaba parte del personal de Island, donde encontró una cultura distinta de todo lo que había
conocido mientras trabajaba en las otras *majors*. «Al conocer a Chris
Blackwell y trabajar con él comprendí que Island había salido adelante
a mediados de los ochenta entre grandes problemas», dice. «No creo
que Chris llegara a disfrutar nunca de su empresa porque siempre
estaba al borde de la bancarrota. Mientras veía cómo Frankie Goes to
Hollywood llegaba al número uno en todo el mundo, el director del
banco lo llamaba para decirle: 'A no ser que pague esta deuda de tantos
millones a finales de semana, le cerraremos el negocio'.»

Island ya no era un fuego cruzado entre sus acreedores, sino que
el hecho de estar en una multinacional significaba que las finanzas de
la empresa ya no venían determinadas por el balance anual. Island
formaba parte de Polygram Group, por lo que no podía perder de
vista el mercado de valores. «Ahora tenías accionistas», dice Calloman.
«Y en cuanto intervienen los accionistas, que quieren un 10% extra
cada año en dividendos, la presión pasa a los ejecutivos, que son los
que funcionan a base de bonificaciones. Es algo muy aburrido para
la gente a la que le gusta la música, pero es una de las razones por las
que las empresas discográficas se han hundido por el camino. Porque
la música no son coches, no es cualquier chorrada que te puedas comprar, es algo mágico y etéreo. Descubrir a Pulp, un grupo que llevaba
catorce años de existencia y acababa de alcanzar ese punto en que
comenzaba a funcionar de verdad, es realmente celestial. No es algo
que ocurra así como así.»

Cuando Pulp llegaron al número 2 de las listas con «Common People», en 1995, la tendencia que habían originado las *mandies* en las que las *majors* contrataban y comercializaban música guitarrera se había convertido en el efímero pero tremendo éxito comercial del britpop. Grupos que a lo mejor esperaban vender treinta mil copias, de repente, gracias a una labor de marketing cada vez más afinada, vendían más que los Smiths. Las carreras de Depeche Mode, New Order y los Smiths formaban parte de la ecología de sus compañías discográficas. Las relaciones entre Sleeper, los Bluetones y Cast y sus respectivos sellos eran por lo general menos refinadas. Por lo que se refería a los directores de producto, no eran más que el producto de ese trimestre, un nuevo lanzamiento antes del programa de compilaciones de Grandes Éxitos del cuarto trimestre. «El problema de las *majors* es que nadie toma decisiones», dice Mitchell. «El tipo que toma las decisiones está tan arriba en la jerarquía que es imposible que nadie te diga que sí ni que no, nadie sabe por qué se ha tomado esa decisión. Casi todos los que dirigen empresas indies tienen la cabeza en su sitio —son gente bastante lógica—, mientras que las *majors* están llenas de egos, y el britpop no tuvo nada que ver con las indies. Fue todo cosa de las *majors*.»

Oasis y Blur, los dos grupos más asociados con el britpop, tuvieron la ventaja de trabajar con compañías discográficas pobladas de equipos con poco personal y la experiencia de primera mano de los sellos independientes. Blur firmaron con Food, un sello que había fundado el exsocio de Bill Drummond en Zoo, Dave Balfe. Zoo, cuyo lema era «Let Us Pray» («Oremos»), había sido financiado por EMI desde 1988. Cuando se lanzó *Parklife*, durante el primero de los interminables veranos britpop, Balfe ya había dejado Zoo. La empresa la dirigía ahora su ex codirector, Andy Ross, y era totalmente propiedad de EMI.

Mike Smith tenía la misma edad que los componentes de Blur y había contratado al grupo mientras estaba en MCA Music. Siguió formando parte del círculo íntimo de la banda durante toda la carrera de esta, ejerciendo de caja de resonancia de sus ideas y formando parte del equipo que contribuyó a que el grupo se diferenciara del resto de contemporáneos. «Creo que a Andy Ross siempre le persiguió el fantasma de que no se le consideraba un independiente, porque estaba vinculado a EMI», dice. «Contrariamente a muchos que se dedicaban a A&R, y que simplemente se limitaban a asentir con la cabeza y estar de acuerdo con los grupos, Food participaba, se arremangaba e intentaba influir en lo que hacía el grupo. Es algo que no ocurre demasiado. Es muy posible que si Blur hubieran firmado con otro sello no hubieran triunfado como lo hicieron.»

Además de presupuestos de grabación más grandes, lanzamientos en múltiples formatos, presencia constante en la radio y amplia cobertura mediática, había otro factor que separaba la clase del britpop '95 de la clase de la *C86*. «Para empezar», dice Smith, «tenías grupos que querían vender un millón de discos, y no recuerdo que esa mentalidad existiera en los ochenta.» A pesar de su celebración del modo de vida británico, de investigar la identidad nacional a través de los tropos de las carreras de galgos y los suburbios, el britpop fue tremendamente provinciano.

Muchos de los grupos con los que los artistas del britpop creían tener afinidad —los Smiths, New Order, los Bunnymen— habían vendido muchísimo y tenido un importante impacto cultural en los Estados Unidos. Sony priorizó a Oasis en los Estados Unidos, donde el grupo vendió millones, y Blur, en su quinto álbum, un disco que sonaba deliberadamente americano, alcanzó el disco de oro. Elastica, que firmó con Geffen, también tuvo buenas ventas en los Estados Unidos. En contraste con su éxito en Inglaterra, ningún otro grupo del britpop alcanzó unas ventas significativas fuera del Reino Unido.

Pocas cosas más huecas que el triunfalismo huero, pero el britpop, con su seguridad en sí mismo alimentada de cocaína, estaba convencido de que dominaría el mundo. Para los observadores más avezados que habían experimentado la realidad de cómo les iba a las bandas británicas en el extranjero, lo que funcionaba bien en su país en los semanarios musicales a menudo era una falacia en cuanto llegaban las cifras de venta internacionales. Dave Harper, un periodista musical veterano de las giras por los Estados Unidos, había acompañado a una serie de bandas británicas y observaba con interés cómo una nueva generación de grupos intentaba reeducar a las colonias en el antiguo esplendor de la ironía habitual de bandera y music-hall.

«Tom Sheehan era el principal fotógrafo de *Melody Maker*», dice Harper. «Había volado innumerables veces a Nueva York para sacar una foto, generalmente de los Charlatans, y una vez allí sacaba de su mochila una bandera británica y decía: 'Muy bien, cogeremos el ferry a

Staten Island, posáis de manera que nos quede el *skyline* de Nueva York de fondo, levantáis la bandera y el titular será... "(Poned aquí el nombre del grupo que queráis)... conquistan los Estados Unidos"'... Era la misma historia una y otra vez. Ninguno de ellos conquistó los Estados Unidos. ¿Qué fue lo más lejos que llegaron? ¿Nueva York? De ninguna manera has conquistado los Estados Unidos, ¿no te parece?»

A pesar de los esfuerzos de las *majors*, el britpop no consiguió encontrar un público importante fuera del Reino Unido. Como resultado, el mercado nacional se convirtió en un infierno en que unos grupos ultracompetitivos utilizaban cualquier triquiñuela en su carrera por escalar puestos en las listas, y las cifras de venta de mitad de semana de un grupo comenzaron a determinar su destino en manos de los semanarios musicales. «*NME*, en concreto, se obsesionó muchísimo con las cifras de mitad de semana», dice Harper. «De repente descubrieron que existía una cosa que eran las listas de mitad de semana. '¿En qué lugar de la lista de mitad de semana estás?' Estar en el Top 10 te consigue una portada, estar en el Top 20 no te consigue una portada, que te reseñen como el álbum de la semana, que no te reseñen como el álbum de la semana. Se obsesionaron con las cifras de venta.»

Durante dos años, el britpop se convirtió en la ortodoxia, y los grupos que antaño habrían sonado exclusivamente en la radio a la hora de mayor audiencia juvenil se celebraban en los medios de comunicación convencionales y eran respaldados por las campañas propias de las *majors* generalmente reservadas para George Michael. Un género tan sujeto al las cifras de ventas necesitaba el éxito en más de un territorio para justificar ese gasto. El ciclo de los Top 10 de mitad de semana del britpop resultó ser una economía falsa e, inevitablemente, efímera.

«Las compañías discográficas tenía esos objetivos y proyecciones financieras, y esas metas trimestrales que alcanzar», dice Harper. «Siempre estaban con la misma cantinela: 'El álbum uno vendió x, de manera que en el tercer trimestre el álbum dos doblará x, y el álbum tres lo triplicará en el cuarto trimestre'. Estabas allí sentado, más al corriente del espíritu de los tiempos que ellos, y te daban ganas de decir: 'No existe ninguna razón por la que el álbum dos tenga que vender el doble del álbum uno, por no hablar del álbum tres. Sería más atinado decir que el álbum dos será una mierda, de manera que los idiotas que lo compren no van a comprar el álbum tres ni en un millón de años'. Sleeper era el clásico ejemplo... mucho bombo, grandes presupuestos, grandes vídeos, una producción más cara... solo faltaba que te pusieron una pistola en la cabeza... pero eso no va funcionar... es absurdo... anuncios a toda página, bla, bla, bla... se publica el disco, vende dos copias, el grupo se disuelve al son de 'la industria musical es injusta'.»

La prensa musical seguía defendiendo el britpop, y los grupos de segunda y tercera división iban rotando como estrellas de portada mientras sus lanzamientos se promocionaban para que entraran en el Top 20. «Es un tipo de relación bastante simple», dice Harper. «Venden discos para que nosotros podamos vender más revistas; de hecho, podemos conseguir que vendan más discos. Se convirtió en una locura que se alimentaba a sí misma y que luego le estalló en la cara a todo el mundo.»

«En 1996 iba a trabajar y cada semana tenía a un grupo en el Top 20», dice Smith. «Comencé a comprender lo que se siente al estar en un grupo. Tienes la impresión de que hagas lo que hagas seguirás teniendo éxito. Fue una época realmente extraña y peligrosa. En medio de ese desenfreno se contrató a un montón de grupos mediocres, y tampoco hay nada malo en contratar grupos mediocres, es algo que siempre ocurre. Lo que asusta es el momento en que la mediocridad consigue medio millón de libras en marketing y te lo meten por las orejas, y en el 97 la gente estaba ya bastante harta de que les vendieran toda esa basura de manera tan agresiva.»

Lo que había comenzado como una revisión de los Kinks y los Small Faces y el tipo de música británica que parecía olvidado en 1992 había degenerado en la parodia estilo Benny Hill del vídeo de «Country House» y en la poco convincente virilidad del *new lad*.[62]

«Todo el mundo estaba realmente jodido», dice Smith, «porque todos habían tenido demasiado éxito demasiado jóvenes, y demasiado dinero a su disposición. Ninguno de nosotros había tenido ninguna responsabilidad real. Todos empezaron a comprarse cuadros y butacas. Una mañana me desperté y me dije: 'Dios mío, todo esto es una mierda. Puede que tenga una lámpara Eames, pero mi vida es com-

---

62. Ver nota 16 [*N. del T.*]

pletamente absurda'. En aquella época no tenía ningún objetivo, y fue una época horrible, nadie era muy agradable.»

Alejado de esa falsificación de lo típicamente inglés que era el britpop, el sector independiente se había convertido en un aspecto marginal de la industria musical. Cientos de miles de unidades se vendían y se distribuían de manera independiente, casi todas ellas en sellos de baile. El que tenía más éxito económico era Ministry of Sound, que funcionaba como un conglomerado que vendía un estilo de vida para los que iban a los clubs, la versión del sello PWL de la nación rave.

Cualquier música de guitarra diferente de las viñetas de acordes mayores que se oían en las listas era algo minoritario. A comienzos de la década, la tienda de Rough Trade volvía a ser un lugar de reunión informal para los grupos que querían autopublicar sus experimentos afilados y ruidosos. «Evolucionó más o menos de la misma manera que había evolucionado el sello Rough Trade del principio», dice Pete Donne, uno de los tres socios de la tienda. «La gente entraba en la tienda y nos pedía si podía dejar su 7" para que lo vendiéramos. Junto con esa escena de Camden, se veía renacer, hasta cierto punto, la ética del producto casero: en lugar de simplemente enviarle a esa gente la dirección de John Peel, era: '¿Por qué no intentamos hacerlo nosotros?'.»

La tienda de Rough Trade se convirtió de nuevo en un sello discográfico, que derivó su nombre de comprimir el código postal de la tienda W11 IJA en Wiiija (pronunciado Ouija), en el que se reavivaron los valores de autoexpresión e investigación de Rough Trade, aunque a mucha menor escala. Quien dirigía Wiiija era Gary Walker, un dependiente de la tienda que, a sus veintidós años, era un veterano de la escena de Blast First y la Marcha de Camden, y ponía todo su empeño en conseguir que funcionaran los dos fichajes más recientes de Wiiija, Huggy Bear y Cornershop.

Huggy Bear se alineaba con el movimiento Riot Grrrl del Noroeste del Pacífico. Se trataba de una red de fanzines, promotores y grupos en constante evolución que a menudo se definió como punk rock feminista. Era una fuerza con muchos más matices —y mucho más estimulante— de lo que implica una interpretación tan reduccionista. Se trataba de un movimiento que tenía sentido sobre todo en los Estados

Unidos, donde una legislación restrictiva de licencias, la inaccesibilidad a los medios de comunicación convencionales y una infraestructura underground ya existente permitían que funcionara una nueva red autónoma. La escena punk americana independiente tenía un resabio de machismo obrero, un contexto en el que florecía la energía agresiva del Riot Grrrl.

«El acicate del movimiento Riot Grrrl en Inglaterra simplemente no existía», dice Walker. «Si más o menos aparentabas dieciocho años podías conseguir un bolo. Aquí había chicas que tocaban en grupos. Mientras que en los Estados Unidos la cultura dominante era muy opresiva, aquí la cultura dominante absorbía nuevas ideas muy rápidamente.»

El *mainstream* intentó asimilar a Huggy Bear haciendo que aparecieran en el programa *The Word TV*, en el que la banda intervino durante lo que consideraron un momento sexista del programa. Aquello provocó un furor mediático a pequeña escala, incluyendo un artículo de portada en el *Melody Maker*, pero el grupo se resistió a dejarse engatusar por la publicidad de la prensa musical.

Huggy Bear funcionó mejor en el entorno autónomo del programa de Peel, y sus lanzamientos discográficos, uno de los cuales, el single «Her Jazz», fue tan poderoso y contundente como los eslóganes que se escribían en los brazos. Al final todo el mundo estaba tan pendiente del grupo y sus motivaciones que Walker dejó de salir por Camden. Constantemente le preguntaban por qué había contratado a un grupo que «no sabía tocar», y a menudo había gente que abordaba y provocaba al grupo. En el enardecido escenario de los semanarios musicales, cualquier movimiento debe simplificarse hasta sus principios más básicos. Se publicaban artículos que preguntaban: «¿Eres una Riot Grrrl?», una cuestión que a menudo tenía respuestas de lo más inverosímiles. Huggy Bear se negó a participar en el proceso que llevó a que se las tachara de Pollyanna[63] con horquillas, o teóricas diletantes que no habían acabado de comprender los conceptos.

«Huggy Bear hicieron de teloneros de Blur», dice Walker, «y también lo hicieron Cornershop unas cuantas veces. Hubo un par de bolos

---

63. Pollyanna es la protagonista de un clásico infantil de 1913 de Eleanor H. Potter del mismo título, que se define por su visión muy optimista del mundo. [*N. del T.*]

en los que unos idiotas del público las recibieron con el saludo nazi, y acabé comprendiendo que lo que Wiiija estaba haciendo tenía un público muy reducido.»

Huggy Bear llamó la atención de Liz Naylor, que después de unos cuantos años de estar desinteresada de la música había fundado un sello, Catcall, a fin de publicar discos relacionados con el movimiento Riot Grrrl. Su primer lanzamiento fue *Yeah Yeah Yeah Yeah/Our Troubled Youth*, un *split* álbum entre Huggy Bear y Bikini Kill, que eran de Olympia, Washington. «Bikini Kill vinieron a Inglaterra y se quedaron en mi piso», dice. «Se quedaron allí durante un mes. No hicieron más que pasearse, hacer de americanas. No entendían muy bien Inglaterra. Eran un poco: '¿Por qué no podemos hacer un concierto solo de chicas en un sótano cualquiera?'. Daban ganas de contestarles: 'En Inglaterra nadie tiene un puto sótano, todos vivimos en espacios diminutos que no podemos pagar. No está lleno de niñas ricas en plan: "¡Eh! Un concierto solo de chicas"'. Eran un poco punk rock, pero para mí el punk rock eran los Nightingales en un pub.»

La gira compartida que emprendieron Huggy Bear y Bikini Kill constituyó una serie de conciertos catárticos y a menudo desenfrenados. Una gran parte del público conocía Riot Grrrl solo como un fenómeno de la prensa musical, y no sabía muy bien cómo reaccionar a las actuaciones de los grupos. En una ciudad como Glasgow, que simpatizaba con ellas, el concierto fue una poderosa noche de electrizante rock 'n' roll. En ciudades donde se leían menos zines, los conciertos a menudo se desintegraban en melés de cervezas voladoras y acusaciones de ignorancia desde el escenario.[64] «Aquellos conciertos fueron increíbles», dice Naylor. «Estoy orgullosa del caos. Hubo alborotos, fue fantástico. De repente me encontraba en mitad de una pelea pensando: esto es fantástico, es lo que siempre he querido. Steve Albini nunca se metía, pues le preocupaba el coste del micrófono.» La gira fue el último coqueteo con el *mainstream* de Riot Grrrl en el Reino Unido, pero su impacto continuó y sigue creciendo, sobre todo en la era digital.

---

64. Uno de los conciertos más celebrados de la gira tuvo lugar en el TJ's de Newport. Una grabación de las bromas que intercambiaron el público y los grupos acabó publicándose en vinilo. Una de las objeciones más memorables dirigidas a Huggy Bear incluye la repetida frase «menos estructura, menos estructura». [*N. del A.*]

Como prueba de su impacto y valor cultural, Kathleen Hanna donó su archivo de zines y demás material de Riot Grrrl a la Biblioteca de Colecciones Especiales de la Universidad de Nueva York. «Todo acabó bastante mal», dice Naylor, «y la verdad es que no me preocupa que acabara mal. Así es como deberían acabar estas cosas. De todos modos, Huggy Bear comprendió algo del indie. Kathleen es una especie de diva para una generación. Lo mejor de ella es que sabe cuándo parar. Tiene un buen instinto para saber cuándo dejarlo.»

Para Walker, la experiencia de representar a Huggy Bear resultó agotadora pero instructiva. «Cuando terminó, Niki, Chris y Jo no formaron ningún otro grupo», dice. «Lo dejaron y se dedicaron a trabajar en una guardería. Niki trabaja en la cárcel de mujeres de Holloway, y en este sentido predicaron con el ejemplo. Era una cuestión de todo o nada. Y después apareció la versión comercial de todo aquello, lo que yo llamaría la versión de clase media alta, grupos como Sleeper y Echobelly.»

Walker y Huggy Bear generaron suficiente interés en los medios de comunicación por Wiiija, que todavía era un sello en pañales dirigido desde la trastienda de una tienda de discos, como para que las demás compañías discográficas comenzaran a cortejarlos. Martin Mills le ofreció a Walker un contrato dentro del Beggars Group en el que Wiiija formaría parte de la siguiente generación de sellos. El de más éxito sería XL, que a través de su grupo The Prodigy superaría a 4AD como marca más valorada del Beggars Group.

«A decir verdad, nunca me gustó especialmente el britpop», dice Mills. «Era un poco como la siguiente evolución de las *majors*, una música homogeneizada y normalizada, y no resultaba especialmente interesante. Cornershop y Prodigy se movían en un terreno mucho más excitante.» «Firestarter», el single de The Prodigy, se convirtió en un éxito mundial, y llevó al grupo y a su sello de sus raíces breakbeat al *mainstream*.

A finales de los ochenta, XL había comenzado siendo una filial de City Beat, un sello dirigido desde Groove Records, en el Soho. Groove era un destino tan icónico para los chicos y chicas de Londres que practicaban el break dance y buscaban discos de importación de Def Jam como lo había sido Rough Trade para los singles hechos en casa de finales de los setenta. City Beat lo dirigía Tim Palmer, cuya madre era propietaria de Groove y había fundado XL para cubrir la escena rave.

«XL llevó toda una serie de singles al Top 20 de artistas que iban y venían», dice Mills, «pero también estaba Prodigy, que iban a contracorriente y que más o menos reescribieron las normas de cómo convergen los géneros.» The Prodigy comenzó a infiltrarse regularmente en las listas. Su single de debut, «Charly», llegó al número 3, en la época en que Richard Russell dirigía XL. Como DJ y como artista, Russell había pasado de ser cliente regular de Groove a A&R en XL, antes de convertirse en director de la empresa en 1994. «Éramos el sello de la escena del momento», dice, «con todo lo que eso conlleva. Estábamos muy metidos en la música que se hacía; yo era DJ, artista y productor, y todos participábamos de esa música, de manera que todo era muy fluido y tenía un gran impulso. No había reflexión, no había análisis, todo era muy vivo y muy emocionante.»

La escena musical de XL forma parte de la más amplia cultura rave, y queda perfectamente representada en la parte gráfica del álbum de The Prodigy *Music for the Jilted Generation*. La foto del desplegable interior mostraba a un respetable raver —aunque un tanto desaliñado— acercando un cuchillo a un puente de cuerdas para impedir el acceso policial a una rave ilegal.

«Los discos que publicábamos no se oían por la radio. La prensa musical no hablaba de ellos, pero se vendían mucho», dice Russell. «Solíamos vender un par de cientos de miles, todos en vinilo. Si funcionaba cuando lo ponías, ya estaba, era la cosa más sencilla del mundo, y Prodigy era una casete que se vendía por correo. Si tenías una casete que mandar, era evidente que tenías que mandárnosla a nosotros, y en esa época lo escuchábamos todo, porque tampoco nos mandaban tanta cosa, así que era fácil.»

Mills y Beggars recibieron su educación en la escena rave gracias a unos minibuses que llegaban a las oficinas de Alma Road para transportar al personal a los rincones más remotos de Essex para que experimentaran la música y la cultura de XL en su propio entorno. Cuando se lanzó *The Fat of the Land* era ya una experiencia que se comprendía y disfrutaba en todo el mundo. «Primero fuimos un sello rave, y luego fuimos el sello discográfico de The Prodigy», dice Russell. «Nuestro destino era desarrollar todo el potencial de aquello, y eso fue lo que ocurrió en la época en que aparecieron los tres álbumes, hasta el 97, cuando *The Fat of Land* se convirtió en un fenómeno tremendo.»

El público de The Prodigy había crecido hasta el punto de que el grupo tenía un álbum en el número uno en veinte territorios, incluyendo los Estados Unidos. Para Russell y XL era una proeza extraordinaria, que sirvió para sacarle todo el jugo a los años de experiencia de Mills. «Fue número uno en veintisiete países», dice Mills. «Creo que vendió muchos más discos que Oasis en toda su carrera... vendió siete millones y medio de discos en todo el mundo... no creo que Oasis se acercara nunca a esa cifra... fueron unas ventas descomunales lo mires como lo mires. Mientras que muchos discos ingleses solo tienen éxito en su país, este fue mucho más allá.»

«Mucha gente se vuelve loca intentando dirigir un sello independiente», dice Russell. «Yo siempre confié muchísimo en Martin, y eso me permitió seguir siendo lo más creativo posible, por lo que me fue de gran ayuda. Conozco a muchos que hacen las cosas ellos solos, y eso es muy duro, porque te metes en esto como fan de la música, y cuando se convierte en un negocio tienes que enfrentarte a muchas cosas.»

Después del éxito mundial de *The Fat of the Land*, Russell se encontraba completamente agotado. Todas sus energías se habían dedicado a impulsar un grupo en lugar del sello. «Durante el resto de los noventa todo se desinfló un poco», dice. «Un año fuimos a los premios MTV, en Milán. Asistimos a una fiesta en casa de Donatella Versace y Madonna estaba presente, y también George Michael. Ya te lo imaginas. Volví de allí y me fui a una fiesta en Londres donde estaban todos mis amigos y me puse a contárselo, y de repente alguien me dice: 'Hablas como un auténtico capullo', y tenían razón. Pero era muy difícil que no se te fuera la olla con todo aquello, muy, muy difícil.»

La gente veía XL como el sello de The Prodigy y poco más. Cuando Russell termino la campaña de *The Fat of the Land* comprendió que había recibido una educación completa en la industria musical y que ahora estaba en una situación en la que podía cambiar la dinámica de la empresa. «A finales de la década me sentí como si hubiera vuelto a nacer, y me puse a pensar que todo aquello no era lo bastante bueno, que teníamos que hacer cosas más interesantes, y tuve una especie de revelación, tanto personal como acerca de lo que estábamos haciendo, que fue como: 'Ahora podemos hacer cualquier cosa', y entonces fue cuando volví a conectar de verdad con la música.»

Un año más tarde Wiiija y Walker también contribuyeron al impulso del Beggars Group. El tercer álbum de Cornershop, *When I Was Born for the Seventh Time*, se convirtió en un éxito internacional, y en el Reino Unido el grupo estaba en el número uno en las listas de singles con el remix de «Brimful of Asha» de Fatboy Slim. «Lo que realmente hizo triunfar a Cornershop en el Reino Unido», dice Walker, «fue el hecho de que, durante todo el periodo del britpop, las *majors* enviaban a todos los putos periodistas a los Estados Unidos a escribir un artículo: 'Longpigs triunfan en los Estados Unidos', 'Supergrass triunfan en los Estados Unidos'... naturalmente no era cierto, pero aquellos periodistas volvían a Inglaterra y decían: 'Coño, Gary, allí todo el mundo quiere hablar de Cornershop'.»

A mediados de los noventa, Laurence Bell había conseguido que Domino fuera un sello con una identidad diferenciada, una compañía que publicaba álbumes grabados sin demasiado dinero pero con mucha elegancia de artistas sobre todo estadounidenses. Los nombres que figuraban en la lista de lanzamientos —Royal Trux, Palace y Smog— daban la impresión de que el sello representaba con actitud transgresora a artistas marginales. La impresión quedaba confirmada por el hecho de que el sello se había fundado casi en el mismo momento en el que los medios de comunicación, después de años de descubrir el grunge y la música alternativa estadounidense, ahora apoyaban sin reservas el britpop. Un punto de inflexión fue el festival de Reading de 1994, cuando, después del suicidio de Kurt Cobain unos meses antes, las actuaciones de Hole y los Lemonheads se desintegraron en muestras catárticas e incoherentes de aflicción. Unas horas después, la actuación de Sebadoh degeneró en un griterío y en la rotura de instrumentos. «Courtney Love intentó invadir el escenario cuando Sebadoh estaban tocando», dice Bell, «y había muchas lágrimas y sangre y locura en el ambiente, mientras Evan [Dando] se tambaleaba por el escenario. Pero aquella locura era evidentemente más excitante que la gente que estaba obsesionada con su carrera y decía: 'Tenemos una base de fans'. Nadie en Estados Unidos conocía la expresión 'base de fans', ni le importaba una mierda, y todo aquello era muy inspirador.

Esa especie de ambición por hacer carrera que comenzaba a darse en el Reino Unido no hacía más que alentar más ambición.»

Las caóticas escenas vividas en el festival de Reading fueron seguidas de editoriales de «*Yanks Go Home*» en los semanarios musicales. Todo los ojos se volvieron hacia Londres, donde la industria musical de las *majors* y los medios de comunicación se alineaban en la celebración de grupos guitarreros y, según su relato, la capital comenzaba a revivir musicalmente. «Todos abrazaron el britpop muy deprisa, y casi todos los medios se obsesionaron con eso después de la muerte de Kurt», dice Bell. «Eso fue quizá cuando llevaba un año en Domino, y no interesaba a mucha gente. Fueron muy pocos los que nos apoyaron.»

Mark Mitchell había dejado RTM para trabajar con Bell en Domino cuando el sello entró en una existencia precaria, publicando discos meditados y reflexivos en un mercado lleno de observaciones sociales descaradas en tres acordes. No solamente el sello operaba en los márgenes de la cultura musical más extendida, sino que los artistas de Domino carecían de todos los mecanismos que ahora se consideran esenciales para hacer carrera.

«Nadie tenía mánager», dice Mitchell. «Nadie estaba allí para hacer negocio, sino por amor a la música. Si un batería telefoneaba te asustabas, literalmente. Dios mío, debemos de tener problemas.»

Los lanzamientos de Domino eran personales e impresionistas, y se grababan con un presupuesto que apenas habría bastado para pagar los gastos de taxi semanales de un grupo del britpop. Fueran cuales fueran las ambiciones que Bell tenía para el sello, la realidad del mercado se atrincheraba para impedir que una empresa como Domino tuviera éxito. «Lo que me frenaba era no tener dinero», dice. «Aquella era una época muy competitiva. Llegaba un grupo como Moose, se ponían a tocar y pensabas: vaya, son muy buenos, me gustan, y el martes siguiente ya habían firmado con Virgin por un cuarto de millón de libras y se escribían artículos de cuatro páginas sobre ellos, y apenas habían salido de la sala de ensayo. Simplemente pensabas: 'Esto es una chaladura'.»

A pesar de la afabilidad de Bell y su disposición a que sus lanzamientos fueran un reflejo de sus creencias, Domino se encontró en una posición casi de exilio de la industria *mainstream*. Otro sellos independientes como Warp y XL operaban en una cultura distinta a la del britpop y se beneficiaban de la prensa de la música de baile, donde revistas como *Mixmag* ofrecían una prensa alternativa. Domino solo contaba con la cobertura de los semanarios musicales, donde se veía obligado a competir con la cultura del Top 20 de mitad de semana. Se consideraba un sello de gente obstinada, que se había granjeado una frustrante reputación por negarse a alcanzar el éxito.

«Lo mires por donde lo mires, no fue una buena época», dice Bell. «Todo consistía en dar en la diana. Los amigos de la industria me decían: 'Hay gente que piensa que estáis locos', ya sabes. Pero yo me tomaba muy en serio ser un sello y sobrevivir como tal, y crecer como sello. Puedes leer todos los libros que quieras acerca de Atlantic en los cincuenta y los sesenta, pero nosotros estábamos en Putney en los noventa e íbamos improvisando sobre la marcha.»

A veces la sensación de aislamiento de Domino se hacía palpable. Mitchell era mánager de giras *ad hoc* para varios artistas. Dado que casi nunca iban de gira, la experiencia resultó complicada. También ilustraba lo lejos que estaba el sello del *mainstream*. A medida que se lanzaba una nueva generación de festivales corporativos como V y T in the Park para capitalizar la música guitarrera, Mitchell se abría paso través de extrañas psiques y carreteras rurales del sur de Europa.

«Fui a España con Will Oldham y Bill Callahan», dice. «Pasé tres o cuatro días con ellos en esa gira acústica conjunta. Mis dos peores experiencias durante una gira tuvieron lugar en Domino, una con Will y Bill, y la otra con Flying Saucer Attack. Tenías que pasar días en un sitio cerrado con gente que no hablaba ni se comunicaba... No sabías ni dónde estabas. Era una especie de terapia eduardiana ridículamente hardcore.»

En 1996 a Bell se le unió Jacqui Rice como socia, y en una jugada que revelaba las ambiciones del sello, Domino contrató a Pavement. El grupo regresó con uno de sus discos más coherentes y contundentes, *Brighten the Corners*. Pavement habían estado ausentes durante dos años, y a su regreso se encontraron con que eran la sensación de Londres y una suerte de estrategia de salida para los grupos atrapados en la prolija deflación del britpop.

«Se presentaron con *Brighten the Corners*», dice Bell. «Todo el mundo se puso en plan: 'Cojonudo, esto es lo que tiene que ser un grupo'. Tenían muchas cosas de las que la gente estaba celosa. Tenían melodías y ese glamour desenfadado, tenían canciones, y la gente se daba cuenta de que el grupo improvisaba sobre la marcha con su insoportable cantidad de talento. Creo que todos deseaban ser un poco como ellos, porque todos habían pretendido hacer carrera en serio en el West End de Londres.»

El quinto álbum de Blur, que llevaba el nombre del grupo, se públic el mismo día que *Brighten the Corners*, y además de vestir con camisetas de béisbol descoloridas en lugar de los habituales polos Fred Perry, el grupo nombraba a Pavement en las entrevistas.

Un año más tarde Domino lanzó *Either/Or*, de Elliott Smith, un cantante y compositor de Portland, una colección de canciones nostálgicas y llenas de agudas observaciones. Rápidamente conectó con el público, ocupando el espacio que había abierto el atormentado y desolado disco de Nirvana *MTV Unplugged in New York*.

El antiguo agente de Nirvana, Russell Warby, recibió ofertas de los Estados Unidos para montar la primera gira de Smith en Europa, y poco a poco se fue creando una relación con el cantante. «Le gustaba alojarse en el Hotel Russell de Londres, porque el personal era tan incompetente que nunca le daban los recados ni le ponían las llamadas. Fui a visitarlo al estudio y mantuvimos una breve charla, y me decía: 'Se me acaba de ocurrir esta idea, a ver cómo sale', y podías ver cómo se apasionaba: era algo que necesitaba cantar y que grababa de inmediato. Tenía un carácter espantoso. La verdad es que nunca lo padecí en persona, pero solía comentarlo él mismo, y oías a gente hablar de que se había metido en una u otra pelea.»

Después de *Either/Or*, Domino lanzó el resto del catálogo de Smith, que fue recibido con entusiasmo y permitió que el sello se situara un poco más cerca del centro del negocio musical. «Después de años de auténtica lucha era realmente penoso escuchar a la prensa decir: 'Tenéis que escuchar a esta gente, Will y Bill. Son los mejores compositores que hay, sus canciones perdurarán durante décadas', y era realmente difícil conseguir una reseña con foto. Y después de Elliott, Will regresó como Bonnie 'Prince' Billy, y de repente todo el mundo decía: 'Esto son obras maestras'.»

El renovado interés en las canciones contemplativas tuvo también sus inconvenientes. Domino se vio desbordado de cintas de una serie de jóvenes muy serios que habían vertido toda su experiencia vital en sus guitarras acústicas Martin de imitación recién compradas. Varios firmaron con *majors* y recibieron la aclamación de la crítica.

«Todo eso provocó que la gente fuera por ahí diciendo: 'Ahora el silencio es el nuevo ruido', o algo igual de ridículo», dice Bell, «porque había un montón de ingleses que eran una mierda tocando música acústica.»

El resplandor de *Either/Or* fue efímero, pues tanto el sello como la música que representaba comenzaron a fragmentarse. «Tuve la impresión de que esa asombrosa generación de estadounidenses con los que habíamos trabajado comenzaba a acabarse», dice Bell. «Pavement se disolvieron en noviembre del 99. Royal Trux se disolvieron seis meses más tarde. Sebadoh se desintegró más o menos en la misma época que Elliott se fue con DreamWorks.»

A comienzos del milenio, Domino logró un nuevo éxito con Four Tet y se alejó de la música acústica. También abrió una oficina en Nueva York, donde muchos de sus lanzamientos encontraron un público más amplio que en el Reino Unido. A pesar de todos los pasos que dio para crecer, Bell, una persona positiva y optimista por naturaleza, descubrió que su frustración con la industria comenzaba a pasarle factura. «Me desilusioné mucho», dice. «A principios de la década del 2000 las cosas se pusieron muy duras, económicamente lo pasé mal, y siempre pasaba apuros para reunir el dinero con que pagar el alquiler y poder hacer algo. Nos planteamos definitivamente dejarlo todo, devolver las cintas a los artistas, quemarlo todo en una especie de numerito a lo KLF y pasar página. Sin duda hubo momentos muy tristes, pero quizá siempre tienes la esperanza de la luz al final del túnel. De todos modos, hubo un largo periodo de nada, de simplemente exclamar: 'Hostia, puta, ¿dónde vamos a encontrar algo que valga la pena?'.»

20. IS THIS IT?[65]

Jeannette Lee y Geoff Travis en las oficinas de Rough Trade *(fotografía cortesía de Rob Murray)*

---

65. Sin interrogante, es el título del álbum de debut de The Strokes (2001) y del primer corte de este. [*N. del T.*]

E n «Champagne Supernova», la última canción del segundo álbum de Oasis, *What's the Story (Morning Glory)?*, se podía oír el verso: «¿Dónde estabas cuando nos colocábamos?». Podría haber estado dedicado a Alan McGee, que había permanecido completamente ausente del tumultuoso ascenso del grupo. Al cabo de un año de recuperación y convalecencia, McGee se reincorporó lentamente al sello, que se había trasladado a unas oficinas recién compradas, una escuela reformada en la saludable zona de Primrose Hill, una ubicación que encajaba con el perfil de Creation de discográfica de más éxito en Gran Bretaña.

A los empleados que llevaban allí mucho tiempo les pareció que McGee había capeado sus problemas con el alcohol y las drogas razonablemente bien. Ahora que estaba sobrio, disfrutaba de los aspectos más mundanos y técnicos de la compañía; después de tanta cháchara alimentada por la droga de que había que encontrar un grupo que vendiera un millón de copias, gracias a Oasis ahora Creation lo había conseguido. «Creo que, en cierto modo, Alan regresó y se lo pasó mucho mejor que antes», dice Kyllo. «Fue una época muy dinámica, ocurrían muchas cosas y teníamos un programa de lanzamientos muy exigente, sobre todo después de Oasis.»

McGee también descubrió que era el director general de una compañía cuyas prioridades habían cambiado. El principal mecanismo de marketing de Creation había consistido en proporcionar a los periodistas, compradores de las tiendas de discos y empresas de distribución subidones indirectos de rock 'n' roll e invitaciones para los conciertos. Tim Abbott había aprovechado ese atrevido amateurismo y lo había convertido en una propuesta de venta única inclusiva y ambiciosa para Oasis; el resto del catálogo Creation se beneficiaría de la fría y exacta ciencia del marketing competitivo y por objetivos de High Street. Creation lanzó tres singles de *Grand Prix* de Teenage Fanclub, cada uno con un presupuesto de cien mil libras para garantizar que entrarían en las listas del Top 20. Antes de sumar los costes adicionales de promoción y marketing del álbum, Creation estaba gastando más en cada uno de los singles de *Grand Prix* que lo que había gastado en grabar sus dos últimos álbumes.

A su regreso McGee estuvo más o menos pluriempleado. Además de ser director de Creation y asesorar al New Labour en su estrategia de Industrias Creativas y en las vagas ideas del partido a la hora de conectar con los jóvenes, mientras se recuperaba había redescubierto el amor que había sentido en la infancia por los Rangers. Como el fútbol se convirtió en un símbolo importante de esa época, el renovado interés de McGee por ese deporte se centró en el Chelsea, donde cada sábado él y Ed Ball ocupaban sus asientos en tribuna.[66] Como ahora se requería su colaboración en los tabloides y en la prensa económica —donde generalmente se le conocía como «Mr. Oasis»—, se le pedía regularmente su opinión y se convirtió en una especie de celebridad. Detrás de su imagen ejecutiva de persona elegante y ambiciosa, aún asomaban destellos de su antiguo carácter quijotesco. En 1997 él y Ed Ball grabaron un LP de bajo y batería.

No desaparecieron los tradicionales parásitos de Creation, ni el ritual de encontrar empleo para los jóvenes. El nuevo Creation, fácil de usar, extraía ahora su personal de un grupo distinto de personajes de los que les había acompañado antes de fiesta. En lugar de contratar a traficantes de droga y promotores de club, Creation ahora ofrecía empleo a corto plazo a gente relacionada con el mundillo de los famosos, en ascenso en la época. «Ed Ball abandonó el Chelsea

---

66. En Creation eran tan fans del Chelsea que la página web del sello estaba decorada de color azul y proliferaban las metáfora visuales de las bufandas del equipo. Para más inri, en la página se encontraban apartados como «Hablemos del equipo», «Desde el banquillo» y «El vestuario». [*N. del A.*]

cuando echaron a Vialli», dice Kyllo, «pero había futbolistas del Chelsea que venían a las oficinas de Primrose Hill, y Alan se los llevaba al almacén y les regalaba CD. Hasta la novia de un futbolista del equipo en cierto momento entró a trabajar en la empresa.»

Fuera cual fuera su estilo de vida, McGee era consciente de que parte de la actitud rockera que les había granjeado su reputación en Westgate Street había sobrevivido en las nuevas oficinas de Creation. «Al parecer en Primrose Hill celebraban orgías», dice, «pero como me tenían mucho miedo, nunca me invitaban.»

Una consecuencia del éxito sin precedentes de Oasis fue que Creation estaba lleno de grupos deudores de su sonido e imagen, sobre todo Heavy Stereo y Hurricane #1. Para un sello que ahora se guiaba por el marketing y tenía un volumen de ventas que definían una época, se esperaba que dichos grupos tuvieran éxito. Mientras que nadie en Creation preveía que ni Heavy Stereo ni Hurricane #1 alcanzaran los volúmenes de ventas de Oasis, los grupos se sometían al proceso de marketing de Primrose Hill, aunque sin grandes consecuencias.

Mark Bowen se había educado en la cultura precaria del Creation anterior al acuerdo con Sony, y ahora era A&R del sello. El cambio de clima había provocado un extraño momento de shock cultural. Creation contaba ahora con abundante personal y se adaptaba a las exigencias del mercado del Top 10. «Probablemente hubo un momento en el año 98», dice, «en el que iba a ver un grupo por primera vez y pensaba: esto es increíble, me encanta, pero evidentemente no está a la altura de Creation.»

El resto de la industria también se había posicionado para vender grupos guitarreros, mientras la segunda o tercera oleada del britpop veía cómo los A&R de las *majors* se atenían rígidamente a la fórmula y contrataban a cualquiera que tocara en Camden y exhibiera las características imprescindibles de bravuconería y guitarra retro. «De repente te ibas al Falcon o al Dublin Castle», dice Bowen, «y básicamente había un montón de tipos con las metafóricas chequeras en mano. Veías al mismo grupo y pensabas, fuera bueno o malo, que estas bandas habrían firmado con indies y grabado discos, y de repente, antes de grabar una maqueta o dar tres conciertos, ya habían firmado con una *major* y a por todas.»

Bowen hizo caso omiso de las promesas de Camden y contrató a un grupo que se encontraba en la tradición experimental-melódica de la cosecha Creation de principios de los noventa: Super Furry Animals, un grupo galés radicado en Cardiff. «Todo ocurrió como en el Creation de la vieja escuela», dice. «Las maquetas eran increíbles y a Alan no le importó que cantaran en galés. Los apoyó mucho. Fue Alan quien insistió que pusiéramos 'The Man Don't Give a Fuck' como cara A.»

La experiencia de Bowen en la escena punk en lengua galesa de finales de los ochenta, cuando grupos como Datblygu e Y Cruff mezclaban la política nacionalista con un ruido airado y feroz, era una tradición cultural que compartía con el grupo. «Era gente de mi edad que procedía de un entorno cultural parecido», dice. «Un poco diferentes, ya que eran del norte de Gales y hablaban galés, mientras que yo era de Cardiff, pero ya se habían oído bandas de tributo a los Mary Chain cantando en galés, y en su juventud habían acabado tan obsesionados con Creation como yo.»

Detrás del monolito de marca Oasis, el programa de lanzamientos de Creation comenzaba a insinuar que McGee se había vuelto a familiarizar con algunas de sus tendencias más impetuosas y traviesas. Además de alentar y financiar la compra de un tanque por parte de Super Furry Animals, utilizó el dinero de Oasis para sufragar los discos de Nick Heyward y le ofreció un contrato al bajista de los Sex Pistols, Glen Matlock. También animaba a parte de la vieja guardia de Creation a que se lo pasaran bien. En cualquier momento Ed Ball tenía al menos dos discos en producción; incluso volvió a reunir a su grupo anterior a Television Personalities, los Teenage Filmstars, para grabar un álbum. Joe Foster regresó del desierto y se programó provisionalmente grabar un hipotético LP de Slaughter Joe. Y lo más inverosímil de todo, Pat Fish, de The Jazz Butcher, inició un nuevo proyecto, Sumusonic, que exploraba los teclados y los ritmos techno. Sumusonic lo componían Fish y tres modelos femeninas.[67]

---

67. Además de la compra del tanque, quizá el momento más radical y lúdico de la generosidad post-Oasis de McGee consistió en grabar y publicar *Slinky* de The John McGee Orchestra. Todo el álbum era el padre de McGee dirigiendo arreglos orquestales de las canciones de Ed Ball. [*N. del A.*]

McGee ya no era tan íntimo de Primal Scream como antes; su estilo de vida era tan diferente que le resultaba casi imposible compartir ningún momento con el grupo. Estos habían pasado por altibajos similares a los que habían perjudicado a McGee, y habían desarrollado una mentalidad de búnker de la que se habían reagrupado en 1997 para publicar el álbum *Vanishing Point*. Era un disco denso y melancólico, y perforaba los estertores de muerte del britpop con furia y temor. En un auténtico estilo Primal Scream, su lanzamiento fue acompañado de referencias de trazo grueso que no descuidaban nada. La parte gráfica del álbum se diseñó de manera exacta siguiendo el estilo del sello de reggae Blood & Fire, y el segundo single del álbum, «Star», mostraba en la cubierta una fotografía de un Pantera Negra. Aunque un tanto incongruente, suponía un ligero alivio a la sucesión de tipos previsibles con impermeable que llenaban las estanterías de las tiendas de discos.

McGee, por mucho que disfrutara de ser el foco de atención y de la reputación mundial de Creation, se estaba volviendo cada vez más apático. Cuando Oasis tocó ante una multitud en el festival de Knebworth durante dos noches, en el fondo de su corazón se dio cuenta de que ese era el momento culminante. «Me encanta el rock 'n' roll», dice, «pero hay un punto, incluso en mi caso, cuando Oasis llegan en helicóptero a Knebworth y hay una multitud de 125.000 personas, que es de risa. Ese fue el punto en el que me dije: 'Ahora hay que dejarlo', pero no tuve las pelotas para hacerlo, y debería haberlo hecho entonces. Habría sido más contundente dejarlo en Knebworth y permitir que ellos montaran su propia compañía de discos.»

Pero uno de los siguientes artistas de Creation resultaría ser uno de los más polémicos del sello. Kevin Rowland había soportado momentos dolorosos y años de ostracismo después de su carrera millonaria con Dexys Midnight Runners. Después de una larga lucha contra su adicción a las drogas, ahora estaba a punto de grabar un nuevo disco, y McGee no vaciló a la hora de trabajar con uno de sus héroes. Rowland grabó un LP de versiones cuyas letras alteró para convertirlas en autobiográficas y que reflejaran las experiencias por las que había pasado. El disco, titulado *My Beauty*, presentaba algunas interpretaciones de Rowland que estaban a la altura de lo mejor que había hecho para Dexys. *My Beauty* debería haber encontrado un público receptivo que diera la bienvenida a un héroe que regresaba y que había hallado la salvación en una serie de canciones tremendamente vitalistas. Además de encontrar un sentido en un material que había oído desde que era adolescente, Rowland también se había aficionado a llevar un «vestido de hombre», un disfraz al que de vez en cuando añadía joyas y maquillaje, algo que hizo para la cubierta del disco, que mostraba al cantante con un vestido morado.

En una época más inteligente, el gesto se podría haber considerado otro ejemplo de las excentricidades de Rowland. El cantante a menudo había cambiado de aspecto: los Dexys Midnight Runner habían aparecido vestidos muchas veces de estibadores, gitanos y niñatos de Wall Street, pero en el punto álgido de la época de *Loaded*,[68] a la mayoría de sus fans originales su nuevo vestuario les parecía chocante.

El video del single del álbum, «Concrete and Clay», también estaba lejos de ser convencional. Entre planos detalle de los muslos enfundados en medias de Rowland, se veía al cantante evolucionando de manera provocativa con unas bailarinas exóticas, mientras unas coristas vestidas de ángeles lo arrullaban con aprobación.

La experiencia y los presupuestos de marketing de Creation consiguieron que la imagen travestida de Rowland apareciera en carteles por todo el país, algo que, en lugar de promocionar el álbum, prácticamente garantizó su muerte. «De no haber sido por la portada con Kevin vestido con un sarong, habríamos llegado al público de Radio 2», dice McGee. «Es un disco increíble. Pero ya sabes, Kevin es Kevin, y nadie puede decirle lo que tiene que hacer. ¡La gente creía que yo le había obligado!»

Había otro factor que rondaba por la mente de McGee. Sin ningún propósito común ni enemigo contra el que luchar, en medio de los éxitos y la tranquilidad, estaba cada vez más aburrido del sello, y mentalmente ya había comenzado a distanciarse de Creation. «Con *My Beauty* tenía dos opciones», dice. «Lanzarlo tal cual o no lanzarlo. De todos modos, era el final de Creation. La verdad es que ya no podía más, y un día telefoneé a Dick y le dije: 'Joder, estoy hasta los

---

68. Era lo que se suele denominar «una revista para hombres», sobre moda, tendencias, etc. [*N. del T.*]

huevos de este sello', y creo que fue una bocanada de aire fresco para él poder decir por fin la verdad: 'Yo también estoy harto hace años, y he estado esperando que me dijeras que ya estabas hasta las narices'.»

Mientras McGee comenzaba a examinar las páginas del acuerdo entre Sony y Creation para comprobar cuáles serían las ramificaciones de cerrar la empresa, también quedó claro que el sello podría terminar en uno de sus mejores momentos. Primal Scream acababa de grabar un nuevo álbum, *XTRMNTR*, que no solo igualaba la cumbre creativa de *Screamadelica*, sino que era su espíritu amenazador y nihilista.

Jeff Barrett siempre había colaborado con Primal Scream, ya fuera de una manera formal o informal, o ambas a la vez. Tuvo una importante participación en *XTRMNTR*, pues contribuyó a supervisar el lanzamiento en ausencia de los directores de Creation, que estaban absortos en el proceso de cierre del sello, mientras Sony, McGee, Green y sus abogados negociaban un acuerdo. «Bobby [Gillespie] estaba realmente enfadado porque no nos habíamos implicado en *XTRMNTR*, cosa que me parece normal», dice McGee. «Pero yo no soportaba a Sony, que comprendieron que teniendo en cuenta nuestros gastos generales podrían haberse ahorrado medio millón si nos hubieran dejado marchar seis meses antes, y en ese momento yo ya quería tirarme por la ventana, tío, ¡vamos!'.»

XTRMNTR fue el último álbum de Creation y su última obra maestra. Después de una larga serie de discos no demasiado meditados y con mucho marketing, el sello había regresado a sus raíces lanzando un disco de rock 'n' roll enérgico y volátil. Además de exhibir una de las mejores líneas de guitarra de Kevin Shields, la canción final, «Shoot Speed/Kill Light» reintroducía la palabra «*speed*»[69] en el vocabulario de Creation. Durante sus primeros años de portadas desplegables, el *speed* había sido uno de los símbolos claves de Creation y aparecido en muchos de los títulos de sus canciones. En ese último lanzamiento, el sello celebra una vez más la velocidad.

La decisión de McGee de cerrar Creation despertó algunos rencores. Primal Scream sobre todo, cuyos miembros conocía desde que eran adolescentes y que había sido el grupo insignia del sello, se sen-

---

69. Se refiere a la droga y también a la velocidad. [*N. del T.*]

tían abandonados. «Yo nunca dije que aquello iba a ser de por vida. Nunca dije que iba a ser el padre de Primal Scream», dice McGee, «y, ¿sabes qué?, no soy perfecto, y quizá los abandoné en un momento especialmente jodido para ellos, y si fue así les pido perdón. La cagué, y la gente se cabreó. Pero creo que no me comprenden, no me interesa la música indie, y no es porque crea que yo soy mejor que la música indie, no era más que un medio para alcanzar un fin.»

Lejos de los efectos secundarios del fallecimiento del sello, Dick Green le había propuesto discretamente a Bowen la posibilidad de hacer algo juntos. Habían desarrollado una estrecha relación laboral que nada tenía que ver con la sala de máquinas de Oasis, en la que mantenían la buena relación del sello con los grupos que habían firmado antes del traslado a Primrose Hill, sobre todo con los Boo Radleys y Teenage Fanclub. Green le sugirió a Bowen que, si iban a trabajar juntos, debían encontrar inspiración en la época de Creation anterior a los discos de oro, que era la que más despertaba el afecto de Green. «Dick estaba allí conmigo y dijo: 'Mira, me gustaría montar otro sello'», dice Bowen, «'pero será completamente diferente a lo que estamos haciendo: sin personal, sin oficina, volviendo a lo básico, empezando otra vez, empezando desde el principio, lejos de todo esto', y no tuve que pensármelo dos veces.»

Un año después de la defunción de Creation, McGee montó un nuevo sello, Poptones, con el respaldo financiero de los fundadores de Richer Sounds. Poptones no duró mucho y alcanzó el éxito mundial con The Hives, algo que acabó convenciendo a McGee de que no solo se había aburrido de Creation, sino del negocio musical en general. Green y Bowen lanzaron su propia compañía, Wichita, con una mínima fanfarria y pocas referencias a sus vidas anteriores, y poco a poco le dieron forma al sello que habían imaginado, donde lo más importante era el artista. «Dick es un tipo fantástico», dice McGee. «Para ser sincero, hizo lo que yo no conseguí hacer, que era tener dos discográficas de éxito seguidas.»

Creation cesó sus actividades en 1999. Tres años más tarde Daniel Miller vendió Mute a EMI. Miller tomó esa importantísima decisión tras comprender que su negocio había caído en un ciclo estresante y repetitivo. «En diversas ocasiones durante la historia de Mute, habíamos tenido que despedir a trabajadores y volver a contratar», dice. «Tienes que contratar a empleados de más para controlar la situación, pero luego dices: 'Bueno, esto ya no me lo puedo permitir'. Y era muy doloroso. Para mí, todo ese rollo del britpop lo jodió todo, a lo que hay que añadir que fue una época terrible para la música: era como si hubiéramos caído en un bucle. Ni la prensa ni la radio te hacían caso. Los medios de comunicación eran malos y poco imaginativos, y aquello parecía el final de la música.»

La frustración de Miller queda ejemplificada por la falta de cobertura mediática del álbum *Play* de Moby. Era el quinto álbum del artista en lo que había sido una carrera esporádica en la que había ido cambiando de género, y que había comenzado con un single en el número uno y con el éxito mundial de «Go», seguido de versiones de Joy Division. Era un tipo de carrera que ya no interesaba a los medios de comunicación, que solo prestaban atención al éxito, y que medían la importancia del artista comparándolo con la curva exponencial de los grupos guitarreros que vendían un millón de discos. *Play* era una colección de canciones de amor electrónicas en las que encontrabas samples de góspel etnográficos y una producción fresca. También fue uno de los primeros álbumes que se beneficiaron de la nueva estrategia de las *syncs*, o sincronizaciones, el uso del material de un artista en un anuncio. La sincronización había comenzado a mediados de los ochenta, cuando la publicidad desenterró singles de soul de los cincuenta y los sesenta para vender tejanos Levi's 501. A mediados de los noventa esa tendencia había pasado a incluir canciones de artistas contemporáneos, lo que proporcionaba una compensación instantánea, aunque arriesgada para la reputación, de una manera que las listas del Top 40 ya no podían garantizar. Para el lanzamiento de *Play*, Moby emitió un comunicado de prensa en el que afirmaba que la ubicuidad de la sincronización había alcanzado un nuevo nivel: según el relaciones públicas, todas las canciones del álbum se utilizaron en algún anuncio.

«No fueron todas las canciones», dice Miller. «Ese es un mito perpetuado por Moby, que yo creo que le salió mal. Había gente que se me acercaba y me decía: '¿Cómo es que no vende más?', y yo no sabía explicarlo. La radio me venía con sus chorradas de siempre, con alguna excusa —es demasiado joven, demasiado viejo, demasiado lento, demasiado rápido, demasiado electrónico, no lo bastante electrónico, lo que fuera—, de manera que cuando teníamos una oportunidad, decidíamos aprovecharla, y Moby siempre estaba dispuesto. 'Si la radio no va a poner el puto disco, que lo oigan de esta otra manera.'»

Play había coincidido con la primera vez que Miller experimentó graves problemas económicos. Hacía años que Mute no publicado ningún álbum de Depeche Mode, y el grupo se encontraba en un paréntesis. Los artistas que habían vendido más durante la historia de Mute, como Nick Cave and the Bad Seeds, habían alcanzado un estancamiento en las ventas, ventas que algunos de los nuevos artistas contratados se esforzaban por conseguir. «Entre mediados y finales de los noventa había llegado a ese punto en el que por primera vez teníamos auténticos problemas económicos... La gestión no era mala... y seguíamos vendiendo un montón de discos en el extranjero y obteniendo buenos adelantos, pero el negocio subyacente era malo, y me encontraba en una posición en la que iba a tener que comenzar a hablar con algunas personas acerca de la posibilidad de trabajar juntos.»

Mute era el último sello que había comenzado en la vanguardia post-punk y seguía siendo independiente. Si Miller iba a vender la compañía, procuraría no repetir los errores que había visto en algunos de sus contemporáneos. McGee había vendido el 49% de Creation a Sony por una suma considerable, que había aumentado significativamente por el éxito de Oasis. Sin embargo, cuando Oasis acabó siendo una entidad más grande que la propia compañía, Creation se había convertido en socio minoritario en la relación a tres bandas entre Sony, Oasis y ellos. Aunque técnicamente Sony poseía la mitad minoritaria del sello, en realidad era propietaria de mucho más.

«Mi abogado me dijo», cuenta Miller, «que el problema con esos acuerdos es que constantemente acabas negociando para sobrevivir y compitiendo por mejorar tu posición. Al final en Creation había un montón de gente de Sony y cosas así. No sé si alguien sabe lo que hay que hacer, pero los pros y los contras del acuerdo con EMI no tenían nada que ver con el hecho de que fuera el 49, el 51 o el 100%... eso daba igual. Lo que yo pensaba era: o estás dentro o estás fuera.»

Cuando Miller comenzó las negociaciones, el momento era favorable, aunque tardaron un año en completarse. Mute volvió a tener suerte y *Play* acabó siendo un bombazo. «Me fui inmediatamente después de un par de grandes discos, por lo que me dije que eso iba a ser lo más que iba a conseguir por el sello, y tenía razón... y luego, naturalmente, la industria se fue a la porra.»

Hasta qué punto Mute fue un sello importante queda perfectamente ilustrado por el número de artistas con los que Miller había trabajado y seguían en el sello. Como ejemplos de carreras largas e importantes que unieron a un artista y su sello se ponen a menudo los de Pink Floyd y los Beatles con EMI. Depeche Mode y Nick Cave habían disfrutado de carreras más largas con Miller y Mute, un homenaje tanto a su lealtad como a su capacidad para reconocer los cambios en el mercado mucho antes que sus rivales. «El primer contrato que hice con Depeche tuvo lugar cuando su carrera había comenzado hacía tiempo», dice Miller. «Acabamos repartiendo los beneficios al 50%, pero ellos tuvieron que hacer un contrato por otras razones legales. El rumbo que ahora sigue la industria es más de ese estilo, no sin contratos, pero más como una sociedad. ¿Qué posibilidades de sobrevivir tiene hoy en día una discográfica si no se abre a otras opciones?»[70]

Un año antes de que Miller y McGee vendieran, volvían a estar unidos en el mercado gracias a uno de sus contemporáneos, alguien que había sido una discreta presencia durante casi una década. En 1999 Geoff Travis y Jeannette Lee relanzaron Rough Trade, y casi al instante alcanzaron ese éxito independiente al que iba asociado su nombre.

Jeannette Lee había trabajado con Travis desde que Rough Trade comenzara a fracturarse en las oficinas de Seven Sisters Road, donde Andy Childs se les había unido como director de sello. Después de la disolución del grupo de empresas Rough Trade en 1991, los restos de Rough Trade Records —Travis, Lee, Andy Childs y un puñado de empleados— se trasladaron a una pequeña oficina en Golborne Road. El local, planta baja y sótano, estaba a diez minutos andando

---

70. En el 2010 Miller recuperó el control de Mute y el sello vuelve a ser independiente. EMI, sin embargo, sufrió un destino más trágico. Los últimos propietarios de la antigua compañía matriz de Mute, el grupo de capital privado Terra Firma, la vendió con pérdidas a precio de saldo. [*N. del A.*]

de la tienda original de Rough Trade, y reconectó a Travis con sus raíces en Ladbroke Grove. «Creo que Jeannette es increíblemente importante en todo esto», dice Childs. «Geoff siempre confió en los conocimientos y en el gusto musical de Jeannette. Como A&R, Travis siempre hablaba en términos de: 'Nos gusta esto' o 'Nos gusta aquello'. Jeannette comprende la manera de pensar y trabajar de los artistas y es capaz de relacionarse con ellos. No me imagino a Travis sin Jeannette a su lado.»

Cuando Lee era una adolescente, en los setenta, había trabajado con Don Letts en la boutique punk de King's Road, Acme Attractions, un empleo que la había colocado en el centro del clan familiar de los Clash en el oeste de Londres. Durante los primeros años de Rough Trade, solo había conocido a Travis de vista. «Recuerdo haberlo visto en el metro, yo iba con Don», dice Lee. «Nos apeamos en Marble Arch y él estaba delante de nosotros con su gran peinado afro y un enorme impermeable, y nosotros nos pusimos en plan: 'Oh, ahí está Geoff Travis... menudo hippie'.»

Como miembro de Public Image Limited, Lee había sido de hecho la mánager del grupo, y había aprendido a negociar y defender los intereses de la banda frente a las compañías discográficas, habilidades que le habían permitido desarrollar un conocimiento detallado de la industria y que la había llevado a relacionarse con algunas de sus principales figuras. «Yo era la embajadora de PiL en la empresa discográfica», dice. «Siempre me llevé bien con la gente, pero por lo que se refería a nosotros, ellos siempre estaban en el otro bando. Conocía a Richard Branson, y a la gente eso le gusta mucho.»

Durante el cierre de Rough Trade, Lee y Travis habían comenzado a ejercer de mánagers de algunos grupos, y su mayor éxito había sido Pulp. La experiencia de Lee en el negocio fuera del medio de Rough Trade y su entusiasmo y energía revivieron a Travis cuando este comenzaba a salir del cierre del sello. A mediados de los noventa, Lee y Travis eran socios, y la idea de relanzar Rough Trade como discográfica fermentaba en su mente. En cuanto se hubo curado las heridas del hundimiento de la compañía original, Travis intentó unas cuantas veces utilizar una vez más el nombre. One Little Indian había comprado parte del catálogo y el nombre de Rough Trade durante la venta de la empresa. Una hipotética sociedad entre Travis, Lee y One

Little Indian apenas despegó, y Trade 2, un sello con Island, tampoco tuvo éxito.

«No creo que nunca se le fuera de la cabeza lo del sello», dice Lee. «Siempre lo tenía ahí, e intentábamos llevarlo a cabo al tiempo que nos dedicábamos de pleno a otras cosas. Se tarda unos cuantos años en montar una cosa así con un nuevo grupo de gente y ver cómo fracasa... Pasamos por la fundación y el fracaso del sello con One Little Indian, y luego lo mismo con Island, de manera que aprovechamos bastante esos nueve años.»

En cuanto la propiedad hubo revertido a Travis y Lee, se les unió James Endeacott como director de A&R del sello. Endeacott tenía un pasado pintoresco, firmemente arraigado en el mundo de las independientes, y encajaba con su exuberancia natural y sus característicos rizos rubio-fresa. Había sido miembro de Loop, después de lo cual le habían ofrecido un empleo (aunque sin salario) en Creation durante la época de Clerkenwell, antes de que finalmente pasara a ser mánager de Tindersticks.[71] En Rough Trade le encomendaron la misión de fichar nuevos talentos para la nueva fase del sello, que coincidiría con el inicio del nuevo milenio.

«Yo no era ningún novato. Ya había cumplido los treinta», dice, «pero se abrió esa puerta: ese intervalo entre las seis y las diez cuando los grupos están tocando, el tiempo que antaño solía viajar, ahora simplemente lo pasaba en el pub. Toda mi vida se convirtió en una interminable sucesión de bares y bolos hasta que me caía. Fue la mejor época de mi vida... fantástica.»

Rough Trade todavía tenía que reunir un catálogo para empezar de nuevo, y Endeacott tenía permiso para investigar todo lo que el circuito de clubs indies tenía que ofrecer. Los primeros lanzamientos fueron más o menos variados, ni Terris, Birthday o Cadallaca grabarían más álbumes. Hubo otro artista que despertó la perplejidad de más de uno, que se preguntó hacia dónde se enfocaban exactamente las antenas de Rough Trade. «Teníamos un grupo llamado Queen Adreena», dice Endeacott. «Era una especie de rollo gótico, metal enloquecido, y la cantante solía quitarse la ropa y ponerse a gritar.»

---

71. Endeacott, junto con sus compañeros Loop, aparece en la portada de *Heaven's End*, el primero por la izquierda. [*N. del A.*]

El grupo que iba a reconfirmar a Rough Trade como un sello eminentemente independiente le había hecho llegar a Travis una cinta a través de uno de los contactos de este, Matt Hickey, que llevaba la programación del Mercury Lounge club de Nueva York. El casete era de los Strokes, una banda neoyorquina que había grabado tres canciones de rock 'n' roll añejo y callejero de Manhattan. Cuando Travis y Lee escucharon la cinta, su reacción fue de entusiasmo instantáneo. «Geoff y Lee estaban locos con ellos, y yo saltaba arriba y abajo», dice Endeacott. «Se fueron a Nueva York. Dos días más tarde los vieron en algún lugar del norte de la ciudad, volvieron y dijeron que habían tenido una revelación. Jeannette dijo: 'Hemos visto un grupo con cinco de los hombres más hermosos que has visto nunca'. Geoff los contrató para grabar un single, y después, naturalmente, todos los A&R de Nueva York se volvieron locos.»

Rough Trade lanzó la cinta como un single, «The Modern Age», y los Strokes fueron a Londres, donde su llegada prendió un incendio incontrolable en la industria musical. Rough Trade se había arriesgado al no intentar contratar al grupo en un acuerdo a largo plazo, pero las energías y todo el bombo que rodeaba a la banda no dejaba ninguna duda de que Rough Trade se encontraba en el centro de lo que estaba a punto de convertirse en un fenómeno. «La cosa se disparó porque había una fotografía del grupo sentados en un bar, y era la primera vez que alguien aparte de Geoff y Jeannette los veía», dice Endeacott. «Llevamos esa fotografía al *NME*, y el martes por la tarde, cuando salía el nuevo número del *NME,* el teléfono no dejaba de sonar. Toda esa gente que conocíamos del negocio estaban: 'Qué cojones... este grupo... dios mío'... Todos los tíos decían: 'Quiero estar en este grupo', y todas las tías: 'Quiero follármelos a todos ya'.»

En el primer concierto del grupo en Londres, celebrado en el pub Monarch de Camden, había una expectación que probablemente no se palpaba desde el debut de Oasis en el Water Rats seis años antes, mientras la multitud allí reunida presenciaba el regreso del rock 'n' roll de tres minutos vestido de manera elegante. «Al final de la actuación Jeff Barrett de Heavenly iba por ahí gritando... 'Es el año cero... Es el año cero... Es el año cero'», dice Endeacott. «Todos pensábamos: 'Está ocurriendo ahora mismo, este grupo va a ser la hostia'.»

Geoff Travis había presenciado los altibajos de las modas pasajeras muchas veces en su carrera. Mientras el resto de la industria y los medios de comunicación comenzaban a obsesionarse con el potencial de los Strokes, Travis procuraba no dejarse llevar tanto por el entusiasmo mientras comenzaba a negociar una relación a largo plazo entre Rough Trade y el grupo. «La verdad es que me pone un poco nervioso cuando la gente dice: 'Esto va a ser la hostia'», dice. «Eso mismo anunció el final de nuestra relación con Blanco y Negro. Cuando Rob Dickins dejó Warner, lo sustituyó un tipo llamado John Reid, que era incapaz de afrontar el hecho de que los grupos podían irse a otro sello.»

Por el acuerdo de Travis con Warner, a cualquier grupo que deseara firmar con Rough Trade se le pedía que considerara la opción de firmar también con Blanco y Negro. Era una situación con la que la nueva generación de ejecutivos de Warner se sentían incómodos. «John Reid, básicamente porque no sabía lo que estaba haciendo, era incapaz de manejar esa situación. De manera que cuando quisieron contratar a los Strokes, John Reid dijo: 'Vendré a verlos'. Eso era lo último que queríamos. Ya habíamos pasado por todo eso cuando había mandado a su gente de Estados Unidos a vernos y hablar con ellos. Y esa gente era una mierda, unos estúpidos A&R de *major* del montón, sin visión, sin ideas, sin interés en nada que no fuera su carrera.»

Rough Trade había provocado un interés mundial por los Strokes, y, con un perfecto sentido de la oportunidad, volvieron a ser el sello de antaño, de nuevo a la vanguardia. A medida que continuaban las negociaciones, parecía improbable que Rough Trade pudiera cosechar los beneficios de su instinto de A&R, pues la oportunidad de trabajar con los Strokes a nivel internacional comenzaba a menguar. El grupo firmó con Rough Trade solo por el Reino Unido, donde al menos el sello consiguió aprovecharse del tremendo éxito que habían contribuido a generar. Para Travis, fue un insidioso recordatorio de que, a pesar del instinto sin par de A&R de Rough Trade, la industria seguía siendo un entorno imperfecto e intransigente. «Exactamente lo mismo ocurrió con los White Stripes», dice. «Nosotros queríamos firmar con los White Stripes. Jack [White] dijo: 'Nos encantaría estar en Rough Trade', pero tuvimos que pasar otra vez por todo el pro-

ceso, abogados, Warner, chorradas. Básicamente habíamos perdido
a las dos mejores bandas de la década por culpa de esa ridícula estructura de la Warner. Hasta ese momento no había sido un problema,
pero teníamos que alejarnos de ellos. Agotaban nuestras energías.»

Fuera cual fuera la decepción de no haber conseguido un acuerdo
internacional con los Strokes, Rough Trade disfrutaba de uno de sus
periodos de más éxito. Volvía a ser el sello con el que los grupos querían trabajar, y Endeacott era un A&R con mucha demanda, y una
serie de mánagers y abogados hacían cola para llamar a su puerta. La
presencia de abogados de la industria del ocio era un símbolo de los
cambios que había sufrido el negocio musical durante los noventa, a
medida que el gobierno corporativo y los acuerdos de muchas cifras
sustituían a los rebeldes de la época de la independencia. «Cualquier
grupo que hubiera hecho media gira de repente ya tenía un abogado»,
dice Endeacott. «Cuando yo estaba en un grupo, no sabía lo que era
un abogado, y desde luego no me importaba. La cantidad de maquetas que nos llegaban era una locura. Me telefoneó una mujer llamada
Bani, una abogada de East West Records, y me dijo: 'Mira, tengo un
grupo que me gustaría mucho que vieras. Se llaman The Libertines... Vendré a recogerte y podemos ir al lugar donde ensayan, en Old
Street. Son como Mick y Keith o John y Paul, igual de importantes'. Y
yo le contesté: 'Vale, vale, lo que tú digas, pero es que ya es la enésima
vez que me lo dicen'. Pero le dije que iría, así que esperé a que apareciera, y se presenta con un Lincoln y un chófer con una puta gorra.»

Incluso para alguien que no se dejaba impresionar fácilmente,
Endeacott se quedó estupefacto por la escena que le esperaba cuando
se sentó en la parte de atrás del coche. Después de que le dijeran
que se disponía a ver el futuro del rock 'n' roll, se encontró con un
entorno bastante insólito. «Bani tenía dos bolsas de plástico», dice
Endeacott, «y saca un surtido de nueces, snacks, Coca-Cola, Fanta,
cerveza... por si acaso... una cantidad ingente de aperitivo y refres-
cos. Así es como ahora era el rock 'n' roll. Enseguida comenzó a
contarme que estaba a punto de conocer a Mick Jagger y a Keith
Richards, de que esos dos iban a cambiar la cara de la música, pero
había un problema. 'Son cuatro, pero el bajista no ha aparecido, así
que solo estarán Pete y Carl al bajo y la guitarra. Y la cosa es que tampoco tienen batería, pero ese chaval, Gary, el novio de mi asistente

personal, toca en el grupo que va de gira con Eddie Grant, y lo susti-tuirá'. Y yo me digo: '¿En qué cojones me he metido? Todo esto es un desastre y tú me ofreces nueces y snacks'. La cosa no podía ser más rara, pero, naturalmente, acabó siéndolo.»

En los dos años de caos concentrado, y a veces muy desagradable, que siguieron, fueron los Libertines, y sobre todo el comportamiento de Peter Doherty, más que su música, lo que recibió cobertura mediática, una cobertura que alcanzó la poco envidiable posición de ser permanente en los tabloides. Cuando Rough Trade contrató al grupo, nadie podía haber predicho el torbellino de abuso de drogas, delincuencia y mal rollo que estaba por llegar. Después de su primer e inverosímil encuentro con el grupo en un estudio de ensayo, Endea-cott quiso verlos en su hábitat natural, la Rhythm Factory de Bethnal Green, un local de mala muerte situado en una parte de la ciudad que rara vez era visitada por la industria musical. «Entré en Rhythm Fac-tory», dice. «Era como un espectáculo de fenómenos de feria. Todo el mundo rondaba los veinte años. Estaba lleno de colgados de clase media que llevaban un año sin hacer nada. Estaba lleno de artistas, de poetas, cineastas y actores, gente con sombreros enormes y todos roncaban, retozaban y lo que quisieras. Los Libertines formaban parte de esa escena, y aparecieron a eso de las dos de la mañana y fue absolutamente electrizante.»

Endeacott había encontrado una versión de la bohemia parisina de los años treinta protagonizada por unos niños pijos que no hacían nada, en la que los Libertines desempeñaba el papel de músicos disolutos, interpretando canciones chirriantes ante un público cons-cientemente lascivo. «Eran el centro de toda aquella escena, y costó mucho —e hizo falta alguien como yo o cualquiera como yo, pero al final alguien lo habría hecho— sacarlos de aquel ambiente y hacer que comprendieran lo que eran. En los primeros bolos que hicieron toda aquella gente les seguía a todas partes, aunque poco a poco aquel ambiente se fue alejando, y el grupo siguió sin ellos, y entonces se convirtieron en los Libertines.»

Los Libertines grabaron su disco de debut con Mick Jones, un amigo de Lee desde la época de Acme Attractions, al que habían sugerido como productor tanto por su paciencia con los comporta-mientos caprichosos de los artistas en el estudio como por su habilidad técnica tras la mesa de mezclas. El primer encuentro de Jones con el grupo bastó para convencerle de que estaba iniciando una relación de trabajo pintoresca. «Mick estaba hablando con Carl», dice Lee, «y en ese momento Peter entra en el estudio montado en un ciclomotor y con un pack de cervezas. Esa fue su presentación, y con ellos era todo igual. Tocaban en la casa de cualquiera como una manera fácil de ganar dinero. Le cobraban diez libras a la gente por entrar en esos conciertos y ganaban bastante dinero... o al menos lo bastante para una noche de juerga.»

La prensa musical, que veía al grupo como una versión inglesa de los Strokes, recibió con los brazos abiertos el álbum de los Libertines. Si los neoyorquinos exhibían una actitud decadente y descarada a la hora de tocar sus instrumentos que sugería que habían digerido el tedio existencial de los *Diarios* de Andy Warhol, los Libertines tocaban más con un aire de músicos callejeros que recordaba el ajetreo de Steptoe's Yard.[72] En cuanto comenzaron a contarse historias de Bethnal Green, de que el grupo organizaba rápidamente bolos en su propio piso y compartía maquetas online con sus fans, el interés de los medios comenzó a crecer. «Cuando publicaron su primer álbum los tabloides todavía no estaban interesados», dice Endeacott. «No fue hasta después del primer álbum cuando todo empezó... Se había publicado el álbum, pero la recepción fue bastante tibia.»

La idea de organizar bolos en su propio salón y colgar música gratis en internet hizo que el grupo conectara al instante con un público que crecía rápidamente. También les permitió convertirse en una sensación sin recurrir a la prensa tradicional. En la época de lo que comenzaban a llamarse las redes P2P, los Libertines se estaban convirtiendo en un grupo P2P, una posición que utilizaban para proyectar una imagen de ilegalidad desafiante. Doherty en concreto no sentía ningún interés por los protocolos del negocio musical, y pronto exhibiría la misma actitud en relación a la ley.

Parte de la inspiración de los conciertos improvisados de los Libertines procedía de su agente, Russell Warby. Inicialmente al grupo le había molestado las acusaciones de que no sabían tocar, de manera

---

72. Steptoe's Yard es un museo-mercadillo situado en Montrose, Escocia, donde todo está en venta. [*N. del T.*]

que le habían pedido que contratara una serie de conciertos en los que tocarían de manera anónima para mejorar su directo. «Al principio, cuando supuestamente no sabían tocar», dice Warby, «necesitaban hacer algún bolo, y los fines de semana les conseguía conciertos con el nombre de Lombard, Lombard and Spaniel, que eran los nombres que había en los timbres de sus vecinos, y así era como actuaban. Yo les decía a los promotores: 'Mira, estos van a ser la bomba', y la gente estaba en plan: 'Vaya, son iguales que los Strokes', así que les conseguía conciertos los fines de semana e hicieron de teloneros de bandas de tributo a Guns N' Roses en Harlow y todo ese rollo, cuatro días a la semana durante tres o cuatro semanas.»

Al final de la gira de Lombard, Lombard and Spaniel los conciertos se denominaban «bolos guerrilla» y acabarían conformando parte de la mítica del grupo; se estaban convirtiendo en una banda londinense que rechazaba todas las convenciones de la industria y hacía lo que les daba la gana. Para un público joven que había crecido con internet, esa era una de las cosas más estimulantes de la música guitarrera; para la prensa, era un relato que se estaba convirtiendo en una saga y que llenaría las páginas de chismorreos durante un año. Aunque seguían siendo sobre todo un grupo de la prensa musical, los Libertines comenzaron a llamar la atención de caras famosas, y se convirtieron en un icono del comportamiento decadente y elegantemente ebrio, y allí donde las drogas y las celebridades les conducían, los tabloides y el furor los seguían. «Sabía que la cosa iba a llegar bastante lejos, pero no estaba segura de hasta dónde», dice Lee. «Pronto comprendí que iba a llegar hasta el final, pero al principio era muy excitante conocer a alguien que sabe perfectamente lo que quiere y que no se pone ninguna barrera. Comprendí que Peter pensaba llegar hasta donde quisiera, y lo más lejos que pudiera.»

La gravedad de los problemas de Peter Doherty comenzó a revelarse en Rough Trade, pues el cantante solía llegar a las oficinas de Golborne Road en diversos estados de conciencia y desaliño. «Llamaban a la puerta y era Pete que se presentaba a las diez y cuarto de la mañana», dice Endeacott. «Pete entraba vestido apenas con unos tejanos y con todo el cuerpo lleno de cortes diciendo: 'Quiero 180 libras. ¿Podéis prestarme 180 libras?', y yo salía a hablar con él, iba a mi banco y sacaba el dinero sabiendo que no lo iba a recuperar.»

Lee, en cuanto que miembro de PiL, había presenciado las para-
noias que tenían lugar en la casa de Gunter Grove de John Lydon a
principios de los ochenta y había sido testigo de comportamientos
más extremos que todo lo que habían visto Travis y Endeacott. También había experimentado los efectos y consecuencias de las drogas duras en algunos de sus amigos, aunque de todos modos estaba
atónita ante la escalada del caos que rodeaba a Doherty, sobre todo
cuando el consumo de crack comenzó a ser algo habitual en él. «Probablemente fue una de las situaciones mas duras», dice Lee. «Durante
un tiempo fue muy excitante, la verdad que durante bastante tiempo,
pero llegó un punto en que la situación era completamente incontrolable a todos los niveles. No podías tratar con el mánager, no podías
tratar con nadie, y era triste ver cómo lo arrojaban todo por la borda.»

A medida que Doherty se convertía en una causa célebre y aparecía de manera regular en los tribunales y en los periódicos, la carrera
de los Libertines quedaba en suspenso. Su proyecto paralelo, Babyshambles, se convirtió en su foco principal, aunque el grupo era poco
más que un vehículo para su comportamiento errático. «Peter iba a
toda velocidad por Londres en un coche robado y con el dinero de
otra persona», dice Warby. «Me telefonea y me dice: '¿Puedes organizar una gira de los Babyshambles? Tengo un colega, que tiene una
furgoneta del *Evening Standard*', y yo pienso: 'Este tío es un trafi-
cante... ¿y el tío pretende irse de gira con su furgoneta?...', y le digo:
'Ven a la oficina, Peter, ven a la oficina y hablaremos', e intento convencerle de que le devuelva las llaves a ese tipo que va a matarlo. No
mucho después de eso entró por primera vez en rehabilitación.»

Lee, Endeacott y Travis decidieron intervenir y llevar a Doherty a
un programa de desintoxicación. Como ejemplo de lo descontrolada
que estaba la situación, la única manera en que consiguieron hacerle
entrar en la clínica fue secuestrándolo. «Un día lo secuestramos y lo
llevamos a una clínica de rehabilitación», dice Lee, «pero no estaba
preparado. Fue emocionalmente agotador, y te dabas cuenta de que
todo ese potencial simplemente se estaba evaporando... y eso es muy
duro, es muy duro a muchos niveles enfrentarte a algo así.»

Endeacott estaba tan involucrado en la conducta autodestructiva
de Doherty como Lee, pero también había estado con el grupo de
gira en los Estados Unidos. Allí se había visto inmerso en el caos

incontrolable del comportamiento de todos ellos a cualquier hora del día. Al ser alguien cuyos métodos de trabajo como A&R implicaban convertirse en un miembro más del grupo, no había podido librarse de su imprudencia. En cuanto llevaron a Doherty a rehabilitación, Endeacott le llevó algo de ropa para su estancia, un momento en que aquel desatado torbellino por fin acabó afectándolo. «Le dije: 'Necesitas ayuda'. Él me contestó: 'Ya lo sé, pero no quiero estar aquí'», dice Endeacott. «Tenía en una bolsa todo esa ropa que había comprado en Primark y recuerdo que entré en el coche y me pasé la mitad del camino llorando. Era terrible, pero me había acabado involucrando emocionalmente con ellos.»

El intento de rehabilitación fue un fracaso y llegó un momento en que en Rough Trade ya no podían seguir trabajando con Doherty. El sello, al publicar su música e intentar mantener un diálogo con cualquiera que Doherty hubiera decidido que aquel día era su mánager, de hecho estaba empeorando sus problemas. «Le escribimos una carta en la que le dijimos: 'No vamos a financiar tu drogadicción, no vengas a pedirnos más dinero. No vamos a hacer más discos contigo hasta que aceptes ayuda'», dice Lee. «'Te hemos llevado a rehabilitación y no ha funcionado. Ya no sabemos qué más hacer', y los tres la firmamos y se la llevamos. Tuvimos una reunión con él y le dimos la carta, y creo que en ese momento se dio cuenta de que ya nadie quería trabajar con él. Hasta entonces había sido capaz de conseguir que la gente hiciera lo que él quería, en gran medida gracias tan solo a su encanto.»

Durante el periodo más díscolo de Doherty, Rough Trade consiguió mantener la reputación que había recuperado como sello desde su nueva etapa. Una serie de lanzamientos de artistas que obtuvieron éxito de crítica y público, como Arcade Fire, Antony and the Johnsons, Sufjan Stevens y los Hidden Cameras, por nombrar unos pocos, consiguieron que Rough Trade volviera a encontrarse en una cúspide creativa a la altura de sus mejores días de Ladbroke Grove. Tampoco se podía olvidar el hecho de que los Libertines se habían convertido en una constante pérdida de recursos, y Lee y Endeacott en concreto estaban completamente agotados. «Colectivamente habíamos hecho lo que habíamos podido», dice Lee. «Intentar solucionar aquellos rollos chungos te ocupaba cada minuto, cada día, por la razón que fuera, teníamos que dedicarle mucho tiempo, y no conseguíamos trabajar.»

En la saga de los Libertines apareció un nuevo personaje, alguien que, o eso esperaba Doherty, había tenido suficiente experiencia con las drogas y la industria para volver a unir al grupo. «Creo que todo el mundo en Rough Trade estaba hecho polvo», dice Warby. «Luego, en cierto momento, teníamos a McGee de mánager. Me telefoneó y me dijo: 'Quiero hacer de mánager de los Libertines', y yo lo contesté: '¿Estás chalado?', y él va y me dice: 'Vamos a hacer dos conciertos en el Brixton Academy y le demostraremos a esa gente de la radio que estos tíos son grandes', y yo le digo: 'Muy bien'. De todos modos, posteriormente se dio cuenta de que yo no mentía.»

El episodio de McGee como mánager de los Libertines fue triste y acabó mal. Aunque había visto muchísimas variedades de mal comportamiento y depravación en nombre del rock 'n' roll, el verdadero alcance del sufrimiento provocado por las diversas adicciones de los miembros del grupo, sobre todo las de Doherty, le disuadieron de involucrarse a largo plazo. «Fue una experiencia increíblemente desdichada», dice McGee. «Yo había librado mi particular guerra contra las drogas. No quiero juzgar a nadie, solo que para mí fue muy duro presenciar todo eso, y al final ya no podía soportarlo más, porque se me hacía muy cuesta arriba.»

McGee tenía ambiciones para los Libertines, en las que los veía convirtiéndose en una banda popular y comercial. Si la atención que despertaban se pudiera encarrilar en un relato que hablara a su favor en los tabloides, había muchas probabilidades de que, con la canción adecuada, el grupo pudiera volver a conectar con un público más amplio. Una semana después de trabajar con ellos comprendió que tendría mucha suerte si conseguía que pasaran unas cuantas horas en el estudio grabando juntos. «Un equipo de personas trabajaba para conseguir que fueran grandes, James Endeacott, Jeannette y Russell Warby», dice. «No creo que yo fuera más importante que cualquiera de los demás, pero fue un momento muy difícil.»

Acabó siendo inevitable que, a pesar de cualquier estructura de apoyo que se intentara, el comportamiento de Doherty, sus interminables roces con la ley y la constante intrusión de los tabloides consiguieron que la situación fuera ingobernable. A medida que Doherty pasaba más tiempo en la cárcel, su conducta iba quedando determinada por sus experiencias entre rejas. Durante una condena que pasó en Pentonville trabó amistad con un tipo conocido como «el General», al que Doherty, al salir de la cárcel, nombro mánager.

«Cuando salió le dijo al General que este podría estar en su disco», dice Lee, «así estaban las cosas. Así que el General tenía la esperanza de conseguir un contrato, por lo que se presentaba en la oficina para conseguir su propio acuerdo. Peter tenía una colección de Jaguars baratos que compraba, digamos, a seiscientas libras. Los cogía y luego los abandonaba en cualquier sitio, y el General siempre llegaba, y con su marcado acento jamaicano decía: 'Tenéis que darnos dinero, el Jaguar de Peter se ha estropeado en la M11 y está en un garaje'. Esto ocurría cada día. Cada día había algo, 'ha pasado esto, ha pasado lo otro'.»

Rough Trade consiguió lanzar un segundo álbum de los Libertines junto con un LP de Babyshambles antes de que las relaciones entre el grupo, los parásitos que lo rodeaban, los traficantes y todos los que los acompañaban como estructura de apoyo permanente, se desintegraran de manera permanente.

«La cosa terminó con todo el mundo discutiendo entre ellos y todos echándose la culpa a sus espaldas», dice Endeacott. «Lo que nosotros deberíamos haber hecho era asegurarnos de que Pete no descendiera a los infiernos, aunque tampoco pudimos impedirlo, porque eso era lo que quería. Geoff y Jeannette los querían un montón, pero Geoff no sabía cómo afrontar la situación, de verdad que no, bendito sea. Estábamos en la ceremonia de los premios del *NME* en la que ganaron el galardón al mejor grupo, y Pete estaba tan colocado de heroína cuando salió a recoger el premio que Geoff se levantó antes de que Pete terminara el discurso y se lo llevó del escenario. Todo aquello le pareció muy desagradable.»

Lee y Travis se recuperaron del desmoronamiento de los Libertines para concentrarse en cimentar la reputación de Rough Trade como uno de los sellos más perdurables y respetados del mundo. Rough Trade cumple ya su tercera década y la sociedad entre Lee y Travis ha durado ya más de dos tercios de la historia de la compañía. A pesar de todo, todavía se encuentran con esa estrechez de miras contra la cual se fundó originariamente Rough Trade. «Mucha gente cree que somos pareja, mucha gente cree que soy su ayudante, y mucha gente cree que soy su mujer», dice Lee. «Es algo tan subconsciente que no se puede hacer nada. Si vas a cualquier parte, la gente es muy amable con los dos, pero se respeta un poco más al tipo que está a tu lado porque suponen que es el jefe... es algo que está muy arraigado.»

21. FAKE TALES
OF SAN FRANCISCO[73]

Helter Skelter & Domino present

Franz Ferdinand

on tour with special guest
PATRICK WOLF (London only)

07.09 **Glasgow** Optimo Espacio
10.09 **London** ICA (020 7930 3647)
12.09 **Berlin** Karrera Club at Roter Salon
17.09 **Sheffield** Fez Club (07952 194976)
18.09 **Oxford** Zodiac 2 (01865 420042)
19.09 **Liverpool** Academy 2 w/Ladytron

DARTS OF PLEASURE The debut single out 08.09.03 on CD, 7" & Ltd 12"

www.franzferdinand.co.uk www.dominorecordco.com

Flyer de la gira de Franz Ferdinand para promocionar su single de debut, «Darts of Pleasure» *(archivo de Matthew Cooper)*

---

73. «Historias falsas de San Francisco». Tema del primer single de Arctic Monkeys de 2005, *Five Minutes with Arctic Monkeys*. [*N. del T.*]

El resurgimiento de Rough Trade a principios de la década del 2000 coincidió con un renovado interés por la música de guitarra, casi todo ella publicada por discográficas independientes. A comienzos del siglo xxi, la música indie volvía a ser la provincia de los sellos indies. El sector de la música en directo, anteriormente moribundo, volvió a convertirse en un mercado boyante, pues, después de años de predominio de la música de baile, los grupos volvían a ir de gira ante un nutrido público.

Russell Warby fue testigo del impacto de los Strokes, pues había docenas de grupos inspirados por los neoyorquinos que se estrenaban en el circuito de conciertos indie. El *NME* mostró un renovado interés por los grupos de guitarras y comenzó a prestar su nombre a las giras y a actuar de agencia para las empresas que querían participar de la nueva onda indie. Warby observó que las *majors* tardaban en reaccionar, algo que ya iba siendo característico de su comportamiento con las nuevas complejidades que había traído el nuevo siglo. La más importante había sido internet, todavía infravalorado por la industria del ocio corporativo. «Pensé que las *majors* deberían haber invertido en serio en la escena de la música en directo», dice Warby. «Yo les decía: 'Participad, comprad locales', pero perdieron el barco de manera catastrófica, porque, ya fuera el Mackenzie Group u O2, esa gente sí lo hizo.» Empresas como O2 habían estado encantadas de prestar su marca a las giras a través del *NME* antes de decidir que era mucho mejor invertir el dinero comprando directamente las salas de conciertos y prescindiendo de los intermediarios.

Un grupo que rápidamente siguió a los Strokes a la hora de convertirse en un fenómeno fueron los White Stripes. Warby había mostrado interés por montar una gira para el dúo antes de que firmaran un acuerdo discográfico en el Reino Unido. «Sleater Kinney se los llevaron de teloneros y me hablaron de ellos», dice. «Comencé a preguntar a gente en los Estados Unidos: '¿Qué sabéis de este grupo?', porque no había manera de contactar con ellos. Y si Jack White entra en la habitación no tienes que pensártelo dos veces.»

Los White Stripes habían lanzado dos álbumes en Sympathy for the Record Industry, una independiente estadounidense que sentía muy poco interés por el *mainstream*. Contrariamente a los artistas anteriores del sello, el dúo se estaba convirtiendo en una sensación en Estados Unidos gracias al boca a boca, donde funcionaban como un espectáculo autónomo permanente en blanco y rojo.

«Era interesante, porque la primera vez que hablé con ellos no tenían mánager», dice Warby. «El tipo que habían contratado era su abogado, que luego se convirtió en mánager, y tuve un par de reuniones con la discográfica.» Los White Stripes provocaron una carrera desenfrenada de las *majors* por contratarlos, pero al final decidieron trabajar con Richard Russell y XL, una elección que fue considerada ilógica por gran parte de la industria. Para los atentos observadores del sello, la decisión de Russell de igualar la oferta de las *majors* tenía mucho sentido desde la perspectiva de un A&R; también fue una muestra de lenguaje corporal del negocio musical muy comentada. Unos años antes, Russell había contratado a Badly Drawn Boy, una jugada que confirmó que XL ya no iba a ser el sello de The Prodigy, sino que iba a convertirse en una discográfica sin dogmas que haría poco hincapié o ninguno en el género. «En cierto modo, Richard Russell era mucho más corporativo que esa gente de las *majors*», dice Warby. «Tenía un estilo: 'Sí, me gusta eso, no me parecen falsos. Esta gente quiere vender discos'.»

Además de firmar con un sello que tenía experiencia en vender en todo el mundo a través del sistema independiente, la decisión del grupo se basó en parte en el hecho de que, al firmar con XL, conseguían dar la impresión de ir siempre un paso por delante. «Existe

un hilo entre todas las cosas que hacemos», dice Russell. «No tiene
por qué ser evidente, pero está ahí: calidad, originalidad, y eso es
todo. Creo que los White Stripes nos eligieron un poco en parte
porque nadie se lo esperaba. Lo peligroso era el circo que se estaba
montando a su alrededor: los medios de comunicación estaban muy
excitados, pero cuando a Jack y Meg les ocurrió todo eso ya iban por
su tercer disco. Habían dado muchos conciertos, y cuando los medios
de comunicación se interesaron por ellos, ya estaban acostumbrados
a que los medios *no* se interesaran por ellos, de manera que consiguieron tomárselo muy bien en cierto sentido, al tiempo que conservaban la mística del grupo.»

Poco a poco Mark Bowen y Dick Green habían convertido Wichita
en un sello a su imagen y semejanza. En gran medida publicaban
música de grupos con raíces en el underground americano. My Morning Jacket y Bright Eyes estaban tan lejos de los últimos años de
Creation como se pueda imaginar. Su próximo fichaje, los Yeah Yeah
Yeahs, verían cómo el sello se unía brevemente a la explosión mediática que rodeaba el nuevo rock 'n' roll estridente.

«Encontramos una maqueta online», dice Bowen, «un día los vimos
tocar y pensamos: ella es increíble, me encanta este grupo. Me impli-
qué tal como hacía siempre con cualquier banda. Fueron directamente al Top 40. Fuimos a Brighton para el primer concierto y había
una cola de quinientas personas en la calle. Me dije: 'Bueno, así será
siempre, puedo hacerlo, puedo fichar grupos y siempre será así...',
y no lo fue. Fue un momento realmente especial, igual que con los
Strokes, la gente volvía a estar entusiasmada. Hicimos un segundo single, también entró en los listas y me dije: 'Todo esto está muy bien'.»

Los Strokes y los White Stripes habían creado un patrón: grupos
americanos muy seguros de sí mismos y visualmente atractivos llegaban al Reino Unido, tocaban en locales a rebosar y se convertían en
material de portada antes de que saliera su primer disco. En el caso
de los Strokes y los White Stripes, además se instalaban permanentemente, o casi, en las listas de álbumes más vendidos. Bowen y Green
comprendieron que, a pesar de lo que ellos pensaran, los Yeah Yeah
Yeahs parecían destinados a seguir la misma trayectoria. Su acuerdo
con la banda se había sellado con un apretón de manos. A medida

que el mundo se quedaba prendado del grupo, y sobre todo de la presencia escénica y el icónico sentido de la moda de Karen O, Wichita iniciaba el proceso de firmar un acuerdo con el grupo con todas las formalidades legales necesarias.

«No dejábamos de repetirle al mánager: 'Nos gustaría firmar algún papel, porque todo el mundo está pensando que van a firmar con una *major*'», dice Bowen. «Pero él nos contestaba: 'No, no hace falta, no vamos a firmar con nadie más'. Llegó un punto en el que le telefoneaba y todo era: 'Qué... no, no, no... no te oigo bien... te llamo luego'. Una puta mierda, hasta que un día me suelta: 'Tío, no sé cómo decírtelo, no es una buena noticia'. '¿El qué? ¿Has firmado con una puta *major*? Ya te lo dije, no soy idiota.' No habíamos hecho nada mal. Vendimos sesenta mil epés, y, según nuestros cálculos, si habíamos vendido sesenta mil epés, íbamos a vender doscientos mil álbumes. Es increíble, joder.»

Fue un golpe muy duro para Green, y sobre todo para Bowen. Tanto se desilusionaron que Bowen consideró seriamente cerrar el sello. «Me dije que si encuentras un grupo que nadie ha oído, y tienes singles de éxito y se largan, no tiene ningún sentido tener una discográfica, porque si no podemos competir más vale dejarlo.»

En un intento de hacer acopio de energías para Wichita, y con la sensación de que el futuro del sello pendía de un hilo, Bowen se obligó a ir a una de las fiestas que en Navidad organizaban las discográficas para ver a un grupo que aún no hubiera firmado con nadie. «Recuerdo que fui a regañadientes a la fiesta de Rough Trade en el ICA y no había nadie. No teníamos a nadie en el programa de lanzamientos. Un amigo me había dicho: 'Este grupo te gustará'. Faltaban diez días para Navidad.»

Mientras veía al grupo, Bowen comenzaba enamorarse de ellos. Se llamaban Bloc Party, y tenían un cantante melancólico y un guitarrista exuberante que le recordaron a los Smiths. «Cuando acabaron de tocar me quedé sentado fuera emborrachándome durante dos horas», dice. «Finalmente cogí por banda a Kele [Okereke] y le dije: 'Soy de este sello, y de verdad creo que eres increíble', y acabó sentándose con nosotros y los demás.»

Bowen había quedado impresionado por Bloc Party, y de inmediato quiso firmar con ellos. En un momento de psicología inversa,

en lugar de hacer una propuesta directa al grupo, y todavía dolido
por los sucesos recientes, la conversación se convirtió en una pero-
rata sobre la industria musical. «Los Yeah Yeah Yeahs eran los únicos
culpables de todo aquello», dice. «Les dije: 'Sí, estoy harto de esto.
He tenido buenos amigos en los grupos que creían que estarían
mejor en una *major*, y ninguno de ellos lo está. Venden menos discos,
no son felices, están hartos. Deberíais firmar con nosotros. No deberías firmar con ninguno de esos estúpidos sellos que os van a joder'.
En ese momento, borracho, amargado y decidido a jugarme el todo
por el todo, les dije: 'Joder, los grupos sois todos estúpidos, ¿por
qué ficháis por *majors*? Sois estúpidos, y siempre, siempre, os van a
joder'.»

Cuando se marchó del ICA, Bowen comprendió que, cuando
menos, se había sacado del pecho lo de la debacle de los Yeah Yeah
Yeahs. No estaba seguro del efecto que todo ese soliloquio podría
tener en Bloc Party, y cuando llevaban unas semanas en Nueva York,
con las palabras de Bowen aún resonándoles en los oídos, el grupo
pasó a ser objeto de una guerra de pujas. A los pocos días, la predicción de Bowen de que el grupo tendría que elegir entre una *major*
y una independiente se hizo realidad. «Probablemente se sentaron,
me escucharon y pensaron: 'Dios mío, este tío está chalado'», dice,
«tanto perorar y perorar y de repente comenzaba toda esa locura de
las *majors*. Otra vez.»

Wichita participaba en la puja para fichar a Bloc Party, pero la
empresa que gestionaba el grupo todavía tenía reservas acerca de la
capacidad del sello para explotar todo el potencial comercial de sus
clientes. El argumento era que las indies eran un nicho de mercado
interesante y simpático, pero su posición significaba que, sin una
ayuda importante, no sabían cómo afrontar el aspecto comercial.
Era un argumento que no se sostenía demasiado, teniendo en cuenta
el éxito de los White Stripes y los Strokes, pero los acontecimientos
pronto convertirían ese argumento en redundante.

«Mientras estábamos en plena discusión de 'No tenéis por qué
estar en una *major*'», dice Bowen, «Laurence llevó 'Take Me Out'
al número 2, y todavía no puedo explicarme cómo fue, un terre-
moto 9.5 en la escala de Richter, y un sello indie, y no solo un sello
indie, sino los malditos Domino Records, les estaban dando sopas

con honda a toda esa gente. Así que para mí, poder hablar con un grupo y con sus mánagers y decirles: 'Veis, os lo había dicho, nosotros también queremos vender discos. Siempre queremos vender discos. Lo hemos demostrado, mira lo que ha hecho Laurence, si ellos pueden tener un número 2, nosotros también podemos, ¡venga!'. Si no hubiera aparecido Franz Ferdinand y hecho lo que hicieron, reactivando la idea de que un sello independiente podía competir, habríamos perdido al grupo y probablemente hubiera sido el final de Wichita.»

Alexis Taylor había comenzado a trabajar en Domino en el 2003. Su labor principal era organizar los incipientes intentos del sello de vender sus lanzamientos por internet. Escaseaba el espacio en las apretadas oficinas de la compañía en Wandsworth, y Taylor había ocupado el único trozo de escritorio que quedaba, un rincón en el despacho de Laurence Bell. Mientras contestaba los pedidos, introduciendo CD en los sobres de cartón, las canciones que sonaban en una maqueta que Bell ponía constantemente se le fueron grabando en la cabeza.

«Antes de trabajar allí alguien me dijo que durante una época el sello lo había pasado bastante mal», dice Taylor. «Laurence ponía una y otra vez las maquetas de Franz Ferdinand la semana que yo empecé a trabajar allí. No sabía quiénes eran. Sonaban como unos Devo más poppies. Eran unas maquetas bastantes básicas, por lo que eran muy estimulantes. Después Domino invirtió un montón de dinero para contratarlos en una época en que no había dinero para pagar las facturas.»

El mánager de Franz Ferdinand era Cerne Canning, que, en cuanto que veterano de Rough Trade, había percibido que las *majors* estaban perdiendo fuelle, aunque su decisión de que Franz Ferdinand firmaran con Bell había sido vista como un error por gran parte de la industria. «Nadie se podía creer que: a) ficháramos por Domino; b) fuéramos a tener éxito», dice Canning. «Un buen amigo mío, que había tenido bastante éxito como A&R en una *major,* había llegado a decirme: 'Me alegro de que os vayáis con Domino, porque eso confirma que el grupo no tiene mucha ambición... ahora entiendo por qué no habéis firmado con una *major,* eso lo aclara todo'. Y yo le contesté: 'No, la verdad es que te equivocas, porque es todo lo contrario. Domino serán los que más se esforzarán y los que mejor nos comprenderán'.»

Bell no había tenido ninguna duda acerca del potencial del grupo. Para demostrar que iba en serio, igualó la mayor oferta de una *major*; era una apuesta colosal, y exigía que Domino se endeudara aún más. Al hacerlo, Bell en realidad ligaba la supervivencia de todo el sello al éxito del grupo, un riesgo que consideraba que valía la pena. «Estaban todas esas vergonzosas bandas británicas», dice, «probablemente la gente que Alex Turner mencionaba en 'Fake Tales of San Francisco', todos vestidos igual que los Jesus and Mary Chain. Los Strokes fueron un milagro, y los White Stripes un fenómeno, pero no necesitas todos esos grupos espantosos. Yo pensaba: ya estamos otra vez, llegan los pioneros y quienes al final acaban sonando por la radio son todos esos grupos de segunda y tercera división. Yo sabía que los Franz eran mejor que todos ellos.»

Cuando el single de debut de Franz Ferdinand, «Darts of Pleasure», llegó el número 44 tan solo a base de las ventas, el instinto de Bell de que el grupo también podría triunfar en el *mainstream* quedó confirmado. Su siguiente single entró en las listas en el número 2, y a la semana siguiente el álbum, que llevaba por título el nombre del grupo, entró en las listas de LP en el número 3. Toda la campaña se llevó desde los glorificados cubículos de las oficinas de Domino, sin ayuda externa de ninguna *major*. Al tiempo que representaba un triunfo de los humildes, también confirmaba de manera irrefutable que los independientes eran tan capaces como cualquier *major* de alcanzar ventas de siete cifras, sobre todo cuando la música procedía de una cultura que era inherentemente suya.

«Sentías el aprecio que te llegaba de toda la ciudad, y de gente que no había creído que pudiéramos conseguirlo», dice Bell, «cundo la opinión preponderante en la industria musical de que Franz Ferdinand firmara por Domino había sido: Domino es un gran sello, con discos cojonudos, pero no saben vender discos. La gente estaba tan complacida que fue un chute para todos, ayudó a reavivar todo el mundo de los independientes.»

El éxito mundial de Franz Ferdinand permitió que Domino se trasladara a unas oficinas más grandes y utilizara ese impulso para desarrollar el sello. Era un crecimiento tan solo achacable a las ventas de discos, un modelo de negocio que durante mucho tiempo se había considerado superfluo en el negocio musical y limitado a los sueños nostálgicos de sus días de gloria. «En la industria musical todo el mundo quiere creer que dentro de ella puede ocurrir cualquier cosa», dice Bell, «y eso rara vez pasa, porque tiene tantas ataduras y es un mundo tan cerrado y tan corrupto que resulta difícil entrar en él. De manera que cuando ocurre algo que no estaba planeado, todo el mundo se entusiasma. Ese tipo que ha estado sentado en ese despacho publicando discos durante años y ahora tiene un número uno o algo así… ¿Cómo ha ocurrido? Creo que eso sin duda entusiasmó a la gente, y sigue entusiasmando siempre que ocurre, pues es una idea excitante, el terrorismo pop.»

Steve Beckett y Rob Mitchell habían conseguido sacar a Warp de su raíces de Sheffield y convertirlo en un sello con una reputación vanguardista y con un programa de lanzamientos ultramoderno. Los discos de Warp eran música en gran medida instrumental rodeada de una cubierta de hermoso diseño; el sello parecía un espacio artístico contemporáneo virtual, publicaba música conceptual y piezas bailables sofisticadas y experimentales. Por primera vez en la historia del sello, Beckett y Mitchell comenzaban a tener la impresión de que habían entrado una especie de compás de espera. Bastaba echar un vistazo a las estanterías de las tiendas de discos metropolitanas o en la prensa musical más pretenciosa para ver que la fórmula de Warp había sido copiada por la plétora de sellos idm[74] que habían comenzado siguiendo su estela.

«Recuerdo que estaba sentado en lo alto de las escaleras de mi casa hablando con Rob y me dice: 'Este sonido, si seguimos repitiéndolo una y otra vez, va a diluir todo lo que estamos haciendo. Tenemos que dar un paso más», dice Beckett. «Todas las maquetas que nos llegaban en aquella época no eran más que versiones descafeinadas de Aphex y Autreche. Queríamos ir más allá y Broadcast no era más que una de esas bandas insólitas.»

---

74. idm significa «*intelligent dance music*», posiblemente en homenaje a sus orígenes como grupo de noticias, siempre escrito todo en minúsculas. [*N del A.*]

Para las masas entregadas al *braindance*, el hecho de que Warp fichara a Broadcast no solo era una desviación de lo que habían publicado, sino una jugada que representaba una especie de traición a sus raíces electrónicas puristas. Para Beckett y Mitchell, cualquier necesidad de justificar el fichaje de un grupo de verdad de cinco miembros que tocaban instrumentos simbolizaba lo mucho que el sello tenía que cambiar. También sería un cambio que al principio resultaría caro. «Salíamos de una historia de gente como Aphex Twin, que entraba en la oficina y te decía: 'Aquí tienes tu DAT'», dice Beckett, «un DAT que, una vez masterizado, va a vender doscientas mil copias sin ningún coste de grabación. Mientras que a un grupo como Broadcast tienes que llevarlo a un estudio donde trabajará con productores, y desde una perspectiva económica es todo mucho más difícil, aunque en términos de crecimiento a largo plazo era una jugada evidente.»

Otro cambio fundamental fue el traslado de Warp de Sheffield a Londres. «Siempre estábamos yendo y viniendo, ya fuera en coche o en tren», dice Beckett. «Comenzábamos a tener aspiraciones de fundar una empresa cinematográfica, y todos los fondos cinematográficos y Channel 4 estaban en Londres, y comenzó a parecernos que no era una cosa definitiva, sino una posibilidad, así que nos trasladamos.»

En 1998 Warp había publicado *Music Has the Right to Children*, de su último fichaje, Boards of Canada. El álbum era una experiencia inmersiva; se hacía eco de la música contemplativa para auriculares de la serie Artificial Intelligence, y añadía uno capa desconcertante de nebulosa nostalgia. La cubierta de *Music Has the Right to Children* era una fotografía familiar borrosa apenas perceptible. Captaba perfectamente la atmósfera de obsesiva reflexión del disco. Para satisfacción de Warp, el álbum se convirtió en uno de los más vendidos del sello, gracias tan solo al boca a boca. Parte de la fuerza y cohesión del álbum residía en el prolongado periodo de gestación de la banda, un rasgo que compartían con otros artistas de Warp, como Squarepusher y Aphex Twin. «Conoces gente que ha estado haciendo todo ese trabajo durante años», dice Beckett. «Antes de publicar nada, los Boards tenían un extensísimo catálogo de material. Por eso la música tiene cierto nivel, porque no es como muchos otros artistas que conozco que hacen algo y a los cinco minutos ya lo han editado.»

El momento en que se publicó el álbum de Boards of Canada es también importante, pues apareció en un paisaje cultural más amplio, en el que internet y la tecnología de la información comenzaban a estar en todas partes. Los lanzamientos de Warp se convirtieron en la banda sonora diaria de un público de programadores y diseñadores de páginas web lectores de *Wired,* un público que construía el futuro digital.

Warp fue una de las primeras discográficas que conectaron con internet, tras haberlo conocido gracias a la popularidad de sus artistas entre un público que enseguida supo adaptarse a los ordenadores. «The Black Dog estaban en los grupos de noticias antes de que hubiera páginas web», dice Beckett. «Fueron ellos quienes comenzaron a señalarnos el camino. En esa época decidí apostarlo todo por la tecnología. Estaba completamente convencido de que la música de guitarra se extinguiría y que la gente al final se interesaría tan solo por la música hecha de manera electrónica.»

Warp lanzó su página web, warp.net, en 1997. A consecuencia de la popularidad del sello entre los informáticos, Beckett y Mitchell poco a poco se dieron cuenta de los riesgos que conllevaba la nueva tecnología. «Mantuve una reunión en Sheffield para que me explicaran lo que era internet», dice Becket, «así que conseguí un ordenador, me compré un módem, y me conecté con la esperanza de navegar por internet y tener sexo virtual o lo que fuera a los cinco minutos. Comenzamos a comprender: 'Oh, Dios mío, esto es el futuro', pero en aquella época nos dimos cuenta de que también era una auténtica amenaza. La primera vez que alguien me mandó un mp3, pensé: 'Un momento, ¿qué me impide enviar esto a otro?'. 'Nada.' '¿Y que me impide enviárselo a diez mil personas?' Y entonces lo comprendí.»

Surgió otro factor más importante que con toda probabilidad iba a afectar el futuro de Warp: el socio que había fundado la empresa con Beckett, Rob Mitchell, se puso enfermo. «Estaba enfermo, y se estaba poniendo cada vez peor, pero no sabíamos lo que era», dice Beckett. «Tenía tumores por todo el hígado y el páncreas, y le dijeron que le quedaban de cuatro a seis meses de vida. No sabía cómo reaccionar. Te quedabas allí sentado pensando: 'Qué cojones pasa... esto no está ocurriendo... esto es algo que les pasa a los demás...'.»

Cuando, por desgracia, Mitchell falleció en 1999, Beckett desapareció para intentar asumir aquella pérdida, que además afectaba a su relación con el sello y a cómo iba a sobrevivir sin su socio. «Su muerte me afectó mucho, y tuve una época de introspección. Por lo que se refería al sello, en aquella época yo pensaba que me las estaba arreglando bien yo solo, pero al volver la vista atrás me doy cuenta de que iba dando palos de ciego sin saber realmente lo que hacía. Siempre hacíamos muchas cosas juntos: masterizábamos un disco, viajábamos a Londres... El intercambio de ideas era permanente, y ahora, de repente, estaba solo. Rob sabía hablar y tratar con la gente mejor que yo, y lo que se perdió sobre todo fue la relación con muchos artistas. Nos habíamos dividido el catálogo entre los dos, y yo ahora tenía que tratar con todos los que él llevaba, y eso fue lo más difícil.»

Warp había perdido a Mitchell, y el proceso de recuperación comenzó cuando la empresa consolidó muchas de las ideas que él y Beckett habían desarrollado. Una de las más importantes fue la fundación de Warp Films en el 2000.

Beckett también se daba cuenta de que sus colegas en Domino y XL actuaban con una confianza y un vigor renovados. «Fui a comer con Laurence», dice. «Fue antes de que Franz Ferdinand tuviera éxito. Los dos nos dimos cuenta de que, en realidad, éramos bastante buenos vendiendo discos de artistas bastante difíciles, una música bastante difícil. ¿Qué no podríamos hacer si encontrábamos grupos que fueron ambiciosos y capaces de crear éxitos?»

Maxïmo Park, un grupo de Newcastle, había llamado la atención de Beckett. A pesar de haber recibido ofertas de algunas *majors*, los mánagers del grupo no harían oídos sordos a cualquier oferta que pudiera hacerles Warp. Beckett, por primera vez en su carrera, se encontraba en el ambiente de bolos en las trastiendas de los pubs, en medio del frenesí de las *majors*. «No sabía si podría hacerlo», dice, «presentarme en esos bolos donde estaban todos esos putos A&R y todos susurrando que tal y cual ya ha firmado. De repente actuaba fuera de nuestra zona de confort, y cuando fichabas a un grupo era: 'Mierda, ahora tenemos que conseguir que funcione'. Eso era incluso más duro.»

En el 2005 Domino había vendido cuatro millones de discos de Franz Ferdinand en todo el mundo, los White Stripes y los Strokes eran artistas multiplatino, y la independencia, en contraste con la crisis del negocio de las *majors*, prosperaba. Era una situación que pondría de relieve el siguiente bombazo del sector: Arctic Monkeys.

A mediados de la década, Mike Smith había llegado a director ejecutivo de EMI Music Publishing, una división de la empresa que seguía teniendo beneficios en comparación con la crisis de la discográfica EMI. Junto con otros colegas situados en el centro de la industria, Smith había oído rumores de un joven cuarteto de Sheffield que estaba despertando un interés sin precedentes entre las discográficas, incluyendo la decrépita vieja guardia del negocio musical.

«Los Arctic Monkeys eran interesantes porque, recuerdo, hubo bastante lío con los A&R en la primavera del 2005. Veías a gente de A&R de la vieja escuela, como Gordon Chartman, que había fichado a Bros, y decía: 'He visto a este grupo, son realmente increíbles'. Y luego Louis Bloom, que había fichado a Busted, que decía, 'los Arctic Monkeys son realmente la hostia', así que fui a comprobarlo cuando actuaron en Stoke y se me cayeron los huevos al suelo. Tenía al frente a un tipo que era realmente inteligente, ingenioso y que coqueteaba con todo el mundo, con todos los chicos y chicas del público, y tenía esas canciones increíbles, un punk rock tremendamente pegadizo, con gancho.

Arctic Monkeys se conformaban con tocar en su Sheffield natal y en poblaciones aledañas. El grupo no tenía ningún deseo de presentarse ante el público londinense, una decisión que al instante hizo que su firma en un contrato de grabación fuera aún más codiciada. El grupo producía el mismo efecto en todo el mundo que viajaba al norte para verlos, y Smith hizo correr la voz de que estaba interesado en ofrecerle al grupo un un contrato de derechos editoriales. En aquella época Smith había conseguido establecer un diálogo con los mánagers del grupo, y comprendió que la situación evolucionaba rápidamente. Varias discográficas creían que estaba a punto de fichar al grupo, y habían dado orden a un abogado de que redactara los contratos. «Evidentemente yo quería trabajar con ellos, y todo el mundo quería trabajar con ellos, porque no se podía negar que eran de puta madre. Creo que en toda mi vida no he visto un grupo que estuviera más destinado a tener éxito, y entonces tomaron la decisión de irse con Domino, y lo irónico es que Laurence no era el que más les iba detrás.»

La decisión del grupo de firmar con Bell pilló a la industria completamente desprevenida, sobre todo a aquellos que habían perseguido al grupo para ficharlo. Al principio Domino no había manifestado ningún interés por los Arctic Monkeys, y existía la impresión de que, en cierto modo, Bell había conseguido arrancar al grupo del terreno de la competencia desatada.

En cuanto que director de un sello de derechos editoriales, Mike Smith estaba en una situación que le colocaba muy cerca de la zona más caliente de los departamentos de A&R de las discográficas. Para él, la decisión del grupo tenía todo el sentido del mundo. «Todos los A&R de Inglaterra querían contratar al grupo», dice. «Creo que ellos sabían que si trabajaban con Domino tendrían a alguien que no se interpondría en su visión artística.»

Bell había sido perfectamente consciente de la creciente conmoción que había provocado el grupo de Sheffield, pero su instinto le decía que cualquier grupo que llamara tanto la atención probablemente estaba destinado a convertirse en la moda pasajera de una *major*. «Solo había oído mencionar el nombre», dice. «Nosotros no teníamos departamento de A&R ni nada parecido, de manera que lo que pasaba en los barrios altos, por así decir, nunca me resultó muy atractivo.»

En cuanto el nombre del grupo comenzó a sonar entre los colegas y contactos de su propio círculo, Bell consideró que era su deber investigar un poco más. «Amigos de confianza comenzaron a decirme: 'Ya verás cómo te gusta este grupo, deberías escucharlos'», dice. «Fui a ver a ese tipo que tenía la cinta y me la puso y me la grabó en un CD, y me quedé patidifuso cuando los escuché, y me llevé el CD a casa y no podía dejar de ponerlo y pensaba: 'Dios mío, aquí lo tienes'.»

Cuando Bell dio a conocer su interés a la empresa que gestionaba el grupo, se le informó educadamente de que su nombre se añadiría a la larga lista de pretendientes, y que no tuviera muchas esperanzas. Rebosante de confianza después del bombazo de Franz Ferdinand, y con una afinidad natural con los músicos no muy abundante en los A&R, decidió al menos no quedarse al margen. «El mánager me había dicho: 'Oh, hay al menos veinticinco sellos, y ya han visto todo lo que necesitaban ver. De todos modos, no están muy interesados, es

un poco demasiado tarde'. Así que fue un proceso de intentar desha-
cer eso y conseguir una oportunidad de reunirme con ellos.»

A John Dyer, un veterano de la industria que anteriormente había
trabajado en Mute, le habían pedido que se unieron al personal de
Domino después del éxito de Franz Ferdinand; entre sus cometidos se
encontraba asegurarse de que la empresa hiciera el mejor uso posible
de su situación fiscal recién conseguida. Si el sello conseguía contratar
a un artista con un potencial similar al grupo de Glasgow, Domino
podría mantener su impulso como piedra angular de la industria independiente. «El mánager de los Arctics le dijo a Laurence que estaban
a punto de firmar con alguien», dice. «'Puedes verlos, pero no puedes
ir entre bastidores a hablar con ellos ni comerles el coco, ¿entendido?'
Él va a verlos y les telefonea. Me manda un mensaje que dice: 'Ha ido
bien, me han invitado a volver'. Y lo siguiente que sé es que el grupo
tiene que llamar a su abogado, que tiene esperando a toda la industria,
y por entonces ya les habían ofrecido un par de millones de libras o
algo parecido, con lo que el abogado está en una situación apurada,
pues más o menos se había comprometido con alguien, y de repente
tiene que pararlo todo y decir: un momento.»

«Al martes siguiente conseguí una cita con el mánager», dice Bell,
«y una cosa llevó a la otra, y las conversaciones fueron bien. Luego
me invitaron a Sheffield, y luego volvieron a invitarme, y así fue
cómo ocurrió todo.»

Incluso teniendo en cuenta el ritmo acelerado y la alta expectativa
que rodea a un grupo que está súper de moda y que todavía no tiene
discográfica, el fichaje de Arctic Monkeys por parte de Domino dejó
a la industria boquiabierta. «Todo ocurrió en cuestión de diez días»,
dice Bell. «Entre que los oí y los fiché, se hizo todo en unos diez días.
Nosotros éramos auténticamente independientes, ellos tenían una
mentalidad auténticamente independiente, y teníamos con nosotros
a Franz Ferdinand, que era el grupo de más éxito en el mundo, y acabábamos de vender cuatro millones de discos.»

En cuanto Arctic Monkeys hubieron firmado, el grupo no perdió
fuelle. Tal era la demanda que su debut en Londres agotó las localida-
des y hubo que trasladar el concierto al Astoria, con capacidad para
mil cuatrocientas personas. «Después de eso toda la estrategia consistió en mantenerlos fuera de los medios de comunicación londinen-

ses», dice Dyer. «Eran una bomba tan grande que los medios todavía no la habían detectado.»

Lo que los medios de comunicación convencionales tampoco detectaron fue el hecho de que se hablaba mucho del grupo y su música se compartía en internet. Aunque el grupo solo había publicado un single de 7", gran parte del público que había en el Astoria cantaba la letra de todas las canciones. En su búsqueda de un relato que lo explicara, la prensa calificó a Arctic Monkeys de «El primer grupo de MySpace».

«No fue MySpace», dice Bell. «Fueron los archivos compartidos y el boca a boca. Ese fue el primer nivel de la locura de internet. Los chicos intercambiaban su música, y eso ocurrió de manera independiente... no tenía nada que ver con MySpace. El grupo había regalado maquetas de las canciones, habían hecho diez CD-R de sus temas, se los habían llevado para venderlos en sus conciertos, se habían tomado un par de cervezas y los habían regalado. Era en el foro de The Others donde los Monkeys lo estaban petando, era ese momento post-Libertines. También era algo que ocurría en el norte; ahora los propietarios eran los fans, porque se mantenían alejados de Londres y los medios de comunicación no los habían presentado y estaban fuera de todo aquello.»

The Others era uno de los grupos que habían conseguido un acuerdo discográfico utilizando las tácticas de conciertos de guerrilla de los Libertines y colgando su música online. Aunque su carrera fue breve, representaban las nuevas energías y expectativas que rodeaban a los grupos jóvenes: interactuar con el público lejos de los medios convencionales y comunicarse directamente con los fans y homólogos vía internet, donde esa actividad se podía formalizar en la página oficial de MySpace del grupo. Los Arctic Monkeys, sin embargo, ignoraron MySpace hasta después de la publicación de su álbum de debut.

«Es todo un mito, porque eso es lo que los medios de comunicación intentan explicar a toro pasado», dice Dyer. «Es como un periodista que intenta intelectualizar la música house... 'La música house ha pasado a otro nivel'. 'Ha progresado, es un house progresivo.' Así que los medios pensaron: 'Ah, un momento, MySpace ha entrado en la conciencia del público, la gente se comunica a través de MySpace, un momento, MySpace debe de haber creado a los Arctic Monkeys'. Se convirtió en un topicazo para describir la llegada de la música que se propagaba por la red.»

La inminente aparición del álbum de Arctic Monkeys había generado suficiente interés para que la cadena HMV diera el insólito paso de emitir un comunicado de prensa. La tienda anunciaba que se preveían ventas récord, lo suficiente para que *Whatever People Say I Am, That's What I'm Not* se convirtiera en el álbum de debut que se vendería más rápidamente de la historia. Como ejemplo de la increíble velocidad con que ahora se consumía la música, el comunicado y las supuestas ventas récord llamaron la atención de la opinión pública.

«Estaba en el lateral del campo de fútbol viendo jugar a mi hijo», dice Dyer. «Había un tipo un poco más lejos que dirige las noticias de Reuters, sección medios de comunicación, y le había llegado la onda. Se había enterado, y se me acercó tres veces y me dice: 'Me gustaría publicar algo sobre los Arctic Monkeys, ¿podrías conseguirme acceso a ellos?'. El cintillo de noticias de Sky News hablaba de ellos. Fue un momento en el tiempo en el que se vio el final de la época del marketing y la llegada de la época centrada en el consumidor. Era algo que no se podía planear, no había manera de comercializarlo, seguía su propio impulso.»

Fueran cuales fueran las relaciones de los Arctic Monkeys con internet o MySpace, había algo que era cada vez más evidente; los días en que un disco como *Whatever People Say I Am, That's What I'm Not* triunfaba a tan gran escala estaban llegando a su fin. Las descargas ilegales y los archivos compartidos eran algo que estaba por todas partes, y, para un público más joven, la manera más popular de consumir música. Las ventas del disco se vieron diezmadas por el avance de las nuevas tecnologías, y la industria musical entró en un periodo de declive terminal.

A las independientes, que siempre se habían visto obligadas a operar con estrechos márgenes y a estar muy atentas a la resistencia del mercado, la respuesta de las *majors* les pareció ignorante y, posiblemente, fatal. En lugar de asociarse con las compañías tecnológicas para adaptarse a la era digital, recurrieron al lobby y al litigio.

«Tenían todo el tiempo y todo el dinero del mundo, y fueron incapaces de dejar de lado su ego y juntarse para encontrar una solución e inventar la distribución digital», dice Bell. «Podrían haberse hecho dueños de Napster y tener una marca a la que todo el mundo pudiera acudir, y hacer lo que hizo iTunes. Por el contrario, perdieron los medios de distribución ante iTunes y se quedaron allí sentados, incapaces de intervenir, y al final lo perdieron todo.»

Desde la posición estratégica de EMI Publishing, Mike Smith disfrutaba de una situación ventajosa para ver la reacción de la industria, y, al igual que Bell, comprendió que las decisiones que tomaban las *majors* eran cortoplacistas y poco meditadas. «Como director de un sello de derechos editoriales, eres de los que se quedan al margen y se ponen a gritar al ver las oportunidades perdidas por las *majors*. Fueron incapaces de elaborar una estrategia adecuada y al final iTunes tuvo que llevarlos de la oreja. Cuando BMG [Bertelsmann Music Group] compró Napster, esa fue la oportunidad para que toda la industria musical participara y tuviera un servicio online totalmente legítimo. Por el contrario, la industria musical decidió hacer frente común y cerrarlo. Cuántas oportunidades perdidas.»

Además de internet, había otro factor que comenzaba a jugar en contra de las independientes; las *majors* habían renunciado a unas ventas importantes en un negocio en recesión de un sector que no hacía mucho habían rechazado. Si «indie» volvía a ser popular y rentable, necesitaba una parte de ese mercado.

Pete Thompson dirigía la empresa de distribución Vital, que se encargaba de la mayoría de cuentas de las independientes. Thompson había estado en la primera línea de la distribución independiente desde que era adolescente, pues era fundador de Red Rhino, el componente de The Cartel en el norte. Desde el optimismo y la descentralización de The Cartel hasta su caótica bancarrota, a través del indie decepcionante del britpop y el resurgir de la música de guitarra en la década del 2000, Thompson había sido testigo de las diversas fortunas del sector independiente. «Ya fueran los Strokes, los White Stripes, Bloc Party, Maxïmo Park, Franz Ferdinand o Arctic Monkeys», dice, «todos estaban en sellos independientes. Todo eso procedía genuinamente de las indies, ¿y las *majors* iban a aceptarlo sin rechistar? Ni de coña. Al final reaccionaron exactamente tal como esperas que reaccione una *major*: 'No dejéis que las indies fichen a nadie'.»

Mientras las *majors* comenzaban a fichar a grupos de guitarra de segunda y tercera división —muchos de los cuales vestían o bien con los tejanos pitillo y corbatas de los Strokes o bien con polos con el cuello subido al estilo de los Arctic Monkeys—, un excedente de música de guitarra cansina y funcional y sin inspiración se publicaba y comercializaba sin cesar como si fuera el último bombazo. Los resultados se tacharon de «vertedero indie», una de las expresiones más ignominiosas que ha contenido nunca tan problemática palabra. Era una descripción que captaba de manera exacta e ingeniosa los absurdos intentos de primar el estilo sobre el contenido en los que se embarcó una infinita procesión de cuartetos en unas carreras a menudo muy cortas.

«Las independientes no estaban fichando a ningún grupo», dice Thompson. «Por un lado tenías a las *majors* fichando a un montón de grupos que en realidad no querían para nada. Y por otro tenías un sector independiente en el que estaban XL, Domino, Wichita, Rough Trade, Beggars y Warp dedicados a sus grupos, y muy poco más, no salió nada nuevo.»

En el 2006 Martin Mills había celebrado sus casi treinta años al frente de Beggars Banquet. El Beggars Group tenía un importante número de oficinas internacionales y ahora también tenía entre sus intereses a 4AD, XL, Rough Trade y la tienda de discos Rough Trade East de Londres. Mills también presidía la AIM, la Asociación de la Música Independiente, un organismo profesional fundado para defender los intereses del sector, lo que le convertía en una especie de figura paterna y consejero para los independientes. Tras haber capeado los altibajos de permanecer fuera del negocio musical de las *majors*, Mills siempre había mantenido un optimismo pragmático acerca del futuro del sector independiente. «A las *majors* les interesa sobre todo el control», dice. «Hubo un periodo en el que dejaron que el control se les escurriera de entre los dedos para que floreciéramos nosotros, y gran parte de eso afecta al control de la distribución. Dios bendiga a Geoff por haber estado ahí al principio y haberles quitado el control a las *majors*. Pero te das cuenta de que estas intentan recuperarlo con uñas y dientes, y temo un mundo en que consigan recuperar el control de la distribución.»

En el caso de la música independiente, nos encontramos también con una verdad ineludible.

«Al final todo se reduce al dinero, ¿no?», dice Mills. «Si te dedicas a esto y no tienes problemas de dinero, entonces estás haciendo algo mal.»

En una sala de conciertos o en un bar del East End de Londres, o de Williamsbug, o de Berlín, o del centro de cualquier ciudad metropolitana, resulta difícil comprender que el negocio musical está sufriendo un difícil y prolongado periodo de reajuste a medida que se adapta a la realidades de un futuro digital. Las salas de conciertos están llenas de grupos, artistas, DJ y público, muchos de ellos con una pasión y un conocimiento de la música tan intenso y profundo como cualquiera de sus predecesores. Los costes cada vez más reducidos de grabar y distribuir música, junto con un marco internacional y unos medios de comunicación para la música de todos los géneros, significan que, en muchos aspectos, no ha habido una época mejor para trabajar en el mundo de la música. No obstante, convertir estas oportunidades en las carreras (o anticarreras) que disfrutaron muchos de los personajes de este libro es cada vez más difícil.

«Todos los grupos quieren tener buen aspecto y ser guais, y tener gente agradable a su alrededor mientras ganan el mayor dinero posible», dice Mark Bowen. Después de haber trabajado en Creation durante los años de la Oasismanía, lo dejó para fundar un sello casero, y ve las cosas con gran perspectiva. «La verdad es que resulta muy duro hacerlo. Tienes que elegir: puedes estar en algún tipo de sello indie realmente pequeño, o puedes estar en Polydor. Uno de ellos va a vender toneladas de discos, y el otro va a ser tu colega, pero se trata de un camino realmente difícil de recorrer, y es casi imposible hacerlo bien. Por eso seguimos hablando de solo una decena de sellos capaces de hacerlo: los Factory, Rough Trade y algunos más.»